教育部人文社会科学重点研究基地
云南大学西南边疆少数民族研究中心科研项目

云南省高校优势特色学科群建设项目
中国西南民族及其与东南亚的族群关系研究

东南亚民族志丛书　　　何明◎主编

蓝靛瑶人及其学校教育

一个老挝北部山地族群的民族志研究

The Lanten and Their Schooling:

An Ethnographic Account OF An Ethnic Group In North Laos

袁同凯　著

中国社会科学出版社

图书在版编目（CIP）数据

蓝靛瑶人及其学校教育：一个老挝北部山地族群的民族志研究／袁同凯著．
—北京：中国社会科学出版社，2014.11
ISBN 978 – 7 – 5161 – 5049 – 8

Ⅰ.①蓝…　Ⅱ.①袁…　Ⅲ.①瑶族—民族志—研究—老挝②瑶族—学校
教育—研究—老挝　Ⅳ.①K334.8②G533.4

中国版本图书馆 CIP 数据核字（2014）第 261083 号

出 版 人	赵剑英	
责任编辑	郭　鹏	
责任校对	周　昊	
责任印制	戴　宽	

出　　　版	中国社会科学出版社	
社　　　址	北京鼓楼西大街甲 158 号（邮编 100720）	
网　　　址	http://www.csspw.cn	
	中文域名：中国社科网　　010 – 64070619	
发 行 部	010 – 84083685	
门 市 部	010 – 84029450	
经　　　销	新华书店及其他书店	

印　　　刷	北京君升印刷有限公司	
装　　　订	廊坊市广阳区广增装订厂	
版　　　次	2014 年 11 月第 1 版	
印　　　次	2014 年 11 月第 1 次印刷	

开　　　本	710×1000　1/16	
印　　　张	25.75	
插　　　页	2	
字　　　数	396 千字	
定　　　价	69.00 元	

迈向异国田野,解读他者文化

　　2007 年下半年，我制订了开展东南亚民族志研究的计划。两年多来，先后到泰国、缅甸、越南等国进行了实地考察与洽谈合作，多次向高丙中、王铭铭、麻国庆、袁同凯等专家讨教，与云南大学西南边疆少数民族研究中心有志于此项工作的诸位同人反复讨论，还于 2008 年与日本国立民族学博物馆塚田诚之教授在云南昆明合作召开了"中国边境民族的跨境流动与文化动态"研讨会，2009 年 11 月赴日本与塚田诚之、长谷川清、松本真澄、片岗树等日本学者研讨大湄公河次区域国家民族研究问题。经过校内外 30 多位师生的共同努力，《东南亚民族志丛书》今天终于面世了。

　　在此，我把组织与推进东南亚研究的基本构想和实施体会作粗略介绍。

一　实践与学术：国外民族志研究的价值

　　许多学科都参与了国外研究，如归属于经济学的世界经济和国际贸易、归属于政治学的国际政治和国际关系、归属于史学的世界史和国别史、归属于文学的外国文学和西方文学理论等。这些学科都运用其学科的理论方法对特殊领域或问题开展了国外研究，换言之，研究国外的学科、方法及其学术文本和路径是多种多样的。

　　人类学/民族学如何开展国外研究呢？当然方法和文本也是多样的，可以采用大部分人文社会科学通常的文献研究方法研究世界民族问题和国外人类学民族学理论，但作为以田野调查为基本手段和以民族志为学术核心产品的学科，人类学/民族学的国外研究必然需要到国外做田野调查并撰写民族志。

民族志是以田野调查为基础，研究社会文化的方法和学术文本。作为研究方法，研究者必须到国外去，对其研究对象进行参与观察，以切身体验理解其社会文化、获取第一手的研究资料；作为学术文本，民族志既不是对国外社会文化进行概括性的宏观评介和抽象性的理论分析，也不是非学术性的国外民俗风情的表层描述和感性评议，而是以特定群体或区域为边界对其社会文化进行深入系统的描述与分析，进而呈现与解释特定群体或区域的社会文化的运行逻辑和特征。

因而，民族志的国外研究，无论是研究方法、学术文本还是研究内容，与其他学科和方法的国外研究具有明显的差异，也不能为其他学科和方法的研究所取代。其间的差异大体有以下几个方面：一是直接与间接的区别。民族志研究需要研究者"到国外去"与其研究对象直接接触并深入其社会生活之中，切身感受、体验其社会文化过程，通过与研究对象的互动获取主要的研究资料；其他学科和方法则可以主要通过文献资料开展研究，研究者与研究对象之间具有间接性。二是微观与宏观的区别。民族志研究的常规方法是"大处着眼，小处着手"，选择小型社区或特殊群体作为研究焦点，也就是说，要设定出研究对象的空间边界和社会边界；其他学科和方法的研究则可以不进行空间边界或社会边界的明确界定，对一个国家或一个大区域开展整体性研究。三是具体与抽象的区别。民族志文本大都包含了有关研究对象的大量事件、人物和细节及其过程的叙事，有的民族志甚至选择了小说式的叙事模式，研究性的分析与解释融汇于或结合于具体的社会文化运作过程之中；其他学科和方法的研究成果则主要采取"论证"或"论述"的模式，极少对研究对象进行详尽的叙事，呈现给读者的主要是研究者的分析论述过程，而不是研究对象的社会文化过程。四是主位与客位的区别。民族志研究特别强调从研究对象出发的"主位"视角，力求阐释研究对象如何体验、思考与评价；其他学科和方法并不特别强调研究对象的视角，更多的是从研究者的"客位"角度进行分析论证，占主导的是作者的"我认为"而不是研究对象的"他（们）认为"。此外，民族志研究还具有关注"底层"或"平凡"、研究对象社会文化的整体性等特征。

由此，我们可以说，在国外或世界研究中，民族志是不可或缺的，它与其他学科和方法的研究形成了相互补充的作用。

然而，在中国的人文社会科学研究中，人类学/民族学的国外研究是最薄弱的。其他学科都有国际政治、国际经济、国际贸易、西方哲学、世界史、欧美文学等专门研究国外的分支学科，反而以"异文化"研究为特色、因研究"异文化"而创建学科的人类学/民族学，在中国学界却极少对国外进行民族志研究。中国人类学/民族学创建之时正值我国处于积贫积弱、内忧外患交织的时期，救亡图存是中国人最迫切的使命，"师夷长技以制夷"成为研究国外特别是欧美最根本的目的，借助西方的思想、模式、方法以及学科解决中国自己的问题无疑是那个时期的"主旋律"，人们无暇也无力关注与解决本国问题并无直接补益的国外社会文化。费孝通和林耀华两位被奉为楷模的大师在国外求学时没有沿着西方人类学/民族学的常规路径调查研究"异文化"，而选择了研究"本文化"，以家乡民族志作为博士学位论文并成为中国人类学/民族学的经典。他们的这一选择，既迎合了其导师研究"异文化"特别是研究历史悠久的中国的学术志趣，也满足了作为那一代学者的社会理想。"榜样的力量是无穷的"，他们所奠定的学术传统对中国内地人类学/民族学产生了深远的影响，"家乡民族志"成为国内诸多学者的选择和中国人类学/民族学的特色，"异文化"或"异国文化"研究失去了引路人。20世纪50—70年代的"闭关锁国"制度选择扼杀了中国人向外看和到国外去的欲求与实践。80年代以后的改革开放激活了与国家制度转型和社会实践直接相关学科的国外研究，而那些不能"立竿见影"地直接解决制度创新、经济增长、技术改进等问题的研究领域则只能"画地为牢"地做国内研究，需要"到国外去"做田野调查的经费支持和制度支持的民族志研究则几乎成为"天方夜谭"而无人染指。

进入21世纪，经过改革开放30多年的发展，中国经济总量已跃居世界前列，从而成为全球最大经济体之一，越来越深地融入全球性经济、社会、政治体系之中并占据越来越重要的地位，鸦片战争之后一百多年来中国人的"大国崛起"梦想逐渐变成了现实。同时，各个行业、各个领域都经历了"迈出国门、走向世界"的努力，中国与世界各国的互动比历史上的任何时期都更为频繁、更为密切、更为深入，激发出中国人了解世界的强烈诉求，而且这一诉求呈现出从有什么向为什么、从表层（如国外旅游）到深层、由鸟瞰到细察的演进。国外民族志研究便是应当下中国之运而生的学术探索与实践，其所生产的知识满足的就是中国了解世界新阶段的需求。

从人类学/民族学本身来看，"异文化"或"异国"研究是学科的重要组成部分，也是促进国内研究和整个学科的建设发展不可或缺的基本条件。放眼世界，凡人类学/民族学学科强国（如欧美和邻国日本），无不重视与开展了国外民族志研究，无不积累了丰富并高水平的民族志成果。

无论从国家发展战略和社会需求来看，还是从学科建设和学术发展来看，国外民族志研究都是非常必要且迫切的。

二　以跨国流动为主线的东南亚民族志研究的依据与意义

"东南亚"指亚洲的东南部地区，包括越南、老挝、缅甸、柬埔寨、泰国、马来西亚、新加坡、印度尼西亚、文莱、菲律宾10个国家。20世纪40年代之前，中国人以"南洋"、"东西洋"或"南海"称之，西方则用"远印度"、"外印度"或"印度群岛"指称。第二次世界大战期间，同盟国军队设立了"东南亚最高统帅部"以指挥这一区域的战争，"东南亚"一词逐渐被广泛接受，并成为指称这一区域的通用称谓。

对东南亚进行以跨国流动为主线的民族志研究，既有自然的基础也有社会的基础；既有历史事实的依据又有社会现实的依据；既有学术探讨的目的也有实践应用的目的。

从地理角度来看，东南亚东临太平洋，南与澳大利亚隔海相望，西濒印度洋，南、北分别与"南亚次大陆"（印度和孟加拉国）、中国接壤，是亚洲、非洲、大洋洲三大洲的交汇地区和太平洋、印度洋两大洋的交通枢纽。特殊的地理位置使亚洲和澳洲两个次大陆的人种、族群、文化以及动植物在这一地区交汇融合，形成了独特的社会文化格局和自然生态景观。东南亚与中国毗邻，其中越南、缅甸、老挝三国与中国接壤。山水相连的地缘关系把中国与东南亚天然地连为一体，为历史与现实的频繁交往提供了自然条件的便利。

从历史角度来看，作为地处亚洲、非洲、大洋洲三大洲交汇位置和通往太平洋、印度洋两大洋的枢纽，东南亚成为历史上中国走向世界的"第一站"和必经通道，先辈们通过"over land"和"over sea"两种方式来到东南亚，或驻足于此创业发展、繁衍子孙，或途经此地后继续前行。在东南亚，无数中华儿女"下南洋"、闯世界的足迹举目即是，著名的"郑和下西洋"事件途经东南亚多个国家并且在所经之地产生的深远的影响至今犹存。他们把中华文化和技术传播到东南亚，又把东南亚人民的思想智慧带回中国，促进人类文明的共同进步发展，定居于东南亚各国的2000多万华人成为东南亚各国经济社会发展的重要力量。

从族群关系来看，东南亚半岛与中国西南为族群迁徙与互动的走廊，形成了许多跨国民族和亲缘民族。在历史上，诸多族群沿着澜沧江—湄公河、怒江—萨尔温江、红河等河流从中国南下定居到东南亚，如从中国湖南、贵州、云南迁入东南亚的"蒙"（苗族）、从中国西双版纳迁入东南亚的泰族支系"泰勒"等；也有东南亚半岛族群北上定居在中国西南边境一带"老缅人"等。泰族、越族、佬族、掸族、岱（岱依）族、芒族等东南亚民族与中国的壮族、傣族、布依族等同属"百越"后裔；母瑟族、倮族、傈僳族、克钦族、阿卡族、拉瓦族等东南亚民族与中国的彝族、哈尼族、傈僳族、纳西族、拉祜族等民族共同渊源于古代的"氐羌"。在语言上，东南亚半岛国家民族语言主要包括藏缅语族、苗瑶语族（划分有争议）、孟高棉语族、印度尼西亚语族、马六甲语族五大语族，其中，东南亚的倮、傈僳、阿卡、母瑟、拉瓦、拉祜等与中国的彝、傈僳、哈尼、拉祜、纳西、基诺等民族的语言同属藏缅语族彝族支；东南亚的缅族与中国的阿昌族的语言归属于藏缅语族缅语支；东南亚的泰、掸等民族与中国的壮、傣、侗等民族的语言同属于侗台语族（又称壮侗语族）；东南亚的蒙、瑶等民族与中国的苗、瑶等民族的语言共同归属苗瑶语族；东南亚的越、崩龙、阿佤等民族与中国的佤、德昂、布朗等民族的语言同属于南亚语系孟—高棉语族。在现代国家建立之前，东南亚与中国西南为族群流动、迁徙与融合提供了广阔的舞台；在现代国家形成之后，尽管受到国家的阻止和国界的限制，族群的跨国流动仍然以不同的方式频繁发生着，如跨国通婚和迁徙等人口流动、物质交换和经济流动、互访等文化流动，等等。总之，东南亚与中国之间错综复杂的族群关系和多重交织的交流互动及其所形成的动人心魄的文化动态为人类学/民族学的研究提出了魅力无穷和数不胜数的研究论题，也为许多民族历史、文化认同、文化传播、社会变迁、民族或族群与国家关系等学术悬案和理论难题的解决或重新解释提供了丰富有力的资源。

从社会经济发展的现实来看，中国与东南亚国家经济合作与社会文化交流的不断密切提出了开展东南亚国家民族志研究的需要。20世纪90年代以来，随着中国改革开放进程的推进和经济的迅猛发展，中国与东南亚国家之间的经济贸易呈现迅速上升趋势。近年来，在东南亚的对外贸易中，中国排第四位；在中国的对外贸易中，东南亚处于第五位。东南亚已成为中国吸引外资的重要来源地，也是中国企业"走出去"的首选地之一。2002年11月，中国与由东南亚十国组成的在政治、经济和安全问题上协调合作的区域性组织"东南亚国家联盟"签署了《中国—东盟全面经济合作框架协议》，中国—东盟自由贸易区（China and Asean Free Trade Area, CAFTA）即"10 + 1"正式形成，这是继欧盟（European Union）和北美自由贸易区（NAF-TA）之后建立的世界上第三大区域性经济合作区。2010年1月1日，中国—东盟自由贸易区协议正式生效，标志着中国与东盟国家在相互开放市场、建立密切关系、扩大相互之间的贸易和投资合作的自由贸易区建设全面启动，各国通过相互取消绝大多数产品的关税和非关税，开放货物贸易、服务贸易市场和投资市场，实现贸易、投资的自由化等措施推动区域合作与联系登上新台阶。经济活动的主体是人。

中国与东盟国家区域经济的一体化，必将进一步推动中国与东盟国家社会互动与文化接触的频繁与深化。在这一背景下，运用民族志方法对东盟国家进行研究，无疑对消除文化误解、增进互相理解、推动和谐交往具有积极而重要的作用。

三　东南亚民族志研究的困境

在东南亚民族志研究的试验与推进过程中，我越来越强烈地认识到开展东南亚民族志研究的重要学术价值和重大现实意义，但同时我也切身体会到其难度和困境。

困境之一来自政治体制和社会模式等客观方面的制约。东南亚国家之间的政治体制差异巨大，其中一些国家对于外国人在其国内的活动实施程度不等的管制、限制和监控。作为以参与观察和深度访谈作为最基本调查方法的民族志研究，进入东南亚国家的基层社会做田野调查面临着难以想象的诸多困难。

困境之二来自研究者队伍学术准备不足的主观方面的制约。中国的许多东南亚研究依靠的是英文等文献，而不是东南亚各国的官方语言，其所提供的信息大都比较笼统，对于深入小型社区开展田野调查来说远远不够。东南亚各国的语言在中国都纳入"小语种"的范围，普及面非常有限，掌握者寥寥无几，况且对于从事民族志研究的学者来说，不仅要掌握研究对象的语言，而且还需要掌握研究对象所在国的官方语言，在目前情况下两者兼备者几乎无处寻觅。

为此，我必须坦诚地告知读者，《东南亚民族志丛书》是在上述条件下完成的，必定存在诸多缺陷甚至谬误，因受各方面条件的制约而导致田野调查不够深入细致、文化解释不够准确透彻则是本套丛书普遍存在的问题。但我信奉的做事原则是：有胜于无，先有后好，敲门需砖。因为包括东南亚民族志研究在内的"海外民族志"研究尚处于起步阶段。我相信，随着中国—东盟自由贸易区的全面启动，东南亚国家的整体开放程度将不断扩大，而随着东南亚民族志研究的推进，一批具备从事东南亚民族志研究的学术队伍也将逐渐成长起来。到那时，堪称"玉"的东南亚民族志研究作品就会涌现出来，本套书的使命也就完成了。

　　我真诚希望，有更多的学者特别是青年学者加入到东南亚及其他区域、其他国家的"海外民族志"研究队伍中来，因为这是一片有待开垦的处女地，也是一个极具魅力和挑战的研究领域！

何　明

2012 年 3 月

目　录

绪　论

　　老挝，全称为老挝人民民主共和国（Lao People's Democratic Republic，简称 Lao PDR），位于中南半岛（也叫印度支那半岛）北部，是中南半岛唯一的内陆国家。老挝北邻中国，南接柬埔寨，东界越南，西北达缅甸，西南毗连泰国。湄公河在老挝境内蜿蜒 1900 公里，流经老挝历史名城琅勃拉邦、首都万象（Vientiane）、南部重镇沙湾拿吉（Savannakhet）、巴色（Pakse）等重要城市，是老挝人民的母亲河。老挝国土面积 236800 平方公里，人口 590 多万，地广人稀，是东盟地区人口密度最低的国家。老挝有 60 多个部族，大致划分为老龙族（Lao Loum，约占全国人口的 60%）、老听族（Lao Theung）和老松族（Lao Soung）三大民族，通用老语（Lao），66% 以上的居民信奉小乘佛教（Theravada）。据老挝宗教事务委员会统计，目前老挝全国有金碧辉煌的寺庙 4937 座，和尚 22172 名[1]。首都万象约有人口 17 万，全国共有 16 个省、一个直辖市（万象）和一个特别行政区。老挝属热带、亚热带季风气候，没有四季之分，一年主要分为雨季和旱季，5 月至 10 月为雨季；11 月至次年 4 月为旱季。年平均气温在 26 度左右。

　　老挝人民民主共和国成立之前，饱受西方帝国主义及日本帝国主义的欺凌。1893 年老挝沦为法国保护国，1940 年被日本占领，1945 年宣布独立，1946 年法国再次入侵。1954 法国从老挝撤军，不久却被美国取而代之。1962 年老挝成立君主制，1975 宣布废除，成立老挝人民民

---

　　① 以上数据由老挝人民民主共和国信息与文化部文化研究所提供。

主共和国[①]。

老挝是一个农业国家，其经济以农业为主，主要种植稻谷，其中糯稻所占比重很大。产稻区主要集中在万象平原、沙湾拿吉、沙拉湾（Saravane）和占巴塞（Champasack）等中南部地区。老挝的农村人口占全国人口的90%以上，基本上没有什么工业，日用商品等主要靠从泰国和中国进口。老挝实行低工资制，一般都在40—60美元。老挝只有一所综合性大学，即成立于1995年的老挝国立大学（National University of Laos，NUOL），另外还有十几所专科学院。老挝国立大学，距首都万象约35公里，是一所综合性大学，1995年由万象教师培训学院、国家理工学院、医科学院、电子科技学院、万象交通与通讯学院、万象建筑学院、塔德桐（Tad Thong）灌溉学校、东都林学院、那波恩（Nabong）农学院、温卡姆农业中心九所独立学院合并而成。也许是因为全民信佛的缘故，老挝人大都性情温和，待人诚实。

老挝是一个多民族的国家，据老挝王国时期公布的数据，共有68个族群，蓝靛瑶人便是其中之一，属于老挝三大传统民族中的老听族。从族源看，老挝的蓝靛瑶人是从中国南部和越南北部迁入的，迁入的时间大约在18世纪末19世纪初。蓝靛瑶人是瑶族的一个支系，属于苗—瑶语系，勉门语支。他们有自己的方言，但没有自己的文字，他们使用有些变体的汉字记录他们的家谱、宗教仪式以及书信等。在老挝，老龙族的老语（Lao）是通用语。据有关学者的考证，老语实际上是由法国人创建的。1917年法国殖民当局指派一个委员会为老挝学校编写教材，这是标准老语创建的开始。1939年法国殖民当局规定老语为老挝国家语言，以法语为当局官方语言。1975年12月2日，第一届老挝全国人民代表大会作出决议，将老龙族的老语规定为老挝人民民主共和国的通用语（官方标准老语）。学校使用标准老语教学，不管学生平时说老挝方言或是其他语言，他们都应该认真学习和使用标准老语[②]。

---

① 《老挝概况》，《印刷世界》2004年第6期，第55页。

② 黄素芳：《现代老挝语的形成与老挝的语言政策》，《东南亚》2003年第3期，第46—47页。

在老挝，蓝靛瑶人通常分为两个支系，一个叫"金地门"（Kim Di Mun），意为"住在山脚下的人"，另一个叫"金地昂门"（Kim Diang Mun），意思是"住在山顶上的人"。"金地门"主要在琅南塔、乌多姆赛和波乔三省，"金地昂门"主要聚居在丰沙里省北部山区。在琅南塔，蓝靛瑶人也被称作佬魁族（Lao Huay），意思是"住在溪流边的人"。根据 J. 斯克里辛格（J. Schliesinger）的研究，老挝的蓝靛瑶人是从中国和越南迁移过来的，时间上可能要比瑶族的其他支系如勉（Mien）晚得多，大概在 20 世纪初期①。据《云南各族古代史略》（1968）记载，自唐、宋以来，苗族就分布于湘西至贵州境内，瑶族分布于湘西南与广东、广西地带，后来苗、瑶又不断地向南迁移，一部分进入了越南和老挝。老挝人坎占·巴迪在《老挝外交史》一书中提出，苗族和瑶族于 1840 年开始从中国南方来到老挝。美国出版的《老挝地区手册》和《老挝——它的人民、社会和文化》两部论著都认为苗、瑶最早出现于老挝是在 1850 年。《老挝地理》一书作者则认为，苗、瑶是华南少数民族的部落，在 1873 年至 1876 年间开始到这块土地上谋生。老挝学者富米·冯维希和坎占·巴迪也认为老挝的苗族和瑶族起源于中国，认为苗族和瑶族于 1840 年开始从中国南方来到老挝②。迁移的原因主要是为了追求安定的生活和寻求新的可供游耕的山地。

本研究是 2005 年 12 月至 2006 年 9 月笔者在老挝北部山区蓝靛瑶人山寨进行人类学田野调查的成果之一，主要以琅南塔的蓝靛瑶人即"金地门"为主，通过考察蓝靛瑶人的日常现实生活来检视其学校教育，主要就影响蓝靛瑶人的历史与政治过程、阻碍其学校教育的社会与文化因素、他们对学校教育的态度与反应、他们的政治与经济状况以及学校基础设施等方面进行论述，尽可能地向读者展现出老挝蓝靛瑶人的现实生活世界及其对学校教育的影响。

---

① Schliesinger, J.（2003）. *Ethnic Groups of Laos*, Vol. 3. p. 274. Bangkok: White Lotus Co., Ltd.

② 转引自景振国主编《中国古籍中有关老挝资料汇编》，中州古籍出版社 1985 年版，第 287—288 页。

第一节　选题缘由及其意义

一　选题缘由

众所周知，人类学从一开始便把异域的社会与文化作为自己的研究对象。可以说，从研究殖民地开始，研究异域文化便形成了人类学的传统。通过对异民族的社会与文化研究来反观我们自己的社会和文化、认识我们人类自身。可以说，人类学家通过比较和研究世界各地不同民族的社会与文化来进一步认识和理解我们自己的社会与文化，是人类学研究最基本的目的。

笔者在香港中文大学人类学系攻读博士学位期间主攻教育人类学，由于受导师陈志明先生的影响，选择少数民族学校教育作为自己的研究方向。教育人类学（Educational Anthropology 或 Anthropology of Education）是介于人类学和教育学学科之间的一门边缘性学科，是一门把人类学的概念、理论和方法应用到教育领域，从宏观和微观、现实和观念等几个方面来描述和解释教育现象、教育事实和教育问题，以揭示教育与人、教育与文化、社会文化与人之间相互影响和相互作用的应用性边缘学科①。教育人类学家认为，学校是社会体系的一个不可分割的部分，是社会的缩影，P. 麦克拉轮（P. Mclaren）认为，学校不仅是教学的场所，而且也是文化的阵地，是语言、社交和日常经历和行为合法化与排序的场所②。因此，从本质上看，学校是观察经济、政治（权力）和文化领域之间的辩证关系和张力的基本机构。考察学校教育是我们理解人类的行为与观念的最佳途径之一。

遇到教育问题时，人类学者不会局限于某些特定的情境、特定的

---

① 李复新、瞿保奎：《教育人类学：理论与问题》，《教育研究》2003 年第 10 期，第 3 页。

② McLaren, Peter (1999) . *Schooling as a Ritual Performance*：*Towards a Political Economy of Educational Symbols and Gestures.* London and New York：Routledge.

角度进行解释，而会从比较宽广的、全面的社会文化脉络来看待问题。如遇到辍学问题、学业失败问题时，人类学者往往从跨文化及整体的观点来看，他们会发现这些学习成绩不良的现象不仅是教与学的问题，还与社会阶级、族群关系、文化期待等因素都有密切关系。

选择老挝蓝靛瑶人作为笔者的研究对象，有其偶然性。2004 年好友黄兴球教授获得亚洲学者基金资助前往老挝从事老听族的亲属关系与婚姻制度方面的调查和研究。在他的鼓励和帮助下，笔者于 2005 年也有幸获得该基金会的资助，并选择老挝蓝靛瑶人作为自己的研究对象。黄教授在老挝田野期间，与老挝人民民主共和国（以下简称老挝）信息与文化部文化研究所以及琅南塔省文化厅等机构建立了良好关系，并与时任文化研究所所长的羌沙菲利斯博士、时任琅南塔省文化厅副厅长的沈童先生等关键性人物保持着密切联系。这些人际关系和社会资源对于笔者进入老挝北部山区进行实地田野调查无疑是至关重要的。这可以说是笔者之所以选择老挝蓝靛瑶人作为研究对象的最主要动因之一。此外，在笔者的印象中，老挝是一个古老而神秘的国家，其悠久的历史与佛教文化、质朴的风土民情、多彩的民族风情、茂密的原始森林以及神秘而传奇的"金三角"等，无不像磁石般吸引着笔者。还有，笔者一直从事瑶族的一个支系土瑶人的研究，而蓝靛瑶人也是瑶族的一个支系，即蓝靛瑶。为躲避战乱，一百多年前他们从中国湖南、广西、云南等地迁往老挝北部山区。教育人类学的研究表明，跨文化的比较研究能够使教育工作者从异文化的经验中得到启示，从而更加客观地审视自己的教育。因此，通过对老挝蓝靛瑶人学校教育的考察，可以更好地认识与反思中国少数民族学校教育中存在的问题，为我们更好地研究学校教育问题提供新的视角。

二 选题意义

本项目是一项基于长期实地田野调查、从文化人类学跨文化的视角探讨老挝蓝靛瑶人及其学校教育成败因素的民族志研究，其成果之理论创新与价值主要有：首先，目前国内还没有学者专门从事老挝蓝靛瑶人及其学校教育方面的研究，就学校教育民族志尤其是海外教育民族志而言，本研究是一项具有填补空白意义的研究，不仅可以为中国少数民族学校教育研究机构或单位提供第一手跨文化的教育民族志资料，而且还可以为今后进行学校教育的跨文化比较研究提供翔实例证和参照架构。同时，教育人类学的研究与教学在中国的发展尚处于初始阶段，本研究成果可以为教育人类学在国内的研究与教学提供翔实的民族志资料。其次，与中国一样，老挝也是一个多民族的国家，而蓝靛瑶人是其60多个族群之一。对于老挝蓝靛瑶人的教育，尤其是学校教育的研究有助于反思中国少数民族学校教育中存在的问题。同时，对于探讨多元文化教育中存在的问题也具有重要参照意义。本研究在一定程度上能够反映老挝少数民族学校教育的真实情况。因此，其研究成果可以为中国教育相关部门了解国外少数民族学校教育现状、反观中国现行民族教育体制中存在的弊端以及制定少数民族教育政策提供理论依据，同时，本研究所提供的信息有助于中国和老挝的调查者以及老挝政府更好地了解老挝山地"部落"民族学校教育中现存的问题。

此外，本研究是一项跨学科的综合性研究（结合了文化人类学、教育人类学、教育学等学科的视角），在研究方法上亦具有一定的创新性。通过人类学的参与观察和民族志方法探讨学校教育问题，尤其是探讨国外民族的学校教育问题，可以拓宽我们审视民族教育问题的视野和思路。最后，本项目的实施对中老两国开展有关少数民族学校教育方面的交流与对话也具有重要的理论与现实意义。

第二节　国内外相关研究现状述评

一　国内研究现状

国内有关少数民族学校教育方面的研究成果很多，尤其是20世纪80年代后期，中国学者开始广泛地研究少数民族学校教育。根据教育人类学家G. 白杰瑞（G. Postiglione）的研究统计，中国学者对少数民族学校教育的研究主要集中于教育发展史①。除此之外，有关教育方面的著作主要集中于四个方面，即"少数民族教育政策与发展，描述全国少数民族教育发展的论文集，描述特定区域少数民族教育的论文集和涉及少数民族教育与经济方面的论著"②。相比之下，从教育人类学理论视角探讨少数民族学校教育过程与成就的研究成果不是很多，从事这方面研究的学者也不多。他们的研究主要关注少数民族儿童失学、学校教育与民族文化、语言与学校教育等问题。如韩嘉玲、王锡宏、余海波等考察了少数民族儿童失学问题③；李春玲、滕星和杨红、钟年等讨论了教育结构不切合生活实际，教学内容脱离少数民族生产实际的问题④。

需要特别说明的是，由中央民族大学滕星教授主编的《教育人类学研究》丛书第一、第二、第三辑陆续出版。这套论著主要就学校教育与多元文化、语言与教学等问题进行了开创性的探讨，其中滕星和张俊豪主编的《教育的人类学视野：中国民族教育田野个案研究》⑤、巴占龙的《学校教育—地方知识—现代性：一项家乡人类学研究》⑥、滕

① Postiglione, Gerard A. ed. (1999). *China's National Minority Education: Culture, Schooling, and Development.* New York: Falmer Press.

② Postiglione, Gerard A. (2000). "National Minority Regions: Studying School Discontinuation." In Judith Liu, Heidi A. Ross, and Donald P. Kelly eds., *The Ethnographic Eye: Interpretive Studies of Education in China*, p. 55. New York: Falmer Press.

③ 韩嘉玲：《中国贫困地区的女童教育研究：贵州省雷山县案例调查》，《民族教育研究》1999 年第 2 期，第 56—63 页；王锡宏主编：《中国边境民族教育》，中央民族学院出版社 1990 年版；余海波：《少数民族地区在普及义务教育进程中所面临的问题及对策》，《民族教育研究》1997 年第 3 期，第 45—49 页。

④ 李春玲：《社会政治变迁与教育机会不平等——家庭背景及制度因素对教育获得的影响》，《中国社会科学》2003 年第 3 期，第 86—98 页；滕星、杨红：《西方低学业成就归因理论的本土化阐释——山区拉祜族教育人类学田野工作》，《广西民族学院学报》2004 年第 3 期，第 2—17 页；钟年、吴永明、郑铁巨等：《广西融水苗族自治县白云乡瑶族教育情况调查》，《广西民族研究》1985 年第 1 期，第 123—129 页。

⑤ 滕星和张俊豪主编：《教育的人类学视野：中国民族教育田野个案研究》，民族出版社 2009 年版。

⑥ 巴占龙：《学校教育—地方知识—现代性：一项家乡人类学研究》，民族出版社 2010 年版。

星的《族群、文化与教育》①、王军的《文化传承与教育选择——中国少数民族高等教育的人类学透视》②、滕星、张俊豪主编的《多民族文化背景下的教育研究》③、滕星主编的《多元文化社会的女童教育：中国少数民族女童教育导论》④、董艳的《文化环境与双语教育：景颇族个案研究》等论著对推动中国教育人类学学科的发展⑤，促进教育人类学对少数民族学校教育的研究具有重大意义。正如这套丛书的主编滕星教授在序言中所说的那样："《教育人类学研究》系列丛书的出版，将在人类学与教育学科之间搭起一座桥梁，它必将进一步推动人类学与教育学学科之间的相互渗透与整合，为人类学和教育学开辟出一块新的学术研究领域，从而为中国的教育改革作出贡献。"⑥

　　近年来，有一批以文化人类学的理论与方法研究学校教育尤其是少数民族学校教育的青年学者正在努力推动中国教育民族志研究的发展，如裕固族青年教育人类学者巴战龙博士，回族青年教育人类学者海路博士等，立足田野，以一个本土学者的视角，审视少数民族学校教育在改革与发展过程中存在的问题。

　　此外，与这方面研究相近的还有万明钢主编的《少数民族学生心理发展与教育研究》⑦、王嘉毅的《西北少数民族基础教育发展现状与对策研究》等⑧。在中国教育人类学的田野工作和民族志撰写方面，滕星曾于 2001 年出版了《文化变迁与双语教育——凉山彝族社区教育人类学的田野工作与文本撰述》一书，该书是滕星教授田野工作和理论思考的阶段性成果，被著名人类学家林耀华先生和著名教育学家顾明远

---

　　① 滕星：《族群、文化与教育》，民族出版社 2002 年版。

　　② 王军：《文化传承与教育选择——中国少数民族高等教育的人类学透视》，民族出版社 2002 年版。

　　③ 滕星、张俊豪主编：《多民族文化背景下的教育研究》，民族出版社 2009 年版。

　　④ 滕星主编：《多元文化社会的女童教育：中国少数民族女童教育导论》，民族出版社 2009 年版。

　　⑤ 董艳：《文化环境与双语教育：景颇族个案研究》，民族出版社 2002 年版。

　　⑥ 巴占龙：《学校教育—地方知识—现代性：一项家乡人类学研究》，民族出版社 2010 年版，第 8 页。

　　⑦ 万明钢主编：《少数民族学生心理发展与教育研究》，甘肃教育出版社 2002 年版。

　　⑧ 王嘉毅：《西北少数民族基础教育发展现状与对策研究》，民族出版社 2006 年版。

先生称为"是中国大陆第一部采用文化人类学的理论范式与研究方法对具有异文化背景的少数民族教育进行的细致研究，开创了中国经典意义上教育人类学研究的先河。此书遵循解释人类学理论范式的思路，通过辅以文化唯物论的主客位研究方法，对中国四川凉山彝族社区20世纪后50年来语言与教育的社会变迁的过程进行了描述"①。此后，运用田野工作方法撰写的教育人类学民族志作品日见增多，如西南师范大学吴晓蓉的《教育，在仪式中进行：摩梭人成年礼的教育人类学分析》，通过对摩梭人的成年礼进行教育人类学范畴的研究，对摩梭人文化生态系统进行分析，探讨了成年礼及摩梭人成年礼的文化意蕴、仪式蕴含的问题的解决等②。天津南开大学袁同凯撰写的《走进竹篱教室——土瑶学校教育的民族志研究》一书③，则通过对瑶族的一支——土瑶社区学校教育的民族志研究，揭示了土瑶儿童学校教育失败的原因，提出了对问题的思考，是一部在丰富的田野资料基础上撰写的土瑶民族志和少数民族学校教育分析的论著④。但是，从整体上看，国内有关少数民族学校教育的民族志研究，尤其是我们对于国外少数民族学校教育的民族志研究则依旧比较薄弱。

二 国外研究现状

在国外，早在20世纪初期，像E. 休伊特（E. Hewett）、F. 博厄斯（F. Boas）、B. 马林诺夫斯基（B. Malinowski）和R. 雷德菲尔德（R. Redfield）等人类学者的研究就已经涉及教育，但真正从事少数民

---

① 滕星：《文化变迁与双语教育——凉山彝族社区教育人类学的田野工作与文本撰述》，教育科学出版社2001年版。

② 吴晓蓉：《教育，在仪式中进行：摩梭人成年礼的教育人类学分析》，西南师范大学出版社2003年版。

③ 袁同凯：《走进竹篱教室——土瑶学校教育的民族志研究》，天津人民出版社2004年版。

④ 滕星：《回顾与展望：中国教育人类学发展历程——兼谈与教育社会学的比较》，《中南民族大学学报》2006年第5期，第6—8页。

族学校教育研究的人类学家还不多①。20 世纪 60 年代以后，越来越多的人类学家开始关注学校教育尤其是少数民族学校教育研究，如 W. 拉博夫（W. Labov）、D. 海姆斯（D. Hymes）、S. 菲利普斯（S. Philips）等从语言行为②，E. 里柯克（E. Leacock）、G. 斯平德勒（G. Spindler）、S. 金博尔（S. Kimball）等从文化差异③，F. 埃里克森（F. Erickson）、G. 莫哈特（G. Mohatt）、S. 希思（S. Heath）、H. 莫汉（H. Mehan）、A. 赫特维克（A. Hertweck）和 L. 梅尔斯（L. Meihls）等从文化冲突方面探讨少数民族或弱势族群儿童在主流社会的教育体制中学业失败原因④。但这些研究都无法说明为什么交流模式、认知方式等文化差异只影响部分而不是所有少数民族儿童的学业成就。这个时

---

① Hewett, E. (1976/1905). "Ethnic Factors in Education." Reprinted in J. I. Roberts and S. K. Akinsanya, eds., *Educational Patterns and Cultural Configurations*: *The Anthropology of Education*, pp. 27 – 36. New York: David McKay Co. Boas, Franz (1928). "Education, Conformity and Cultural Change." In *Anthropology and Modern Life*. New York: W. W. Norton. Malinowski, B. (1936). "Native Education and Cultural Contact." *International Review of Missions*, Vol. 25: 480 – 515. Redfield, Robert (1943). "Culture and Education in the Midwestern Highlands of Guatemala." *American Journal of Sociology* 48: 640 – 648.

② Labov, William (1972). *Language in the Inner City*. Philadelphia: University of Pennsylvania Press. Hymes, Dell (1974). *Foundations in Sociolinguistics*: *An Ethnographic Approach*. Philadelphia: University of Philadelphia Press. Philips, S. (1983). *The Invisible Culture*: *Communication in Classroom and Community on the Warm Springs Indian Reservation*. New York: Longman.

③ Leacock, Eleanor Burke, ed., (1971). *The Culture of Poverty*: *A Critique*. New York: Simon and Schuster. Spindler, George (1974). "The Transmission of Culture." In George D. Spindler, ed., *Education and Cultural Process*: *Toward an Anthropology of Education*, pp. 279 – 310. New York: Holt Rinehart and Winston. Kimball, S. T. (1974). *Culture and Educative Process*. New York: Teacher College, Columbia University.

④ Erickson, Frederick, and Gerald Mohatt (1982). "Cultural Organization of Participant Structure in Two Classrooms of Indian Students." In G. D. Spindler ed., *Doing the Ethnography of Schooling*: *Educational Anthropology in Action*, pp. 132 – 175. New York: Holt, Rinehart and Winston. Erickson, Frederick (1987). "Transformation and School Success: The Politics and Culture of Educational Achievement." *Anthropology and Education Quarterly* 18 (4): 336 – 355. Heath, S. (1983). *Ways with Words*: *Language, Life and Work in Communities and Classrooms*. New York: Cambridge University Press. Mehan, H, A. Hertweck, and L. J. Meihls (1986). *Handicapping the Handicapped*: *Decision Making in Students' Educational Careers*. Stanford, CA.: Stanford University Press.

期，研究者主要通过学校田野工作取得的一手资料来研究教育问题，把学校看作一种传承文化的机构或社会组织，探讨儿童个性、家庭背景、教养方式和文化适应力等微观层面的教育问题，尚未将教育问题上升到宏观层面来讨论，J. 奥格布（J. Ogbu）把这些研究称为微观民族志（Micro Ethnographies）。在 J. 奥格布看来，以往的研究，也即微观民族志有以下不足之处：首先，微观民族志研究缺乏比较性，因为它们往往将注意力集中于某一类少数民族，从而无法说明为什么交流模式、认知方式等文化差异只影响部分而不是所有的少数民族儿童的学业成就，从跨文化的视角看，尤为如此。其次，微观民族志研究缺乏整体性，因为它们忽略了实际上能够产生研究课堂过程模式的更为广大的生态环境的力量。也就是说，忽视了学校教育与其他社会机构之间的互动关系以及这种互动关系如何影响课堂的教学过程。再次，虽然微观民族志研究可以为改善少数民族儿童学业成就提供基本的资料和见解，却只能引导教育政策制定者关注教育人员而非教育结构的调整[①]。到 20 世纪 80 年代后，J. 奥格布、D. 里德—丹妮海（D. Reed-Danahay）、G. 诺布利特（G. Noblit）、C. 奥伯里（C. Aubery）、刘·朱迪思（Liu，Judith）、A. 罗斯（A. Ross）和 D. 凯利（D. Kelly）等开始从历史、政治和经济的角度分析了不同群体儿童学业成功或失败的原因[②]。在这些研究中，尤其是 J. 奥格布的研究认为，只有关注学校教育与更为广大的社会文化背景，才能更好地理解儿童及其家长面对学校所采取的适应性策略。

J. 奥格布认为，从理论层面看，教育人类学把学校教育定义为文化传播的过程，旨在培养儿童的态度、价值以及关于世界和自我观念。

① Ogbu，John U.（1981）. *Minority Education and Caste：The American System in Cross-cultural Perspective.* New York：Academic Press.

② Ogbu，John U.（1981）. *Minority Education and Caste：The American System in Cross-cultural Perspective.* New York：Academic Press. Reed-Danahay，Deborah（1984）. "Farm Children at School：Educational Strategies in Rural France." *Anthropology and Education Quarterly* 15（1）：83 –89. Noblit，George W.（1999）. *Particularities：Collected Essays on Ethnography and Education.* New York：P. Lang. Aubery，Carol，et al.，（2000）. *Early Childhood Educational Research：Issues in Methodology and Ethnics.* London：Routledge/Falmer. ——Liu，Judith，Heidi A. Ross，and Donald P. Kelly，eds.，（2000）. *The Ethnographic Eye：Interpretive Studies of Education in China.* New York：Falmer Press.

而教育人类学家的任务就是在特定社会情境下解释文化传播的过程。但遗憾的是，部分学者只关注学校、教室或家庭环境的微观民族志研究，而往往忽略了更为广大的社会及其各种部门对少数民族学校教育的影响。而且，即使是文化传播的研究者，如 S. 菲利普斯，也只是兼顾了社区和学校的模式，通常只关注教师与学生之间的问题而不是结构性的问题[1]。鉴于此 J. 奥格布提出，民族志研究应当是多层次的，根植于历史和生态的文化观念之中，即主张一种更为"宏观"（Macro）的学校民族志研究；同时宏观民族志应与微观民族志相互结合。宏观学校民族志研究虽然也以小社区的学校为考察点，但宏观学校民族志者不像微观民族志者仅仅将注意力放在课堂、学校和家庭的层面上，同时也关注学校与其他社会机构之间的关系，以此证明诸如更广大社会的信仰和意识形态等社会力量对学校参与者行为的影响。从事宏观民族志研究的学者在田野点长期生活，学习当地人的语言，并与当地人建立密切的人际关系，以参与观察法和其他各种民族志方法搜集一手资料。

宏观学校民族志研究的范例通常也都使用传统人类学的民族志方法。如 B. 格林德尔（B. Grindal）对西非加纳比北部西萨尔（Sisals）人学校教育的民族志研究[2]、J. 辛格尔顿（J. Singleton）对日本乡村教育的民族志研究[3]、R. 沃伦（R. Warren）对德国乡村教育的民族志研究等[4]。这些研究以小社区为考察点，长期生活在田野点，学习当地人的语言，并与当地人建立密切的人际关系，以参与观察法和其他各种民族志方法搜集第一手资料。尽管研究主题都是教育，但他们都关注学校教育与其他社会机构之间的关系，以此证明诸如更广大社会的信仰和意

---

[1] 结构性问题主要指诸如社会阶层系统、经济合作等与更为广大的社会相关的问题。这些问题对少数民族儿童互动模式、交流方式、动机等都有一定影响。参见 Ogbu. J. 1974. *The Next Generation：An Ethnography of Education in An Urban Neighborhood.* New York：Academic Press。

[2] Grindal, Bruce (1972). *Growing up in Two Worlds：Education and Transition among the Sisala of Northern Ghana.* New York：Holt, Rinehart and Winston.

[3] Singleton, John (1967). *Nichu：A Japanese School.* New York：Holt, Rinehart and Winston.

[4] Warren, Richard. L. (1967). *Education in Rebhausen：A German Village.* New York：Holt, Rinehart and Winston.

识形态等社会力量是如何影响学校参与者的行为。如 J. 辛格尔顿的研究表明，日本人的意识形态和社会运作的机制影响着乡村的学校教育过程；R. 沃伦论述了工业化和新型经济典型角色对乡村教育的激励作用；B. 格林德尔指出了加纳正在变迁的经济和政治环境对教育的影响，尤其是对西萨尔青年人教育态度的影响。这些宏观学校民族志研究和其他类似的跨文化民族志研究明确地表明，不能简单地以师生不同的文化背景的民族志资料或不同的学习和交流模式来解释少数民族儿童的学业成就，只有关注学校教育与更为广大的社会文化背景，我们才能更好地理解儿童及其家长面对学校所采取的适应性策略。学校组织和社区的社会结构之间的沟通必然会在一定程度上影响学校的教学过程。我们应该将微观和宏观民族志有机地结合起来，从而更好地从文化和结构的层面上描述文化传播的过程并阐释其传播模式。关于宏观民族志研究主要有以下几个理论视角。

1. "文化—生态理论"

在探讨少数民族学业成绩低下的原因时，J. 奥格布强调，学校和社区的社会结构之间的沟通必然会在一定程度上影响学校的教学过程。因此，将微观和宏观民族志有机地结合起来是十分必要的，只有关注学校教育与更为广大的社会文化背景之间的互动关系，我们才有可能更好地理解儿童及其家长面对主流学校所采取的适应性策略，从而更好地从文化和结构的层面上描述文化传播的过程并阐释其传播模式。由此，"文化—生态理论"（Cultural-ecological Theory）便应运而生。

"文化—生态理论"认为，在一个多元的社会中，弱势族群的形成经历以及他们自己适应主流社会的态度与行为是我们理解弱势群体学业成就的关键性因素。这一理论框架不仅关注广大的社会环境和学校机构中的各种因素，而且也注重少数民族社区内部的因素。采用这种方法进行弱势族群内部的学业成就差异的研究具有一定的解释性。它不局限于只研究学校、课堂、家庭或校园内所发生的事情，还关照诸如弱势群体的生态结构、认知结构以及学校与社会之间的互动关系等与学校相关的社会和历史因素。"文化—生态理论"（Cultural-ecological Theory）不仅关注广大的社会和学校的各种因素，而且也注重少数民族社区内部的因素。在 J. 奥格布看来，生态是少数民族生活的"场所"或"环境"，从宽泛的意义上说，"文化"是少数民族观察自己的世界和行为的方式。因此，他批评传统民族志研究没有从主位的角度去理解少数民族的行为方式，而是以主流社会的价值观、透过研究者自己的"文化镜片"去品评少数民族儿童的学业成就①。

文化—生态理论主要包括两个层面的含义，第一层含义是 J. 奥格布称为制度（the system）的关于少数民族在教育政策、教学以及教育回报等方面所遭受的不公待遇或误解；第二层含义是少数民族对待主流学校教育的态度。因为一个族群如何成为和为什么会成为少数民族的历史经历也会影响该群体对学校教育的态度。J. 奥格布把这些因素称为"社区力量"（Community Forces）。理解制度对少数民族学业成就的影响，需要全面检视少数民族在学校教育中所面临的各种障碍②。同一个弱势族群由于所处的社会文化环境不同，可能会采取不尽相同的调适行为，而这些"社区力量"往往是造成他们学业成就低下的重要因素③。

为了解释少数民族对主流学校教育的认识和反应，文化—生态理论强调主体民族对待少数民族的行为态度的影响作用。这种影响可以从少数民族应对社会问题的反应或他们解决现实问题的群体态度中体现出来。针对功利性歧视、交往歧视以及象征（符号）歧视，少数民族通常发展出群体的应对策略④，根据文化—生态理论，从少数民族在学校教育中所遭受的歧视即可看出他们在社会中所遭受的不公待遇。总体而言，这种不公待遇主要表现在三个方面，而这三个方面都会影响少数民

---

① Ogbu. John. U. （1991）. "Immigrant and Involuntary Minorities in Comparative Perspective." In Gibson Margaret A and John U. Ogbu, eds., *Minority Students and Schooling*: *A Comparative Study of Immigrant and Involuntary Minorities*, pp. 3 – 33. New York: Garland Publishing Inc.

② 根据 J. 奥格布的研究，这种障碍主要包括功利性歧视（如就业和工资待遇等）、交往歧视（如社交和居住隔离等）以及象征（符号）歧视（如诋毁少数民族的文化和语言等）。

③ Ogbu, John U. （1981）. *Minority Education and Caste*: *The American System in Cross-cultural Perspective*. New York: Academic Press. Ogbu, John U. （1987）. "Variability in Minority School Performance: A Problem in Search of An Explanation." *Anthropology and Education Quarterly* 18 (4): 312 – 334.

④ 如面对经济歧视，他们发展出如何"上进"或"成功"的民间理论；面对交往歧视他们联合起来抵制主体民族和主流社会制度；针对象征歧视，他们选择了对立的文化和语言参照架构或有选择地吸收"白人文化"。

族儿童的学业成就。其一是体现于少数民族教育政策与实践方面的歧视，如教育隔离政策、非等额的教育投资以及少数民族学校的职工安置等。其二是少数民族学生在学校和教学中的待遇，如教师对他们的期待、教师与学生的互动模式等。第三是少数民族学生毕业后在社会上的待遇，尤其是就业和工资待遇等。根据 J. 奥格布的研究，他所考察过的少数民族学生都面临类似的歧视问题。

J. 奥格布与 H. 西蒙斯（H. Simons）认为社会与学校里的结构性障碍或歧视是造成少数民族儿童学业成就低下的决定性因素，但不是唯一因素①。因为所有少数民族儿童都面临同样的问题，但只有部分人的学业成就低下。C. 艾米霍夫基（C. Emihovich）、E. 雅各布（E. Jacob）和 C. 乔丹（C. Jordan）等教育人类学家认为文化与语言上的差异是造成问题的关键。② 毋庸置疑，文化和语言上的差异的确会造成学业上的困难，但文化与语言差异说却无法解释同样是遭受歧视的少数民族，为什么有些群体会在学业上获得成功而另一些则遭受失败。J. 奥格布的研究发现，少数民族儿童在学业上的差异可能与他们的社区力量之间的差异相关。对社区力量的研究实质上是考察少数民族对学校教育的认识和反应。J. 奥格布和 H. 西蒙斯提出构成社区力量的因素主要包括：少数民族学校的对比架构（如白人区的少数民族学校）、对学校教育功利价值的信任度（如学校教育对向上流动所起的激励作用）、对学校教育的关系解释（如对学校和学校教职人员的信任度）以及对学校教育象征（符号）的信任度（如是否认为学校的课程、教学的语言等会危及少数民族的文化与语言认同）。

在验证文化—生态理论时，J. 奥格布又提出了一个新的分类概念，即"移民社会"（Settler Society），这一概念进一步强化了他的分类架构

---

① Ogbu, John U. and Herbert D. Simons (1998). "Voluntary and Involuntary Minorities: A Cultural-Ecological Theory of School Performance with Some Implications for Education." *Anthropology & Education Quarterly*, 29（2）: 161.

② Emihovich, Catherine (1995). "Cultural Continuities and Discontinuities in Education." In *The International Encyclopedia of Educational Researach*, vol. 3. pp. 1227 – 1232. London: Pergamon Press. Jacob, Evelyn, and Cathie Jordan, eds., (1993). *Minority Education: Anthropological Perspectives*. Norwood, NJ.: Ablex.

的阐释价值①。在移民社会里，主体民族由来自其他国家的移民组成，他们为寻求更好的经济、政治和社会地位而移民定居。如美国的主体群体白人几乎都是移民，澳大利亚、加拿大、新西兰和新加坡等也都是移民社会。这些移民社会里的主体民族在信仰和期待方面有共同点，他们相信在新的家园里他们会有更多的发展机遇，多少认同文化和语言上的"同化"。移民社会的另一个与文化—生态理论相关的特征是，在这种移民社会里至少有两种不同类型的少数民族，即因同样原因而自愿移民的主体民族和非主体的非自愿移民。

2. 基于文化传统观下的"民间成功理论"

"民间成功理论"（Folk Theories of Success）是 J. 奥格布在比较移民（Voluntary Minority）和非志愿少数民族（Involuntary Minority）时提炼出来的理论观点，主要用于解释不同族群学业成功与失败的原因②。这个理论认为，如果少数民族认为他们能通过教育获得成功并确信主流社会能为他们提供向上流动的机会，他们便会设法克服因文化和语言而造成的各种障碍；反之，如果他们认为教育制度只会威胁或削弱他们的传统文化与族群认同而在较广的生活范围内没有为他们提供与主流群体均等的工作、学习和就业的机会，他们就会有意识地去对抗主流学校教育。J. 奥格布对美国不同族群学校教育的研究发现，移民和非志愿少数民族学业成就的差异，可能并不仅限于文化、人际沟通、权力关系等问题，有部分原因可能是不同的历史经验所造成适应反应的差异。他提出一个问题：移民少数民族和非志愿少数民族的学生，虽然都面临主流社会文化与语言的藩篱，为什么前者比后者在学校表现得较为成功？他指出，移民和非志愿移民少数民族的学校经验成败和历史经历有所不同。自愿移民如亚裔是因为相信移民可以带来更好的政治、经济和生活

---

① Ogbu, John U. and Herbert D. Simons (1998). "Voluntary and Involuntary Minorities: A Cultural-Ecological Theory of School Performance with Some Implications for Education." *Anthropology & Education Quarterly*, 29 (2): 161.

② Ogbu. John. U. (1991). "Immigrant and Involuntary Minorities in Comparative Perspective." In Gibson Margaret A and John U. Ogbu, eds., *Minority Students and Schooling: A Comparative Study of Immigrant and Involuntary Minorities*, pp. 3 – 33. New York: Garland Publishing Inc.

机遇，因此他们凭着这种期望来回应他们在主流社会上受到的各种不幸遭遇。而非志愿移民则不同，他们痛恨失去自由，而认为主流社会在剥削、压迫他们。

J. 奥格布指出，对于少数民族在社会上遭到的不平等待遇，两者的反应因初始经验而有所差异。自愿少数民族如美国的亚洲移民与非自愿少数民族如黑人、印第安人、日本的韩国移民等有着不同的移民经历和历史记忆，自愿少数民族为寻求比故乡更好的生活机遇而移居异乡，对于在异乡所遭到的不公待遇，他们能以乐观向上的态度去对待，认为自己所面临的经济、政治和社会障碍会随着时间的流逝、勤奋的工作和文化层次的提高日趋改善。对于自己的不利处境，他们参照的不是主流族群，而是他们自己的故乡，即以"双重参考架构"（Dual Frame of Reference）为参照，使他们确信在客居社会里他们及其子女会有更好的发展机遇。此外，他们还能比较乐观地认为，由于自己是"老外"或不会讲或讲不好客居社会的语言等原因而在社会上受到冷遇是预料之中的事，客居他乡不应有抱怨，而应努力工作和学习。为此，自愿少数民族总结出，"在异乡新的生活环境中，教育是向上流动的最重要的途径"①。对他们来讲，参与主流社会的学校教育，并不等于屈从，而是发展自己的一种明智的选择。他们确信，只有在保持母体文化认同的同时，努力学习主流社会的文化和语言，积极适应主流社会，才能不断地改善自己在他乡的社会、政治和经济地位，最终进入主流社会。

非自愿少数民族是因为被奴役、征服或被迫离开家园而成为"移民"的，痛楚的移民经历和历史记忆使他们认为主流社会自始至终是在剥削他们、压迫他们。因此，他们以一种对抗的心理来面对自己在社会上的遭遇，认为他们的处境是永久性的、制度化的，根本无法通过自己的努力或学校教育来改变。这种由历史造成的对立心态植根于族群成员的心灵深处，致使他们反对接纳主流社会的文化参考架构，以免减损或瓦解他们族群的认同感和群体凝聚力。基于这种态度，他们以与主流

---

① Suarez-Orozco, M. M. (1991). "Immigrant Adaptation to Schooling: A Hispanic Case." In M. A. Gibson and J. U. Ogbu, eds., *Minority Status and Schooling: A Comparative Study of Immigrants and Involuntary Minorities*. New York: Garland. p. 46.

族群相对立的文化架构来界定他们自己的文化与认同，他们消极地对待主流学校教育，认为主流学校不可能为少数群体学生提供向上流动或升迁的机会。因为他们深深地意识到，无论他们在学业上表现得多么优秀，也无法逃脱被边缘化和从事低等职业的命运。族群的对立心态与消极的行为模式，最终使他们陷于一种恶性循环的教育困境①。

简言之，J. 奥格布的民间成功理论试图说明，只有那些被迫参与社会和长期以来备受歧视和就业困难的少数民族群体才会在学业上失败。这些少数民族往往以主体民族为参照，虽然承认自己是所在国的公民，却是社会、政治与经济地位极其低下的公民。这与移民少数民族形成明显对比，移民少数民族参照的不是主体民族，而是他们自己故乡的同龄阶层，他们常认为客居他乡应努力工作，勤俭持家，从而进入主流社会。但这并不意味着他们完全接受了主流文化。他们从主流文化中吸取他们认为有价值的成分，而摒弃其他。同时，他们还竭力保留自己的传统文化，对他们来说，参与主流社会的教育并不等于屈从，而是发展自己的一种明智的选择。

F. 彭柯（F. Pieke）在研究荷兰华人教育成就的民族志中认为，J. 奥格布的民间成功理论可以有效地分析与解释一个社会中少数民族文化与主流文化间的相互依存关系以及这些族群不同的教育成就。在《华人教育成就与"民间成功理论"》一文中，F. 彭柯探讨了人类互动以及 J. 奥格布的民间成功理论在荷兰中国移民教育经历的应用等问题。他认为，移民教育行为与方式不能用静止的解释架构进行描述，而应该将其置于变动的文化逻辑的背景之下。这种文化的逻辑决定着我们对个体或群体所面临的不断变化的环境的解释。他指出，教育行为与其他社会行为一样，是高度复杂的，只能在文化逻辑、模塑行为的社会环境以及这个环境中的社会经济条件之间的互动中才能理解，并不像 J. 奥格

---

① Ogbu. John. U. （1991）. "Immigrant and Involuntary Minorities in Comparative Perspective." In Gibson Margaret A and John U. Ogbu, eds., *Minority Students and Schooling：A Comparative Study of Immigrant and Involuntary Minorities*, pp. 22 - 27. New York：Garland Publishing Inc.

布所描述的那样，中国移民总是会在学业上取得成功①。但 F. 彭柯认为 J. 奥格布的理论是有其价值的，因为它指出了解释的过程及其与少数民族生活于其中的社会政治关系。解释不是客观存在而被发现的东西，是由试图使他们的社会环境蕴含意义的社会行动者所创造出来的。也就是说，对于某一社会情景并不是只有一种解释，而有多种解释的可能性，文化仅为特殊情境的解释提供一般性的指导，而解释反过来又影响着群体或个体的行为。对于解释和策略行为的表述，必须将其置于特殊的情境之中。因为人们面对的现实与文化为其提供的指导从来不是完全一致的，社会行动者是具有创造性的而不是按程序机械地运转的机器。我们只能表述文化逻辑和行为指南，但不能表述实际行为本身。民间成功理论虽然使 J. 奥格布能够分析宏观权力结构与一个社会中少数民族文化与主流文化间的相互依存关系以及这些族群不同的教育成就，但是涉及权力关系，J. 奥格布却忽视了教学过程本身的问题。彭柯认为师生之间的互动对理解课堂行为，即一个被 J. 奥格布所忽视的问题，具有重要意义，而且可以为理解日常社会实践中"民间成功理论"如何被建构和变更提供一种综合性的视角。其他学者如 R. 麦克德莫特（R. McDermott）也指出，教与学之间需要沟通。如果老师和学生不能有效地沟通，很可能是因为有一方不想进行沟通或拒绝进行沟通所致②。F. 埃里克森进一步深化了这个观念，指出，教学需要一种教育者与学生之间的信任关系，要使学生相信所传授的知识对其自身和社会文化都有利③。在一些少数民族学生中，根本不存在这种信任，他们对主流教育是否符合自己的切身利益表示怀疑。因此，他们拒绝以主体民族认为最适合他们的方式接受教育。

S. 郝瑞（S. Harrell）在考察中国四川大凉山白乌彝族的学校教育时，以彝族族群内部各支系之间学业成就的差异性向 J. 奥格布的民间

---

① Pieke, Frank. N. (1991). "Chinese Educational Achievement and 'Folk Theories of Success'". *Anthropology and Education Quarterly* 22 (2)：162 – 180.

② McDermott, R. (1987). "The Explanation of Minority School Failure, Again." *Anthropology and Education Quarterly* 18 (4)：361 – 367.

③ Erickson, Frederick (1987). "Transformation and School Success：The Politics and Culture of Educational Achievement." *Anthropology and Education Quarterly* 18 (4)：336 – 355.

成功理论提出挑战。S. 郝瑞指出，J. 奥格布的理论在解释中国少数民族学业成就时有一定的局限性，因为中国的族群情形要复杂得多，"不能简单地把某一个少数民族作为一个整体与另一个少数民族或者与汉族进行比较"而需要"从人类学的视角出发，把少数民族学生放到特定的社会背景下去考察"①。S. 郝瑞的研究表明，非自愿族群在主流文化中并不是被动的，他们可以通过参与国家的教育事业实现个人社会地位的升迁，同时也可以通过学校教育来改变他们与汉族之间不平等的社会关系。G. 施坚雅（G. Skinner）的研究也表明，弱势族群可以把教育作为一项社会流动的战略，族群成员可以通过教育来提高他们在社会中的地位。② S. 郝瑞还正确地指出，文化差异论在解释少数民族学业成就时仍有其可行性。他注意到，在一个多民族的国家里，不仅各个族群在学业上有差异，一个族群内部的各个次级族群之间在学校教育上也存在着显著差异。同时，他还指出，族群成员对公民身份的态度也是影响学校教育的重要因素③。

从总体上看来，J. 奥格布以他称之为"民间成功理论"的假说来探讨不同少数民族儿童的学业成就，关注他们对待自己家庭和社区环境与主流学校环境之间的语言差异和文化差异的态度与适应对策，强调从弱势族群自身（族群历史及族群心理因素）去寻求学业成功与失败的根源，是值得我们借鉴的。但我们还应从主流社会及社会制度中去探究致使少数民族学业失败的政治与社会原因。尽管在多元民族的国度里，各族群都有众趋的文化模式，但他们又有各自对社会生活的理解、看法与态度，而这些看法与态度可能会在一定程度上指导他们的价值取向与社会行为，从而影响其成员对学业成就的态度。正如 F. 彭柯指出的那样，J. 奥格布的民间成功理论无法解释教育行为与社会地位不同的族

---

① 郝瑞（Stevan Harrell）著，巴莫阿依、曲木铁西译：《田野中的族群关系与民族认同：中国西南彝族社区考察研究》，广西人民出版社 2000 年版，第 200 页。

② Skinner, G. W. (1976). "Mobility Strategies in Late Imperial China：A regional systems' analysis." In Carol Smith, ed., *Regional Systems*, vol. (1)：Economic Systems, pp. 327 - 364. New York：Academic Press.

③ 郝瑞（Stevan Harrell）著，巴莫阿依、曲木铁西译：《田野中的族群关系与民族认同：中国西南彝族社区考察研究》，广西人民出版社 2000 年版，第 205 页。

群之间的差异性，也无法解释同一个族群的不同次级群体在教育行为上的区别。尤其重要的是民间成功理论无法理解教育行为的变迁过程。少数民族对于主流教育体制并不是机械地做出反应，与其他社会行为一样，教育行为不能用静止的解释架构予以描述，而需要运用灵活多变的文化逻辑。我们必须清楚，在表面上看似整齐划一的教育成功或失败现象的背后，存在着极为复杂的充满矛盾的社会现实问题，单凭民间成功理论或其他任何单一的理论都无法解释少数民族学校教育成功或失败的原因。

3. "政治权力" 理论

除 J. 奥格布从文化生态的视角出发来建构其理论框架之外，其他学者又从政治权力方面对宏观性学校教育研究进行深刻的探讨。从本质上看，学校是观察经济、政治和文化领域之间的辩证关系和张力的基本机构，是探求这些关系与张力的场所。M. 阿普尔（M. Apple）、H. 吉鲁科斯（H. Giroux）、R. 莫罗（R. Morrow）、C. 托里斯（C. Torres）、S. 夏皮罗（S. Shapiro）等学者在反思教育民族志的同时，开始关注学校教育过程中权力关系的运行机制，探讨在各种结构权力背景之下的社会行动者如何构筑文化的意义[①]。阿普尔认为不能因强调经济原因而忽视了文化和政治变迁过程，尤其是在讨论深深蕴含着文化与政治权力关系的教育领域。M. 阿普尔曾在 P. 卡斯皮肯（P. Carspecken）论著的序言中指出，学校教育从本质上讲是一个政治过程，蕴含了权力的概念[②]。在任何多元文化的社会里，学校教育不可避免地生产和再生产社会与文化的差异，生产不同层面的权力结构。教育人类学对弱势族群学校教育的研究表明，主流学校教育反映与复制更为广大的社会里的权力关系，反映了社会历史过程中强势群体与弱势群体之间的互动关系，尤

---

① Apple, Michael（1982）. *Education and Power.* New York：Routledge. Giroux, Henry（1983）. *Theory and Resistance in Education.* South Hadley, MA.：Bergin & Garvey. Morrow, Raymond Allen, and Carlos Alberto Torres（1995）. *Social Theory and Education：A Critique of Theories of Social and Cultural Reproduction.* Albany：SUNY Press. Shapiro, S.（1990）. *Between Capitalism and Democracy.* New York：Bergin and Garvey.

② Carspecken, Phil Francis（1991）. *Community Schooling and the Nature of Power：The Battle for Croxteth Comprehensive.* London：Routledge.

其在日常表述行为中，强势群体往往处于优势地位。S. 卢克斯（S. Lukes）、M. 辛格（M. Singh）等学者的研究也表明，弱势群体儿童在学校教育的起始阶段就会因其文化上的差异受到主流社会权力结构的影响①。J. 卡明斯（J. Cummins）的研究进一步指出，主流学校中教师与弱势群体儿童之间的叙述关系反映着更为广大的社会中强势群体与弱势群体之间互动的模式。这种权力关系会影响弱势群体儿童的学业成就。在这种关系中，从属群体学生的语言与文化价值往往被否认，被迫接受强势群体的语言与文化②。因此，在检视弱势群体儿童学业成功和失败的原因时，地方政治权力关系网络分布的不均衡性、地方社会与政府、地方资源配置不均以及强势与弱势群体之间的权力关系和地位关系均不容忽视。

综上所述，我们可以看到，宏观民族志研究强调在文化、生态及权力机制等宏观系统下研究学校教育问题，同时更加注重整体性、历史性和比较性的分析。将微观与宏观两种研究层次相结合也成为当前学校民族志研究的流行趋势。

建立在对微观学校民族志研究基础上的宏观民族志研究，自身也正经历着不断地发展与完善。众多持宏观视角的学者在理论研究上也各有侧重。相比较而言，J. 奥格布对微观民族志分析的批评与近期一些后现代派对一般民族志实践的批评有异曲同工之处。这些学者认为，民族志研究不能脱离社会历史而在概念上孤立地研究文化与语言行为③。J. 奥格布指出，教育人类学家必须使用蕴含少数民族历史经历的文化概念。他认为由于各少数民族的历史经历不同，在社会中所处的地位不同，必然会影响他们的学业成绩。在他看来，弱势群体如何感知他们的

---

① Lukes, Steven (1974). *Power: A Radical View.* London: Macmillan Press. Singh, M. G. (1989). "A Counter-hegemonic Orientation to Literacy in Australia." *Journal of Education* 151 (1): 34 – 56

② Cummins, J. (1995). "Discursive Power in Education Policy and Practice for Culturally Diverse Studies." In David Corson, ed., *Discourse and Power in Educational Organization*, pp. 191 – 209. Toronto, Ontario: The Ontario Institute for Studies in Education.

③ Marcus, G. and Michael Fischer (1986). *Anthropology as Cultural Critique: An Experimental Moment* in the Human Sciences. Chicago: University of Chicago Press. Wolfe, E. (1982). Europe and the People without History. Berkeley: University of California Press.

同化经历以及他们对待主流学校教育的态度是影响他们学业成就的关键性因素①。D. 傅雷（D. Foley）认为，"从理论和方法论上看，J. 奥格布的观点与其他学者相比更具说服力，他的民族志和理论也更具整体性、比较性，是多层次的，因而也更具解释性"②。而其他学者的研究均在某种程度上缺乏历史角度，如希思虽然在美国南卡罗莱纳州一个矿区的学校研究中，涉及一些矿区历史对社区的影响，但她对社区中历史民族关系的讨论却很少③。S. 菲利普斯考察了老师与弱势儿童之间的交往与互动，却忽略了各个民族交往的历史过程，认为主体民族与少数民族之间不存在群体情感和利益冲突关系④。结构主义学者莫汉比较关注当地人的实践推理过程，但没有把人视为文化与社会传统的载体，不去研究这些活生生的传统如何成为建构现实生活和学业失败的具体过程⑤。相比之下，J. 奥格布的文化传统观比较强调实践者对他们族体被迫同化历史经历的心理和文化调适过程。J. 奥格布所描述的是具有情感和动机的活生生的人们。很明显，一种"活生生的文化传统"的这些层面在大多数社会语言学者和民族方法论者的微观民族志中是找不到的。

需要特别指出的是，在探讨少数民族或弱势族群儿童学业成就时，除观照政治、经济、社会文化背景（如宗教信仰、语言和传统习俗）等因素外，我们还应该关注当地人的地方性解释，在研究某一特定情境下的社会与文化时，应该予以被研究者更多的表述机会。长期以来，当

---

① Ogbu. John. U. （1991）. "Immigrant and Involuntary Minorities in Comparative Perspective." In Gibson Margaret A and John U. Ogbu, eds., *Minority Students and Schooling: A Comparative Study of Immigrant and Involuntary Minorities*, pp. 3 – 33. New York: Garland Publishing Inc.

② Foley, Douglas, E. （1991）. "Reconsidering Anthropological Explanations of Ethnic School Failure." *Anthropology and Education Quarterly* 22 （1）: 67.

③ Heath, S. （1983）. *Ways with Words: Language, Life and Work in Communities and Classrooms.* New York: Cambridge University Press.

④ Philips, S. （1983）. *The Invisible Culture: Communication in Classroom and Community on the Warm Springs Indian Reservation.* New York: Longman.

⑤ Foley, Douglas, E. （1991）. "Reconsidering Anthropological Explanations of Ethnic School Failure." *Anthropology and Education Quarterly* 22 （1）: 60 – 86.

地人的声音往往受到抑制，民族志文本表述的更多的是民族志者透过自己的文化镜片所看到的文化现象。对此，著名人类学家 C. 格尔茨（C. Geertz）、J. 克利福德（J. Clifford）和 G. 马尔库斯（G. Marcus）等均有论述①。地方性解释根植于基层社会的知识体系之中，是当地人对其周围文化现象的主位阐释，是经过长期历史积淀的地方性知识和日常生活的合理化常识，这对于我们探求造成弱势族群儿童学业成就低下的根源无疑具有重大意义。

从以上论述中，我们可以看出，外域学者不局限于学校这个小环境，而是把学校教育纳入社会、文化和政治境遇中进行分析和研究。也就是说，他们更关心从学校体系之外去探求少数民族儿童学业失败的根源，把教育问题置于社会文化场合的大背景中进行观察与讨论，以当地人的观点来研究和分析问题，从而得出一些发人深思的结论，这是值得我们学习和借鉴的②。

第三节　研究内容及拟探讨的主要问题

一　研究内容

本研究通过人类学的参与观察方法考察老挝少数民族的学校教育，了解学校之外的不同社会文化背景对学校教育的影响，从而检视与反思少数民族学校教育中存在的现实问题。本研究试图在前人研究的基础上，以教育人类学的新近理论观点为参照架构、以翔实的田野资料为佐证，探讨地方政治、社会与文化等环境因素尤其是一个民族对学校教育的群体性态度和民族心理因素对学校教育发展的影响程度，以当地人的观点来解析其儿童的学业成就。本研究拟将学校教育置于整个社会生活

---

① Geertz, Clifford (1980). *Negara: The Theater State in 19th Century Bali*. Princeton, NJ.: Princeton University. Clifford, J. and George Marcus, eds., (1986). *Writing Culture: The Poetics and Politics of Ethnography*. California: The University of California Press.

② 另参见袁同凯《走进竹篱教室——土瑶学校教育的民族志研究》，天津人民出版社2004年版，第34—44页。

与文化的大背景下加以理解，多层次、多角度地审视学校教育与民族传统文化之间的关系，根据直接观察和透彻理解当地人的生活故事和他们对生活的淳朴观点、他们自己对子女的教育期望以及他们对子女学业失败的真实看法。本研究认为，学校教育与其所处的社区及其文化行为相互依存、相互作用，只有将学校教育置于社区的政治、经济与文化背景之中，通过人类学的参与观察和民族志方法，从更为宽广的社会文化情境来审视，才能得到较为客观的理解。具体研究论题主要包括：第一，老挝蓝靛瑶人的族源及历史、蓝靛瑶人山寨情况以及蓝靛瑶人的婚姻家庭等。第二，老挝蓝靛瑶人学校教育的历史与现状。通过地方性文献资料及当地人的口述史来了解老挝蓝靛瑶人学校教育的历史，并通过参与观察调查其教育现状。第三，对老挝政府民族教育政策的调查与研究。通过当地教育部门了解政府对蓝靛瑶等移民少数民族的教育政策，尤其关注地方政府实施民族教育政策的态度与行为。第四，对老挝蓝靛瑶人学校教育现存问题的考察。通过人类学的参与观察方法以及面对面地访谈地方官员、教师、学生以及家长等不同人群来考察老挝瑶族学校教育目前存在的问题。第五，从教育民族志的视角分析老挝蓝靛瑶人儿童的学业成就，探讨阻碍其学校教育发展的各种因素，如政治因素、经济因素、社会文化因素以及对学校教育的民族群体性态度和民族心理因素等。第六，分析老挝蓝靛瑶儿童学业成果或失败的地方性解释。地方性解释根植于基层社会的知识体系之中，是当地人对其自身文化现象的主位阐释。本研究拟在研究特定情境下的学校教育时，予以被调查者更多的表述机会。聆听当地人的声音将有助于调查者避免透过自己的文化镜片分析他们所观察到的文化现象。第七，探讨文化差异与学业成就之间的关系。人类学民族志的研究发现，少数民族有他们自己独特的文化和教育方式，他们在主流学校教育中失败是因为学校没有在课堂上使用他们的语言和文化造成的，是文化差异所引起的文化冲突的结果。如从文化理论来看，少数民族儿童之所以在主流学校容易遭到失败，是因为他们和主流文化的认知方式和沟通模式都存在差异之故，这种差异使他们难以成功地适应主流文化的教学，而主流学校也没有主动地去包容他们与主流文化之间的差异。第八，反思少数民族儿童学业失败的理论。本研究试图通过对不同国度瑶族儿童学业成就的分析，补充或修正国外有关少数民族儿童学业失败的学说，从理论上反思现有教育人类学理论的局限性。

二 本研究拟探讨的关键性问题

教育人类学的"文化差异"等理论虽然能够以当地人的观点来审视当地人的文化，部分地解释弱势族群儿童学业失败的原因，但从社会与文化的角度看，面对同样的社会与文化藩篱，为什么一些少数民族会在学业上成功而另一些却会失败？一个民族对于学校教育的态度与期望以及家庭与社会环境等因素会在多大程度上影响该民族儿童的学业成就？

第 一 章

研究方法与田野点的选择与进入

　　研究方法是知识之源，是研究者在研究中发现问题、认识问题、分析问题、解决问题的工具和手段。获取知识的方法有许多，本研究采用的是文化人类学的田野调查方法，即以"参与观察法"和访谈法、跨文化的比较法为主，辅之以文献查阅与文献分析法。

第一节　研究方法

　　为证明资料的客观性和真实性，民族志者可以叙述他们搜集资料的过程①，也就是说，要详细地交代他们获取田野资料的具体方法，或者说要把"民族志者的路径"（The Ethnographer's Path）向读者交代清楚②，读者通过对民族志者与其所有关键信息提供者之间社会网络关系的多维分析去评价田野资料的正确性和可靠性，可能会在一定程度上避免传统民族志的"表述困境"。当然，这样做，民族志者必须小心谨慎，以免因披露信息提供者的信息而给他们带来伤害。如果披露这些信息会伤害到被调查者的切身利益，我们会放弃哪怕是极其珍贵的资料。

　　为了让读者厘清笔者获取田野资料的"脉络"，现将本研究的具体

　　① Malinowski, B. （1922/1961）. *Argonauts of the Western Pacific*, pp. 2 – 3. London：Routledge and Kegan Paul.

　　② Sanjek, Roger, ed., （1990）. *Fieldnotes：The Making of Anthropology*, pp. 398 – 400. Ithaca：Cornell University Press.

"路径"呈现如下：

首先是文献资料搜集。在去老挝进行实地田野调查之前，笔者做了大量的文献研究工作，利用图书馆、网络等查阅与老挝蓝靛瑶人及其学校教育方面相关的研究成果，但遗憾的是，除了一些简单介绍老挝蓝靛瑶人村寨旅游资源的资料外，在国内各个大学的图书馆里几乎查不到任何有关老挝蓝靛瑶人方面的学术论著，在中国知识基础设施工程（CNKI）引文数据库等权威论文数据库中也查不到任何有关蓝靛瑶人的研究成果。但那些介绍老挝蓝靛瑶人村寨的英文资料却对本研究最初的选点具有重要的参考价值，从中，笔者了解到老挝的蓝靛瑶人主要分布在哪些省区。此外，广西民族大学的黄兴球教授在笔者去老挝调查之前，作为亚洲学者基金获得者曾在老挝做过9个月的实地调查，比较熟悉老挝国内少数民族的分布情况，从他那里笔者获得了一些去老挝作田野调查尤其是进入田野点的珍贵资料和信息。黄教授在老挝调查期间，与当地的一些文化机构和个人建立了良好的人际网络关系。经黄教授引介，笔者联系到时任老挝文化与信息部文化研究所所长的羌沙菲利斯博士，由他负责安排笔者在老挝的调查与研究。该文化研究所便成为笔者在老挝从事田野调查与研究的挂靠单位，由该文化研究所提供去蓝靛瑶人村寨所需要的所有证明和文件。寻找这样一个名头响亮的挂靠单位，对于调查者尤其是外来的调查者能够顺利地进入田野点，特别是那些偏远的少数民族山寨，是非常重要的。通过这些社会关系与网络资源，笔者顺利地进出于老挝北部山区蓝靛瑶人的山寨，使田野资料的收集工作得以顺利展开。

2005年12月27日，笔者抵达老挝首都万象，正式开始在老挝的田野调查。在万象逗留期间，笔者的主要任务是收集地方性的文本资料。

因为有较好的人际网络关系和老挝信息与文化部文化研究所作挂靠单位，此次调查没有进行多少前期的铺垫工作便直接切入正题，进入田野点，开始调查，具体调查内容主要有：①与当地居民一起生活、一起劳作，参与当地人的日常生活和社会活动，走访他们的家庭，通过日常生活中的密切交往来进一步比较深入地了解他们和他们的生活与行为方式。②详细地考察、记录当地人的社会生活，从而深入地了解当地民族文化与学校教育之间的关系，重点考察当地人的教育理念、他们对学校教育的态度、参与程度以及他们对学校教育的期望与送子求学的动机等问题。③不失时机地与当地的小学生、家长、老师及村干部或地方官员进行交流，从各个层面了解政府的民族教育政策以及瑶族对学校教育的看法，力求从当地人的角度出发来理解学校教育中存在的现实问题。④利用一切机会收集流传于民间的有关教育方面的文献资料。⑤不仅关注教师与学生之间、家庭—社区与课堂之间的互动与交流方式、价值以及动机等问题，而且也关注更为广大的社会及其各个部门对蓝靛瑶人学校教育的影响。

通过参与观察方法，尽可能地在不同的情境下探讨老挝蓝靛瑶人的教育问题，发掘教育背后复杂的、相互交织的社会、政治、经济与文化等因素。总之，本研究方法尽可能地关注政治、经济、社会环境等因素对学校和课堂行为的影响，通过解剖"麻雀"的方法，即通过对老挝蓝靛瑶人村落小学的个案研究，形成对少数民族儿童学业成绩普遍低下这一社会现象的较为深入、详细和全面的认识。

第二节　选择田野点

一　需要注意的问题

事实上，圈内人都知道，对于人类学调查者来说，他们对于某个特殊群体的研究的选择源自他们对于一些特别的研究假说的兴趣。他们往往选择一个社区或聚落去生活、去收集资料，完成他们的假设。

传统上，人类学者往往选择在那些"未接触过"的文化区域中进行调查。这是他们前往遥远而偏远的地区进行调查的一个主要动机。但是他们中的很多人并没深入地思考过如何在那种艰苦的生存情形下进行研究。对于民族志工作者来说，无论是在国内还是国外作田野调查，最重要的莫过于人身安全问题。就笔者个人的感受来说，一是要做好各类疾病的预防工作，尤其是去国外作田野调查。出行前几周最好去当地权威的疾病预防中心完成必要的疫苗接种工作，具体种哪些疫苗，要看田野点地方流行疾病的情况，如笔者去老挝调查之前，主要进行了预防疟疾、登革热、霍乱等热带地方疾病的疫苗接种。因此，下田野前了解田野调查时可能患上的疾病类型是必要的，同时还应该学会一些简单的防护自卫的方法，以应付各种危险、不卫生的环境。T. 威廉姆斯（T. Williams）说得好，"一个多病的田野调查者不能称得上是一名合格的人类学者。与田野调查浪漫的理想化的画面不同的是，在田野调查过程中，人类学者要与那些可能与他们的生活方式截然不同的人们长久地生活在一起，往往会遭遇饥饿、痛苦、疲倦、孤独等令人不适的生理或心理问题"①。对此，人类学者要有充分的身体和心理准备。动身之前，笔者特意就这方面的问题咨询了刚从老挝作田野调查回来的黄兴球教授，听取他对老挝境内流行疾病的预防建议。实践证明，事先做好这方面的工作非常必要。

笔者在那木叻寨考察期间，该村正在流行肺结核病。就在笔者进村寨之后不久，一位40来岁的肺结核患者病逝。村里有许多人都在发低烧，都在不停地咳嗽。在笔者到达这个村寨的头一天下午，老挝卫生部的工作人员专程来到该村，了解肺结核患者的情况，提醒人们注意预防疾病传染。笔者住在村长家，而村长此时正患有肺结核病，是该村一个比较严重的患者。笔者的处境很危险，但又不能搬到其他人家去住。否则，调查工作就很难进行下去。笔者住下后，村长因病无法带笔者走访家户，只得让他老婆代劳，而他则病卧在床。当时笔者就想，一定要尽快完成家户访谈，尽早离开这个弥漫着肺结核病菌的村寨。笔者每天都和患者在一口锅里吃饭，而他们的碗筷也都混在一起，他们洗碗从不使用消毒剂，只是简单地用水冲冲，用手抹一抹。因此，笔者被感染的可能性很大。在他家住的时间越久，被传染的可能性也就越大。记得有一天吃饭时，笔者无意识地夹了一块猪肉放在嘴里，经陪同的翻译暗示后才意识到这是刚刚瘟死的猪崽肉，但已经晚了，笔者已把肉咽下了肚，只能祈愿不会有什么问题。

要在出发前搞清楚田野点及其周边地区的社会治安情况。进入田野

---

① Williams, Thomas Rhys（1967）. *Field Methods in the Study of Culture*, p. 12. New York: Holt, Rinehart and Winston.

调查地点之前，你应该意识到政治形势目前是一个比较复杂的问题，你要调查的地方很可能也受到它的影响。因此在出发之前你应当搜集田野调查地点的详细资料。尽管老挝的政治局势整体上比较安定，但老挝北部山区在 2005 年之前，仍然会有一些持枪抢劫之类的事件发生，尤其是在所谓的"金三角"地区。笔者到万象后，随即向中国驻老挝领事馆报到，说明自己在老挝的调查计划。领事馆人员告诉笔者，去老挝北部山区，要做好预防登革热和疟疾等地方性疾病的工作。此外，还再三交代，为安全起见，最好不要在夜间乘坐长途班车去老挝北部山区。

在前往田野调查地点之前，你最好与当地的地方高校或其他相关机构进行联系，交流意见与看法，收集或讨要一些与你的调查相关的地方性资料或信息，这些信息资料及联系可能对你今后的调查非常有用，因为从某些方面来讲这些信息资料是在其他地方根本找不到的。

二 选择田野点的缘由

本研究选择老挝北部琅南塔省一个蓝靛瑶人的村寨为田野调查点。之所以选择老挝蓝靛瑶人作为研究对象，是因为从族属上看，蓝靛瑶人属于中国瑶族的蓝靛瑶人分支。根据斯克里辛格的研究，蓝靛瑶人大约是在 20 世纪初期从中国和越南迁移到老挝北部[①]，他们在语言、服饰和生活生产上仍然保留着部分蓝靛瑶人的习俗。通过对蓝靛瑶人学校教育的民族志研究和跨文化的比较研究，有助于我们更好地理解中国少数民族学校教育中存在的问题。另外，老挝有 68 个族群，蓝靛瑶人是其中之一。就其目前的情况而言，蓝靛瑶人在政治、经济、社会、文化上均处于从属地位，属于众多的"少数"群体之列，就老挝的少数民族尤其是北部山地少数民族而言，蓝靛瑶人的"族属"和"身份"具有一定的代表性。

在琅南塔省，共有 18 个蓝靛瑶人自然村寨，本研究选择其中部分村寨作为田野调查点。这些村寨有的位于省城琅南塔郊区，有的坐落在

[①] Schliesinger, J. (2003). *Ethnic Groups of Laos*, Vol. 3. Bangkok: White Lotus Co., Ltd.

群山深处，交通闭塞。在那些位于偏远山区的村落里，人们依旧沿袭着刀耕火种的生产方式，但由于老挝政府对山林砍伐的限制，他们不再像他们的先辈那样可以随意烧山垦荒，加之这些村落里有许多人常年吸食鸦片，蓝靛瑶人的生活面临着巨大困境，许多人为生存而不得不靠季节性地打零工或靠森林采集过活。除个别村寨外，大多数蓝靛瑶人村落的情况相差无几。因此，通过一定程度的"深描"和透彻理解这些村落村民的生活故事和他们对学校教育的质朴观点，我们完全有可能看到一幅由蓝靛瑶人生活景象和学校教育图景构成的民族志画卷。

第三节　进入田野点

一　启程

2005 年 12 月 28 日，笔者启程前往老挝，开始进行为期九个月的人类学田野考察。临行的前一夜，不到九岁的女儿睡前不断地央求说，"爸爸，你明天不走行不行？"笔者耐心地向她解释说，这是爸爸的工作，必须要去的。也许事前笔者和同事曾在她面前说起老挝热带丛林和"金三角"的情况，她说，"那你万一患上疟疾怎么办，你万一染上毒瘾怎么办？"为此，她自己默默地伤心了好一阵子，流着眼泪进入了梦境。

早上七点左右笔者便打的去了民航售票处，正好赶上早八点去北京飞机场的巴士。大约十点半就到了首都机场，笔者很快就办好了登机手续，可就在登机口候机时，值班的服务员通知笔者赶紧去重新办理改乘东方航空公司航班的手续，南方航空公司飞往昆明的航班因机械故障问题临时取消。于是笔者又急忙去办理改乘班机的手续。因为东方航空公司的 5720 航班要比原先南航的飞机早一个小时起飞，所有改航班的旅客都慌了手脚。更糟糕的是，北京机场的工作人员也乱了阵脚：等笔者飞抵昆明机场时，笔者托运的行李却还在北京！笔者赶忙找到昆明机场的工作人员，说明了情况。她们马上与北京行李分检处取得了联系，好在对方很快就找到了笔者的行李，说晚上十点半左右由另一趟航班运抵昆明。当晚笔者只好住在昆明机场招待所，每晚 120 元，条件很差。原本让笔者第二天早上九点左右去取行李，但因放心不下，当晚十点多笔者还是跑去看了看，当看到行李时，笔者长长地舒了口气。除了手提电脑和相机外，所有的生活用品都在行李中，如果丢失，那后果就可怕了。尽管出了点小意外，但总体上还算顺利。

第二天早上，在昆明机场办理出境手续时，工作人员说笔者的出境批件的有效期已到了最后一天，他看了好一会儿，好像拿不定主意，就拿着笔者的批件去办公室请示，过了一会儿回来说，"你的批件是最后一天期限了，过了今天，你就出不了境了。"当时笔者心想，怎么老是赶上这些叫人心慌的事儿。

不过那天运气还算好，办理行李托运时，一位长得还算漂亮的小姐说笔者的行李超重 9 公斤，每斤要交 20 元。可当笔者正准备交钱时，她却笑盈盈地说，这一次就算了，可下一次如果再超重，就要收取超额托运费了……也许她今早出门时遇到了什么特别开心的事，而笔者正赶上她心情愉悦的时候。

二　抵达万象

飞往万象的飞机不大，乘客也不多，其中主要是中国人，有些是返回中国探亲的老挝华侨，有些是游人，有十几个老外。从中国昆明到老挝万象只飞行了一小时二十分钟，十二点半飞抵万象，当地是十一点半，与北京整整相差一个小时的时差。负责到机场接机的乌塔娜女士因搞错了时间，让笔者在机场傻等了近四十分钟。笔者坐在机场内的冷饮摊上，要了一瓶饮料，一边喝一边等，正当笔者准备付账离去时，看见一个约莫 50 岁的黑瘦妇女手里拿着一张白纸，上面好像写着什么。因为该走的都走了，笔者想或许这人就是来接自己的。她瞟了笔者一眼，但眼光很快便移开了，好像她肯定笔者不是她要接的人似的。笔者凑了过去，一看纸上写着自己的名字，笔者便主动向她问了声好，并叫出了她的名字。她显得有些很尴尬，笑着说，"You don't look like a Chinese"，自己怎么刚到老挝看上去就不像中国人了呢？或许问题就出在自己的秃顶和胡子上了。我们简单地问候之后，就推着行李车往外走，竟忘了付饮料钱，还没等我们把行李装上车，老板娘就赶了出来，笔者马上意识到忘了付钱。好在她很客气，只是笑，没说什么。

乌塔娜的英文不错，我们很快就交谈起来。她没有开车，开车的是她侄女，一个典型的老挝女孩，还挺时尚。瓦岱国际机场（Wattay International Airport）是老挝首都万象的唯一国际机场，位于万象市中心以西3公里处，约莫走了二十分钟就到了笔者去的华国旅社，但那里已经客满。笔者只好听从乌塔娜的安排，住在距离老挝文化部文化研究所不远的一个名叫菲特曼妮赛（Phetmanyxay）的旅店，每晚10美金，这在万象不算便宜。不过条件很好，有彩电、空调和热水淋浴，也很干净。因为自己不熟悉环境，只好先住下。

初到老挝首都万象，总体印象不错。万象位于湄公河中游北岸的河谷平原上，隔河与泰国相望。在老挝语中，万象意为"檀木之城"，也许这里曾经盛产檀木。由于万象市沿湄公河岸延伸发展，城郭呈新月形，因此也有人称其为"月亮之城"。万象市是一座历史悠久的古城，14世纪以来曾经几朝为都，自塞塔提腊国王16世纪中叶从琅勃拉邦迁都于此后，一直是老挝政治、经济和文化中心。万象还是一座佛教气氛浓郁的城市，市内各种寺庙、古塔处处可见。塔銮是老挝最著名的佛塔，始建于1560年塞塔提腊国王统治时期，塔身高大雄伟，金碧辉煌，是万象市的标志性建筑。万象市的另一个标志性建筑是凯旋门。它位于万象市总统府大道中央，是为纪念老挝反殖民战争的牺牲者而建的。

可以明显地看出，万象的贫富差距很大，街上有许多高档的私人小汽车，大都是日本的丰田，私人摩托车也很多。万象的公交车很少，只有几条主要街道才有，而且很不按时，据说每半个多小时才能等来一趟。在万象，最主要的大众交通工具是摩的，当地人叫"嘟嘟"（Tuk-tuk）。在大街上，汽车和摩托车都开得飞快，尤其是双轮摩托车，就像飞驰在高速公路上似的。

老挝虽说是世界上最贫穷的国家之一，但这里的物价似乎并不低：一碗带点肉丝的米粉要价10000基普，相当于1美金。人们生活得很安逸，不论男女老少，大都穿着拖鞋，条件差的穿塑料的，条件好的穿真皮的，悠闲地走在街道上，神情自得。傍晚时分，家人聚集在宽敞的院庭里，一边谈笑一边用手抓食饭菜。晚饭过后，会有人燃起一堆烟火，驱赶蚊虫，躺在吊床上纳凉，听着泰国的流行歌曲，欣赏着天边的晚霞。街边的小贩们悠闲地坐在自己的摊位或商店或餐馆门前，没有人拉客，也没有人吆喝叫卖。所有这一切都让人感到温馨、舒服。唯独偶尔有人问你坐不坐"嘟嘟"，但绝对只是轻声地问一次，不像国内许多城市的的士司机，跟在你的屁股后没完没了，让人心烦。（参见图1—1到图1—3）

图1—1　从老挝万象凯旋门上鸟瞰总统府大道（作者拍摄于2006年）

这里似乎没有什么"超载"的概念，一家三四个人可以挤在一辆双人摩托车上，人们也可以双手抓住车门挤在破旧的小型公交车或敞篷车上。而那些破旧得都快散架的汽车也可以喷着浓烟从总理府门前驶过。

抵达万象之后，笔者直接找到老挝信息与文化部文化研究所所长羌沙菲利斯博士，他安排文化研究所的乌塔娜女士陪同笔者去北部蓝靛瑶人山寨调查，她既是翻译也是向导。有了她的陪同和帮助，办理各种通

图1—2 老挝万象地标性建筑凯旋门（作者拍摄于 2006 年）

关手续，进出蓝靛瑶人山寨，走家串户就方便多了。因此，无论在国内还是国外做人类学田野调查，在当地找一位工作人员或者地方官员，对于顺利开展初期田野研究非常重要。一旦有需要，他们可以提供许多必要的帮助，如办理各种手续、提供尊重当地文化差异的宝贵建议、个人关系以及一些与研究有关的数据和资料等，最重要的是他们能根据你的需要安排你顺利地进入田野调查点。否则，你可能会遇到许多麻烦，特别是在国外做田野调查。因此，同那些对你的安全和出行负责的官员建立密切的人际关系是十分必要的。当地官员可以根据你的调查需要帮助你选择具体的社区或村落，也可以作为建立初期关系的中间人。在接受帮助之前，有必要学习一些关于当地的知识。当然，与当地官员走得过于亲近有时可能会影响到你与信息提供者之间的关系。

图 1—3　老挝金碧辉煌的塔銮（作者拍摄于 2006 年）

三　进入田野点琅南塔

启程去琅南塔那天，多少有点兴奋，一大早就醒来了。10 半左右乌塔娜的姐姐开车送笔者去瓦岱国际机场，不到 20 分钟笔者就到了机场。原以为时间可能有些紧张，可到了机场后才发现，因天气原因，飞往琅南塔的飞机还没有从另一个城市起飞，不久就看到显示牌上打出飞往琅南塔的飞机推迟到 14：30 分，笔者只能在比较小的瓦岱国际机场里等候。老挝国内航班使用的大都是小型飞机，而且多半是前苏联时期（20 世纪 50 年代）制造的，很破旧，笔者从座位上可以清楚地看到驾驶员座位靠背上露出的破旧海绵。因为飞机太小，飞行的高度有限，也就几百米，只要天气稍微有点不好，就不能起飞。好在那天 14 点左右时我们终于听到了隆隆的马达声。到万象的乘客刚刚下完，地勤人员就忙着给飞机加油，进行检修，随后我们就开始进行安检，准备登机。安检也十分随意，只需通过一道安检门，如果仪器发出叫声，安检人员只是问你是什么在响，你掀起衣服，指指皮带扣，她就会让你通过。走出机场小厅，就看见一架很小的飞机，也就 10 米长，不到 3 米宽，只有5 排十分狭窄的座位，每排 3 个位子，最后面又加了一个位子，共能搭载 16 名乘客。没有空中小姐，从客舱里可以近距离地观察飞行员的一举一动。那天虽然天气有点阴，但值得庆幸的是在飞行途中飞机没有遇到什么大的气流。如果遇到强点的气流，小飞机就颠簸得很厉害。当飞机在琅南塔那根本不像机场的机场安全着陆后，几乎所有的人都长长地舒了一口气。在飞行当中，笔者曾环视过机舱里的乘客，他们几乎全都紧闭着双眼，就笔者一人还有心情东看看西望望（参见图1—4）。

图1—4　老挝国内的小型客机（乌塔娜 2006 年拍摄于万象机场）

从老挝琅南塔机场到市里没有出租车，也没有班车，只有几辆"嘟嘟"。如果没有专车来接，你只有搭乘"嘟嘟"，每人 10000 基普。

琅南塔虽然是个省城，但没有一点省城的味道，看上去顶多像个小镇。大街上没有什么行人，汽车和摩托车也不多。尤其是到了晚上，大街上连街灯都没有，除了街边几家餐馆的招牌发出点亮光外，大多数街道都被漆黑的夜空所吞噬（参见图1—5到图1—6）。

图1—5　老挝的的士"嘟嘟"（作者2006年拍摄于琅南塔省）

笔者安顿好之后，连脸都没有顾上洗，就匆忙去见老挝琅南塔文化厅的副厅长沈童先生，向他简单地说明了一下笔者来琅南塔考察的目的，因为是周五，别的事情只能等下周一才能办理。厅长50来岁，看上去很和蔼，属于那种还没开口就先微笑的领导。他说周一就为笔者办理进入村寨考察的介绍信。晚上，笔者请他吃了顿便饭，顺便把从国内带来的一瓶新疆伊犁特曲和一包巧克力糖果送给了他，他显得很高兴，饭后开车把笔者送回旅店。由于等了几个小时的飞机，在一个多小时的飞行中又紧张得不得了，吃完饭后感到很累很累。人过四十，真是在走下坡路，不服老是不行了。

　　许多人类学家，如托马斯—威廉姆斯等认为，在进入村寨一级的田野调查点之前，选择结识一位管辖你即将要进入的村寨的地方政府官员，对于开展你的田野研究工作十分必要①。一旦有需要，他可以向你提供许多帮助，如关于当地文化差异的宝贵建议、许多私人关系网络以及一些与你的研究有关的数据和文件等。这些帮助可能会使你在以后的田野工作中避免许多不必要的麻烦。

图1—6　老挝省城琅南塔空旷的街景（作者拍摄于2006年）

　　进入田野点以后，笔者选择住在村寨头人家里。在蓝靛瑶人村寨，头人传统上既是地方行政官员（村长）也是当地最有身份最有威望的人。通常情况下，他们的口碑都比较好，家庭条件相对于一般村民而言要好一些。选择在这样的家庭居住，对于民族志者开展田野工作，是比

_____

　　① Williams, Thomas Rhys（1967）. *Field Methods in the Study of Culture*, p. 13. New York：Holt, Rinehart and Winston.

较理想的。他们的房屋往往都在村寨的中心地带，这样的位置对于民族志者观察村民的日常生活与活动也非常便利。在蓝靛瑶人村寨居住期间，笔者和翻译每人每天交 5 万基普（相当于 5 美元）的生活费，包括住宿和伙食，对于笔者而言，这个价钱非常便宜，几乎等于白吃白住。当然，住宿的条件非常简陋，与当地人一同住在四面漏风的茅草长屋里；伙食就更简单了，几乎每天都是糯米饭加盐水或辣椒盐水，当地人很少吃蔬菜，只是在节庆或举行仪式时才有可能吃到一点鸡肉或猪肉。

第四节　在异域做田野调查
——兼论田野资料的"准确性"与"真实性"问题

　　田野调查研究是了解人类社会与文化的重要方法之一，也是社会—文化人类学区别于其他"社会科学"最显著的标志。本节以笔者在老挝北部山区的田野调查经历为例，反思在异文化进行人类学田野调查所面临的困境与问题，并以实例讨论田野资料的真实性与客观性等问题①。

　　自从事少数民族研究以来，笔者曾经到过新疆哈萨克草原、广西罗城仫佬族社区、广西贺州土瑶社区、广西大苗山苗族山寨、云南金平瑶族社区、吉林延边朝鲜族村落以及老挝北部山区的蓝靛瑶人山寨等国内外少数民族地区进行过田野调查，但真正引起笔者认真思考与反思的，还是 2005 年至 2006 年对老挝北部蓝靛瑶人山寨的田野调查。借助对田野调查经历的描述，笔者这里试图说明民族志工作者进行田野考察并非"浪漫的旅程"，而是一个认识生活、理解生活、体验生活、感受生活的具体的孤独的生活经历。

　　"田野研究"一词源于英文的 field study 或 field research。广义而言，所有的实地研究工作都可以称为"田野研究"，但是狭义而言，田野工作特指人类学研究领域中的考古发掘和民族调查，尤其指关于民族

---

　　①　本节内容已在《广西民族大学学报》2009 年第 5 期，第 14—18 页刊载，在此特向《广西民族大学学报》表示感谢。

的实地调查。传统上，人类学的田野调查往往以调查异民族为主。为了了解人类社会与其行为，人类学家往往会把他们自己融入到所研究的人群的生活里。他们通过各种途径了解和体悟另一种生活方式。正如美国人类学家科恩和埃姆斯曾经说过的那样，他们必须与所研究的人们住在一起，学习当地的语言，与当地人建立密切的社会关系，尽可能地使自己成为该社会的成员之一。当然，田野调查还包括单调、费时的观察和记录以及不失时机地参加当地人的日常活动。同时，作为一个人类学家，在那种通常是条件比较艰苦的环境中，必须能够吃得饱、住得惯，保持感情思想和身体的健康①。人类学者为什么要通过这种途径获取资料呢？"因为人类社会是复杂的、多样性的；又是多变的、富于创造性的，它绝不是只有单一文化背景、有限知识和经验的调查者能够想象和包容得了的。所以调查者必须深入你所要了解的'他人'的生活中去观察、研究。"② 本书拟以笔者在老挝北部山区的田野调查经历为例，反思在异文化进行人类学田野调查所面临的困境以及诸如介入方式、语言障碍、性别角色、参与程度等问题，并讨论人类学工作者获取资料的真实性与客观性等问题。

一 异文化研究与田野调查：老挝的经历

众所周知，人类学从一开始便把异域的社会与文化作为自己的研究对象。可以说，从研究殖民地开始，研究异域文化便形成了人类学的传统。撇开其他因素，仅从方法论上看，人类学之所以研究异民族，是为了"从异民族的研究中得到人类学的基本训练，发现其中的方法，学到怎样发现特别文化的本事"③。人类学者获取资料的最主要途径就是"深入到'异文化'中去做调查，努力学习'他人'的语言、传统，亲

① 科恩、埃姆斯著，李富强编译：《文化人类学基础》，中国民间文艺出版社 1987 年版，第 1 页。

② 费孝通：《费孝通在 2003：世纪学人遗稿》，中国社会科学出版社 2005 年版，第 137 页。

③ 李亦园：《田野图像——我的人类学研究生涯》，山东画报出版社 1999 年版，第 97 页。

身参与当地人的社会生活，从而感受他们的所思所想，体悟他们对生命的看法和态度，做到设身处地地用当地人的眼光来看待周围的事物①"。正如我国台湾地区著名人类学家李亦园先生在《漂泊中的永恒——人类学田野调查笔记》的序言中所说的那样，"人类学的研究工作有一大特色，那就是要到研究的地方去做深入的调查探索，无论是蛮荒异域或者是穷乡僻壤都要去住过一年半载，并美其名叫'参与观察'，认为只有这样长时间地深入其中，才能真正彻底地了解你所研究社群的实情"②。实际上，到异文化中进行田野调查早已成为"人类学家"的前期必备训练。所有学习社会—文化人类学的人都知道，是田野训练造就了"真正的人类学家"，而且人们普遍认为真正的人类学知识均源自田野调查。决定某项研究是否属于"人类学"范畴的唯一重要标准实际上就是看调查者做了多少"田野"③。

2005 年底，笔者走进了神秘而又古老的老挝，开始进行为期 9 个月的人类学田野调查，调查的对象是世代居住在老挝北部山区的蓝靛瑶人。蓝靛瑶人生活在老挝北部四省，主要集中在琅南塔和丰沙里省，另外，在乌多姆赛省有两个村落，波乔省有一个村落。在田野调查期间，笔者选择琅南塔的一个蓝靛瑶人村落为田野地点，与当地人共同生活了近 6 个月，与他们同吃、同住、同劳动，参与他们的日常活动，观察他们的日常行为，努力去感受他们的生活，体悟他们对生活的态度和看法。同时，在当地人的陪同下，还走访了部分居住在丰沙里和乌多姆赛的蓝靛瑶人山寨，共访问了 12 个山寨、11 个教学点。在这期间，笔者共走访了233 户家庭，通过运用人类学的谱系记录方法，详细记录了 1602 人的基本信息，包括他们的年龄、婚姻状况、受教育程度、家庭经济状况等，重点访谈了 423 名 6—16 岁的学龄儿童和青少年，并对 6 岁以上村民的教育程度进行了认真统计（参见表 1—1），获取了大量一手数据，如有多少

---

①　费孝通：《费孝通在 2003：世纪学人遗稿》，中国社会科学出版社 2005 年版，第172—274 页。

②　乔健：《漂泊中的永恒——人类学田野调查笔记》，山东画报出版社 1999 年版，第1—2 页。

③　Milton，Kay（1996）. *Environmentalism and Cultural Theory：Exploring the Role of Anthropology in Environmental Discourse*，p. 2. London：Routledge.

人从来没有进过学校、多少人中途辍学、多少人在校就读等与教育相关的资料。与老挝的主体民族相比，蓝靛瑶人是一个在政治、经济、文化等方面被边缘化的群体。他们世世代代主要居住在山地丛林之中，至今大多数蓝靛瑶人依然沿袭着刀耕火种的生产方式，过着"日出而作，日落而息"的田园式生活。他们耕作主要是为了维持生存；他们自己种植棉花、纺线、染布和缝制衣裤；他们自己造纸以满足各种仪式活动。总之，除了必须到外界购买粗盐和洗衣粉之外，他们几乎无须与外界联系。尽管世界商品经济的浪潮已经波及老挝北部的各个村寨，但蓝靛瑶人似乎依旧生活在自给自足的前工业社会里，虽然部分蓝靛瑶人村寨坐落在交通便利的公路边，但现代经济对他们似乎并没有产生什么实质性的影响。当然，近些年来，随着原生态旅游业在老挝部分省区的发展，蓝靛瑶人山寨的田园式生活已开始受到冲击，但这种变化目前尚不明显。

表1—1： 6—25岁男女蓝靛瑶人入学率统计表

年龄	女			男			男女总人数		
	就读人数	总人数	百分率（%）	就读人数	总人数	百分率（%）	就读人数	总人数	百分率（%）
6	2	22	9.1	3	26	11.5	5	48	10.4
7	2	16	12.5	12	29	41.4	14	45	31.1
8	8	25	32.0	18	27	66.7	26	52	50.0
9	5	13	38.5	8	11	72.7	13	24	54.2
10	10	18	55.6	12	19	63.2	22	37	59.5
11	12	15	80.0	11	16	68.8	23	31	74.2
12	17	19	89.5	19	30	63.3	36	49	73.5
13	14	23	60.9	14	24	58.3	28	47	59.6
14	7	17	41.2	10	14	71.4	17	31	54.8
15	6	18	33.3	8	17	47.1	14	35	40.0
16	2	10	20.0	5	18	27.8	7	28	25.0
6—16	85	196	43.4	120	231	51.9	205	427	48.0

（资料来源：根据2006年3月至7月作者家访获取的数据统计）

在异域作调查，调查者会遇到许多问题。

第一是办理各种繁杂的许可手续，在老挝，人们工作和生活的节奏相当缓慢，仅办理在当地从事研究和进入田野点的手续，就占用了笔者一个多月的时间。几乎每个工作日笔者都去询问手续的事，得到的回答总是"我们正在办理"。在这段时间里，笔者学会了耐着性子说"baw peṇ nyāng"（没关系），这是老挝人经常挂在嘴边的用语之一。在老挝，无论是乡村还是城市，人们的生活轻松而安逸，不论男女老少，大都穿着拖鞋，悠闲地走在街道上，神情自得。傍晚时分，家人聚集在院庭里，一边谈笑一边用手抓食饭菜。晚饭过后，人们在院庭里燃起一堆烟火，以驱赶蚊虫，或几个朋友聚在一起喝啤酒，或躺在吊床上欣赏晚霞。街边的小贩们悠闲地坐在自己的摊位或商店或餐馆门前，没有人拉客，也没有人吆喝叫卖。可以看出，老挝人这种养成，与其信仰不无关系。在老挝有一半以上的民众信仰小乘佛教，小乘佛教的教义告诫人们"生死由命，贫富在天"，一切都由佛祖安排。对此，著名学者 M. 韦伯（M. Weber）在其名著《新教伦理与资本主义精神》中有详尽的论述。根据韦伯的研究，小乘佛教属于神秘主义宗教，主张避世，主张与社会经济生活隔离等。这种教义无疑会在很大程度上影响老挝民众的"国民性"，难怪乎老挝人总会把"baw peṇ nyāng"挂在嘴边（参见图1—7）。

第二是语言问题，虽然笔者在当地找了一名翻译协助调查，但从翻译口中获取的信息毕竟是经过思维加工的当地人的信息，因为翻译者往往会充当其自身文化的诠释者，他或她往往只凭个人理解而选择性地诠释述说者的话。因此，经翻译诠释或转译的资料，其可信度本身就值得商榷。周华山在谈到田野调查中的语言问题时说，"语言是每个文化世界观最根本的基础，不同的语言体系，代表着不同的思维模式和价值取向。要了解另一种文化，就必须学习其语言。否则，调查者永远只是从自身文化价值观和语言体系出发，把他族文化与思维化约成自身文化的符号，以'我'观物而物物皆着'我'的色彩，把他族文化削足适履而不断复制和强化既有的价值观"[1]。虽然笔者没有把蓝靛瑶人的文化

---

[1]　周华山：《女性主义田野研究的方法学反思》，《社会学研究》2001 年第 5 期，第 59 页。

图1—7　老挝万象市中心的街市（作者拍摄于2006年）

与思维"化约成自身文化的符号"，但因语言问题而失去的珍贵资料是可想而知的。在很多时候，述说者讲述了十几分钟的内容，翻译三言两语就打发了；有些时候，翻译会诠释述说者的观点；还有些时候，翻译会直接替述说者回答你所提出的问题。对此，你只能忍气吞声。否则，以后的情况可能会更糟。另外，凡是做过调查的人都知道，许多重要的资料都是从当地人的闲聊中不经意间收集到的。如果依赖翻译，当地人闲聊的内容我们是无法获取的。许多蓝靛瑶人山寨至今还没有通电，晚饭后不久，大多数人都会早早地躺在床上闲聊直至入睡。由于一家几代人同住在一个茅草屋里，即便是小声说话，大家也都听得很清楚。有许多个夜晚，笔者都是在房东家人的闲聊中入睡的。如果没有语言障碍，这无疑是了解当地人家庭生活及邻里关系的绝好机会。

　　第三是参与程度与角色转换的问题。田野调查中民族志者的角色主要有三种，即完全参与者（Complete Participant）、参与观察者（Participant Observer）和局外观察者（Complete Observer）。第一种角色涉及一定的欺骗行为——成为社群的一员而不透露自己是在做研究。这是比较主观的参与，容易形成主观价值判断。第三种角色比较客观，其分离程度高，但融入程度最低，这种角色多少会干预被调查者的行为。到目前为止，大多数民族志研究都是基于第二种角色，即参与观察者。参与观察者既可以是观察和记录他们周围生活某些方面的局内人，也可以是参与他们身边生活某些方面和记录他们所看到事件的局外人①。根据人类学田野调查方法的要求，"参与观察包括将你自己融入到当地人的文化中去，同时又要学会每天将自己从这种文化中抽离出来，这样你才能科学地判断你所看到的和听到的事情，才能比较科学地记录和分析这些材料"②。在笔者看来，这种"局内人"与"局外人"角色的转换只不过是民族志者的一种愿望或理想而已。实际上，没有哪个民族志者能够真正地融入到当地人的文化中去，成为"局内人"，民族志者自始至终都是"局外人"，或至多是"边缘人"，因而也就没有必要谈论什么"抽离"出来的问题。就笔者多年来的田野调查经历和感受而言，一个人从小养成的习性与价值观念，不是几个月、几年或几十年能够完全改变的。因此，对于一种异文化来说，我们也难以真正做到格尔兹所说的"理解他人的理解"③，即便是不存在语言障碍，我们所能做到的也只是尽可能接近他人的理解而已。坦诚地说，笔者在蓝靛瑶人山寨生活了近半年，却丝毫没有"融入"到当地文化中去的感受，更没有成为"局内人"的感受。

第四是性别和年龄问题。田野调查过程中，调查者的性别和年龄，在很大程度上影响着调查者参与的程度。早在 20 世纪 30 年代，美国著名人类学家 M. 米德（M. Mead）就已经强调过资料收集过程中性别的重要性。R. 柏纳德（R. Bernard）认为，民族志者的性别差异至少会造成两个后果：一是限制你获取某些信息，二是影响你对他人的感知④。

---

① Bernard, Russell (2002). *Research Methods in Anthropology：Qualitative and Quantitative Approaches*, p. 327. Maryland：Rowman & Littlefield Publishers, Inc.

② Ibid.

③ 王铭铭：《格尔兹的解释人类学》，《教学与研究》1999 年第 4 期，第 32 页。

④ Bernard, Russell (2002). *Research Methods in Anthropology：Qualitative and Quantitative Approaches*, p. 351. Maryland：Rowman & Littlefield Publishers, Inc.

在所有的文化中，因为你是一个女人或男人，有些问题你是不能询问的，有些活动你是不能参加甚至是不能看到的。因此，所有参与观察者都会面临其自身性别的局限性以及他们所研究的文化对于他们的限制。在一个异文化的社会中，作为男性调查者，你是很难获取有关女性生活的知识，尤其是有关性方面的知识。谈论这方面的话题在有些少数民族中可以说是不可能的。尽管这些民族婚前的性观念是相当开放的，但对于外来者而言，有关性和性的话题依然可以说是"禁区"。在老挝调查的前期，笔者没有聘用蓝靛瑶人本民族的人做翻译，尽管随同的翻译说的是老挝语，但她对于蓝靛瑶人而言，依旧是一个"外来者"，我们很难"融入"到当地的社会中去。后来，笔者聘用了一位蓝靛瑶人小伙子，就明显地感觉到后期的调查要比前期做得"深"一些，许多笔者原本没有想到的问题都进入了我们讨论的范围之内。同时，笔者也可能切身地感到年龄级序对调查的影响。前期的翻译是位长者，乐意与她交谈的几乎都是年龄比较大的人，而年轻人则很少。因而我们对蓝靛瑶人诸如"坐妹"之类的风俗几乎一无所知。而后期的情况就全然不同了，每当笔者来到一个山寨，都会有未婚女孩前来约翻译"坐妹"，搞得他几乎每晚都不能休息。从他的经历中，笔者了解到许多有关蓝靛瑶青年男女婚前性生活方面的"地方性知识"。同样，作为女性调查者也难以获得有关男性生活方面的知识。对此，柏纳德曾有过生动描述，即3位女性人类学家是如何通过其男性伙伴才获得有关当地人饮酒知识的例子。1997 年，3 位女性人类学家 S. 昆特（S. Quandt）、B. 莫里斯（B. Morris）和 K. 迪沃特（K. DeWalt）在美国肯塔基州的两个乡村做调查。她们花了三个月的时间访谈村落中的男性村民，却丝毫没有发现他们饮酒的情况。但有一天，一个对她们的田野点感兴趣的男性朋友陪同她们一起去访谈。她们拜访了一位先生，这位先生曾在她们面前畅谈过 60 年来穷困生活的经历，但他却从未谈及饮酒方面的知识。那天，进入他家几分钟后，他看了看那位男性来访者说，"你喝酒吗？"在以后的几个小时里，这位先生谈起了与酒相关的社区价值、酗酒问题以及他们在社区内如何处理酗酒等问题，并讲述了许多关于烈酒走私的事情①。从这个例子中我们可以看出，正是另一个男人的出现才使这位信息提供者有机会谈论他所感兴趣的事情，而他觉得与妇女讨论这些事情是不合适的。

二 田野资料的"准确性"与"真实性"问题

这里所说的"准确性"和"真实性"，是相对而言的。作为一个外来者，民族志者不可能真正获取绝对准确或绝对真实的田野资料。由于上述种种问题的限制，民族志者充其量只能获取比较准确或比较真实的资料。传统上，民族志者往往是一个人单枪匹马进入异域进行调查，其获取资料的过程和方法便成为人们关注的焦点之一。20世纪80年代之后，随着 G. 马尔库斯、D. 库什曼（D. Cushman）和 J. 克利福德等学者对传统民族志的描写架构、描述的权威性、强调典型性等方面的批评性论著的问世②，人类学者开始反思自己的研究方法和民族志文本的表述方式。为了证明田野资料的准确性，民族志者开始叙述他们搜集资料的过程。A. 斯图尔特（A. Stewart）认为，民族志者可以以一种"反观"的写作手法将他们作为参与观察者的经历融入他们的民族志描述中，使写作者自身的田野调查经历也成为读者批评的内容之一。如"叙述民族志"和"自白的描述"等民族志文本都试图让读者置身于田野调查者的工作场景之中，从而判断田野资料的正确性和可靠性。这些反观性文本可能对全面反思当地人的文化、调查者和当地人之间的相互交往是有裨益的。在此，笔者可以借用 R. 山杰克（R. Sanjek）称作"民族志者的路径"（the ethnographer's path），③ 即调查者参与当地信息

① Bernard, Russell (2002). *Research Methods in Anthropology：Qualitative and Quantitative Approaches*, pp. 351 – 352. Maryland：Rowman & Littlefield Publishers, Inc.

② Marcus, G. and Dick Cushman (1982). "Ethnographies as Texts." *Annual Review of Anthropology*, Vol. 11：25 – 69. ——Clifford, J. (1986). "Introduction：Partial Truths." In James Clifford and George Marcus, eds., *Writing Culture：The Poetics and Politics of Ethnography*. California：The University of California Press.

③ Sanjek, Roger (1990). "On Ethnographic Validity." In Roger Sanjek, ed., *Fieldnotes：The Makings of Anthropology*, pp. 385 – 418. Ithaca：Cornell University Press.

提供者网络关系中的轨迹来进行说明。R. 山杰克认为这种网络信息有助于读者评价田野资料的正确性。除了网络关系的"大小和范围"，R. 山杰克认为民族志者有必要公布被观察的信息提供者的所有信息，包括诸如性别、职业、年龄等人口资料，还应披露民族志者通过一个信息提供者结识另一个信息提供者的实际网络路径①。对此，刘朝晖在《村落社会研究与民族志方法》一文中也认为，"我们有必要详细交代自己的研究过程和方法，以绝对坦诚和毫无保留的方式披露自己的研究成果。所以，应该有专门的章节描述自己的调查是在什么条件下进行的，信息是怎么收集的，哪些材料是报道人陈述的，哪些是调查者从中整理和领悟出来的，等等，这些都是构成完整民族志的重要部分"②。对民族志者与其所有关键信息提供者之间社会网络关系的多维分析，以及对于民族志者收集资料的方法与路径的交代，均有助于我们了解民族志者获取资料的过程，并据此甄别田野资料的准确性。为确保田野资料的准确性，要求当地人对描述他们生活的民族志文本进行反馈也是有效的方法之一。当他们阅读民族志者撰写的文本时，"他们"即当地人可能会展现出完全不同于作者的观点。这些分歧有助于作者在正式出版其论著之前仔细核实田野资料的准确性。这种有时被称作"回应法"的方法，现在已被民族志者广泛采用。毋庸置疑，民族志者的研究在很大程度上基于"局内人"与"局外人"之间的对话，因此，"回应法"可以被看作一种保证田野资料准确性的有效方法。尤其是通过翻译获取的田野资料，更应通过这种"回应法"进行核实。

许多资深人类学家认为，延长田野调查时间是保证田野资料真实性的有效方法之一。实际上，在田野地点长期生活可以说是民族志者确保资料真实性的最好方法。在田野中生活的时间越长，田野者就有更多的机会了解当地的历史、人际关系和文化，就有更多的机会纠正一些田野者自己想当然的资料和复杂信息，也就有更多的可能性将田野者自己的经历转化为地方性知识，但是这种长期的田野调查方法在中国人类学研

---

① 参见 Stewart, Alex（1998）. *The Ethnographer's Method*, pp. 33 – 35. California：SAGE Publications, Inc。

② 刘朝晖：《村落社会研究与民族志方法》，《民族研究》2005 年第 3 期，第 101 页。

究中却日益衰落。眼下人们更倾向于所谓的聚焦民族志（Focused Eth-
nography）。与传统民族志相比，这种民族志具有明显的生态优势——
以最少的花费取得最多的资料，而且民族志研究的主题越明确，所需田
野调查的时间也就越少。但问题是，短期的田野调查，我们无法保证田
野资料的真实性。正如阿加尔（Agar）批评的那样，此类基于短期田
野调查的民族志研究能否如实地反映复杂的社会现实①。大凡做过田野
调查的人都知道，民族志者初到田野地点时所看到的当地人的社会生活
往往有可能是表演性的，我们不应忘记 J. 费边（J. Fabian）的告诫，
"文化的'表演性'（performative）远胜于其'报道性'（informa-
tive）"②。因此，民族志者不仅需要观察各种文化表演，而且更需要长
期亲身体验文化。因为文化不是同质的，而是弥散于不同的社会情境之
中，因而，民族志者需要在不同的情境下体验被调查者的文化。如果没
有足够长的时间参与和体验被调查者的文化，民族志者便难以透过文化
的"表演性"获取那些弥散于不同的社会情境之中的文化。人类学的
研究表明，民族志者必须区分人际互动所发生的社会情境，特别关注那
些在人际互动过程中起重要作用的信息提供者的行为。社会情境会影响
人们的言行，即他们在特定的情境中该说些什么，不该说什么。此外，
民族志者还应当清楚地意识到，所有显而易见的知识与一般情况下人们
的实际行为之间可能有差距，也就是说，人们所说的与他们实际所做的
不可能完全一致。此外，任何一个信息提供者所提供的信息也都只是其
文化的一部分。因为每一个信息提供者都有他自己的文化盲点，民族志
者的任务往往是通过一定的资料搜集策略调查其他有不同盲点的信息提
供者来弥补这些盲点，从而获取接近真实的田野资料。因此，即使最优
秀的信息提供者都很难准确地表述其群体的文化与行为。

　　简言之，由于民族志者自身的局限性，他们往往可能会误读地方性
的文化，而民族志者对于当地文化的肤浅解释和有选择性的感知等也都

---

　　①　Stewart, Alex（1998）. *The Ethnographer's Method*, pp. 20 - 21. California：SAGE Publi-
cations, Inc.

　　②　Fabian, J.（1991）. *Time and the Work of Anthropology*, p. 397. Chur and Reading：Har-
wood Academic Publishers.

可能会造成他们对地方性文化的整体性误解。诸如民族志者的介入问题、语言问题、身份与性别角色问题、参与程度问题、信息提供者行为的"表演性"以及他们对于自身文化的盲点等，都会影响到我们对当地文化的正确理解和认识。另外，由于田野调查时空上的局限性，"传统民族志的情境关怀"即民族志者对其研究对象持有的一种肯定态度，或者民族志者在描述地方文化时会在某种程度上袒护当地人的做法，也会在很大程度上影响到民族志资料的准确性和真实性。事实上，这种偏袒自从马林诺夫斯基以来一直是"人类学家应当采取'当地观点'的思想"所提倡的①。但需要特别指出的是，上述问题或局限性是在肯定人类学田野调查方法的基础上提出的。到目前为止，人类学田野调查中的参与观察法依旧是理解异文化的最可靠最有效的方法。因此，我们在质疑和反思田野调查过程中所出现的问题的同时，应该比以前更加注重在地方化的社区从事长期的田野调查，以获取更加接近"准确"和"真实"的田野资料。

---

① 尼古拉·托马斯：《人类学的认识论》，中国社会科学杂志社编：《人类学的趋势》，社会科学文献出版社 2000 年版，第 55 页。

第二章

蓝靛瑶人及其族源与历史传说

关于老挝蓝靛瑶人及其族源与历史传说方面的文献记载不多。人们从网络上所了解到的蓝靛瑶人的信息，更多的是来自老挝地方旅游方面的广告或宣传；而关于蓝靛瑶人的族源与历史传说，则主要散见于蓝靛瑶民间的经书、家谱或口碑故事中。

第一节　蓝靛瑶人概述

蓝靛瑶人是老松族的一支，有自己的语言，属苗瑶语系、勉门语支。1975 年以前他们与勉瑶住在同一个地区，而且彼此很容易进行沟通。从族源上看，老挝的蓝靛瑶人主要是从中国迁徙过去的，蓝靛瑶人的根在中国南方，其传统文化、宗教信仰、语言以及日历即是最好的佐证。而且，老挝的勉瑶和蓝靛瑶人是本语支中唯一学习和保留汉字的族群。他们用汉字来记录家谱、宗教仪式经文和治病的药方，甚至用来写书信件[①]（参见图 2—1）

根据老挝政府《2005 年人口与家庭统计结果》统计，老挝共有瑶族（勉瑶和蓝靛瑶人）27449 人。根据本人 2006 年的统计，琅南塔省有 18 个蓝靛瑶人村寨，4233 人；乌多姆赛省有 2 个蓝靛瑶人村寨，其中一个村寨有 200 人，另一个村寨的人数不详；波乔省只有一个蓝靛瑶

[①]　另参见黄兴球《中老跨境民族的区分及其跨境特征论》，《广西民族学院学报》（哲学社会科学版）2006 年第 3 期，第 88 页。

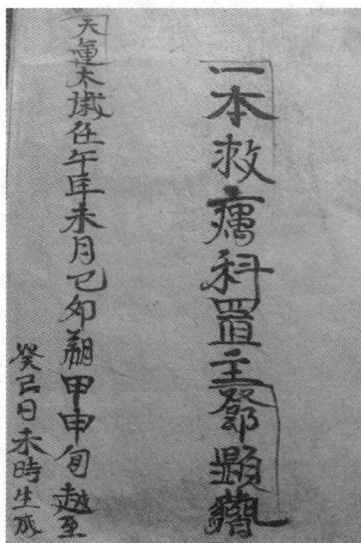

图 2—1　老挝蓝靛瑶人民间流传的中文经书
（作者 2006 年拍摄于老挝琅南塔那木克诺伊寨）

人村寨，具体有多少人也不清楚，但从大多数蓝靛瑶人聚落的规模来看，一个自然村的人数通常会在 200—300 人。根据 L. 查泽（L. Chazée）的研究，在老挝的蓝靛瑶人也被称作佬魁族，也叫"溪流佬"，即"住在溪流边的人"[①]。1995 年，有 25 个佬魁族村寨，其中琅南塔省有 21 个，乌多姆赛省有 3 个，波乔省有 1 个。据他的调查，乌多姆赛省那莫县的佬魁族确认丰沙里还有 8 个佬魁族村寨。在丰沙里的萨姆帆（Samphan）和包恩泰（Bountay）区，佬魁族也被称作蓝靛瑶人，但属于一个叫作"穿蓝靛的山民"的不同分支。他们的服饰与琅南塔、乌多姆赛和波乔的蓝靛瑶人或"穿蓝色衣服的人"有区别，他们的服饰的颜色要更深些，另外，他们的一些日常习俗与传统也有细微的差别，我们会在下文进行描述。

---

　　① Chazée，Laurent（2002）. *The Peoples of Laos：Rural and Ethnic Diversities*，pp. 108 – 109. Bangkok：White Lotus Co.，Ltd.

　　根据 L. 查泽和本人的调查①，与老挝其他少数民族相比，蓝靛瑶人主要有以下特征：有自己的语言，少数人识读中文；传统上只种植旱稻，是老挝唯一一个带秆存储稻谷的民族，带秆的稻谷通常储藏在房间或谷仓里；其民间信仰和传统习俗保留得比较完好，他们主要信仰道教和自然神，其宗教仪式冗长、繁杂，耗费很大（如男人的度戒仪式）；服饰独特，是老挝少数民族中服饰传统保留最完好的族群；在某些仪式上使用面具、护身符、铃以及神秘物件；仍保留女人进入青春期后剔眉的习俗，以传统绞面的方式剔除眉毛；用竹子造纸，造出来的纸主要用于传统宗教仪式，也用来包裹鸦片和交换其他物品；以多个核心家庭和基本经济单位构成的父系制大家庭为主，主要居住在茅草长屋里，有些房屋长达 20 多米，门开在茅草长屋两端，即房屋大梁正下方，一为正门，另一个是侧门，专门供妇女和小孩进出用（参见图 2—2）。

图 2—2　老挝琅南塔蓝靛瑶人传统茅草长屋及储藏带秆稻谷的粮仓
（作者 2006 年拍摄于老挝蓝靛瑶人山寨）

---

　　① Chazée，Laurent（2002）. *The Peoples of Laos: Rural and Ethnic Diversities*，pp. 108 - 109. Bangkok：White Lotus Co.，Ltd.

　　绝大多数蓝靛瑶人妇女只穿蓝靛瑶人本民族的服装，即使她们手里有现钱，几乎也不在市场上购买衣物。她们的传统服装做工非常复杂，据说做一套女装需要很长时间，一般一年至多能做一两套。蓝靛瑶人，尤其是蓝靛瑶人妇女，无论大人小孩，基本上都穿着黑蓝色的传统粗布服装，依据家庭条件佩戴着银头饰、项圈和耳坠。在蓝靛瑶人山寨，妇女的银饰象征着财富，蓝靛瑶人妇女佩戴银饰的多少，从某种意义上代表着其家境的好坏，尤其是她们头顶上佩戴的小银币，家境越好佩戴的银币数量就越多（参见图2—3、图2—4）。

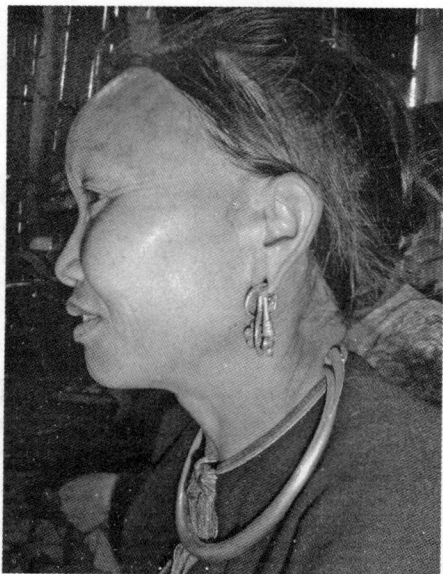

图2—3　蓝靛瑶人女性的银质耳饰与项圈
（作者2006年拍摄于老挝琅南塔那木克诺伊寨）

　　蓝靛瑶人女孩从13—14岁开始拔眉毛，随后就可以谈情说爱了，这是女性生理成熟的一种外显标志。已婚妇女大都没有眉毛，乍一看很不顺眼。至于为什么要剔掉眉毛，有什么讲究，目前笔者还没有深究。在服饰上，另一个特点是所有女性，无论老少，都在腰间系有一条很细的束带，是她们亲手编织的，束带的两端有黄色或红色的穗子。另外，

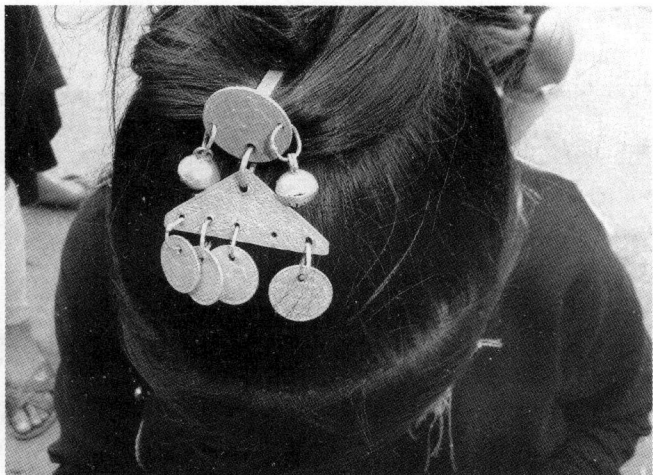

图 2—4　老挝琅南塔蓝靛瑶人妇女的银质头饰
（作者 2006 年拍摄于老挝琅南塔那木叻寨）

琅南塔、乌多姆赛和波乔的蓝靛瑶人妇女穿长短裤，长度通常在膝盖之上，小腿至脚踝处系白色绑腿。关于蓝靛瑶人妇女穿长短裤、系绑腿民间有个传说：古时候蓝靛瑶人女人也穿长裤，那时和现在一样，小伙子晚上偷偷去自己心仪的女孩家睡觉，天不亮时又偷偷溜回自己家。由于回家时天还没有亮，他们常常会穿错裤子，闹出笑话。为了不再穿错裤子，男人们决定把女人的裤子剪成短裤，用白布裹住小腿肚子，这个传统就一直沿袭到今天。据说，这便是蓝靛瑶人妇女为什么穿短裤、裹绑腿的由来。当然，这只是一个传说而已，是否属实，尚有待进一步考证（参见图 2—5）。

目前，老挝其他族群在服饰上受现代都市生活的影响都很大，尤其是年轻人，在服饰上已很难看出其族群的特征了，但唯独蓝靛瑶人在服饰上依旧保持着浓郁的族群特色。在那木叻（Nam Lue）、那木昌（Nam Tchang）、那木迪（Nam Dy）以及洪垒（Hong Leuay）等交通便利的山寨，虽然也有一些年轻人穿现代服饰，但人数不多。致使他们依旧保持传统服饰、不接受现代服饰的原因到底是什么，是经济因素还是认同因素，很值得日后进一步探讨。蓝靛瑶人妇女的发式也很特别，将长发盘在后脑勺，用银叉别着，与其他族群有着明显的差异。

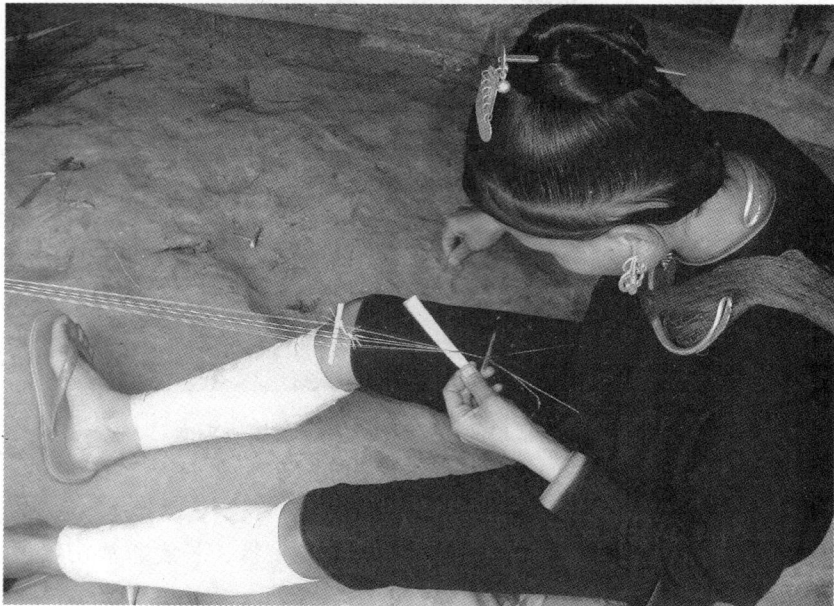

图 2—5　老挝琅南塔蓝靛瑶人妇女的长短裤、绑腿、发型
（作者 2006 年拍摄于老挝琅南塔那木叻寨）

与中国的土瑶一样，老挝蓝靛瑶人至今依旧使用传统的砍刀。砍刀是男女蓝靛瑶人最常用的工具，出工时总会佩带在身后。他们佩带砍刀的方式也与中国的土瑶人一样，都是用线绳将木质刀盒绑在腰间，吊在臀部，走路时会发出"呱嗒呱嗒"的响声。无论是开山、伐树砍竹，还是剥树皮总离不了砍刀。蓝靛瑶人使用的传统砍刀与中国土瑶人的勾刀相似，刀身长约 30 厘米，刀背厚约 1 厘米，木质刀把，刀把一般长二三十厘米。唯一不同的是，土瑶人的勾刀的刀尖向下弯曲，呈勾形，刀刃呈弧形，而蓝靛瑶人的砍刀没有向下弯的刀尖，刀刃平直。另外，蓝靛瑶人的刀盒没有土瑶人的那么精致。在中国土瑶山寨，勾刀的刀盒是男青年送给自己心仪姑娘的定情信物，做工考究，刀盒上往往会雕刻精美的图案和爱情诗歌等（参见图 2—6、图 2—7）。

图 2—6　老挝蓝靛瑶人的传统砍刀及木质或竹编刀盒
（作者 2006 年拍摄于老挝琅南塔那木叻山寨）

图 2—7　中国土瑶人的勾刀及精致刀盒
（作者 2002 年拍摄于中国广西贺州土瑶山寨）

第二节 蓝靛瑶人的族称与历史传说

一 蓝靛瑶人的族称

据那木峒（Nam Thong）村的村民讲，他们自称"门"（mun）或"班门"（ban mun），意思是"我们瑶族"，而称其他民族为"兜"（Dou），他们并不认为自己是住在山里的人。实际上，中国勐腊的蓝靛瑶称老挝琅南塔的蓝靛瑶人为"金哈门"（Kim ha mun）或"瓜柏门"（gua bo mun），"瓜"（gua）是蓝裤，"哈"（ha）是低谷的意思。据笔者的调查，因居住地域不同，丰沙里与琅南塔的蓝靛瑶人在族称上也不同。丰沙里的蓝靛瑶人主要居住在高山上，他们自称"金阳门"（kim yang mun），住在坝上的自称"金哈门"，穿黑色裤子的自称"夸甲"（khua ja），穿蓝色裤子的自称"夸布"（khua buh）。此外，丰沙里的蓝靛瑶人还统称自己为"秀门"（hjumun），称其他民族为"兜门"（dou mun），但称顶板瑶为"峒边门"（dong bian mun）而不称"兜门"。丰沙里的蓝靛瑶人称中国云南河口、文山的蓝靛人为"金地昂门"（kim diang mun），琅南塔的蓝靛瑶人称丰沙里的蓝靛瑶人为"金地昂门"（kim diang mun），意思是"住在高山上的人"。"金"（Kim）是指"山林"，"地"（di）是"里面的"意思，"地昂"（diang）是"更高的"意思。实际上，并不像法国人类学家 J. 雷蒙（J. Lemone）所说的那样，琅南塔的蓝靛瑶人自称为"金地门"（Kim di mun），而丰沙里的蓝靛瑶人自称是 Kim diang mun，他的这种表述是不准确的，准确地说，Kim diang mun 是他称而不是自称。

据 L. 查泽的研究，在老挝琅南塔，蓝靛瑶人的另一个族称是佬魁，是由老挝的主体民族老族叫起来的，但在老挝丰沙里没有人称他们为佬魁①。在缅甸和中国的瑶族中也没有相应的称谓。在老挝丰沙里，外族

---

① Chazée，Laurent（2002）. *The Peoples of Laos: Rural and Ethnic Diversities*，p. 109. Bangkok：White Lotus Co.，Ltd.

称蓝靛瑶人为"昆瑶"（kun yao），但这里的蓝靛瑶人自己知道他们是蓝靛，当他们遇到来自中国的蓝靛瑶或其他瑶族时，会称自己为蓝靛人。由于他们与老挝琅南塔的蓝靛瑶人没有什么往来，他们不知道自己与那里的蓝靛瑶人有什么差异。他们只知道琅南塔的蓝靛瑶人的衣服是黑色的、裤子是蓝色的。相比之下，他们与中国勐腊的蓝靛瑶人的交往更频繁更密切，他们认为自己在生活习俗上与中国勐腊的蓝靛瑶人完全相同。

老挝琅南塔的酸亚（Suanya）寨的蓝靛瑶人称邻村的顶板瑶为"峒边"（Dong bian），而顶板瑶称蓝靛瑶人为"勉"（Mian）。当地蓝靛瑶人村民认为佬魁是老族（Lao）1965 年开始称呼他们的，以前称他们为蓝靛瑶人。他们认为顶板瑶是盘皇的老大，蓝靛瑶人是老二。在酸亚，蓝靛瑶的男人可以吃狗肉，但妇女不能吃；顶板瑶的男人不吃狗肉，因为他们在度戒时，师傅告诉他们不能吃狗肉。

在老挝那木迪寨，据 75 岁的老人老盘回忆，老挝的蓝靛瑶人是因为战争从中国逃难到老挝来的，那些没有逃出来的就留在了中国云南。他们来老挝已经有 5 代人了。据他讲，那木迪是 1969 年才立寨的，居民主要是从那木仃（Nam Deany）寨迁过来的。老人说他们称自己为"昆昊"（Khun Hao），老挝解放后，当地政府把这些喜欢住在小河边的群体称为佬魁（Lao Huay），"佬"（Lao）意为"人"，"魁"（Huay）意指"小溪"。他认为蓝靛瑶人是因为他们善于用蓝靛浸染粗布而得名的。

二　蓝靛瑶人的历史传说

与中国的瑶族一样，蓝靛瑶人也把盘王（Bian Hong or Pang Wang）视为自己的先祖。在蓝靛瑶人村寨流传着一些有关他们历史和起源的传说。相传，蓝靛瑶人起源于日本海附近的一个小岛，一次可怕的灾荒迫使他们迁移到广西境内，随后又因为战乱，一部分人迁往越南，其余的人来到老挝。

在蓝靛瑶人的迁徙史中，他们大约是在一百多年前从中国经由越南北部来到老挝的。在蓝靛瑶人村寨，有关其迁徙史的传说有好几个版本，但是每个版本都有一点是相同的，那就是都与勉瑶有关，而且总会把勉瑶看作最强大的，是蓝靛瑶人的哥哥①。

也有学者认为，从族源上看，老挝的瑶族来自中国浙江省北部②。琅南塔省的勉瑶和蓝靛瑶人村寨里保留的经书和部分传说中有关于他们渡海的描述。关于渡海的传说，老挝也有好几个版本，其中都提到蓝靛瑶人在迁徙途中与勉瑶走散了③。在琅南塔省南塔区，蓝靛瑶人民间流传着这样一个传说：从前，有俩兄弟，哥哥叫勉瑶，弟弟叫蓝靛（Land-tien/Lanten）。某一年，他们的家乡爆发了战争，他们不得不逃离家园。勉瑶先逃离家园，临行前，他告诉弟弟要跟着他，他说沿途他会在香蕉树上用刀砍上标记。但是，等蓝靛去追随哥哥时已经太迟了，香蕉树上的标记已经长好，于是蓝靛便与哥哥在逃离途中走散。蓝靛来到大海边，决定造一只帆船渡海。他祈求上苍老天刮风助他扬帆渡海，风开始刮起来，把他带到了一片新的土地上。从那以后，佬魁就把天神看作众神之首。

与此类似的另一个版本也很流行。相传，蓝靛瑶人的先祖生活在中国南方，主要是以开垦旱地、菜园、养殖和狩猎等为生，过着群居生活。他们有自己的首领，被他们誉为"边洪"（Bian Hong）或"盘王"（Pang Wang）。关于蓝靛瑶人的起源，也有类似于其他民族的"水淹没世界"的传说，不过蓝靛瑶人的传说中讲的不是洪涝而是旱灾。这个传说是这样的：在很久很久以前，蓝靛瑶人先民遭遇了严重的旱灾，甚至连石头都能燃烧起来，大地开裂，裂缝大得可以掉进去一头牛。世界发生了饥荒，人们互相厮杀，饥饿得甚至啃食粮仓的柱子。后来，人们听说在大海的另一端有一个风调雨顺、土地富饶的地方。于是，他们制造了七艘竹筏，下海去寻找这片富庶之地。在海上，他们遭遇风暴。海浪打翻了四艘竹筏，上面的人全部落水，生死不明。剩下的人祈求盘王

① Chazée, Laurent（2002）. *The Peoples of Laos：Rural and Ethnic Diversities*, p. 109. Bangkok：White Lotus Co., Ltd.

② Lemoine, Jacques（2005）. "The Present Economy of the Lao Huay of the Nam Ma Valley, Muang Long District, Louang Namtha." In Juth Pakai, Issue 5, pp. 44 – 56. Vientiane.

③ Chazée, Laurent（2002）. *The Peoples of Laos：Rural and Ethnic Diversities*, p. 105. Bangkok：White Lotus Co., Ltd.

保佑，三天后才到达一个叫作"肖教飞"（Sev Jiao Fei）的地方。人们就地安营扎寨，捕猎祭祀盘王。当时，能猎杀到的最大猎物是野猪。所以，现在人们祭祀盘王时，最大的祭品就是猪。首领把当时在海上幸存下来的人们分成两组。第一组先行，继续寻找传说中的富庶之地。第二组守候在海边看是否还有幸存者上岸。这两组为了方便辨认，第一组在上衣背后别上红线（现在"瑶朵"即勉瑶妇女的服饰）；第二组在胸前别上红线（现在蓝靛瑶人妇女的服饰）。后来他们来到了现在的广西。蓝靛瑶人在广西生活了许多年。后来，广西发生战乱，迫使他们再次迁徙，一部分人到了越南，另一部分来到老挝北部。第一批蓝靛瑶人在首领"那奇"（Na Khid）的带领下从中国广西来到老挝琅南塔省定居。第二批在首领"李三李苏"（Lee San Lee Su）的带领下从越南迁到乌多姆赛省的"那莫"（Na Mo）县定居。

　　除了上述传说外，勉瑶和蓝靛瑶人都认为是为了寻求适宜游耕和罂粟种植的土地才迁移到老挝来的。他们与苗人（Mhong）同时迁入老挝，但勉瑶和蓝靛瑶人进入老挝的路线不同，勉瑶是从缅甸而佬魁则是从越南北端分别进入老挝北部省丰沙里、琅南塔等北部省区的。在越南，至今仍有一些蓝靛瑶人村落。

　　据 L. 查泽的调查①，在"塔伐克"（Tafak）村流传着这样的一个传说。很久以前，有三兄弟，勉瑶、汉人和蓝靛瑶人，但蓝靛瑶人和他们不是同一个母亲生的，由于他母亲死得早，他父亲让他自己种植棉花、纺线、缝制衣服。而他的两个哥哥的衣着问题则由他们的母亲负责。在另一个蓝靛瑶人的聚落塔湾（Tawan）村，村民们则相信另外一个版本的传说：勉瑶和蓝靛瑶人是同一个母亲生的，勉瑶是哥哥，蓝靛瑶人是弟弟。他们的父亲比较喜欢哥哥，让他留在家里看家、刺绣，而让弟弟蓝靛瑶人负责种植棉花、纺线和织布。这就是为什么现在勉瑶不种植棉花和纺线，但却刺绣，而蓝靛瑶人则以生产蓝靛棉布闻名遐迩的缘由。

---

　　① Chazée, Laurent（2002）. *The Peoples of Laos: Rural and Ethnic Diversities*, pp. 106, 110. Bangkok: White Lotus Co., Ltd.

第三节 蓝靛瑶人的民间传说

"辛柏"（Xinbai）与"嫩黛"（Nendai）：梁山伯与祝英台的翻版。

在中国，梁山伯与祝英台的爱情故事可以说是家喻户晓，妇孺皆知。在老挝丰沙里的蓝靛瑶人村寨，笔者听到了蓝靛瑶人的"梁山伯与祝英台"的爱情传说。

很久以前，有一个地主家的小姐叫嫩黛，她喜欢上邻寨一个名叫辛柏的穷困农家子弟。当她得知辛柏准备到很远的地方去读书时，便女扮男装，当辛柏经过她们山寨时，她便与辛柏结伴去读书。到学校后，老师知道嫩黛是女扮男装，但是他并没有挑明。老师叫他们一起去撒尿，辛柏站着撒，嫩黛却要蹲着撒。辛柏笑话她说，"你又不是女孩，怎么蹲着撒尿啊？"她回答道："站着撒尿是牛马投胎的，只有人才是蹲着撒尿。"随后，老师又叫他们一起去洗澡。辛柏脱光了洗，嫩黛却穿着衣服洗。辛柏又问，"你为什么不脱衣服"，嫩黛回答说，"因为我的衣服有 360 个纽扣，解开所有的纽扣需要很长时间，那样我就没有时间洗澡了"。回到房间后，姑娘趁小伙子不注意时，偷偷地换掉了湿衣服。他们就这样朝夕相处，在一起读书。一天晚上，老师想试探他们之间的关系，就用鲜嫩的芭蕉叶铺在他们的床上，并在他们俩之间放了一碗水。嫩黛很聪明，老师回去后，她就把芭蕉叶子轻轻地放在一边，把水也端到了床下。这样她便放心地和小伙子睡在了一起。第二天天亮后，她又把它们放回原处。老师连着试探了三天，结果什么也没有发现。随着青春期的到来，小伙子发现姑娘的胸脯越来越高，不禁问道："朋友，你的奶子怎么这么大？"姑娘回答说，"奶子小也是牛马投胎的，真正的人的奶子就这么大"。由于姑娘聪明好学，3 年后就学成回家了，而小伙子却迟迟没有完成学业。临走时她对小伙子说，"我要先回去了，等你学成回家路过我们山寨时，别忘了去我家看我。我家就住在山寨口那棵大果树前，不过你来时要提前让人给我捎个口信儿"。又过了3 年，小伙子回家，按照约定，他先给嫩黛捎了个口信。姑娘便找了一片铁犁片，在河边的石头上磨。这时，小伙子骑着马来到河边，见到一个十分清秀的小伙子在不停地磨犁片，便问道："你用犁片磨什么呢？"姑娘回答道："我要用它磨一根绣花针。"她的话给了小伙子很大启发，他想，"如果我坚持读书，也一定能学有所成。"于是他便掉转马头，返回学校继续读书。在这期间，外寨有一个姓马的富家子弟按照蓝靛瑶人的传统来姑娘家提亲了。

小伙子又读了 3 年，终于学成归来。在回家之前，他通知嫩黛他要去探望她。这一回，嫩黛打扮得漂漂亮亮，还了女儿身，坐在那棵大树下等候小伙子。当小伙子骑马来到大树下，见到一个十分美丽的姑娘坐在树下，便问她是否认识一个名叫嫩黛的小伙子。姑娘回答说："我就是嫩黛。"小伙子惊奇万分，与"他"一起读了 3 年书却不知道"他"是一个姑娘身。小伙子知道嫩黛是一个姑娘后，便赶忙回到家中，要他母亲带着烟（这是蓝靛瑶人提亲的习俗）去提亲。他母亲带着烟便匆忙赶到女方家去提亲。见到他母亲时，姑娘亲切地称呼她为"妈妈"。她说："我很喜欢你儿子，但是，我父母已经答应了马家的亲事。现在我写 3 篇诗歌，请你带回去，但不要给你儿子看，放在他的枕头下"，说完她就咬破手指，在白布上写了 3 篇诗。小伙子的母亲回去后，便按照姑娘说的将血书悄悄地放在了儿子的枕头下。结果小伙子每夜都会梦见姑娘来与他约会，可醒来后却什么都没有，小伙子感到十分痛苦。有一天，他忽然发现了枕头下面的血书，他看完之后，一气之下，吞下了血书，不久他就死去了。他死后，他母亲便把儿子埋在了两个寨子的交叉路口处。不久，马家便来接亲，姑娘吩咐抬花轿的人，走到那个路口时，一定要停下来。姑娘来到小伙子的坟墓前，蹲在坟头哭着说："辛柏啊，辛柏，如果你还记得我们之间的情谊，就打开墓口吧！"她说完之后，坟墓果然打开了，姑娘便跳了下去，这时抬轿子的人急忙伸手去拉她，但只抓住了嫁衣的一角，撕下了一块红布。他们无奈便带着这块红布回到马家。马家人恼羞成怒，便带人前往小伙子的坟地，掘开坟墓，却不见两人的尸体，只见到两块白色的石块。马家人便把石块打碎，这时只见那两块石头忽然间变成了一对白色的蝴蝶，而马家公子则变成了一只孤独的黑色蝴蝶，跟在一对白色蝴蝶身后追赶。后来人们就做了一首打油诗："辛柏嫩黛成双飞，马家孤魂在后追。"

此外，在蓝靛瑶人民间，笔者还听到关于刘三姐传说的一个版本，说刘三姐的歌比大树上的树叶还要多。她死后，人们将她葬在大路边，不久从她的双乳上长出了两棵罂粟花，这罂粟花像刘三姐的乳汁一样香甜，人们吸食后很快便会成瘾。

任何一种传说的变异都与地方文化相关。刘三姐的传说随蓝靛瑶人从中国南方进入老挝北部，与当地的吸食大烟的文化相结合，便演绎出现在的这个版本来。通过一个原本十分美丽的传说来解释吸食大烟成瘾的缘由。

老挝蓝靛瑶人非常崇尚权威人物。在老挝丰沙里考察时，笔者还时常听到人们提起一个神话般的人物——"盘武"（Panwu）。在丰沙里的蓝靛瑶人中，盘武是一个具有传奇色彩的风云人物。在老挝北部山区叛乱时期，他曾领导当地蓝靛瑶人支持政府。叛乱平息后，他被老挝中央政府任命为该区区长。老挝解放后，老挝中央政府为了安抚北部地区的瑶民，任命他为中央委员（民间传说），他退休后，万象每月都派直升飞机来山寨接他去首都开会。在当地蓝靛瑶人中名气很大。被访者中有两人声称他们曾在盘武晚年陪同他坐直升飞机去过万象。据说他也是中国政府的常客。当地人都认为丰沙里北部一带是在他的直接领导下解放的。他曾在老挝北部多次叛乱中为国家的稳定做出了突出贡献。有趣的是，他被任命为中央委员，却一直生活在自己的山寨里。实际上，中央政府的直升飞机每月光临山寨一次，在很大程度上增加了盘武的传奇色彩。

第四节　丰沙里的蓝靛瑶人

在丰沙里，上了岁数的蓝靛瑶人大都使用中文，而不懂老文，大人小孩也没有老挝人特有的一些待人礼节，如在人群中穿行时需弯下腰身、合手以示歉意等。人们说话的声音也比较大，尤其值得注意的是，这里的蓝靛瑶人个子普遍要比琅南塔的蓝靛瑶人高，儿童成熟的年龄似乎也要比琅南塔的早一些。

实际上，由于地缘关系，丰沙里的蓝靛瑶人与中国云南的勐腊、江城等地的交往和联系，要远比与老挝其他地区的联系与交往频繁。如在靠近中国边境的"诺特乌"（Gnot-Ou）县，蓝靛瑶人村民们使用的是中国的电信网络系统。因为地理因素，老挝的电信网络还没有覆盖到该地区。在这里，人们通过无线接入终端（Fixed Wireless Phone），即无线接入固定台，以购买充值卡的形式即可使用中国的电信服务。丰沙里的蓝靛瑶人对中国勐腊蓝靛瑶人的文化认同要远远强于他们对琅南塔蓝靛瑶人文化的认同。在这里的蓝靛瑶人村寨，除了极少数人见过琅南塔的蓝靛瑶人外，绝大多数人对本国内蓝靛瑶人的了解非常有限，不知道自己与他们有什么相同或相异的地方。

丰沙里的蓝靛瑶人的房屋也是木板或竹板结构的，木板或竹板的一端埋在地下，屋顶大都是茅草盖的，与琅南塔蓝靛瑶人不同的是，丰沙里房屋的门不是开在两端，而是在房屋的中间只开一扇门，基本与中国汉人的房屋一样（参见图2—8、图2—9），富裕人家通常会另开一扇小门，主要是供女人进出用的，男人和外人一般不走这扇小门。屋檐前面很长，人们平时可以坐在屋檐下纳凉休息。客人一般不能进厨房，火塘多是三块石头支起的，也有用三角铁架的。在蓝靛瑶人山寨，通常情况下都是两三户人家住在一起，如大儿子婚后一般先和父母住在一起，等后面的兄弟结婚后，他才有可能搬出来另立门户，立户的新房他要自己盖，所用材料也需自己提前准备，只是盖房时家人会来帮助。住在一起时，经济由男性老人主管，儿子分出去之前，老人会提前一两年告诉他，要他准备材料盖新房。如果家里有家畜、布匹等也会分给他一些。平时家人都可以上桌吃饭，但来客人时女人一般不上桌，在另外一个桌上吃。

老挝丰沙里的蓝靛瑶人与琅南塔的蓝靛瑶人在服饰上是有差异的。相比之下，他们的服饰更接近于中国勐腊的蓝靛瑶。在丰沙里，女人一般穿蓝黑色长裤，而琅南塔的蓝靛瑶人女人穿深蓝色长短裤，系白色绑腿；在丰沙里，蓝靛瑶男人穿黑蓝色长裤，而琅南塔的蓝靛瑶男人穿浅蓝色的长裤。

在丰沙里，蓝靛瑶男人的上衣不是斜襟，而是直襟，但衣扣在右侧，衣服的下方有口袋。裤子的裤裆特别大，裤腿很粗，没有裤襻，用黑色或蓝色粗布做裤带，不像琅南塔的蓝靛瑶男人用白色和红色裤带。在琅南塔、乌多姆赛和波乔，蓝靛瑶男子在重要场合，一般要系一条红色的宽腰带，腰带的两个端头要平展开来悬吊在裤裆前。据说这不仅实

图 2—8　老挝丰沙里蓝靛瑶人的茅草屋，门开在正面而不是侧面
（作者拍摄于 2006 年）

图 2—9　老挝琅南塔蓝靛瑶人的茅草屋，门开在侧面，
即正梁的下方（作者拍摄于 2006 年）

用，而且具有装饰和遮羞的功用。丰沙里的男子系裤子时将裤腰拢在前面，不折叠（参见图2—10）。

图2—10 老挝琅南塔蓝靛瑶人的传统服饰
（翻译乌塔娜女士2006年拍摄于老挝琅南塔那木崆寨）

在丰沙里，粗布织好后，先用蓝靛浸染，随后再用野生的"山羊头"（当地的一种根茎植物）的汁剂浸透后晾干，据当地蓝靛瑶人妇女说，经过这样处理后粗布就会变得又硬又平滑。丰沙里蓝靛瑶人妇女的衣服也是右侧直襟，成年妇女的衣服因为特别长，平时都要将前后衣摆折在腰间。丰沙里蓝靛瑶人的粗布要比琅南塔的厚实得多。另外，丰沙里蓝靛瑶人女孩的头饰与琅南塔的也不相同（参见图2—11、图2—12）。

除上述差异之外，丰沙里的蓝靛瑶人与琅南塔的蓝靛瑶人在生产生活上还有许多细微的不同之处。如在生产上，丰沙里的蓝靛瑶人多用铁锄或砍头镘，而琅南塔的蓝靛瑶人多用铁锹翻地。在丰沙里，山谷地通常用牛耕地，在琅南塔，人们不用牛耕地，而靠人力完成

图 2—11　老挝丰沙里蓝靛瑶人妇女的服饰

（作者 2006 年拍摄于孙赛寨）

耕种。

丰沙里的蓝靛瑶寨子一般都坐落在山腰或山顶上，以前老人说"不敢住坝子上，在坝子上住会患野性疟疾"。一般不把山泉水引到家里来，而是去泉眼处挑水。在丰沙里，男人一般不背水、不挑水、不煮饭，也不带孩子；而在琅南塔男人挑水、带孩子很常见。与琅南塔的男人相比，丰沙里男人的大男子主义思想要严重得多。比如，在丰沙里，女人如果在路上遇到男人，她不能在其上方走过，而要在其下方路过

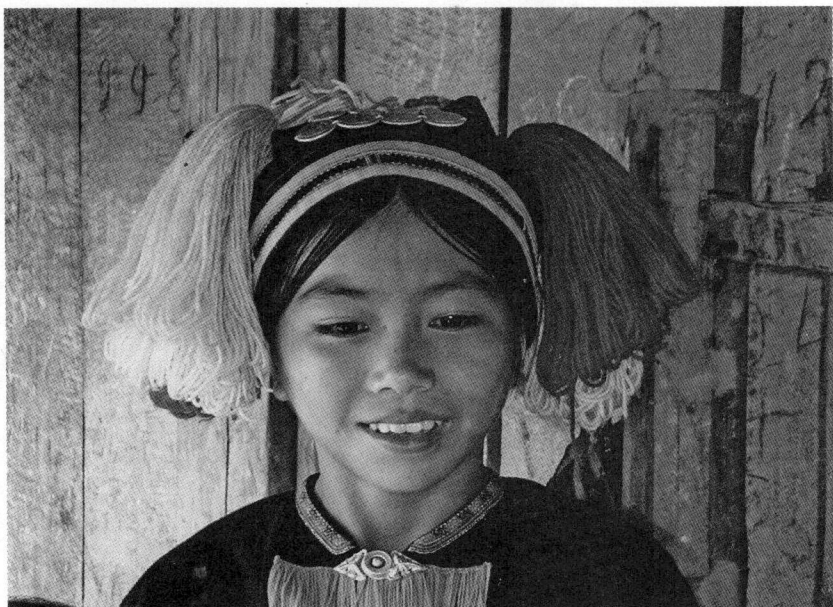

图2—12 老挝丰沙里蓝靛瑶人女孩的头饰（作者2006年拍摄于老挝孙赛寨）

（这里的上、下方是以水流方向为准）。以前丰沙里的男人如果在家看管孩子，会遭到寨子里其他男人取笑。

以前丰沙里的蓝靛瑶人没有孩子时，一般也不收养义子义女，但现在开始也有人收养了。在丰沙里，给男孩子举行度戒仪式时，要到野外，在那里搭建一个架子，一般有两米多高，受戒者十指反插，抱着双膝，从架子上背朝下摔到下方垫有棉被的垫子上，如果受戒者摔下后，双手分开了，表示度戒失败，受戒者很难找到媳妇，法师也不能为其"做鬼"，在生活中遇到问题将无法用传统的方法解决。

丰沙里蓝靛瑶人女人佩戴的腰束与琅南塔的也不一样，丰沙里蓝靛瑶人女人佩戴的腰束比较宽，大约有一指多宽，而琅南塔蓝靛瑶人妇女佩戴的腰束则很窄。另外他们常用的传统背包也不大一样（参见图2—13）。

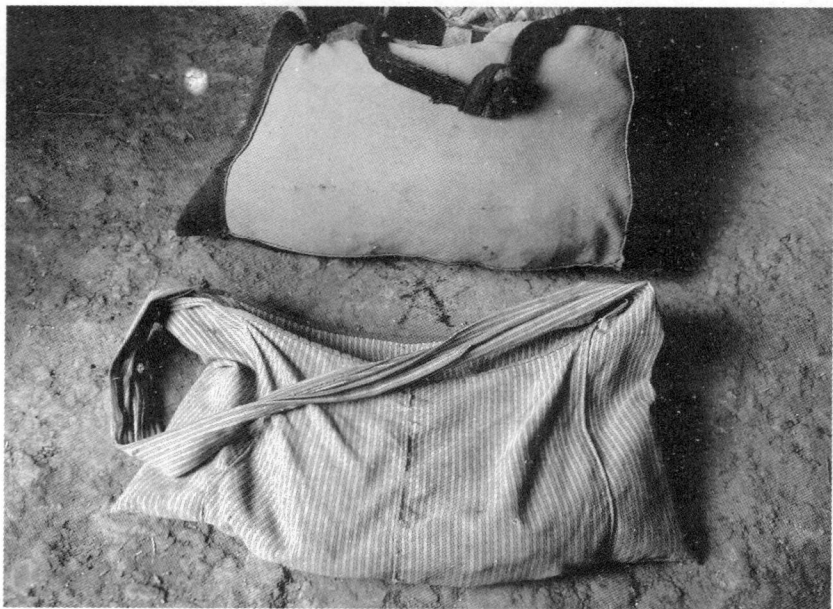

图2—13　上方是丰沙里蓝靛瑶人用的背包，下方是琅南塔蓝靛瑶人的
传统背包（作者2006年拍摄于老挝琅南塔那木迪山寨）

还有一点需要说明的是，在丰沙里的蓝靛瑶人山寨，吸食大烟的人要少得多。在琅南塔，不仅有很多成年男人吸食大烟，而且还有部分中老年妇女也吸食大烟。据村寨的老人们讲，这些妇女之所以染上大烟是因为她们生孩子肚子痛时，当地人传统上都让她们咀嚼鸦片止痛，有些人由于长期服用自然会上瘾。

第 三 章

蓝靛瑶人村寨概述

第一节　地理分布

　　老挝位于中南半岛北部，是一个多山的国家，有"印度支那屋脊"之称，全国大部分地区属于山地和高原。老挝的蓝靛瑶人主要分布在北部的琅南塔省、乌多姆赛省、波乔省以及位于中老边界的丰沙里省。这几个省区尤其是丰沙里省地处老挝的最北端，其西部和北部是中国云南省，东部是越南。丰沙里全省地处于中国的云贵高原以南延伸部分，山峦起伏，地势平均都在海拔千米以上，南乌江由北而南斜贯全境，沿岸有许多山间盆地，为老挝北部主要产稻区。由于丰沙里省特殊的地理环境，那里天气既有云贵高原"四季如春"的亚热带气候及高地气候的特点，也有酷热多雨的热带气候之特色，全年气温与中国云南省大部分城市的温度相差无几，部分高山于 12 月至翌年 2 月会有霜冻。相比之下，琅南塔、乌多姆赛和波乔省的海拔要低得多，大都在千米以下，像琅南塔省的海拔约在 500 米。从蓝靛瑶人村寨分布图中我们可以清楚地看到，在丰沙里省，蓝靛瑶人村寨主要分布在与中国接壤的海拔数千米以上的群山峻岭之中，交通极其闭塞，据酸亚寨的蓝靛瑶人村民讲，在这里，蓝靛瑶寨与寨之间也相隔较远，要走 7—8 个小时的山路（参见图 3—1）。

　　与丰沙里蓝靛瑶人山寨的自然环境相比，琅南塔、乌多姆赛和波乔等几个省区蓝靛瑶人山寨的自然地理条件要好得多。这里的蓝靛瑶人村

图 3—1 位于山顶上的老挝丰沙里城（作者拍摄于 2006 年）

寨通常都坐落在有溪流的低谷里，房屋总是建在溪流的两边。水源是蓝靛瑶人选择寨址的先决条件之一。由于这个原因，至少最近几十年来，蓝靛瑶传统上要比本语系其他少数民族居住的海拔纬度低得多，通常都在海拔 400—800 米。而且像那木迪、那木仃、那木叻、那木昌等蓝靛瑶人山寨的交通条件也十分便利（参见图 3—2）。

如上所述，半个多世纪以来，琅南塔的蓝靛瑶人一直居住在邻近溪流的低谷中。这种居住模式使他们慢慢地走向定居农业。但是，正如 L. 查泽的研究所发现的那样，新的定居模式并没有为他们带来更多的谷地资源或市场，反而使他们失去了先前广阔的游耕土地和森林资源。实际上，到 1994 年为止，只有 3 个村落实现了水稻耕种，其中那木叻寨最具典型性。其他蓝靛瑶人村寨在耕地上面临着既没有山地种植旱稻也没有水田种植水稻的问题。这种状况无疑会导致村民的穷困问题，至少在短期内。他们不但会越来越依附为定居在低谷的其他村民帮工或到城里去卖柴禾为生，而且也会更加沉溺于吸食鸦片。自 1993 年以来，

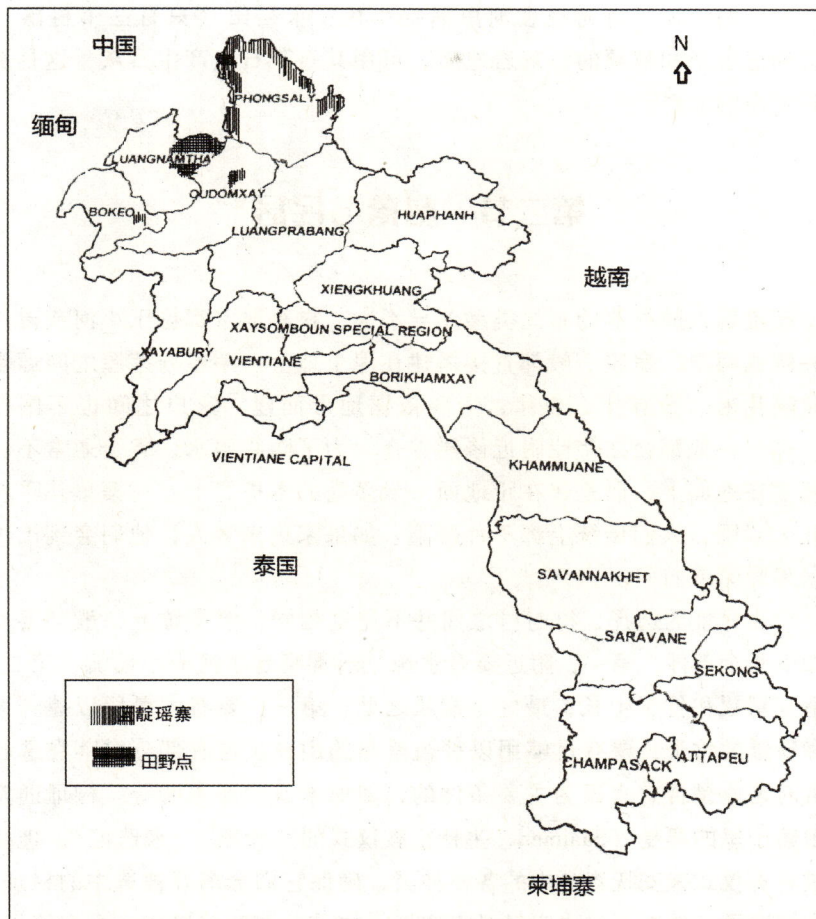

图3—2 蓝靛瑶人村寨分布、田野点
（作者2006年根据老挝地图制作）

一些村落为了生存，已被迫放弃了他们的传统手工艺以及部分先祖遗留下来的精神遗产，这在1990年是不可想象的。

目前，蓝靛瑶人村落土地主要分为：村集体土地，包括村民的宅地、房屋与房屋之间的空地以及村落的道路；国属山场，主要用来种植旱稻、玉米、蔬菜等，在休耕期间种植油料作物和罂粟。这些山场也是他们砍柴、采集食物和捕猎的重要场所；一条可供人畜饮水、造纸、灌溉玉米田的河流，有时也在河里捕捉小鱼；水稻田（只有三个村落）；适宜种植玉米和罂粟的石灰岩地质，可用其石灰石生产生石灰，这是造纸必须用的原料[1]。

第二节　村落与民居

蓝靛瑶人的村落的布局类型差异不大，村寨通常都位于小河或溪流的一侧或两岸，房屋一般都直接搭建在泥土地上。茅屋与茅屋之间通常会相隔几米，没有什么规律，主要依据地形而建。家户之间也不围栅栏，每户一般都会在茅屋附近修建谷仓。为了防止雨水，谷仓通常不会直接建在地面上，而是建在距地面一米多高的木桩之上。村寨里几乎没有什么园圃，人们传统上都不种蔬菜。如果家里来客人，他们会到山里去采集野菜或竹笋。

对于村址的选择，村与村之间并不完全相同，但传统上一般都要具备如下几个条件：第一，附近要有水源，通常会是小河或小溪流；第二，要适宜罂粟和竹子生长，最好是避风之处；第三，要有大量用以建盖茅屋和造纸的竹子，要有足够用以种植旱稻的山林。也有部分村落在选择村址时是以是否有水田为主要条件的，如那木迪和那木叻等。村址通常是由寨子里的赛曼（Saaimen，主持宗教仪式的"专家"）来选定[2]。他要通过各种仪式来安抚森林中的各种神灵，确保它们会离开被选中的村址。通常情况下，他在正式决定村民集体迁入之前，先在那里建一个小茅屋，独自生活一段时间，以验证该地是否适宜居住[3]（参见图3—3）。

---

① 另参见 Chazée，Laurent（2002）．*The Peoples of Laos*：*Rural and Ethnic Diversities*，p. 111. Bangkok：White Lotus Co.，Ltd。

② "赛曼"（*Saaimen* 蓝靛瑶语）或"莫公"（*mogong* 老族语）是"做鬼"的师公。蓝靛瑶人也叫"瓜门"（*Guamen*）。"瓜门"是不识字、经过学习做师公的人；而"赛曼"则不是一般人可以做的，要懂得汉字，要会念经，可以做各种治疗疾病仪式的人。按蓝靛瑶人的习俗，做"瓜门"的人三年之内是不准吃狗肉的。

③ 另参见 Chazée，Laurent（2002）．*The Peoples of Laos*：*Rural and Ethnic Diversities*，p. 115. Bangkok：White Lotus Co.，Ltd。

图 3—3　小溪边的蓝靛瑶人村寨
（作者 2006 年拍摄于老挝琅南塔那木迪寨）

　　蓝靛瑶人的房屋附近通常会建盖猪圈或鸡舍，有些家户还盖有粮仓。茅屋的大小依据人口的多少而异，大都是长方形的，小的有 40—50 平方米，大的有 130—150 平方米。有些茅屋长达 20 多米。茅屋一般都开两扇门，分别在长屋的两端。一个是主门，一个是侧门。平时人们主要从主门进出，侧门是专供妇女和小孩进出用的，尤其是举行婚礼期间，现在这种区分已经不太明显了，但客人最好还是别从侧门进出。蓝靛瑶人特别忌讳外人从一个门进入，而从另一个门出来，认为这样做会给主人家带来晦气。另外，侧门处通常是蓝靛瑶人存放食物和做饭的地方，属于私密领地，对于他们而言，像这样的地方是比较忌讳外人进入的。蓝靛瑶人的茅屋，墙高 1.5 米左右，没有窗户。条件好些的家庭，墙是木板；大多数人家的墙都是竹板编织的，处处是缝隙，四面漏光。茅屋的框架是木桩，支撑着两面坡的茅草屋顶。屋顶的倾斜度在 30 多度，茅草由屋檐向屋脊一层层叠压铺上去，以防漏雨。木质结构的房屋可以住 30 年左右，而茅草屋只能住 3—5 年，随后便要更换新茅草，否则屋顶会漏雨水。室内布局相当简单，长屋的一侧是全家男女老少睡觉的简单床铺。通常的情况是，从主门进入靠左手边的是公共床铺，主要是为客人准备的，平时没有客人时，是小孩睡觉的地方；接着是户主夫妇的卧室，通常会用木板或竹编象征性地与公共床铺隔离开来；再往里面，是已婚子女及其子女或已成年的女儿们的睡房，也会用木板或竹板象征性地隔离开来。长屋的另一侧，靠正门处通常放农具或杂物；靠侧门处是火塘和存放食物的地方。在火塘的上方，通常会悬挂一个竹编，用以熏烤新编的竹篓或存放一点点肉干之类的食物。有些人家，靠正门处是公共或儿童的床铺，户主的卧室是与公共床铺分开的，紧靠侧门，中间摆放农具或杂物。从蓝靛瑶人的室内布局看，正门一侧是"公共领域"，而侧门处则是相对隐私的地方，属于"私人空间"。蓝靛瑶人一般忌讳外人或客人窥视或进入他们的卧房①（参见图3—4，图3—5）。

图3—4　老挝琅南塔蓝靛瑶人的茅草屋，正门在做针线活的妇女的
　　　　身后（作者 2006 年拍摄于老挝塞普嘟寨）

---

① 另参见 Chazée，Laurent （2002）. *The Peoples of Laos：Rural and Ethnic Diversities*，p. 117. Bangkok：White Lotus Co. , Ltd。

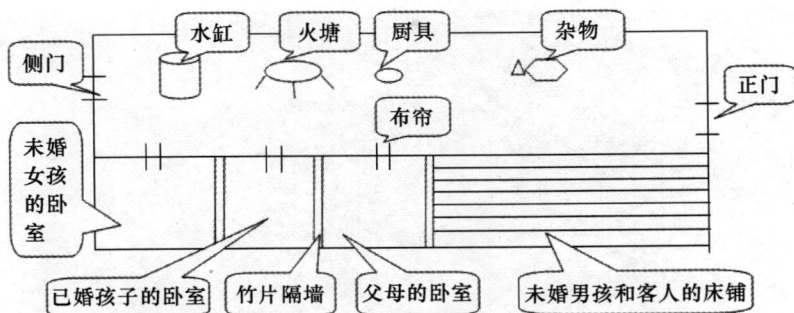

图 3—5　蓝靛瑶人人家室内分布图

　　这是一个传统的蓝靛瑶人家户，生活穷困。当我们走进茅屋时，笔者简直不敢相信自己的眼睛，屋内地面凹凸不平，墙壁是稀疏的竹片，屋顶是茅草，四面透风，一间长屋内生活着三代人。在长屋的左侧，用竹片隔了三间只能放一张双人床的小屋，儿子一家住一间，老两口住一间，两个女儿住一间。小屋没有门，只是胡乱挂了一块黑黝黝的粗布当作门帘。长屋内没有什么家什，只有一些脏兮兮的炊具，乱七八糟地摆放在地上。另外，还有一个用木板钉的碗厨，里面胡乱放着许久没有用过的碗筷，上面爬满了苍蝇。饭桌是竹编的，上面布满了油渍，有几个竹编的小圆凳子。屋内有两处火塘，柴灰已堆起老高，三角架歪斜地摆放在上面（参见图 3—5）。

　　现在蓝靛瑶人村落是由地方政府管理的，直接隶属于县政府。每个村寨都有两个村长，即正村长和副村长，其直接上级是县级领导，如果村里发生矛盾，首先在本村里解决，如果解决不了，再上报县一级领导。村长是由村民选举产生的，通常情况下，村长是村里最有威望的男人，有较为强大的亲属群体支持他。考察中笔者发现，在每一个蓝靛瑶人村落中，村长的家通常是村里最富有的，他们大都住在木质房屋里，也是有能力购买中国产手扶拖拉机的家户。在蓝靛瑶人村落，至今盛行着古老的帮工风俗。那些具有血亲或姻亲关系的家户，通常会组成一个互助群体，在垦荒、下种、除草和收割等农忙时节，互助群体会相互帮工，完成各家的农活。这种互助行为使那些家里缺少劳力的家庭得以生

图3—6 蓝靛瑶人长屋内的"私人空间"（作者2006年拍摄于老挝洪垒寨）

存。但是，随着世界经济浪潮的不断推进，村落里开始有人外出打工，这种沿袭了几个世纪的帮工风俗，开始受到冲击。

传统的长屋组织依旧在发挥作用。凡是住在一个屋檐下的家户，依旧属于一个大家庭，户主是男性长者，他指导和决定一年四季的农事活动和各类仪式活动，尤其是祭祖仪式。大家庭中的成员，无论成家与否，大家一起劳作，一同消费，所有劳动成果归大家庭所有①（参见图3—7）。

蓝靛瑶人实行父系继嗣，一个家户通常由1—5个核心家庭组成，具有明显的父系氏族特性。但是，其基本的经济单位并不是由有限的核心家庭组成，而是由扩大的核心家庭构成，通常会包括父母、已婚、未

---

① 另参见 Chazée，Laurent（2002）. *The Peoples of Laos：Rural and Ethnic Diversities*，p. 117. Bangkok：White Lotus Co.，Ltd。

图 3—7　蓝靛瑶人长屋内的生活区（作者 2006 年拍摄于老挝那木仃寨）

婚的子女，以及穷困的亲属、鸦片吸食者、孤儿及残疾者。

　　传统上，住在家户中的成员属于同一个基本经济单位，他们共同劳动、共同消费。这种家庭结构不仅可以节省建造房屋、维修房屋、举行各种仪式活动的费用以及其他家庭开销，而且能够确保家里有足够的劳力从事各种农事活动以及应对诸如照顾婴孩、做饭、外出狩猎或采集等日常活动，最大限度地发挥家里每一个劳动力的能力，共同维持一个大家庭的存续。这种家庭系统在一些偏远的村落依旧占主导地位。大家庭的经济权由父亲掌管，一般家庭的分配规则是：收入的 50％ 属父母所有，25％ 归长子，余下的由其他子女均分。这种分配制度能够确保每一个家庭成员具有一定购买衣服、用具、枪支、火药等个人物品的自由。另一些家户在分配上则实行以下方法：像稻米、玉米等主要庄稼收成由大家庭统一管理和分配；他们在丛林中采集的各类山货、饲养的家禽以及季节性外出打零工所获得的收入则属于各自的小家庭。还有部分家户虽然居住在同一个长屋内，但经济上却实行小家庭独立经营核算。这种家庭分配制度主要流行于那些距城镇比较近、有水田耕种、其经济活动与市场有密切关联的村落，如那木昌、那木迪等山寨。在蓝靛瑶人村落，一般的核心家庭包括父母和 3—4 个子女，子女最多的达 7—8 个[①]。

第三节 蓝靛瑶人村寨个案——对村寨人口、教育、婚姻及家庭结构状况的考察

本节主要描述与讨论所调查的蓝靛瑶人村寨概况及家庭问题，对其人口、教育程度、婚姻以及家庭结构等状况予以详细介绍。需要特别交代的是，虽然由于时间关系，在有些村寨只访谈与统计了一部分家庭，但对于绝大多数村寨的访谈与调查都是覆盖全村寨的、完整的。对于每一户人家的人口数、受正规学校教育的程度（以具体年数为依据）、婚姻状况以及家庭结构等调研是认真而严肃的，许多数据是经过反复核查后才确定的。

家庭的形式因社会而异，主要有核心家庭（Nuclear Family）和扩大式家庭（Extended Family）等。在人类学者所研究的传统社会中，最常见的是扩大式家庭，即由一对夫妇和他们的已婚子女及其子女所组成的家庭共同生活在一起。有时扩大式家庭由两个或两个以上已婚兄弟及其子女组成。人类学研究发现，扩大式家庭主要存在于定居农业社会，因此，经济因素是形成这种家庭形式的主要原因。人类学的研究表明，扩大式家庭是阻止家庭财产分散的有效社会机制。此外，扩大式家庭也是人类应对险恶自然环境和社会环境的最佳调适方式，因为在这样的环境中，单凭核心家庭的力量是无法生存下去的。从整体上看，老挝蓝靛瑶人的村寨规模都不大，大都在几十户；与现代社会不同的是，蓝靛瑶人的家庭依旧以扩大式家庭为主，通常是两三代人生活在一起，共同住

---

① 另参见 Chazée，Laurent（2002）. *The Peoples of Laos：Rural and Ethnic Diversities*，p. 118. Bangkok：White Lotus Co.，Ltd。

在一个长方形的茅草屋里。蓝靛瑶人村寨中也有一些核心家庭，但为数不多，他们大都是迁入不久的外来户。

在老语中，班（Ban）是村寨的意思，那木（Nam）意为河流。由于河流或溪流是蓝靛瑶人选择寨址的首要条件之一，因此，在琅南塔，几乎所有蓝靛瑶人村寨附近都会有一条或多条河流或小溪流经。所以蓝靛瑶人的村寨总是叫班那木（Ban Nam）某某，最后是具体的村寨名，如下面就要看到的那木仃（Nam Deany）、那木克诺伊（Nam Ke Noi）、那木崆（Nam Khone）等村寨，都是以这种方式命名的。

一　那木仃（Nam Deany）寨

那木仃寨位于琅南塔省城东北 25 公里处，这是一个由苗人（Hmong）、蓝靛瑶人和傣格朗（Tai Gelang）人组成的杂居村寨。但苗人和蓝靛瑶人居住在各自的自然村落里。琅南塔至磨丁（Boten）的主干公路从村里经过，村边有两条河流经，一条叫那木仃，另一条叫那木峒。据我们统计，现该村共有 24 户，25 家，179 人，其中妇女 96 人。现有 6—16 岁的适龄学童 46 人，其中只有 15 人在校读书：一年级有 5 人，二年级有 5 人，三年级有 4 人，五年级有 1 人，入学率仅为 32.6%，有 31 人辍学在家，失学率高达 67%。该村基本没有水田，村民主要靠林木资源和种旱田生存。主要种植旱稻、玉米等，饲养猪和鸡，但从 2005 年开始，寨子里时常闹猪瘟和鸡瘟，猪和鸡不断死去。该村虽然交通便利，但人们的生活极其穷困，目前还没有通电，也没有自来水，卫生条件很差。没有卫生所，只有一家外地黑傣（Tai Dam）人开的小商店，卖些小零食。村寨里几乎每家都有吸食大烟的人，35 岁以上的男性中，几乎 65% 的人都在吸食大烟。有些家庭中，夫妻双双都是大烟吸食者。村落中除了孩子的吵闹声外，几乎没有什么生气。从下面这张村落照片中我们可以看出，寂静的村落好像刚刚闹过瘟疫似的，毫无生气（参见图 3—8）。

为了使读者能够更加清晰地看到蓝靛瑶人的生活画卷，笔者用文化人类学的谱系法将被调查的每一户蓝靛瑶人家庭的详细资料，通过以下方式展现给大家。从中大家可以清晰地看到有关蓝靛瑶人的家庭结构、

图 3—8 老挝琅南塔那木仃寨一角，死一般的寂静（作者拍摄于 2006 年）

人口、婚姻状况、教育程度、适龄学童人数以及适龄学童辍学情况和在读情况等。以下的描述或许显得冗长、沉闷，甚至有些重复，但为了使大家能够看到一个比较真实的蓝靛瑶人的生活场景，笔者尽可能地保留了比较原始的田野记录（田野记录为仿体）。

家户（1）

信息提供者：我们家里没有水田，因为前几年村寨搬迁时占去了我们家的田地。现在我们靠种植玉米为生，偶尔去琅南塔市场购买些糯米。中国政府给村里赠送了木薯苗，明年我们准备种些木薯。我们有一些山地，每年会在山地上种些旱稻，但收成仅仅够全家人吃半年，余下的半年，如果想吃大米，只能去市场购买。今年家里饲养了 2 头母猪、3 只母鸡和 10 只小鸡。

调查者：这是一个由两个家庭组成的大户，一个核心家庭，即被访者的大女儿和她的孩子，大女儿已经离异，两个孩子由她抚养；一个扩大式家庭，即被访者夫妻俩及其未婚子女以及他大儿子一家。51 岁的户主是本村的村长，没有读过书。儿媳妇来自那木昌寨（参见图3—9）。

家户（1）：2家11人

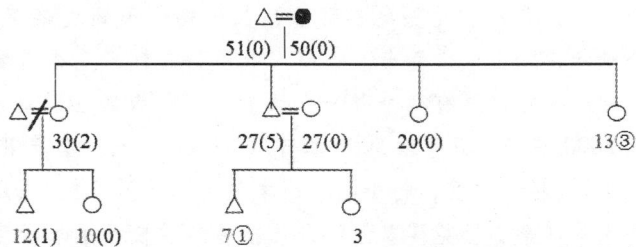

（说明："△"代表男性"○"代表女性；"▲"或"●"指被访问者；"⚡"代表已死去的男性"∅"代表已死去的女性；"="或"⎣⎦"指婚姻关系；"≠"指离异；"⎡⎤"指同胞关系；"｜"指父母和子女关系；"51(0)"阿拉伯数字如51表示年龄，括弧中的数字代表接受正规学校教育的年数，而圆圈内的数字如"13②"则代表正在就读的年级，即"该孩童13岁，在读二年级；以下相同。）

图3-9 家户（1）中头人的妻子在喂孙女吃午饭
（作者2006年拍摄于老挝琅南塔那木仵寨）

他们通常会去25公里以外的省城琅南塔购买一些日常物品，因为省城比较远，每个月只能去一两次。村里有一辆手扶拖拉机，因为司机没有驾照，不能去琅南塔。他们只能搭乘磨丁途经此地去琅南塔的班车或私人敞篷车。从磨丁到琅南塔的班车或私人敞篷车很多，所以去琅南塔市场很方便，但回来时因为买的东西多，往往搭乘不到过路车。他们只得几个人合伙租一辆私人敞篷车，如果人数不够，就只能在省城住一夜，第二天再返回。现在家里有两个孩子在读书。一年级的注册费为2000基普，二年级3000基普，五年级5000基普（2006年，1万基普相当于1美元）。他们无须支付课本费，村小学的课本是由外国游客捐赠的。但是他们孩子上课用的课桌和板凳需要他们自己准备。学校不要求学生穿校服。送家里的男孩子上学是希望他长大后能去政府部门工作。当问及女主人他们会供他读多久时，她回答说，要看孩子能读多久了。她想送最小的女儿去省城琅南塔医学学校学习，但她女儿说如果村里有其他女孩去学习的话，她才去。家里有4个适龄学童，其中有2个已经辍学。

家户（2）

信息提供者：我们主要种植旱稻和玉米，没有水田，收成只够吃5个月左右，余下的几个月主要靠儿子儿媳给别人家打短工换些粮食吃。

调查者：这是一个扩大式家庭，8口人。39岁的小丈夫来自那木吻寨子。被访者嫁过来时带了4个孩子，大儿子结婚不久，娶的是本村副村长的女儿。52岁的女主人和她的小丈夫都吸食大烟，我们进她家采访时，全家人都在生病，大人小孩都不停地咳嗽，我们好像进了医院。由于有两人在吸食大烟，全家人都依靠儿子和媳妇下地干活。有3个学龄儿童，但只有一个在上二年级，家里一贫如洗，每日以杂粮和野菜充饥。

家户（2）：8人

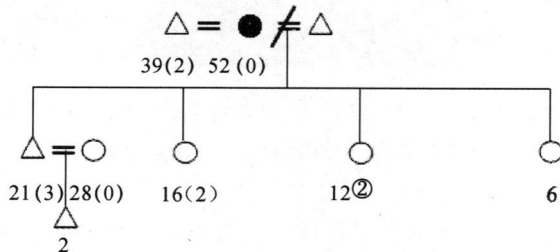

家户（3）

信息提供者：我们家里没有水田，只种旱稻和玉米。在琅南塔有家公司向我们提供玉米种子，秋后负责前来收购，每公斤 850 基普。

调查者：这是一个扩大式家庭，6 口人。被访者的老伴已经去世多年，大儿子只读过两年书，儿媳妇是本寨子人，没读过书；小儿子读了 5 年书就辍学了，现在邻村打零工。被访者的身体非常虚弱，咳嗽得很凶，他常年吸食大烟。

家户（3）：6人

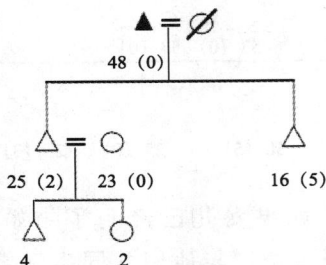

家户（4）

信息提供者：家里种有一些旱稻和玉米，但只够一家人吃 3—4 个月，余下的几个月靠给邻村的苗人打短工来维持生活。

调查者：这是一个扩大式家庭，共有 7 人。其中有 2 人吸食大烟，即 43 岁的被访者和他 65 岁的母亲。两位老人都在生病，我们采访时被访者的母亲正在竹席上痛苦地呻吟着。被访者的父亲半身瘫痪，已完全丧失了劳动能力，但生活尚能自理。有一个 14 岁的学龄儿童辍学在家打短工。

家户（4）：7人

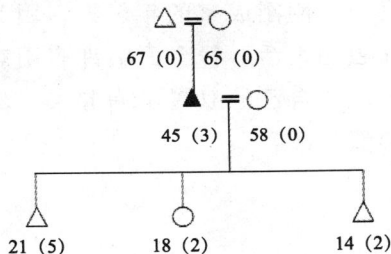

家户（5）

调查者：这是一个核心家庭，户主是家户（3）的哥哥。大女儿和二女儿都嫁到了那木果易（Nam Goy）寨，二女儿是聋哑人。大儿子还没有结婚，依旧和父母一起生活。二儿子刚刚结婚，入赘到岳父家去了。现在家里只有5口人。家里没有水田，旱稻和玉米只够吃6个月，其余的几个月主要靠打短工过活。有一个12岁的女儿在读小学二年级。

家户（5）：5人

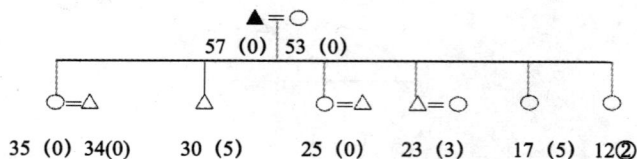

在蓝靛瑶人中，如果女儿已经到了结婚的年龄，而儿子又很小，他们往往会招婿入赘，与他们共同生活数年直到儿子结婚，女婿方可分出去。在这期间，他们吃住在一起，共同经营大家庭。女婿只有在完成田间劳动的前提下方可外出为自己的小家庭挣钱。这份钱他会积攒起来，不会轻易花在大家庭上。平时举办仪式或买点肉打打牙祭等均由老丈人出钱。这也许是蓝靛瑶人大家庭平日里很少吃肉、吃菜的缘由之一。因为谁也不愿意拿出属于自己的那份钱为全家人买好吃的。女婿分出去时，岳父通常会分给他些山谷田，但绝对不会分水田。由于家庭的财产不多，平时除了庄稼之外，家里也没有什么别的收入，因而大家庭不会因经济问题发生什么冲突。一家人几乎都在为生活忙碌，只要不开小灶、不吃独食，大家便会和睦相处。另外，刚刚成家的年轻人，因为没有经济实力，如果不依附大家庭而独立生活，就会面临许多困难，他们也需要花上数年的时间，慢慢地使自己的双翼丰满起来，然后再飞出老巢，开始完全属于自己的新生活。

家户（6）

信息提供者：每年种旱稻都不够吃，去年种的橡胶树也都没有成活。今年除了旱稻外还种了些玉米糊口。

调查者：这是一个由6口人组成的核心家庭。女主人吸食大烟，曾有一个外国游客看她病得厉害，捐给她100美元，要她去看医生，剩下的要她给家里买些被褥等日用品。但据邻居讲，她几乎把全部捐赠的钱都用去购买大烟了。家里一贫如洗，4个孩子中有3个学龄儿童，但只有一个11岁的女儿在读三年级。

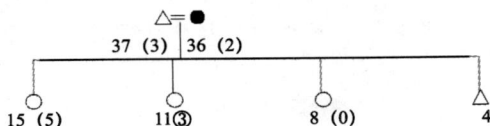

家户（6）：6人

家户（7）

信息提供者：我们迁来之后，村民分给我们一点旱地，种植旱稻和玉米，去年旱稻收成还可以，但还是不够吃。今年的收成不太好。家里只有两个劳力，养了6头小猪，鸡因鸡瘟都死光了。没有其他方面的收入。

调查者：这家人是2004年从那木肯雅（Nam Kenyay）寨迁来本村，有7口人。被访者的弟弟患有痴呆症。被访者有一个9岁的女儿还没有上学，他说孩子如果上学，每年大概要花费150000基普，他们现在还难以支付这笔费用。至于将来，他说如果学校好，政府关心学校的教学，会考虑让孩子多上几年；如果还像现在这样，让孩子读两三年书就行了。大人整天都忙于劳动，基本上没有什么时间去管孩子的学习。

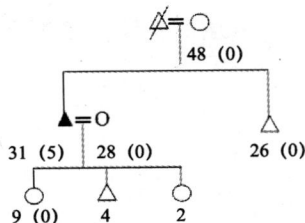

家户（7）：7人

家户（8）

信息提供者：以前我们有些旱稻田，但 2006 年初被本村的苗人占去了，我们力单势薄，没有能力与他们争，就只好随他们占去了。我们现在还有一块橡胶地，但才种了 2 年，约有 450 株橡胶树。另外还有一些旱田，种些玉米。家里吃的粮食主要从市场买。家里养了 7 头猪，其中有 5 头大的；10 只小鸡，有一个小鱼塘，去年放了 1000 尾鱼苗。鱼塘基本没有什么收成，大点儿的鱼都被人偷去了，主要是邻村的苗人偷的，剩下的自己吃，没有多余的可卖。鱼塘离家有 2 公里多，平时又没有人看管，没有办法防止小偷偷鱼。

调查者：这是一个特殊的扩大式家庭，共有 7 口人。被访者的弟弟是残疾人，小姨子跟他们一起生活。被访者没有进过正规学校，但参加过短期扫盲班。

家户（8）：7人

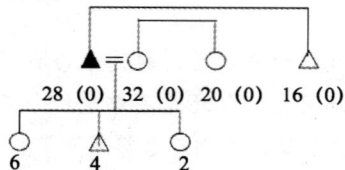

家户（9）

信息提供者：我们家里没有水田，村里给我们分了些山地种旱稻和玉米，收成只够吃 6 个月的。现在家里养了 8 头猪，3 头大的，其余的都只有"小腿肚"那么大；只有 2 只鸡。除此以外，没有别的收入。

调查者：这是一个扩大式家庭，被访者的父亲多年前已经去世，母亲跟他过。他们几年前从那木肯雅寨迁来。被访者吸食大烟，大儿子读二年级，老二虽然已经到了入学的年龄，却还没有入学。

家户（9）：7人

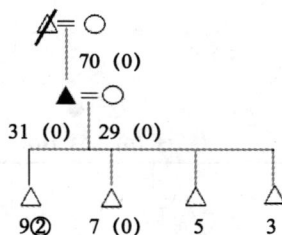

家户（10）

　　调查者：这是一个由三代人组成的扩大式家庭，从谱系图中我们可以看到，7个人中没有一个人读过书，只有被访者参加过几个星期的成人扫盲班。他们家收养了一个聋哑老人，今年61岁，在家里做佣人。他们家在那木凯（Nam Khai）寨有一点水田，在本村没有旱稻田。由于家里没有人吸食大烟，劳力又多，这个家庭的条件在村里算是最好的，盖了一间瓦顶木板房，家里吃穿不愁。

家户（10）：7人

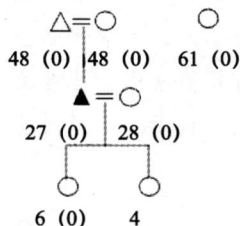

家户（11）

　　调查者：这是一个由7人组成的核心家庭，人口多劳力少，被访者的丈夫吸食大烟，只能算是半个劳力。这个家主要依靠女主人撑着。所种植旱稻只够吃8个月的，女主人除了种地外，其余时间主要给别人打短工挣钱供养丈夫吸食大烟。当笔者问她为什么不让他戒掉大烟时，她只是苦笑了一下，没有回答笔者的问题。她每天打短工能挣20000基普。二女儿只上了两年学就不得不辍学在家看管2个小弟弟。如果家里的条件好些的话，她愿意继续供二女儿上学，但眼下她只能让她退学。至于大女儿能读多久，她也说不上。家里养了8头猪，其中有2头是大的，其余的都是小猪崽。

家户（11）：7人

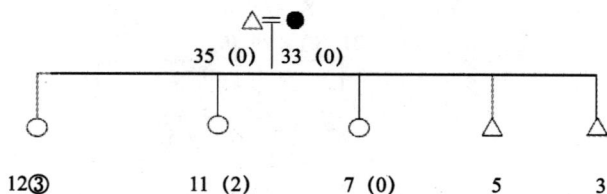

家户（12）

信息提供者：家里只种有旱稻，收成够我们吃一年的，也种有玉米，主要用来喂猪和鸡。家里养了3头猪、20只鸡。去年村里闹鸡瘟，全村的鸡几乎都死光了。如果有多余的玉米，就会拿到琅南塔市场去卖，购买些日用品回来。搭乘"嘟嘟"去市场单程就要8000基普，每月去2—3次。我生小孩后，身体一直不好，现在几乎不能下地干重活，平时主要在家里照顾三个孩子。

调查者：这是一个由6人组成的扩大式家庭。被访者的父亲已经去世，其丈夫是那木果易寨人，入赘到这里；母亲是本村副村长老婆的妹妹。大儿子是本村副村长的儿子，出生之后就送给了被访者；女儿是她们收养的她丈夫家亲戚的孩子。这家是蓝靛瑶人村寨少有的没有人吸食大烟的家庭。

家户（12）：6人

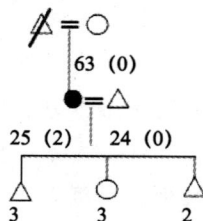

家户（13）

信息提供者：我们家种的旱稻只够吃3个月的，其余的9个月主要靠给本村或邻村人家打短工换些口粮生活。现在家里养有5头猪，其中

2 头大的，3 头小的，由于闹鸡瘟，现在只剩下 2 只小鸡。

调查者：这是一个人口较少的核心家庭。儿子 30 岁还没有结婚，只读过两年书；女儿是收养的，患有痴呆症。在这个家庭里，被访者和他儿子都吸食大烟。

家户（13）：4人

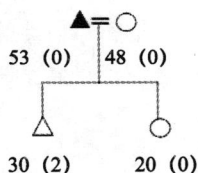

53（0）　48（0）

30（2）　　20（0）

家户（14）

信息提供者：现在家里饲养了 10 头猪，其中 2 头是母猪，没有养鸡。我女儿在世时，家庭条件还不错，自从女儿生病后，为她治病花了很多钱。女儿去世后，我又给女婿续娶了一个女人。我们有时一个月去琅南塔市场一次，有时 2—3 个月才去一趟，去市场主要是购买食盐和一些日用品。因为劳力不多，基本不去市场卖山货。以前家里有不少旱稻田，女儿生病后，卖掉了一些。原有 2 头水牛也被外族人偷去了。

调查者：这是一个扩大式家庭，但只有 5 口人。被访者只有一个女儿，这在蓝靛瑶人山寨是比较罕见的。家里主要靠女婿劳动，家里种的旱稻基本上够一家人维持生活。家里没人吸食大烟。

家户（14）：5人

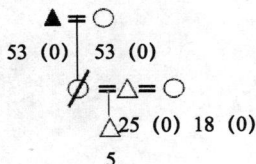

53（0）　53（0）

25（0）18（0）

5

家户（15）

信息提供者：四年前我们从那木阔易（Nam Koy）寨迁来本村，我们家里种有旱稻，去年的收成只够吃 3 个月的，余下的几个月主要靠给别人打短工挣钱、卖猪买粮食维持一家人生活。现在家里养了 4 头小猪崽、3 只鸡。去年养了 30 多只鸡，但闹鸡瘟时都给瘟死了。

调查者：这是一个由 13 人组成的扩大式家庭。被访者的前妻因病而死，和他生有一个女儿，结婚后不久便离婚了，现在又回到了娘家。被访者说他现在的妻子与他结婚之前一直不生孩子，可与他结婚后，一个接一个地生个没完。他说他早就想去医院给老婆做节育手术，可手头一直没有钱，所以才有现在这么多的孩子。他说她前夫去世不到一周她就嫁给他了。大儿子和二儿子都因为家里没有劳力而辍学，帮助家里种地。家里的生活极其清苦，好在家里没有人吸食大烟（参见图 3—10）。

家户（15）：13 人

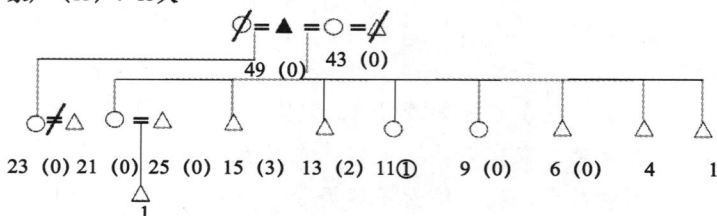

图 3—10　家户（15）成员合影

（最左边的是被访者，他怀里搂的是他 4 岁的儿子；左三是 9 岁女儿；
左四是被访者的妻子，她怀里抱的是她最小的儿子，她身边是 6 岁
的儿子；最右边的是 11 岁的女儿，并且怀里抱着她姐姐的孩子）

家户（16）

信息提供者：我们家里种有旱稻，够家人吃一年的，去年玉米收成1吨多点。现在家里养了20头猪，但只有2头大的，其余的都是小猪崽，还有10只鸡、2头黄牛。

调查者：这是一个由11人组成的三世同堂的扩大式家庭。被访者的公公已经去世，婆婆和已婚的女儿一家都与她们一起生活，女婿是从那木崆寨入赘来的。虽然家里的条件在村寨里算比较好的，但仍有两个该读书的孩子没有读书。大儿子读到四年级辍学回家帮大人下地干活了，二儿子在读三年级，有个8岁的女儿还没有上学。

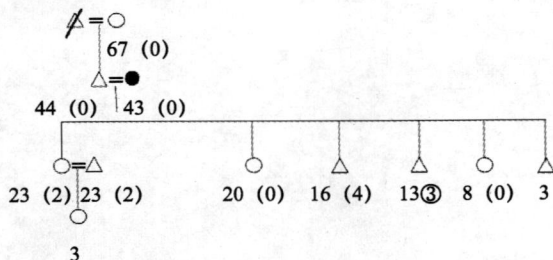

家户（16）：11人

家户（17）

调查者：这是一个由6人组成的扩大式家庭。被访者是外村寨来的入赘女婿，他和现在的老婆都是二婚。当我们走进这家时，被访者的老婆正在准备吸食大烟，被访者坐在旁边等候。他们夫妻俩现在身体虚弱得已经不能下地干活了。主要靠女儿和女婿以及还未成年的儿子照顾他们俩的生活。现在家里只种了一些蔬菜自己吃，田地都卖光了。没有养猪，也没有鸡。听邻居讲，60岁的老婆婆整天上山背柴卖，挣钱供她女儿吸食大烟，如果她不去挣钱，她女儿女婿就打她，不让她回家。家里人所挣的钱，除了维持基本生存之外，都用于他们夫妻俩吸食大烟了。据村里的老师反映，15岁的男孩学习成绩非常优异，但他父母死活就是不让他继续读书，让他外出打工挣钱供他们吸食大烟。他的老师为此感到十分惋惜（参见图3—11）。

家户（17）：6人

△≠○＝▲≠○
60（0）

△≠○＝▲≠○
32（0）　38（0）

○＝△　　△
22（0）24（0）　15（3）

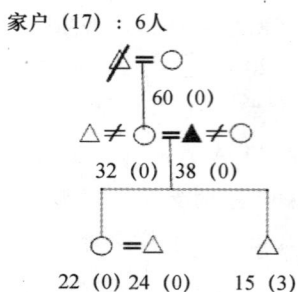

图3—11　家户（17）中60岁的老婆婆正在剥一种可以卖钱的树皮
（作者2006年拍摄于老挝琅南塔那木仃寨）

家户（18）

信息提供者：我们家里种有旱稻，收成有些年够吃，但如果遇到年景不好，就不够吃。现在家里养了8头猪，4头大的；有23只鸡，其中19只都是小鸡。每年去琅南塔市场1—2次，主要是买些日用品。

调查者：这是一个由5人组成的扩大式家庭。大女儿是从琅南塔收养来的黑傣，她丈夫是本村人，现在他们已经分家单独生活了。二女儿嫁到另一个蓝靛瑶人村寨塔湾，距本村只有13公里。实际上，这家现有7人，被访者的亲戚母子俩也住在家里，母亲今年69岁，儿子33岁，只读过一年书。他们母子俩在这里没有家，也不下地干活。儿子最近才离婚，在这里混，打零工挣点钱都用来吸食大烟了，他曾戒过两次，但都没有成功，现在反而越吸越凶了。如果他手里有钱，就会成天成晚地吸食。据被访者讲，他自己前几年也吸食大烟，但四年前就戒掉了。他是从乌多姆赛省一个克木人（Khmu）那里买的中药，很贵，但很奏效。这药喝下去后，口干舌燥，喝多了就想睡觉。吃药之后，一两个月之内，还是想吸食大烟的，但他最后还是成功地戒掉了。这要看个人有没有毅力了。他希望老挝政府能下大力气根除鸦片的来源。因为人们戒掉烟瘾很难，但如果没有鸦片来源，就好戒了。以前人们吸食大烟主要是为了医治病痛。

家户（18）：5人

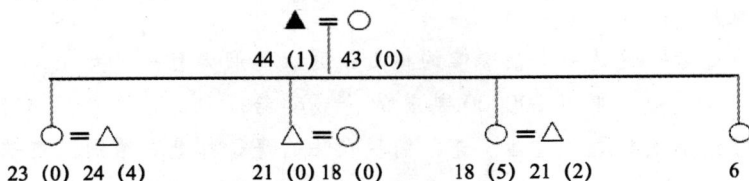

家户（19）

信息提供者：我们家里种有旱稻，去年只够吃9个月的，种的玉米主要是为了卖钱，每年大概可以收1吨。去年还种了400株橡胶树，但只成活了200株。现在家里养了10头猪，都是大的；还养了20只鸡。原有5头黄牛，今年都给卖了，因为村里没有地方可以养牛。

调查者：这是一个比较复杂的扩大式家庭，共有9人生活在一起。被访者的父亲已经去世，母亲跟他过。他的岳父岳母离婚多年，现在他岳母也跟他在一起生活。家里有两个孩子在读书，每年孩子上学需要花费大约150000基普。家里生活比较困难，人口多，劳力少。只有他们夫妻俩可以下地劳动，5个孩子还都小，还有两个老人要赡养。当问到家里这么困难，为什么还送孩子上学时，他说"因为我和老婆都没有进过学校，没有知识，所以我们要送孩子上学"。当问及 "现在上学的两个孩子都是女孩，明年她们的弟弟也该上学了，你还能供她们上学吗"? 他说"这要看家庭的条件了，如果不是太困难，可能会让她们继续上。现在两个老人在家里主要照看孩子，同时还可以帮助做些家务。从田里劳动回来，我至多问问孩子的学习好不好，我只能做到这点了，因为我没有上过学，不认字，没有办法辅导她们的学习，只能靠她们自己努力了"。

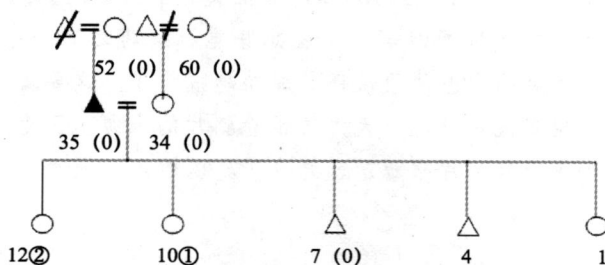

家户 (19)：9人

家户 (20)

调查者：这是一个很凄惨的核心家庭。他们曾有一个女儿，但刚刚出生不久就被他们以 200000 基普的价钱卖给了别人。他们没有田地，只是靠给别人打短工过活。连他们现在住的房子都是靠给别人打短工抵换来的。被访者也是一个鸦片瘾君子，他老婆所挣的那点钱几乎全部都被他吸食光了。我们在该村调查期间的一个晚上，他老婆在村口歇斯底里地哭叫，让人听了心颤，是为了她丈夫吸食大烟的事情。

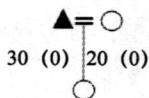

家户 (20)：2人

家户 (21)

信息提供者：我们家人口多，但耕地少，没有水田。种的旱稻只够家人吃 9 个月的，每年还收获些玉米用以糊口。平时主要靠给邻村（主要是苗族村寨）的人家打短工挣点零花，用以补贴家用。现在家里养了9头猪，1头大的，2头中不溜的，其余的都是小猪崽，因为闹鸡瘟没有养鸡。

调查者：这是一个由14人组成的扩大式家庭。家里有适龄学童6人，但只有1人在读书。在我们采访后的第三天，被访者在伐树时不慎被大树砸伤头部，伤势挺严重，但家人却没有送他去省城医院，而是杀了一条狗，请寨子里的赛曼（即鬼师）为他举行了驱鬼仪式。这种行为，在我们的社会和文化中，是不可理解的，但在蓝靛瑶人山寨，家人生病或有灾有难时，他们首先想到的是请赛曼，而不是医生或其他什么人。

家户（21）：14人

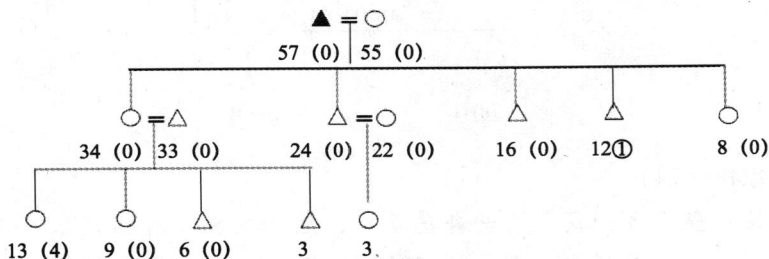

家户（22）

信息提供者：家里种的旱稻只够吃八九个月，种有一点玉米，但收成不好，每年也就能收获200多公斤。现在家里养了6头猪，1头母猪，5只猪崽；只有3只母鸡和30只小鸡。

调查者：这是一个由9人组成的扩大式家庭，老四家迁到那木迪寨定居。全家没有一个人上过学。家里的劳力不少，但都不安心种地，平时主要靠打零工挣点钱，除了维持基本生活外，几乎都用以吸食大烟了。家中有3人吸食大烟，即被访者、老大和老二。

家户（22）：9人

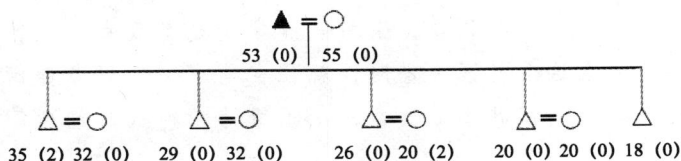

家户（23）

信息提供者：我们家种的旱稻只够吃 7 个月的，剩下的几个月主要靠打零工换粮食吃。今年家里只有 1 头母猪，去年有 2 头，但杀了 1 头请鬼师做仪式；另外还有 9 只鸡，其中 1 只母鸡，8 只小鸡。

调查者：这算是一个核心家庭。前些年家里的状况要好些，被访者老婆的姐姐一直寄住在他家，但 2005 年她患了重病，家里为她治病花了不少钱，但她最后还是死去，丢下一个 9 岁的儿子。

家户（23）：6人

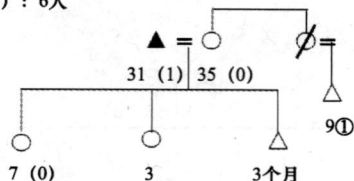

家户（24）

信息提供者：我们家没有旱稻田，生活主要靠种植玉米、卖一种可用作药材的树皮（每公斤 5000 基普）以及其他山货来维持生活。家里养了 5 头猪，其中 1 头大的，2 头半大不小的，2 头小猪崽；村寨里因闹鸡瘟，养的鸡都死光了。七月份时我们还去山林里采集一种红蘑菇，晾干后卖给中国商人，每公斤可卖 5000 基普，但现在已经不好采集了，九月份时会有住在琅南塔的中国人专门来村里收购。

调查者：这是一个关系比较复杂的扩大式家庭，被访者是本村的副村长。他和前妻的两个孩子都跟他一起过。被访者的老婆也是二婚，和他结婚时带了 5 个孩子，其中两个大女儿已经结婚；二女儿一家现在已经分出去单独生活了，就在本村。他和前妻养的 10 岁女儿读了两年小学就不读了，辍学在家看管家里的两个小婴孩，一个 4 岁，另一个只有 2 岁。副村长和他老婆都吸食大烟，而且烟瘾很大。笔者在这个村寨调查时，就住在他家。他们夫妻俩几乎每天晚上都会轮流躺在席子上吸食，从不避讳任何人，包括笔者这个中国人。

家户（24）：11人

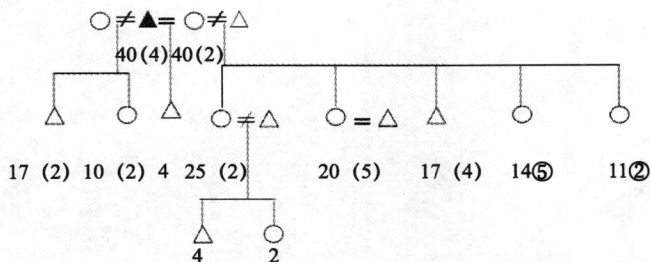

二 那木克诺伊（Nam Ke Noi）寨

那木克诺伊寨位于琅南塔省城东北面的群山之中，距琅南塔城39公里。从到磨丁的主干公路上下来之后，向东还要徒步行走2个小时才能到达。这是一个纯蓝靛瑶人的村寨，36户人家，229人，女性103人。由于交通不便，村里的人平时很少出山。村里没有饮用水，没有电，没有卫生所，也没有小商店。全寨子的人家主要靠种旱地为生，部分人家有一点水稻田。主要种植旱稻和玉米，也有些人家种植一些木薯。据不完全统计，村寨里30多人吸食大烟，这些人的生活相当穷困，有些吸食大烟的家户，主要靠村民接济和挖山里的竹笋为生。寨子里有一所相当不错的小学，校舍是2002年欧洲联盟（European Union，简称EU）捐资修建的，但由于许多家长吸食大烟，有许多适龄学童失学在家。据本人挨家挨户调查，现有适龄学童（6—16岁）62人，其中在校人数20人，失学42人，失学率高达68%（参见图3—12）。

家户（1）

信息提供者：我们家里有水田和旱田，与其他村民相比，田地富裕得多。每年收获的稻谷不仅够家人吃，有时还能余一些拿到市场上去卖。2006年水稻的市场价是每公斤1500基普。现在家里养有7头猪，2头大的、2头半大不小的、3个猪崽，还养了30只鸡，2头黄牛。去年有2头水牛和3头黄牛病死，原本还有10只山羊，可不久前被小偷偷走了5只。

调查者：这是村长家，也是一个扩大式家庭，共10人，一同住

图3—12　老挝琅南塔那木克若伊寨一角：
茅草屋与小粮仓（作者拍摄于2006年）

在一间茅草长屋里。大女儿刚刚离异，带有一个2岁的小男孩；二女儿是去年结婚的，女婿入赘。前三个女儿都没有上过学。因为当时家里比较困难，同时家里又没有人做饭和看管小孩。现在3个小的都在上学，每年需要花费30000基普，只是买本子。五年级的花费要多一些。因为这个寨子比较偏远，几乎没有什么外国游客来，所以学校也得不到课本、作业本和文具等物品的捐助。总体来讲村长家的生活比较富足，衣食无忧。最让村长头痛的是，他老婆吸食大烟。每天晚饭后村长都会出去，他很反感他老婆吸食大烟，更不能容忍她当着我们的面吸食，因此，每当他老婆准备吸食大烟时，他就出去串门。他拉着脸出门后，他老婆便在地上铺了一张席子，开始准备烟具。她一边磨鸦片，一边给我们讲述自己吸食大烟的经历。也许我们住在她家，她每次都要偷偷地吸食很不方便，干脆当我们的面吸食，说明缘由，以后就可以不避讳我们了。她生过10个孩子，夭折了4个。生大女儿时，曾大出血，那次差点就没命了。她说每次生完孩子，不到十天就下地干活了，最后落下了小腹疼痛的毛病。另外，年轻时被竹竿砸伤过头部，当时 1 个多小时眼睛什么东西都看不到，现在天一阴，就感到头痛。7 年前，生完最后一个孩子后，她说自己实在受不了小腹痛和头痛之苦，便开始吸食大烟。她现在吸食的大烟是她前几年自己种的。去年他丈夫不让她种了，也不给她钱买鸦片，她只得卖掉了自己的首饰。她说她丈夫很讨厌她吸食大烟，她每次吸食，他都会骂她，说他看见她吸食大烟时，就像看见一条雨水中的野母狗。她说有时候她是含着泪水吸食的。

她伤心地对我们说，她之所以变成现在这个样子，都是为了止痛。她小腹疼痛时，就像刀搅一般。她说她丈夫现在恨不得她尽早死掉，他可以娶个大姑娘。她说自己也想到过死，但为了孩子还是要坚强地活下去。现在，只要村里有什么活动，他总会找借口不回家，成天在外面。她还说，该村有许多人都吸食大烟，大约有 45 人。如果每天吸食 3 次，每天要花费 30000 基普左右。她也知道吸食大烟有害于身体，也很花钱，但她现在实在没有办法戒掉了，她自己也曾试着戒过几次，但都以失败告终。她说自己虽然只有 40 来岁，可看现在的状况也活不了多久了，没有必要再戒了，吸食到哪一天算哪一天吧。

从对那木仃和那木克诺伊两寨的调查看，老挝的蓝靛瑶人普遍吸食大烟是致使他们穷困和教育滞后的最主要原因。一个瘾君子每天至少要花费近 6 个小时吸食大烟。在那木克诺伊寨考察期间，笔者曾细致地观察过吸食大烟的整个过程，从准备烟具到吸食完毕，一次就要两个多小时。村长的妻子是一有 7 年烟龄的瘾君子，据她讲，一般每天至少要吸食 3 次。她说一个吸食大烟上了瘾的人，除了能干些家务外，几乎没有什么时间去下地劳动了。

家户（1）：10 人

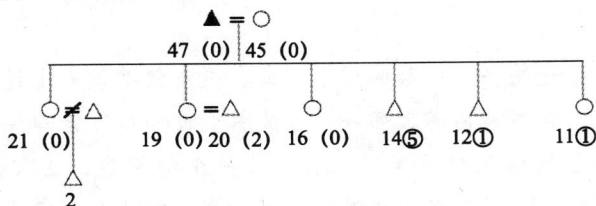

家户（2）

信息提供者：我们家里没有水田，只种了些旱稻，收成只够吃4个月的，剩下的几个月主要靠给别人打短工挣钱，然后到市场上买粮食回来。去年玉米只卖了150000基普，没有养猪和鸡。

调查者：这是一个关系简单的核心家庭，为了养家糊口，他们在村里什么帮工都做。被访者曾在苗人村落打工。苗人种植罂粟，但他们不吸食大烟，而她却染上了大烟瘾。一年前他们迁到本村来，一直没有戒掉大烟。现在她家里一贫如洗。1岁的小孩发烧、腹泻，但家里却没有钱到琅南塔给孩子治病。当她得知我们来后，便来村长家见我们，问我们有没有药。虽然我们当时带了药却不敢给她，因为我们不知道孩子到底患的是什么病，怕出意外。她是村长的侄女，据村长介绍，她家里不仅她吸食大烟，她丈夫也吸，家里常常揭不开锅。他曾多次劝他们夫妇俩把大烟戒掉，但他们丝毫听不进去，现在村长也懒得再管他们了，只要他们能吸得起，就随他们去吧。

家户（2）：4人

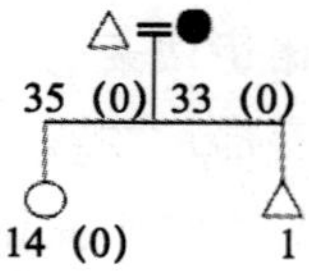

家户（3）

信息提供者：我们家里只有一点水田，但种的旱稻够一年吃的。现在家里有3头猪，一头大的，2只猪崽；15只鸡，其中11只是雏鸡。去年养了不少猪，但家人生病请赛曼（鬼师）“做鬼”时杀了6头。去年家里还有水牛，但都得病死了。今年家里没有种玉米，玉米让给侄子去耕种了。

调查者：这是一个一般的核心家庭，夫妻俩都没有上过学。二儿子读完小学后，就到琅南塔近郊一个傣族村去读初中，但却住在附近一个叫那木叻的蓝靛瑶人村子里。他去读了一个学期后，因父亲患病而退学。老大不听话，成天在外面混不着家，家里的活儿全靠他弟弟做。二儿子很懂事，为了照顾生病的父亲，他只得辍学帮助父母养家糊口。女儿现在还没有上学，因为她害怕老师，见了老师就哭。被访者说也许明年会再送她去学校。被访者说，这里的教师只知道往黑板上写字，不给孩子们读写的是什么。

家户（3）：5人

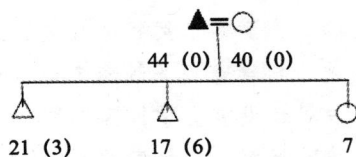

家户（4）

信息提供者：今年我们种有水稻和旱稻。去年卖了1吨稻谷，玉米收了2吨多，也都卖了。现在家里养了8头猪，4头大的，其中有一头老母猪，4只猪崽。此外还有20只鸡、1头水牛、4头黄牛。

调查者：这是一个关系比较复杂的扩大式家庭。被访者姨妈前不久死去，留下一个8岁的小女儿与他们生活在一起。他妹妹读完四年级后，家里准备送她到一个克木人的村子去读五年级，但她不愿意去，现在她已经21岁了，准备嫁人。如果这里有学校的话，她可能会继续她的学业。现在家里有三个孩子在读书，不知道能供他们多久，只希望他们都能读完小学，如果能读初中当然更好。他老婆是本村人，家里没人吸食大烟。

家户（4）：9人

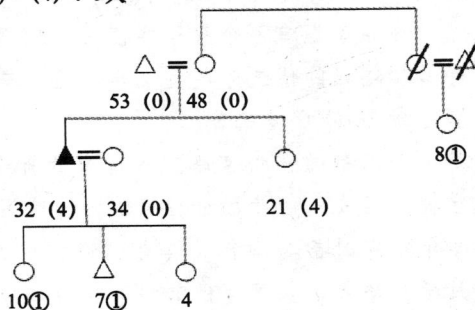

家户（5）

信息提供者：现在家里只种了点旱稻，去年收成还不错，基本够一家人吃的，没有余粮出售。家里养了9头猪，3头大的；另外还养了30只鸡。

调查者：这是一个5人之口的核心家庭。被访者7岁时父母双亡，是他的亲戚把他养大的。夫妻俩虽然都没有进过正规学校，但他们后来都参加过老挝政府实施的扫盲班（当地叫 Non-System Education），现在能读懂老文。女儿7岁了还没有上学，因为她自己不愿意去学校，如果送她去学校，她就不停地哭闹。与村里其他家户相比，他们家的生活境况还说得过去。

家户（5）：5人

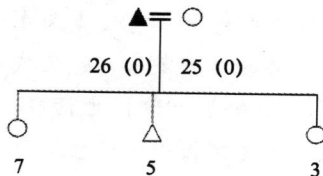

家户（6）

信息提供者：我们家里种有水稻和旱稻，每年的收成够一家人吃，但没有余粮出售。今年试着种了些玉米，能收500多斤。现在家里饲养了8头猪，3头大的，其余的都是小猪崽；另外还有1头水牛，30只小鸡。这里的鸡都是散养的，今年为了保护稻田，水牛和黄牛都只能在远离田地的地方牧放。现在家里有两个孩子在读书，这里的学校不要求学生穿校服，可以穿蓝靛瑶人的传统服装去上学。但到琅南塔去读初中或高中，仅校服就要花费100000多基普。

调查者：这是一个简单的核心家庭。被访者的母亲在他12岁时去世。他没有进过学校，但成人后参加过扫盲班，能读写老文。这里的学校每年在开学和学年结束时都要举行大会餐，通常情况下是每年两次，即九月开学和七月学年结束。主要由村落的干部、老师和学生参加。届时每个学生要捐献1公斤大米和1只鸡。这已经形成习惯了，每年都要举行。

家户（6）：5人

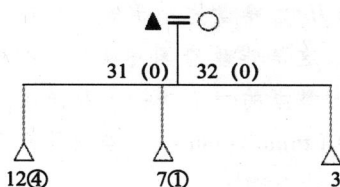

家户（7）

信息提供者：我们家里种有水稻和旱稻，去年收成不错，今年可能会有些余粮出售。去年玉米卖了一部分，余下的喂猪和鸡。现在家里养了15头猪，8头大的，7只猪息；还有30多只鸡。另外还有1头水牛，2条狗。

调查者：这是一个扩大式家庭，7口人，三世同堂。被访者和他老婆都没有进过正规学校，但都参加过扫盲班，现在只能读懂老文，但不会写。据他们讲，这里养狗不但可以看家，也可以卖，有人专门来收购，1条狗可以卖10万老币，好狗可以卖到15万老币。有些人买狗是为了看门，有些人是为了捕猎。

家户（7）：7人

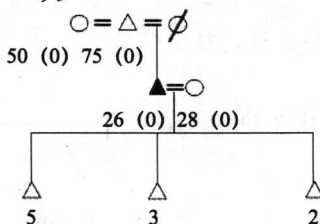

家户（8）

信息提供者：去年，我们种的水稻和旱稻还可以，但今年家里建新房，没有种旱田，不知道够不够吃。家里原有2头猪，但都杀了；20多只鸡也杀了，都用来建新房。现在只有1头水牛和3头黄牛，水牛要留着耕种水田。

调查者：这是一个6口人的扩大式家庭，大女儿嫁出去了。被访者夫妻俩都没有上过学，但都进过扫盲班，相当于小学五年级水平。大儿子没读过书，二儿子也只读过 1 年。家里最有"学问"的要算小女儿了，她是在坪霍（*Pin Ho*）寨读完小学的。小学毕业后，她被选送到琅南塔去读教师培训班，这是非政府国际组织（Non-Governmental Organizatioins，NGO）在老挝举办的一个扶持少数民族女童教育的项目（Special for Women of Small Ethnic Groups）。培训结束后，她会在本族村落中任教。

家户（8）：6人

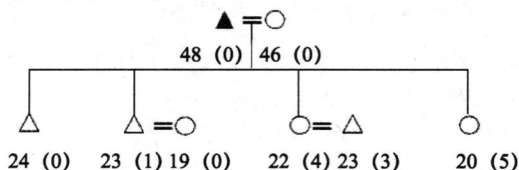

家户（9）

信息提供者：我们家里只种有一点旱稻，我去地里干活时，就把孩子委托给住在那木迪的父母照看。去年旱稻的收成还不错，够我们吃一年的。现在家里养了 1 头猪，没有养鸡。她公公的兄弟也在本村，详见家户（3）。

调查者：这是一个只有 2 人的单亲家庭。被访者的丈夫去年九月与同村 6 人一起上山去围猎，被误伤致死。

家户（9）：2人

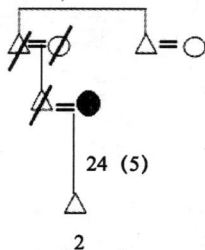

家户（10）

信息提供者：我们家里今年种了点旱稻，但都被水牛给吃了，几乎没有收成。现在家人主要靠打零工糊口。现在家里饲养了 1 头猪、1 只鸡。

调查者：这是生活极其穷困的核心家庭。他和妻子都吸食大烟，日子过得穷困不堪。两个适龄学童都没有进过学校，今年已经 11 岁的老二一年四季都裸露着身子在村寨里玩耍。那天我们去他家采访时看到，家里真是穷得叮当响，除了简单的几件黑黝黝的炊具和一张破旧的草席外，几乎没有什么别的家当了。当问及为什么不送孩子上学时，被访者回答说，他试着送他们去上学，但他们都不愿意去，所以他也就不再坚持了。他的父母家里也没有什么田地，稻田都卖了，现在也像他一样靠打零工过活。他打零工挣得那点钱，还不够他们夫妇俩吸食大烟的，孩子们几乎没有什么东西吃，不知道他们是怎么生存下来的。

家户（10）：5人

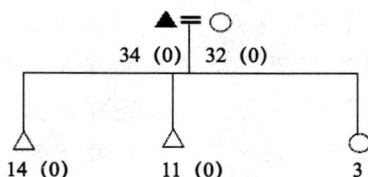

家户（11）

信息提供者：今年我们家只种有旱田，收成应该够家人吃一年的。种有一点玉米，主要用来喂猪和鸡。另外还种了些棉花，收成只够一家人穿衣用，没有多余的出售。现在家里养有 5 头猪，2 头大的，3 只猪崽，另外还有 30 只鸡，1 只狗。

调查者：这是一个三世同堂的扩大式家庭，被访者的父亲去世，母亲跟他过。他和妻子都没有读过书。

家户（11）：6人

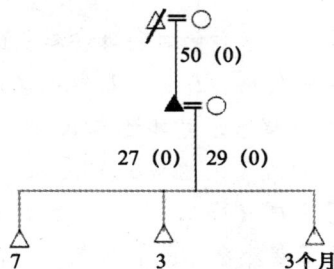

家户（12）

信息提供者：我们家里种的旱稻够家里人吃一年的，但没有余粮出售。每年玉米的收成还可以卖一些，每公斤700基普左右。玉米卖这么便宜主要是因为交通不便利，小商贩来村里收购，所以很便宜。我们为别人养了5头水牛，去年水牛产了4头小牛犊，主人给了我们2头，算是工钱。水牛的主人是泐（Lue）人，住在省城琅南塔。家里原本养有11头猪，但上个月赛曼为我举办"度戒"仪式时宰杀了10头猪，当时还宰了16只鸡。

调查者：这也是一个三世同堂的扩大式家庭，被访者的岳父已经去世，岳母跟他们过。被访者和他妻子都没有上过学，但在扫盲班学习过，水平相当于小学5年级。二儿子没有上学，因为家里没有多余的劳动力，需要他在家里照顾弟弟和妹妹。赛曼为他举行"度戒"仪式时，不仅宰杀了10头猪，而且还有许多其他开销，如买酒水就花费了600000多基普。这对于绝大多数蓝靛瑶人来说，确实是一大笔费用。

家户（12）：7人

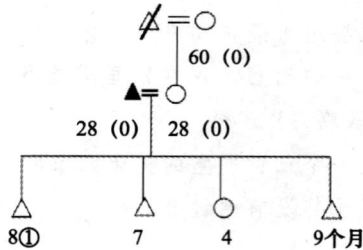

家户（13）

信息提供者：我们家里种的旱稻够一年吃的，没有水田。种有一些玉米，只是用来喂猪和喂鸡。种的棉花够一家人穿衣用。现在家里养有7头猪，2头大的，5只猪崽，另外还有10鸡，1条狗。

调查者：这是一个由7人组成的扩大式家庭。大儿子已经分出去过，也在本村，详见家户（13），女儿才结婚不久，嫁到那木汀村寨。被访者是在外乡读了三年小学。他们从来不去市场出售农产品，只有偶尔有小商贩进山来收购时卖一点山货。小商贩一般都是黑傣或克木人，他们从琅南塔或附近的村里来，主要收购水牛、猪或黄牛。现在穿蓝靛瑶人传统服装的村民人家通常都会种棉花，那木叻的蓝靛瑶人妇女常来收购他们种的棉花，她们有时来村里收购棉纺织品，然后倒卖给途经她们村落的外国游客。她们寨子的地理位置比这里好，是琅南塔旅游局开发的旅游线路之一。

家户（13）：7人

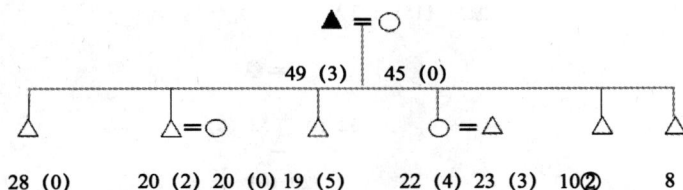

家户（14）

信息提供者：今年家里只种有旱田，有些年份够吃，有些年份不够吃，这要看年景好不好了。种有玉米，主要用来喂猪、喂鸡。稻谷不够吃时，就吃玉米。种的棉花也够一家人穿衣用的。现在家里养有5头猪，10只鸡。以前村里也养鸭，但附近的克木人在河边捕鱼时往往会来偷鸭子，现在我们也都不再养鸭了。

调查者：被访者以前在乌多姆赛当兵，1994年退役回到寨里。老二和老三没有上学是因为他们哥俩都不愿意去。被访者说他现在还在吸食大烟，没钱时常去市场卖谷子，因此现在的粮食不够吃。

家户（14）：5人

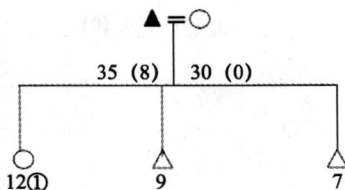

家户 （15）

信息提供者：家里只有旱稻田，一般情况下收成够一家人吃上一年的，但没有余粮出售。种的玉米主要用来喂猪、喂鸡。我们种的棉花也够一家人一年穿衣用的。现在家里只养有 1 头猪、10 只鸡。

调查者：这是一个人口较少的核心家庭。被访者的儿子今年 20 岁，是个痴呆。她丈夫吸食大烟，她们挣的钱大多数都让他吸食光了。

家户 （15）：3人

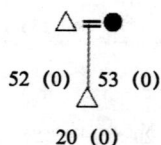

52 (0) 53 (0)

20 (0)

家户 （16）

信息提供者：旱稻收成够一年吃的，虽然有一点水田，但不多，光靠水田就不够吃了。种玉米主要是用来喂猪，种的棉花够家用的。现在家里养有 3 头猪、50 只鸡。

调查者：这也是一个人口较少的核心家庭，被访者夫妻俩都没有上过学。家里的两个孩子都在上学，据被访者反映，学校的老师都不太负责，尤其是那个代课老师。他每个月至少回省城琅南塔两次，有时 1 周都不回来。

家户 （16）：4人

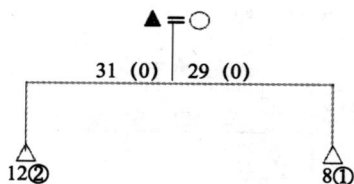

31 (0) 29 (0)

12② 8①

家户（17）

信息提供者：我们家种的旱稻够家人吃一年的，有时还有余粮出售。虽然有一点水田，但是因为没有水，所以几乎没有什么收成。种有一点玉米，主要是为了喂猪、喂鸡。种的棉花够家用的。现在家里只有3头猪、30只鸡，3头黄牛、1只山羊、1条狗。

调查者：这是一个由11人组成的扩大式家庭，三世同堂，被访者的父亲已经去世，母亲跟他们一起过。家里只有他弟弟上过4年学，其他人都未接受过正规的学校教育。不过被访者参加过扫盲班，相当于小学三年级。大儿子今年8岁，但他还不愿意去上学。

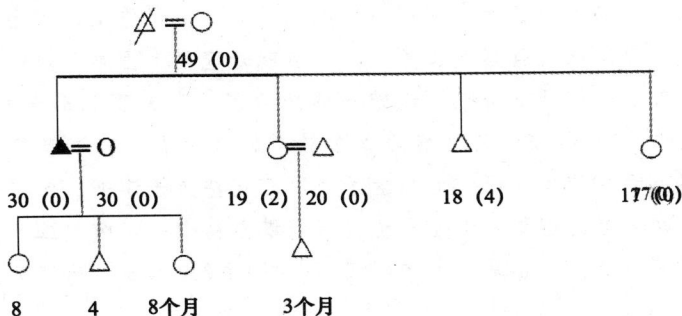

家户（17）：11人

家户（18）

信息提供者：现在家里只有我一个劳力。种的旱稻如果不卖，够一年吃的，如果卖就不够吃了。玉米主要用来喂猪、喂鸡。现在家里养有3头猪、7只鸡。去年养了4头水牛，但都病死了。去年老婆生了一个孩子，生下来就生病，为了给他治病我们借了许多钱，但最后他还是死了，至今外债还没有还清。

调查者：这是一个在蓝靛瑶人村寨少见的核心家庭。被访者是一个孤儿，2岁时父母双亡，被叔叔收养，现在一直跟叔叔一起生活。婶婶曾生过许多孩子，但都夭折了。在这个村里，有许多人家都很穷困，没有蚊帐、没有衣服穿，没有吃的，因为他们都吸食大烟，许多人都把水田或旱田卖给克木人或黑傣人了。

家户（18）：4人

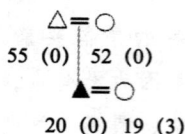

55 (0)　52 (0)

20 (0)　19 (3)

家户（19）

信息提供者：通常情况下，种的旱稻够一年吃的，在旱稻地里夹杂着种了些玉米，玉米主要拿去市场卖。去年玉米收成不错，卖了一些；今年旱季还种了玉米，可望能有个好收成。我替别人饲养了7头水牛，今年主人给我3头小牛犊算作报酬。家里原有15头猪，但昨天卖了5头"小腿肚"般大小的猪崽，得560000基普。另外还有40只鸡。所有这些收入，供三个孩子上学没有问题，只要他们愿意上，就会一直供他们读书。有些家长也想送孩子上学，但就是家里太困难了。

调查者：这是一个孩子比较多的核心家庭。夫妻俩都没有上过学，妻子虽然只有33岁，却已经是5个孩子的母亲了。被访者参加过扫盲班，相当于小学5年级。他和妻子都比较支持孩子读书，希望他们将来能通过读书走出山寨。大儿子现在琅南塔上初中一年级，二儿子有些残疾，但不严重，主要是听力有些问题。要他辍学主要是为了帮助父母养家糊口。

家户（19）：7人

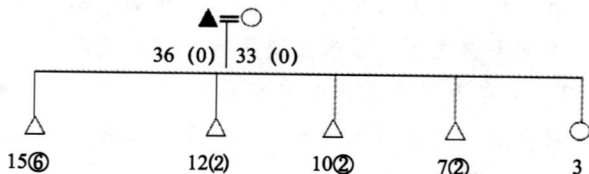

36 (0)　33 (0)

15⑥　　12②　　10②　　7②　　3

家户（20）

信息提供者：由于水田多，大多数年份的收成都够家人吃，有时还有余粮可出售。除了种粮食之外，我们还种了一些棉花，也够家人织布穿衣了。现在家里有14头猪，30只鸡，1头黄牛，今年还养了2头水牛，还有2只狗。我们通常不去市场买东西，但如果小商贩来村里收购时，就卖一些粮食或山货。

　　调查者：这也是一个孩子比较多的核心家庭，妻子是从乌多姆赛嫁过来的。夫妻俩都没有上过学，三个女儿都只读了一两年书就辍学帮父母养家糊口了。与村里其他人家相比，他们家的水田多、旱田少，这种情况在大多数蓝靛瑶人村寨是比较少见的。

家户（20）：7人

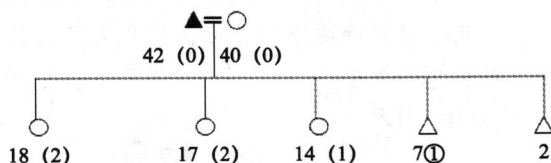

18 (2)　　17 (2)　　14 (1)　　7①　　2

家户（21）

　　信息提供者：家里种的旱稻收成还可以，够这一大家子人吃的。虽然有一点水田，但因为缺水，所以几乎没有什么收成。没有种玉米，也没有种棉花。现在家里有 6 头猪，20 只鸡。

　　调查者：这是一个亲属关系比较复杂的由 14 口人组成的扩大式家庭。被访者的父亲已经去世多年，母亲 75 岁，是蓝靛瑶人村寨不多见的长寿者；她 40 岁的妹妹没有结婚，和姐姐的家人一起生活；被访者妻子的父母也生活在这个大家庭里，男女老少 14 口人共同居住在一个茅草长屋里。生活虽然穷困，却充满亲情。大女儿和二女儿都患有痴呆症。二儿子去年刚刚完成小学，但家里经济条件不允许他去琅南塔继续读初中。他的学习成绩非常好，在他们班里总是得第一名。后面 3 个孩子现在都已到了上学的年龄，但因穷困问题，现都在家里帮助做活。

家户（21）：14人

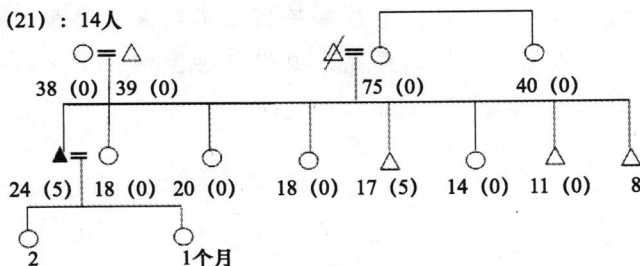

38 (0)　39 (0)　　　　　75 (0)　　40 (0)

24 (5)　18 (0)　20 (0)　　18 (0)　17 (5)　14 (0)　11 (0)　8

2　　　　　1个月

家户（22）

信息提供者：旱田如果收成好，种的稻米够全家人吃上一年；但如果年景不好，只够吃7个月左右。以前一直没有种过玉米，今年准备试着种一点。现在家里养有3头猪，8只鸡。

调查者：这是一个由11人组成的扩大式家庭，6个成人中只被访者一个人接受过3年的正规学校教育。大女儿招婿入赘，二女儿是哑巴。家里人口多，几个姐姐都要下地干活，所以就不让四女儿再读下去了，家里需要人照看几个孩子。

家户（22）：11人

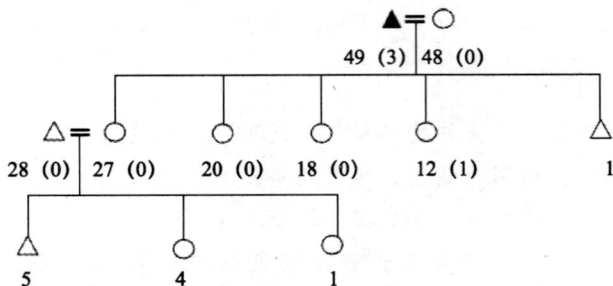

家户（23）

信息提供者：每年旱稻收成够全家人吃。家里种有一点玉米，但没有什么收成。以前家里有水田，但都让我丈夫卖掉了。我丈夫只知道吸食大烟，从不下地干活，家里的田地只有我和两个儿子耕种和管理，我们挣点钱几乎全让他拿去买大烟了。现在家里养有6头猪、2只鸡和1只山羊。

调查者：被访者是村长的妹妹，她非常痛恨丈夫吸食大烟，但她丈夫已经无法离开大烟，她不想看他痛苦，所以就任他去吸食。她说她想送孩子们上学，但是孩子们都不愿意去学校，他们也没有办法，只好随他们去了。再说，他们都去上学，就没人看管4岁的小弟弟了。

家户（23）：6人

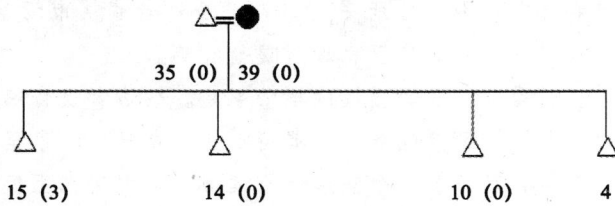

35（0）　39（0）

15（3）　　14（0）　　10（0）　　4

家户（24）

信息提供者：现在我们主要种水田，只是在旱田里种些玉米。以前我们在旱田里也种稻谷时，每年还会有一些余粮出售。现在种水田后，收成只够吃，没有余粮卖。去年我们种的玉米收成不错，卖一部分，余下的用来喂猪和鸡。我们也种有棉花，收成够一家人织布穿衣用。现在家里有 2 头水牛、4 头黄牛、3 只山羊、12 头猪、50 只鸡。先前有 14 头猪，请赛曼"做鬼"时杀了 2 头。

调查者：这是一个扩大式家庭，被访者的父母已离异多年，母亲早已改嫁，父亲跟他过。他虽然没有上过学，但参加过扫盲班，能读写老文。他是蓝靛瑶人山寨少有的比较重视子女学校教育的蓝靛瑶人。三个孩子都在学校读书，大儿子在村里读完小学，现在琅南塔读初中一年级。

家户（24）：6人

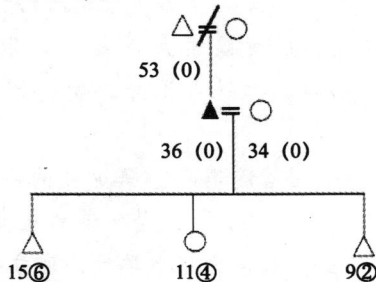

53（0）

36（0）　34（0）

15⑥　　11④　　9②

家户（25）

信息提供者：每年我们种的旱稻只够吃 3 个月的，剩下的几个月只能靠给村里人家打零工来维持生活，有时也向亲戚朋友要一些粮食。粮食不够吃，主要是家里没有劳力，庄稼也长得不好。我们一直没有种玉米，也没有种棉花。做衣服所需的布料，是我老婆从市场上买回棉线，自己纺线、自己织成的。家里也没有喂猪和鸡。

调查者：这是一个比较凄惨的核心家庭。被访者吸食鸦片多年，现在人瘦得皮包骨头，面色蜡黄，虚弱得没有一点气力。家里四个孩子都到了入学的年龄，可没有一个能去学校读书。家境穷困至极，是常人难以想象的。

家户（25）：6人

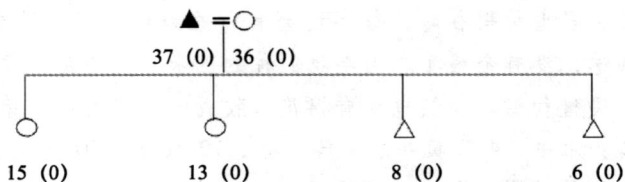

家户（26）

信息提供者：我们家里有一点水田，但以种旱稻为主。每年种的粮食基本够全家人吃，去年还卖了点余粮。今年没有余粮卖了，只够家人吃的。我们种玉米主要用来喂猪、喂鸡。去年我们种棉花了，今年没有种，主要是没有时间，家里劳力不够。现在家里有1头水牛、3头黄牛、3只山羊、13头猪、20只鸡和1只狗。我们寨子里的男人都吃狗肉，但女人不能吃。我们从来没有去市场卖过东西，小商贩来山寨收购的时候卖点粮食。这几天我们全家人都在发烧，也不知道是什么病，如果再不好，就得请赛曼"做鬼"了，那样又得杀小猪了。

调查者：这是一个在蓝靛瑶人山寨少见的四世同堂的扩大式家庭，9口人，被访者的奶奶已经82岁，这个年龄在蓝靛瑶人山寨是极少见到的。被访者小学毕业，二弟读完小学后，现在琅南塔教师培训学校学习，已经读了两年了。他们家在蓝靛瑶人山寨可以说是一个"文人"之家了。需要说明的是，在蓝靛瑶人山寨，无论是"文人"还是"粗人"，遇到灾祸或病痛时往往都会请赛曼来家里"做鬼"，祛除灾祸和病魔。大灾大难要宰杀一头或数头猪；小病小痛要杀一只鸡。实际上，在蓝靛瑶人山寨，人们养猪养鸡的主要目的，就是为了举行祛除灾祸或病魔仪式时宰杀用的。

家户（26）：9人

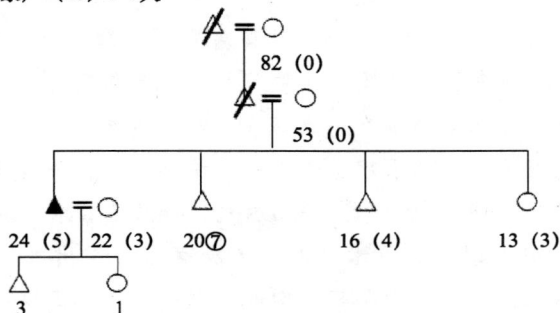

家户（27）

信息提供者：我们家里没有水田，种的旱稻仅够家人吃5个月左右，剩下的日子只能靠打点零工或向亲戚朋友借点粮食吃。现在家里只有3头猪，都只有"小腿肚"那么大，另外还有13只小鸡。

调查者：这是一个关系比较复杂的穷困的扩大式家庭，被访者的父亲已经去世，母亲跟他们一起生活。他多年前离异后再婚，前妻给他留下了一个儿子，现今已经18岁了。他和第二个老婆也生了一个儿子，13岁了也没读书。家里没有劳力，大孩子只得辍学帮助父母干农活。老二是他自己不愿意去上学。因为家里只有大儿子一个人下地干农活，父母双双都是大烟瘾君子，从不下地干活，日子过得非常凄惨。

家户（27）：5人

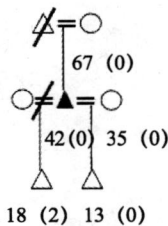

家户（28）

信息提供者：我们家里没有水田，种的旱稻只够吃 4 个月左右，剩下的几个月主要靠给村里人帮工换些粮食来维持。我们家里很穷，只有 1 头猪和 1 只鸡。

调查者：这是一个人口较少的穷困的扩大式家庭。儿子很不争气，没有吃的时，就去别人家里讨要。被访者自己吸食大烟已经有 50 多年的历史了。现在他每天都要吃一小块鸦片，而不再吸食了，他说那样不过瘾。吃饭前，他都要吃那么一点鸦片，然后再吃一点点饭。那天我们采访他时，他当着我们的面就咀嚼了一小块鸦片。据一些村民反映，村长自己有足够的水田，他根本不关心村民们是否有田种。由于水田里缺水，他们只得在水田里种玉米，但玉米没有办法卖出去，而且也很便宜，每公斤只能卖 800 基普左右。如果加上交通费，价钱就更低了，很不合算。因此，交通也是一个大问题。

家户（28）：5人

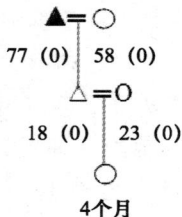

77 (0)　58 (0)

18 (0)　23 (0)

4个月

家户（29）

信息提供者：我们家里种的旱稻够吃，有一点水田。没有养水牛和黄牛，只有 1 头猪、5 只鸡。我们这个村里有很多水田地可以种，但就是没有水。这是我们的最大问题。

调查者：这是一个只有 3 人的核心家庭。据被访者说，如果能解决水的问题，村里会有许多水田，大家也就可以过上好日子了。他们希望有人能指导他们修一个水坝，他们可以自己出工。

家户（29）：3人

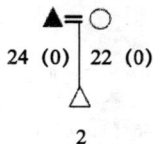

24 (0)　22 (0)

2

家户（30）

信息提供者：我们家只有旱田，种的稻谷基本上够一年吃的，另外还种了点玉米。去年我们只种了一点棉花，只够家里女人穿衣用的，家里男人的衣服要到市场上去买。现在家里只有 1 头猪，没有鸡，因为没有饲料喂养。也没有足够的劳力。我们夫妇俩都是孤儿，没有亲戚帮助我们。

调查者：被访者以前曾当过兵，21 岁时退役结婚，可悲的是，夫妇两人都吸食大烟，虽然能吃饱肚子，可日子过得也十分清苦，4 个适龄学童都失学在家。

家户（30）6人

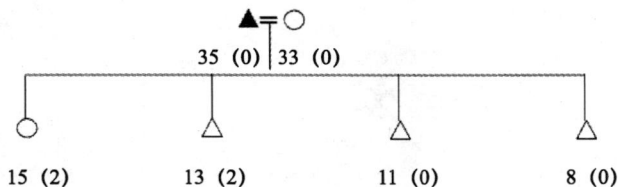

35 (0)　33 (0)

15 (2)　　13 (2)　　11 (0)　　8 (0)

家户（31）

信息提供者：我们家里种有水田和旱稻，粮食够一年吃的。遇到好年景还可以卖一些余粮（小商贩来寨里收购）。我们还种有玉米，但只是用来喂猪和鸡。我们没有养水牛，有 4 头猪、15 只鸡。我们种的棉花足够家人穿衣用。两个孩子都不错，我们想送小儿子去琅南塔读初中，但他的年龄有些大了，他自己也不好意思再读了。

调查者：这是一个亲属关系比较复杂的由 8 人组成的扩大式家庭，大儿子已经迁出山寨。被访者是在琅南塔读完初中二年级的，当过 8 年教师，曾在那木仃寨和本寨教过书。1990 年不再教了，因为教师的工资太低，而且从来都不能按时发放，通常是半年发一次。大女儿离异不久，有一个 2 岁的女儿。二女儿是残疾人，哑巴，没有结婚，但生有一个男孩，具有高加索人种的特征：白皮肤、黄头发、眼球为宝石蓝色。

家户（31）：8人

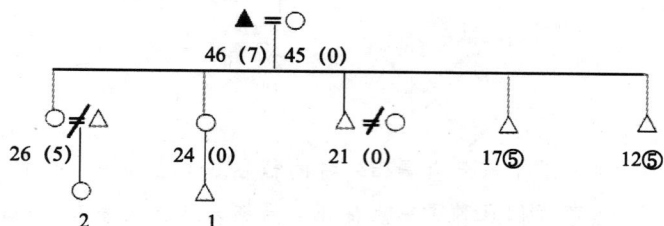

家户（32）

信息提供者：我们主要靠种旱稻为生，每年的收成基本够吃。现在家里饲养有 3 头猪，但都是小猪崽，还有 13 只小鸡。

调查者：这是一个扩大式家庭，被访者的父亲已经去世，母亲体弱多病；有一个 16 岁的弟弟，他从未上过学，是家里的主要劳动力。被访者有四个孩子，其中有三个都已到了入学的年龄，但眼下只有一个在读书。

家户（32）：8人

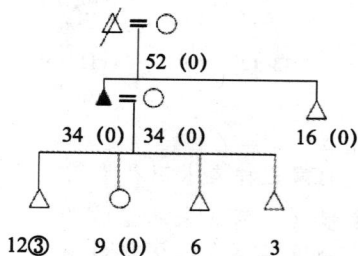

家户（33）

信息提供者：我们家里的旱地不多，每年的收成勉强能维持生计。今年家里只饲养了 2 头小猪崽和 8 只鸡。

调查者：这是一个核心家庭，有 5 个孩子，其中有 4 个是学龄儿童，但只有第二个儿子在读书，老大已经退学，老三和老四还没有上学。

家户（33）：7人

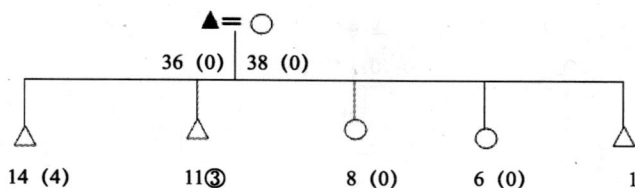

家户（34）

信息提供者：我们家里的山地不多，主要种植旱稻，收成基本上够一家人的口粮。

调查者：这是一个核心家庭，5口人。老大虽然已经6岁了，但弟妹太小，没人照看；家里的山地离家很远，他们夫妻俩为了种地糊口，每天早出晚归，所以，大儿子只有留在家里照看弟妹了。

家户（34）：5人

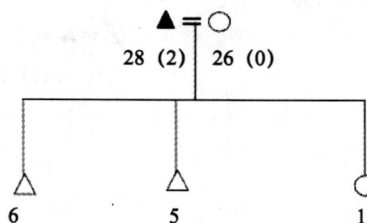

家户（35）

调查者：可以看出，这对夫妻要孩子比较晚，这种情况在蓝靛瑶人山寨是比较少见的，按常规，他们这个年龄的人都该做爷爷奶奶了。因为没有水田，旱地又少，他们一家的生活比较困难。大女儿没有读过书，大儿子也只读到小学三年级就辍学了，老三虽然已经13岁了，但至今还没有上学，他父母也没有让他上学的打算。除了种点旱稻和玉米，他们还饲养了3头小猪崽和5只小鸡。

家户（35）：6人

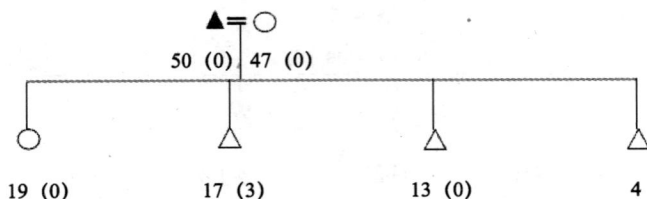

家户（36）

调查者：这是一个凄惨的核心家庭，共 5 口人。几年前，被访者的前妻去世后，他就离家出走了，没人知道他去了哪里，留下 3 个孩子在家里无人照顾，他们是靠邻里施舍才活到今天。我们到这个村寨调查时，他才从外地回来不久，找了一个外地老婆。据邻居讲，他从不下地干活，成天游手好闲，到处混吃混喝。

家户（36）：5人

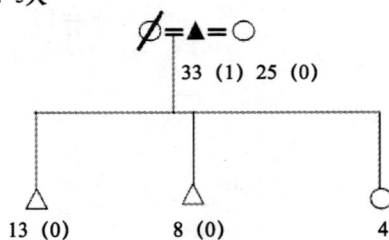

三 那木崆（Nam Khone）寨

那木崆寨位于琅南塔省城南面，距省城约 21 公里。从琅南塔先到 14 公里之外的珲霍克（Huay Hok）村，然后再步行 3 个多小时后便到了位于谷底的那木崆寨。该村现有 34 户、36 家，219 人，其中女性 114 人。共调查 25 户，160 人，女性 84 人。实际上，该村已经修通了公路，是由国际组织欧洲联盟（European Union，EU）捐资修建的，只不过山路陡，一般的车进不去而已，所以，人们进该寨时大多都得先乘车到珲霍克，再步行。该村家户居住得比较集中，村边有条小河流经。

与其他蓝靛瑶人村寨一样，该村也主要以种植旱稻和玉米为主，部分家庭有一点水稻田。大多数家庭都养猪和鸡，但该村养黄牛的人家比较多，养狗的人家也比较多，有些家庭还养猎犬来卖。该村也有一所由欧洲联盟捐资修建的小学，校舍的条件不错，但只有一个教师，开设1—3年级的课程，适龄学童的失学率也比较高（参见图3—13）。

全村共有20人吸食大烟，个别家庭甚至有3—4人吸食大烟。吸食大烟是家庭穷困和儿童失学的主要祸根。

图3—13　老挝琅南塔那木崆寨一角（作者拍摄于2006年）

家户（1）

信息提供者：我们家种有水田和旱田，但以旱田为主，收成够一年吃的，但没有余粮可卖。另外我们还种有玉米，主要用来饲养家畜和家禽。现在家里有3头水牛和8头黄牛，另外还有4头猪，1头大的；有40多只鸡，3条狗。因为没有足够的劳力，家里种的棉花不够家人穿衣用的，只有从市场上买棉布回来自己缝制。

调查者：这是一个由 10 人组成的扩大式家庭，被访者是本村的村长。大女儿和女婿单独过。二女儿已经上了 3 个三年级了，因为寨子里的小学只开设 1—3 年级，四年级要到外寨子去上，她不愿意独自出去上学。学生的注册费为每个学生 5000 基普，3 个孩子的学费每年需要 4000000 基普左右，包括所有费用在内。当地政府不给村里的小学下拨仁何教育经费，但向每个学生免费提供课本。被访者的继父吸食大烟多年，人瘦得跟麻秆似的。

家户（1）：10人

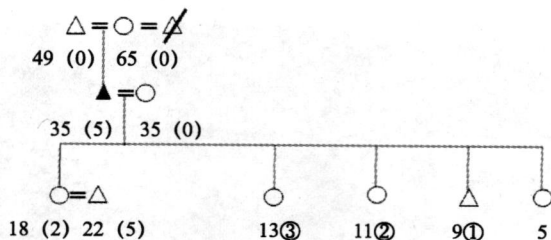

家户（2）

信息提供者：我们家里种有水田和旱田，但主要以旱田为主。我们种的稻谷够一年吃的，但没有余粮可卖。因为家里女孩多，劳力少，所以没有种棉花。我们主要从市场上买棉线回来纺线，自己织布缝衣。除了稻谷外，我们还有玉米，但只用来养猪和喂鸡。家里没有水牛和黄牛，有 3 头猪，只有 3 只小鸡。

调查者：这是一个核心家庭，大女儿和三女儿已经结婚，都在本村，见家户（4）。被访者是该寨子的妇女主任，她和她丈夫是在琅南塔读完小学的，她丈夫吸食大烟多年。她的大女儿是我们采访中遇到的第一个嫁给外族的蓝靛瑶人女孩，她丈夫是琅南塔的黑傣，是本寨小学的老师。二儿子在琅南塔上了半年初中就中途退学了，被访者说是孩子自己不愿意上，他们也就随他去了。三女儿从来没有进过学校，因为她 8—9 岁时不懂老语，不愿意去学校，后来随着年龄的增长，也就越来越不想读书了。据村民反映，6—7 年前，这里的人基本上都不会讲老语，都讲蓝靛瑶话。1997 年村里修通了公路，在这以前，寨子里的人与外界的联系很少，人们过着几乎与世隔绝的田园生活。

家户（2）：7人

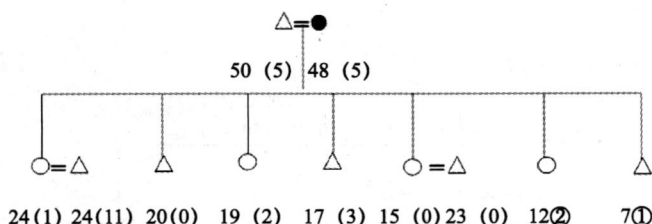

家户（3）

信息提供者：我们种有水田和旱田，粮食够家人吃一年的，但也没有多余的粮食出售。因为劳力少，我们种的粮食够吃就不多种了。我们还种有玉米，主要是喂猪、喂鸡。没有棉花田，家里现在也不纺线、不做衣服。家人穿的衣服都是从市场上买现成的。现在家里只有1头猪和30多只小鸡。每次去市场主要是购买日常用品，如食油、食盐等。家里也不种菜，种了自己吃的还没有小偷吃的多。孩子上学每学年只交15000基普，课本是免费的，学生自己只需买些本子。

家户（3）：5人

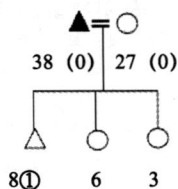

家户（4）

信息提供者：我们家里没有水田，只有一些旱地，收成基本够全家人吃一年的。我们种玉米主要用来喂养家畜、家禽。现在家里有8头猪、10只鸡、2条狗。家里种的棉花也够一家人一年穿衣用的。有时我们也去市场卖些山货，有时候小商贩会来寨子里收购。

调查者：这是一个扩大式家庭，被访者是本寨妇女主任的女婿，他嫂子是从另一个蓝靛瑶人村寨塞普嘟嫁过来的。我们进屋访谈时，被访者的父亲正准备吸食大烟，家人中有好几个都在生病，不停地咳嗽，由

于寨子离省城比较远，加之交通不便，人们平时患个头痛发烧之类的
"小病"，根本不去医院看医生。

家户（4）：9人

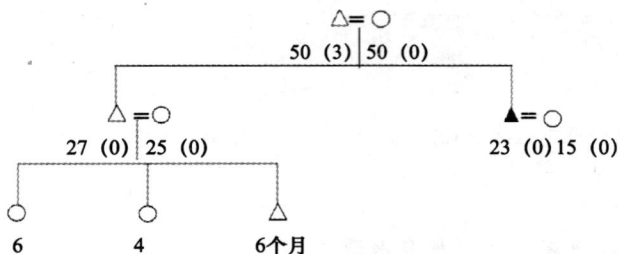

家户（5）

信息提供者：我们家里没有水田，因为没有劳力，我们家没有种玉
米，也没有种棉花，只种些旱稻，一般只够吃5个月，余下的几个月靠
给本村比较富裕的村民打零工糊口。因为家里没有棉田，我们从市场上
购买棉线回来，自己织布，缝制衣裤。现在家里只有1头猪、3只鸡，
我们的生活很困苦。

调查者：这是一个比较穷困的扩大式家庭，被访者吸食大烟多年。
大女儿嫁到了那木叻，二女儿离异，带一个4岁的小男孩；三女儿、女
婿在本村单独过。

家户（5）：4人

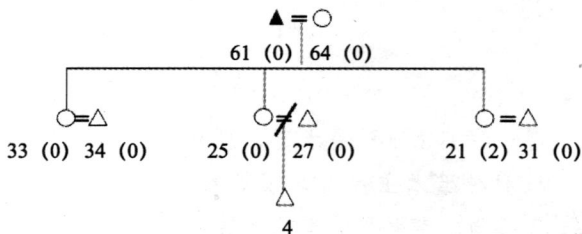

家户（6）

信息提供者：3年前，我们从丰沙里迁来，在这里没有水田，我
们开山耕种的旱稻基本上够全家人吃一年，但没有余粮出售。因为搬

来不久，我们没有棉田，也没有玉米地。现在家里只有 2 头猪、10 只鸡。

调查者：这是一个人口较多的扩大式家庭，老二家不久前迁回丰沙里，老三家搬迁到省城琅南塔，在那里做服装生意，女儿一家还在丰沙里，最小的儿子离异，有一个 6 岁的男孩，现在这个家里共有 12 人生活在一起。

需要特别说明的是，在这个大家庭中，有 3 个吸食大烟的男人，即老大、老四和老六。在本村，仅他家就有 5 个适龄儿童没有入学。我们采访时，几个大男人都待在家里，什么事情也不做。他们一个个佝偻着腰，面色蜡黄，说起话来都显得有气无力。

家户（6）：12人

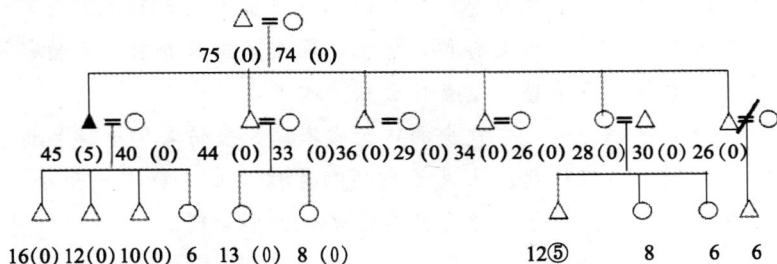

家户（7）

信息提供者：我们种有水田，但收成不好。如果不种旱稻，粮食就不够吃。去年我们有种些玉米出售，但市场价格太低，每公斤才 500 基普，不合算，所以今年我们就不再种玉米了。另外，我们还种有 2000 棵橡胶树和一点棉花，棉花的收成不够家人穿衣用，还得从市场上购买棉线。现在家里有 8 头猪、20 只鸡。以前家里养了十几头猪，但去年闹猪瘟时死了不少。

调查者：这是一个由 13 人组成的扩大式家庭，老大腿部残疾，老二是聋哑人。老五在村里读完三年级后，到琅南塔去读四年级，但没读多久他就不愿读了，现在辍学在家。

家户（7）：13人

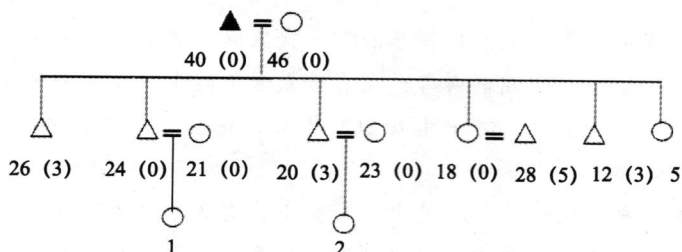

家户（8）

信息提供者：我们家里只种有一点旱稻，根本不够一家人吃，因为二儿子吸食大烟，常常要卖稻谷为他购买鸦片。我们还种了些玉米，主要是用来喂猪喂鸡，但在没有稻谷吃的时候，也用玉米充饥。自从老伴五年前去世后，家里再也没有种过棉花。现在家里只养有1头猪，没有养鸡。因为家里人手不够，没有什么别的收入。

调查者：这是一个人口较少的扩大式家庭，被访者的老伴去世，他现在和儿女们生活在一起。大儿子两年前生病去世，留下一个小男孩，为了留住儿媳妇和大孙子，他们又招进来一个小女婿。

家户（8）：6人

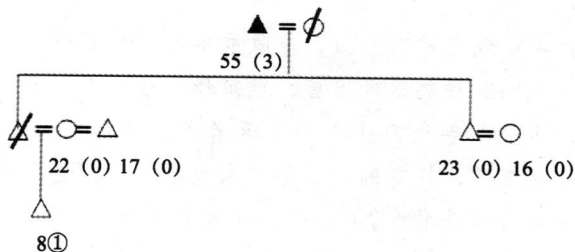

家户（9）

信息提供者：家里种有水田和旱田，但旱田是租他人的田地，每年分给我们一点粮食，收成基本上够全家人吃一年的。我们种的玉米主要是饲养家畜和家禽。3年前我们就不种棉花了，因为老婆生孩子，没有时间种，家人穿衣用的棉线主要从市场上购买。现在家里养有一头水牛，主要用来耕种水田，还有3头黄牛、3头猪，没有鸡，因为上个月鸡都让小偷偷去了。我们没有送孩子上学，因为他们都不愿意读书。我们也希望孩子上学，但他们都不听话，前两个孩子没有上学，希望后两个能上学，但如果他们也不愿意上，我们也没有办法。以前家里比较困难，劳动力少，所以不上也就随他们了。

调查者：这是一个很平常的核心家庭，被访者夫妻俩都没有上过学，22岁的大儿子和15岁的大女儿也都没有进过学校。老大有些痴呆，但可以下地干活，生活也基本上可以自理。

家户（9）：6人

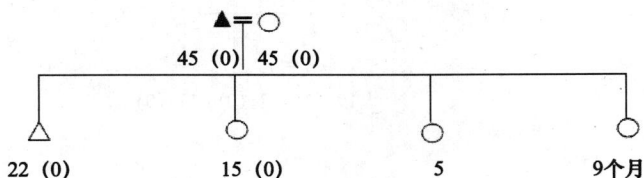

家户（10）

信息提供者：我们家里只种了些旱稻，收成只够吃4个月左右，余下的几个月主要靠外出打零工或为村里人家帮工为生。虽然有田地，但没有劳动力，所以没有种玉米，也没有种棉花。穿衣服用的布料主要从市场上购买棉线回来纺织。家里也没有养猪和鸡。

调查者：这是一个人数较少的核心家庭，被访者年纪轻轻就染上了烟瘾。

家户（10）4人

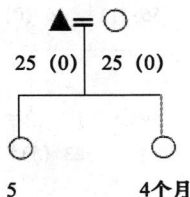

家户（11）

信息提供者：我们家没有水田，只有旱田，收成够吃。种的玉米主要用来喂猪、喂鸡。没有种棉花，家人穿衣所需的棉线主要从市场上购买。现在家里只有1头猪、3只鸡，没有养狗。

调查者：这是一个极其穷困的家庭，虽然家里的孩子都大了，劳动力也不少，但因为被访者吸食大烟，日子过得也挺凄凉。

家户（11）5人

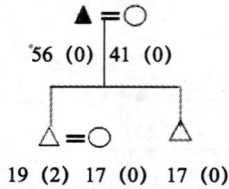

家户（12）

信息提供者：我们家里只种有旱田，基本上够吃，没有种玉米和棉花。现在家里只有1头猪、1头黄牛、6只鸡。

调查者：这是一个亲属关系比较复杂的扩大式家庭，被访者的前妻多年前去世，没有留下孩子。大儿子见本村家户（10），分出去过了。被访者夫妻现在跟小儿子一起生活。小儿媳妇嫁过来时带了一个弟弟和一个妹妹，两人都患有痴呆症，现在与被访者一家人生活在一起。

家户（12）7人

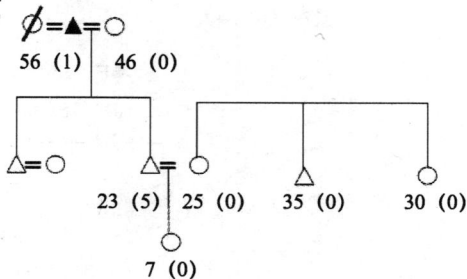

家户（13）

调查者：这是一个人口较少的穷困扩大式家庭。被访者的父亲已经去世多年，母亲和她一起生活。她丈夫是黑傣，她是我们遇到的第二个与外族男子通婚的蓝靛瑶族女子。由于她丈夫整天无所事事，有点钱就吸食大烟，有时一出去就是半个月，根本不管她和孩子的死活。我们去她家采访时，她正在门口与屋里的丈夫吵架，而丈夫则在家里喝酒，还邀请我们进去喝两杯。

他们家没有水田，也没有旱田。他们没有养猪也没有养鸡，可以说家里一无所有。他们主要靠打零工为生，日子过得艰难、凄惨。

家户（13）4人

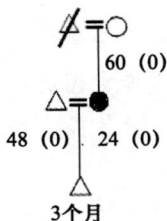

48 (0)　24 (0)

3个月

家户（14）

信息提供者：我们种有旱稻，够全家人吃一年的，有时还可以卖一点。我们每年都种玉米，主要用来饲养家畜和家禽。但今年的玉米地让猪糟蹋了，没有什么收成。因为没有劳动力，我们已经有两年没有种棉花了，家人穿衣所需的棉线主要从市场上购买。现在家里饲养了5头猪、1头黄牛、15只鸡。

调查者：这是一个比较特殊的扩大式家庭，被访者是村长的连襟。他们的头两个孩子都是收养的，老二有些痴呆，所以没有上学。大女儿没有结婚，但有一个私生女。被访者和他老婆结婚十几年都没有生孩子，所以就收养了3个孩子，其中一个病死。收养了这几个孩子之后，他们自己又生了一个。这种风俗在老挝很流行，即不孕之妇收养孩子后她们便会怀孕。

家户（14）6人

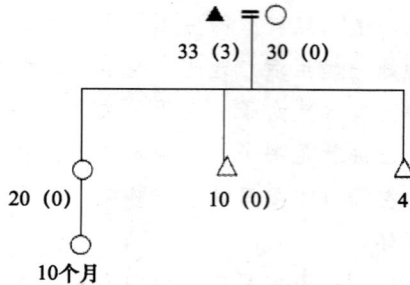

家户（15）

信息提供者：我们家没有水田，耕种的旱稻仅够吃6个月的，余下的几个月主要靠打零工维持。因为家里没有劳动力，所以没有种棉花和其他作物。现在家里只有1头猪、1只鸡。

调查者：这是一个极度穷困的扩大式家庭，被访者的丈夫和婆婆都吸食大烟。她丈夫是村里的铁匠，平时靠给村民打砍刀换一些稻米。

家户（15）4人

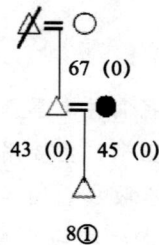

家户（16）

信息提供者：我们家里只种有旱稻，收成仅够吃4个月的，余下的日子靠在邻村里打零工糊口，没有种玉米，也没有棉田。我们没有养猪，也没有养鸡。

调查者：这也是一个极度穷困的扩大式家庭。在这个家庭中有两个人吸食大烟，即被访者的老母亲和他离异的哥哥。当村长带着我们去这家采访时，长屋中央铺了一张草席，上面摆放着吸食大烟的烟具和鸦片。在一间小屋的床上也摆着一堆吸食大烟的烟具。当我们进屋后，他们丝毫没有回避我们的意思，继续在吃饭。

家户（16）：4人

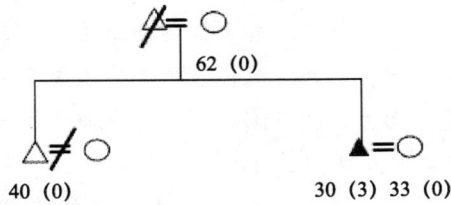

62（0）

40（0）　　　　　　　　30（3）33（0）

家户（17）

信息提供者：我们家里种有水田和旱田，水田多，粮食基本上够吃，另外还种有一点玉米，但没有什么收成，种的棉田也不够家人穿衣用的。现在家里只有1头水牛、3头猪崽和3只鸡。

调查者：这是一个比较凄惨的扩大式家庭，亲属关系也比较复杂。这家人与家户（16）住在一间茅草长屋内。二儿子是痴呆，已故女儿的长女也是痴呆。糟糕的是，在这个家庭中，有3个人目前还在吸食大烟，即被访者、他母亲和他妹夫。平时他们打零工挣的钱主要用于满足烟瘾。也就是说，这间茅草长屋里的两家人当中就有5人吸食大烟，其中一家人有4名学龄儿童，但只有1个在读书，另外3个都辍学在家。虽然学习的注册费只有5000基普，课本是政府免费提供的，只是给孩子买些作业本，但就是这样，他们也无力送孩子入学。实际上，并非真正没有能力送孩子上学，而是根本没有打算供孩子上学。他们所关心的是如何挣些钱满足他们自己的烟瘾，而置孩子的学业于不顾。这个案例在蓝靛瑶人村寨绝非例外。在田野考察期间我们发现，像这样的家庭还有不少。这些家长整日沉迷在鸦片的云雾之中，连自己的生命都置之不理，哪还顾得上孩子的学业。

家户（17）：10人

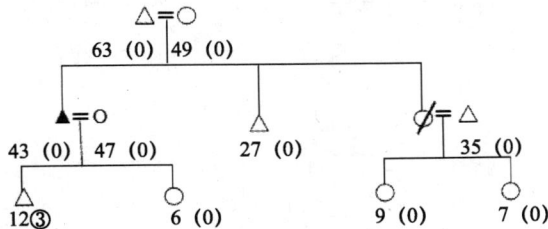

63（0）49（0）

43（0）47（0）　　　27（0）　　　35（0）

12③　　6（0）　　9（0）　7（0）

家户（18）

信息提供者：我们家里种有水田和旱田，粮食够我们一家人吃一年的，有时还有些余粮出售。我们种的玉米主要用来饲养家畜和家禽。因为没有多余的劳动力，孩子都还小，没有能力种棉花。现在家里有2头黄牛、5头猪和7只鸡。

调查者：这是一个核心家庭，被访者的前妻就是本村家户（16）被访者的妻子。他现在的妻子来自另一个蓝靛瑶寨那木仃（见前文）。

家户（18）：6人

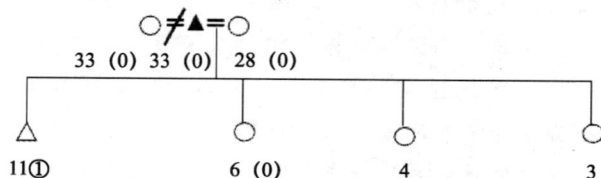

家户（19）

信息提供者：我们家里只有旱稻，够家人吃一年的，丰年时有余粮可出售，种的玉米主要用来喂猪，没有棉田。现在家里养有7头猪、4只鸡、1只狗。从来没有去市场卖过农产品，每年到琅南塔市场去2—3趟，购置些日用品。

调查者：这是一个由9人组成的扩大式家庭，这户人家与本村家户（1）和家户（18）是亲戚，被访者的姐姐是本村村长的老婆〔见家户（1）〕，哥哥是家户（18）户主。1991年，他到山里去捕猎，不幸被狗熊抓去了右半边脸，现在就剩下左半边脸和一只左眼了，相貌看上去很恐怖。全家9口人，6岁以上的有8人，其中只有一人读过2年书，另外还有一个正在读小学一年级。其余6人从未上过学。

家户（19）：9人

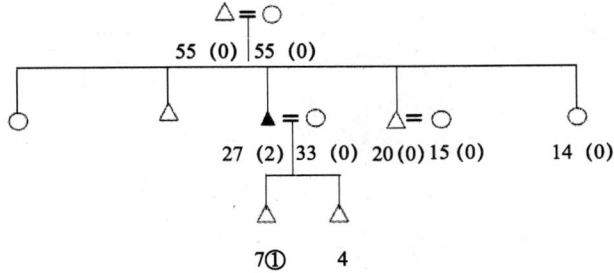

家户（20）

信息提供者：我们家里没有水田，只有旱田。种的旱稻遇到好年景时够家人吃一年的；但如果年景不好，收成只能够家人生活半年的。粮食不够吃时，我常去为本村村民打零工，换些粮食糊口。我们种的玉米主要用来饲养家畜和家禽，粮食不够吃时，也用来糊口。我们今年不再种棉花了，因为现在市场上有现成的棉线卖，买回棉线织布制衣要方便多了。现在家里养有5只猪崽、25只鸡。

调查者：这是一个核心家庭，被访者是二婚，和前妻没有孩子。他现在的妻子来自另一个蓝靛瑶寨塞普嘟。夫妻俩都没有接受过正规学校教育，现在家里有3个学龄儿童，但只有一人在读小学一年级。

家户（20）：6人

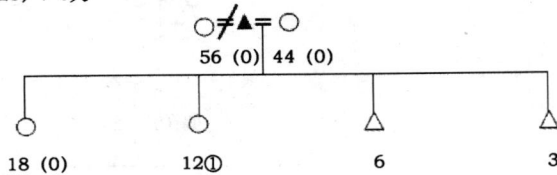

家户（21）

信息提供者：我们家里只有旱田，每年的粮食收成只够家人吃5个月左右，其余的几个月主要靠吃玉米等粗粮或从其他村民家里买粮食过活。去年家里种了点棉花，今年没有种，因为老婆一直在生病。现在家里只给别人家养了几头猪，日后主家会给我们几只猪崽作为报酬，这样我们就可以有自己的猪了。

调查者：这是一个只有 4 口人的核心家庭，被访者和他老婆都没有接受过正规学校教育，但都参加过扫盲班，现在家里有一个 7 岁的女儿，还没有上学。

家户 (21)：4人

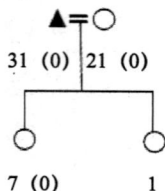

家户（22）

信息提供者：我们只有旱田，旱稻收成基本够全家人吃一年的，种的玉米只用来喂猪、喂鸡。我们也有棉田，所产棉花够一家人穿衣用。现在家里有 1 头猪、15 只鸡，没有水牛和黄牛。一年当中我们会去一两次市场，主要是购买日常用品。

调查者：这是一个只有 5 口人的扩大式家庭，被访者的岳父已经去世，岳母和他们一起生活，他们夫妻俩都没有上过学，也没有参加过扫盲班。13 岁的儿子没有上学，因为他不喜欢读书；女儿读一年级。

家户 (22)：5人

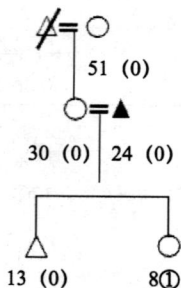

家户（23）

信息提供者：家里只种有旱田，收成基本上能维持全家人的生活。种的玉米主要用来喂猪、喂鸡。今年我们没有种棉花。现在家里养了 2 头黄牛、2 头猪和 13 只鸡。每月去琅南塔市场 1 次，购买些日用品，有时小商贩来村里收购山货，我们也卖一些竹笋之类的山货，挣点小钱。

调查者：这是一个三世同堂的扩大式家庭，7口人。被访者吸食大烟，没有心思去想孩子是否该上学的问题，两个学龄儿童失学在家。

家户（23）：7人

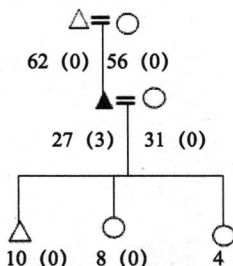

家户（24）

信息提供者：我们家种的旱稻大概只够吃5个月的，其余几个月靠吃玉米等杂粮过活。因为劳力少，我们没有种棉花。现在家里只养了2头猪息，没有牛，也没有鸡。

调查者：这是一个穷困的核心家庭，被访者的丈夫吸食大烟，家里只有她一个人下地干农活。他们夫妻俩都没有上过学，也没有参加过扫盲班，但两个学龄孩童都在学校读书。

家户（24）：4人

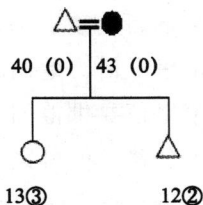

家户（25）

信息提供者：我们种的旱稻，基本够一年吃的。去年我们种有玉米，今年没有种，玉米除了够饲养家畜、家禽外，还能卖一些。种了一点棉花，但不够家人穿衣用，还得从市场上买棉线回来纺线。现在家里有 8 头猪、18 只鸡，没有牛。

调查者：这是一个 3 口之家，夫妻俩都没有上过学，因为家里没人吸食大烟，日子过得还算不错。

家户 (25)：3人

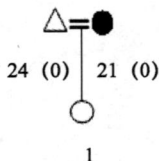

四　那木叻（Nam Lue）寨

那木叻山寨位于老挝省城琅南塔的西南面，距省城 14 公里，通往波乔（Bokeo）省的主干公路从山寨旁经过，目前还正在修筑之中。山寨名那木叻村因流经村边的那木叻河而得名。目前那木叻有 72 户人家，442 人。由于时间关系，我们只走访了 28 户、35 家有适龄儿童的家庭，244 人，其中女性 128 人。该村有一所小学，开设 1—4 年级的课程，有 2 个老师。据我们统计，在这 35 家中现共有学龄儿童 62 人，其中只有 26 人在本村小学就读，7 人在外村读五年级和初一。这个村落主要以种植水稻为生，大多数家庭种的粮食都够吃，只有 4 户人家因户主吸食大烟而荒废了田地，粮食常不够吃。大凡吸食大烟的人，一般都不去田里干活，他们羸弱无力，整天待在家里，靠老婆和孩子养活。同时家里还要供他们满足烟瘾。那木叻村虽然距琅南塔不远，而且也修通了公路，但村民与外界的联系却不多，他们依旧生活在自己狭小的世界里，依旧过着比较单一的田园生活，对外界依旧感到十分好奇。当我们进入村寨后，有许多儿童、青年人和老人都围拢着我们，长时间目不转睛地盯着我们看，像观看动物似的对我们品头论足（参见图 3—14）。

但与其他蓝靛瑶人村寨相比，该村村民的商品意识要明显得多。

图 3—14　老挝琅南塔那木叻寨子一角（作者拍摄于 2006 年）

寨子里的许多妇女都是手工织锦能手，在农闲时节，她们往往会聚集在一起，一边聊天一边织锦。她们的手工织锦不再局限于自我消费，在可能的情况下，她们会将其兜售给途经此地旅游的外国游客。该村东南面有一个名叫那木果易的蓝靛瑶人村寨被琅南塔省旅游局定为民族风情旅游点，凡去那里旅游的外国游客都会途经这里，并作短暂停留。该村的妇女们便抓住这个时机向游客兜售她们的手工制品，主要有手工缝制的小手袋、彩色腰束、蓝靛染制的粗布等。另外，该村的水田也要较其他村寨多，大多数家庭的粮食都够吃。村民的生活要比其他蓝靛瑶人村寨富裕得多，村里的"人气"也比较旺，不像在那木仃、那木克诺伊或那木崆等村寨那样会使人产生一种极其萧条、凄凉的感觉（参见图 3—15）。

　　但该村的水质有问题，他们的饮用水中可能严重缺碘，因为寨子里有许多妇女尤其是那些上了年纪的妇女都患有"大脖子"病，也就是我们常说的"甲亢"病或"甲状腺炎"，有些比较轻微，只是脖

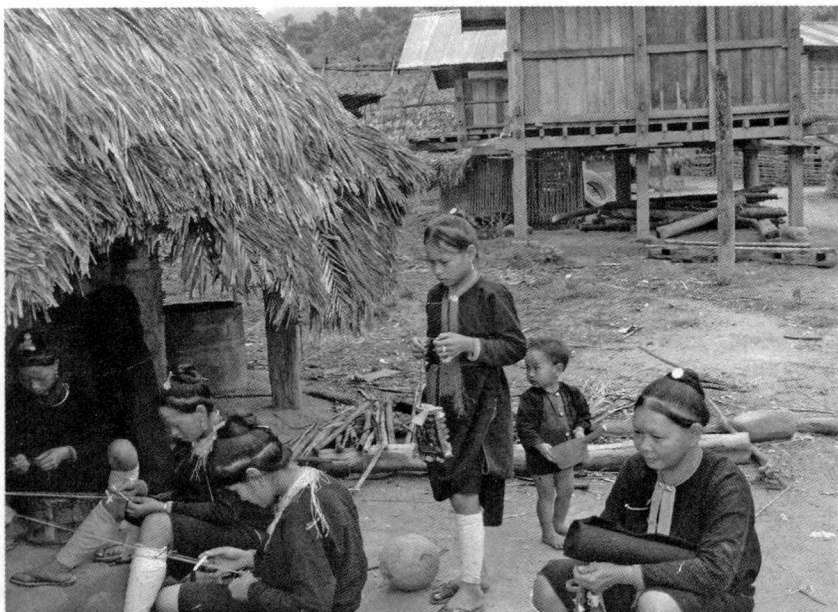

图 3—15　老挝琅南塔那木叻的妇女们在编制腰束（作者拍摄于 2006 年）

子有点肿大，但有些则相当严重，已经影响到她们的正常生活了。由于家庭及医疗条件的限制，患者们大都没有出去医治。当我们问及她们患的是什么病时，几乎没有人知道自己得的是什么病，只知道自己的脖子上长了一个很大却不痛不痒的肉"疙瘩"。据笔者调查，有50%左右的蓝靛瑶人村落的饮用水中严重缺碘。从医学的角度看，碘的缺失会引起痴呆症，这在一定程度上也严重影响着蓝靛瑶人的总体人口素质。另外，在蓝靛瑶寨，营养不良现象也十分严重，直接影响着蓝靛瑶人的健康状况，致使蓝靛瑶人的人口素质普遍较差。实际上，这些常年居住在低谷里的蓝靛瑶人，由于缺乏良好的医疗卫生条件、睡觉时不用蚊帐，他们很容易感染疟疾和呼吸道疾病。另外，每个家户中几乎都有成人吸食鸦片，儿童无人照料，他们感染这些疾病的可能性就更大。在大多数蓝靛瑶人村落，人们很少会将疟疾与蚊子联系在一起，绝大多数人平时都不使用蚊帐。在蓝靛瑶人村落，儿童的死亡率也非常高，据L. 查泽统计，1991—1992 年塔湾等三个蓝靛瑶人村落的儿童 5 岁以前的死亡率为 35%[①]（参见图 3—16）。

图 3—16　老挝患有"大脖子"病的蓝靛瑶人妇女（作者拍摄于 2006 年）

家户（1）

信息提供者：家里主要种旱稻，水田很少，粮食只够家人吃 3 个多月；种了点玉米，但没有什么收成。现在家里养了 8 头猪，其中有 1 头母猪，其他的都是猪崽；另外还饲养了 8 只鸡。我们没有种棉花，也没有种橡胶树和木薯。因为田地不多，我们常给村民打零工或在中国筑路公司打工，每天劳动 8—9 个小时，自带午饭，每天可挣 2 万多基普。

调查者：这是一个亲属关系比较复杂的核心家庭。被访者的姐姐不愿意嫁给蓝靛瑶人，说如果嫁给蓝靛瑶人就得学习纺线织布、做衣服，

① Chazée，Laurent（2002）. *The Peoples of Laos：Rural and Ethnic Diversities*，p. 118. Bangkok：White Lotus Co.，Ltd.

而嫁给克木人则可以从市场上买现成的衣服穿，所以她嫁到一个名叫弗佧（PhouKha）的克木人村寨。他父亲去世后，母亲改嫁，又给他生了两个同母异父的妹妹。

家户（1）：6人

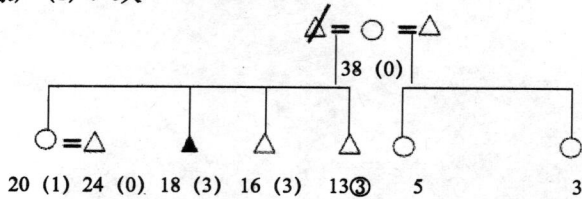

家户（2）

信息提供者：我们主要种水田，有一点旱田。如果只种一季水稻，就不够吃，种两季基本够家人吃。我们还种有玉米，一部分用来喂猪，粮食不够吃时，也用来充饥。家里种有棉花，基本够一家人穿衣用。我老婆每年都向日本人卖自己织的粗布，自1994年开始，这个日本商人每年都来我家订货、收购。我还组织本村的其他妇女给我打工。现在家里养了8头水牛，主要用来耕地。此外，我们还饲养了10头猪，没有养鸡。

调查者：这是一个亲属关系比较复杂的扩大式家庭。大女儿是从黑傣人那里收养来的，她结婚没几年，丈夫就患病去世，留下一个男孩；3年前，她又招了一个入赘女婿，又生了一个小女孩。小女婿是从另一个蓝靛瑶人村寨那木克诺伊入赘过来的。全家人只有小女儿读过两年书，其他人都没有接受过学校教育，也没有参加过扫盲班。

家户（2）：9人

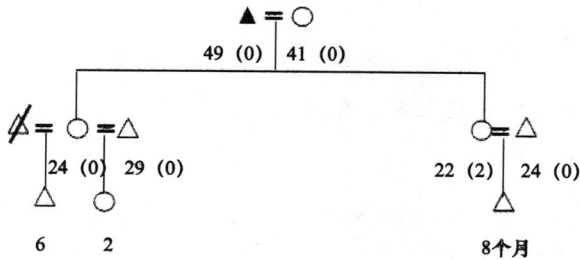

家户（3）

信息提供者：我们家里种有水田，收的粮食够一年吃的。旱稻田都改种橡胶树了，大部分玉米地也改种木薯了，只种了一点玉米喂猪。每年种的棉花够一家人穿衣用的。现在家里有 5 头水牛、9 只猪崽和 17 只鸡。上个月 27 只猪都瘟死了。猪瘟现在仍在寨子里蔓延，几乎每天都有猪瘟死。

调查者：这是一个四世同堂的超级扩大式家庭，除被访者的四弟一家（3 口人）分出去单独过之外，还有 14 人生活在一起。被访者的弟弟读完小学后，家里送他去琅南塔读了几个月的初中，后因家里困难就被迫退学了。

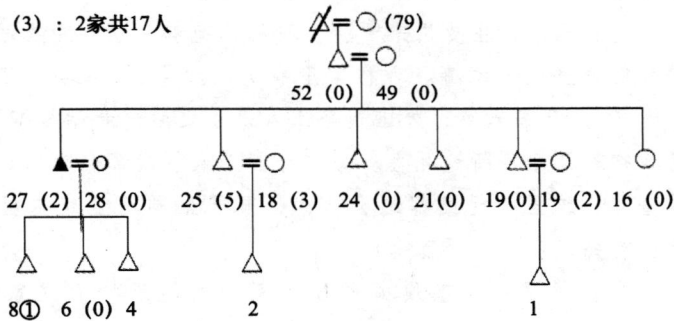

家户（3）：2家共17人

家户（4）

信息提供者：我们家里种有水稻和旱稻，但水稻收成不好，粮食基本够全家人吃一年的。种的玉米主要用来喂猪，有橡胶树 1000 多株，每年都种棉花，想卖点棉花，但没有人来收购。现在家里有 5 头猪，因为寨里在闹鸡瘟，家里的鸡都快死光了，现在还剩 3 只。我们村里的鸡不断地死，主要是外国筑路工人烧山、放炮炸石头造成的。

调查者：这是一个由 10 人组成的扩大式家庭，读书的人比较多，被访者的二儿子已经读高中了，另外两个学龄儿童也都在学校读书。每个学生入学都要收注册费，小学一年级每个学生 5000 基普，二年级以上 10000 基普。大媳妇是另一个蓝靛瑶寨子塔湾嫁过来的。三媳妇的父母在她很小的时候就离异了，她没成家前，有时与父亲生活在一起，有时跟母亲生活在一起，一直没有机会上学。

家户（4）：10人

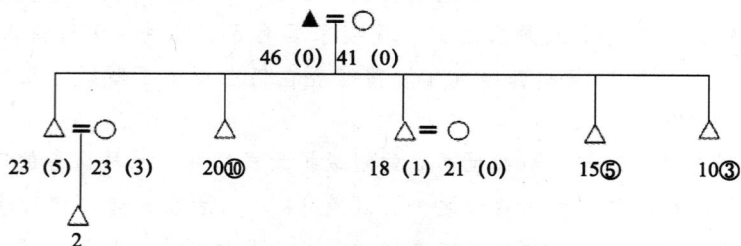

家户（5）

信息提供者：我们家里主要种水田，有一点旱稻，收成有些年不够吃。我们也种玉米，主要用来喂猪。种的棉花够一家人穿衣用的。从今年开始我们家里也种木薯。现在家里有1头水牛、3头猪、2条狗，没有鸡；原先有50多只鸡，外国筑路工人来了之后，开始放炮开山取石，猪、鸡和狗就开始不断地死去。每次外国工人放炮都会有猪、狗或鸡死去（调查者：这里的村民都这么认为，寨子里闹鸡瘟或猪瘟等是否与放炮开山有关，我们不得而知）。

调查者：这是一个亲属关系极其复杂的超级扩大式家庭，四世同堂，两个家庭14人共同生活在一个茅草长屋里。被访者的大儿子一家迁到波乔省（Bokeo）去了；老二一家在另一个蓝靛瑶人村寨那木订。被访者的母亲去世后，他父亲再婚，现在和他一家子人生活在一起。他妹夫已经去世，他妹妹和她的子女以及子女的孩子们生活在一起。

这是一个比较重视学校教育的家庭，家里有4个适龄儿童，其中有3个都在学校读书，另一个6岁女孩准备明年上学。这里需要说明的是，第二个家庭中15岁的男孩是收养的，现在读小学五年级。

家户（5）：2家共14人

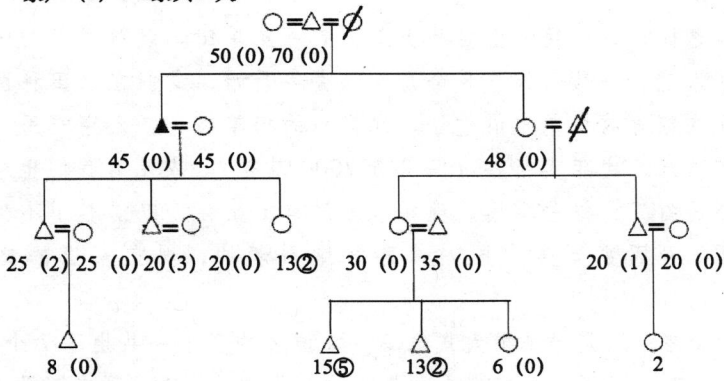

家户（6）

信息提供者：我们主要种水田，旱田很少。水田的收成基本够全家人吃一年的，去年还卖了点余粮，我们种的棉花也够家人穿衣用，明年我们家准备种橡胶树。现在家里有2头水牛、10头猪、10只鸡、4只狗。我们养狗既可以卖也可以宰杀吃，按传统，瑶族人是不吃狗肉的，但老挝蓝靛瑶人大都吃狗肉。大狗可以卖到200000基普左右。

调查者：这是一个由两个家庭共13人组成的扩大式家庭，被访者的二妹一家4口人不久前迁到乌多姆赛省（Oudomxay）定居了。他大妹一家5口人虽然和他们同住在一间茅草长屋里，但他们已经分灶单独过了。在他们兄弟姊妹以及他们的配偶中，只有被访者和他弟弟读过两年书，其他人都没有接受过正规学校教育，也没有参加过扫盲班，他们的3个适龄孩子也都失学在家。

家户（6）：2家13人

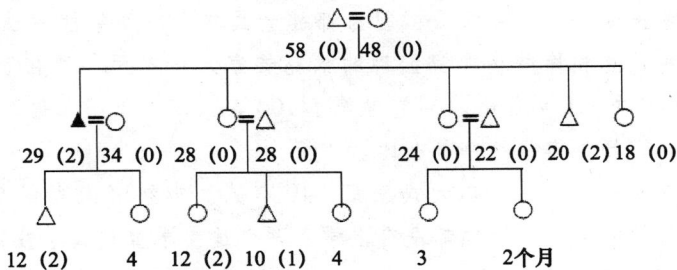

家户（7）

信息提供者：我们主要种水田，有一点旱田。以前每年的收成都不够家人吃，一般只够吃8个月。从去年开始，我们在水田种两季稻子，现在粮食收成基本够吃了。我们种的棉花够一家人穿衣用。我们还种有玉米，去年卖了些（每公斤2000基普）。农闲时我们也给中国筑路公司打工，挣些零用。现在家里只有1头猪，以前养了不少，但都死了。死因主要是中国人修路放炮引起的，现在家里的鸡也死光了。

调查者：这是一个扩大式家庭，被访者的妻子一共生了7个孩子，其中5个都夭折了，只有老大和最小的女儿活了下来。现在家里有2个学生在读书，每年花费在几十万基普左右，主要用于学杂费、买书和本子等。

家户（7）：7人

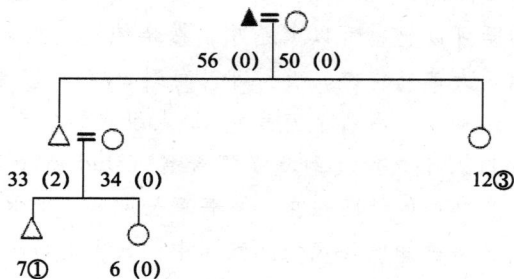

家户（8）

信息提供者：我们以前种有水田和旱田，但今年没种旱稻，改种橡胶树了。稻谷收成不好的年景，家人会有一两个月靠杂粮糊口。去年我们种了些玉米，但没有收成，因为都被老鼠吃了，今年就索性不种了，准备改种绿豆和橡胶树。我们种的棉花够家人穿衣用。现在家里有12头猪、5只鸡、1头黄牛。以前曾养了100多只鸡，但闹鸡瘟时都死了。有时候到市场去卖些竹笋什么的。

调查者：这是一个扩大式家庭，10口人。被访者夫妻俩都没有上过学，他们的4个孩子也都没有上学，两个适龄学童都失学在家。他们曾给三女儿买了书本，但她不懂老语，上课什么也听不懂，就自动退学了。老四也不懂老语，也不打算上学了。

家户（8）：10人

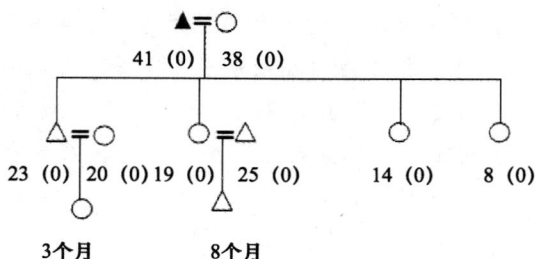

家户（9）

信息提供者：我们家里只种有水田，粮食与大女儿家［家户（8）］一起吃。我们种的玉米只用来喂猪、喂鸡，种的棉花够家人穿衣用的。现在家里养有5头水牛、8头猪、7只鸡。养水牛主要用来耕地，以前还有5头黄牛，但都卖了。去年家里饲养了100多只鸡，但闹鸡瘟时都死了。两年前只是偶尔死几只，从去年开始整群地死。

调查者：这是一个由两家15口人组成的扩大式家庭，被访者大女儿一家的情况见本村家户（8），二女儿一家4口已经另起炉灶分过，但依旧住在父母的茅草长屋里。

家户（9）：2家15人

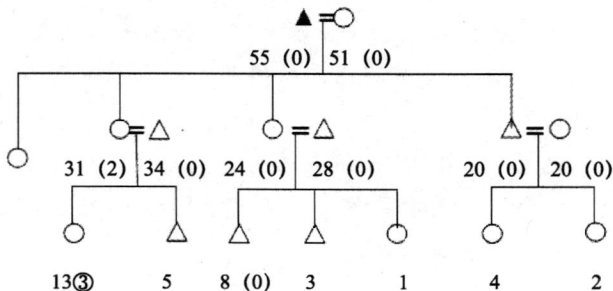

家户 （10）

信息提供者：我们家里只有水田，粮食够我们全家吃一年的，有时还能卖一点。我们种的棉花也够家人穿衣用的。今年我们开始种橡胶树，去年种有玉米，今年因为没有劳力，不再种了。今年还种了点木薯，是与橡胶树混种的。现在家里有 1 头水牛、10 头猪、20 只鸡。

调查者：这是一个四世同堂的扩大式家庭，被访者的父母、外婆和他们一家人生活在一起。他读过三年书，现在家里有两个孩子在读书，还有一个明年也该上学了。

家户 （10）：9人

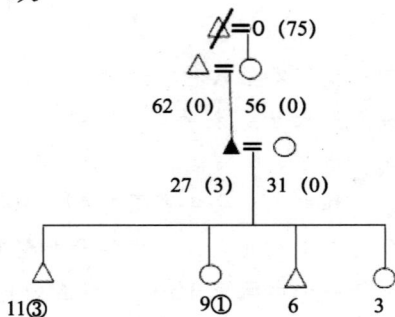

家户 （11）

信息提供者：我们家里只种有水田，收成够家人吃一年的，旱田里只种了些玉米。我们家有棉田，收获的棉花够我们一家人穿衣用。今年我们准备在旱田里种橡胶树。现在家里有 1 头水牛，主要用来耕水田；1 头母猪和 10 只猪崽，没有养鸡，都瘟死了。以前有不少牛，但牛糟蹋庄稼，只得都卖了。

调查者：这是一个由 10 人组成的扩大式家庭，被访者只有两个女儿，后收养了一个外族黑傣男孩，现在孩子已经 18 岁，而且还娶了个大他十岁的蓝靛瑶人老婆。

家户（11）：10人

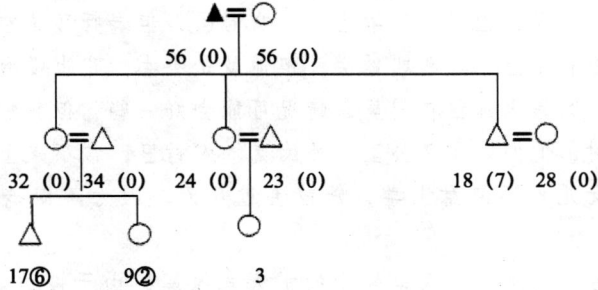

家户（12）

信息提供者：我们家主要种水田，旱田很少，粮食基本上够家人吃一年的。旱田里主要种了橡胶树。另外，我们还种了些棉花，基本够家人穿衣用。现在家里只有1头猪、2只鸡。没有养水牛，耕地时借村民的水牛，收了粮食后给他们粮食。

调查者：这是一个由10人组成的扩大式家庭，全家没有一个人接受过正规的学校教育，也没有参加过扫盲班。儿媳妇病逝，留下一个女儿，去年儿子再婚。女儿也已结婚，招了一个入赘男子。因为家里没有人吸食大烟，日子过得还算宽裕。

家户（12）：10人

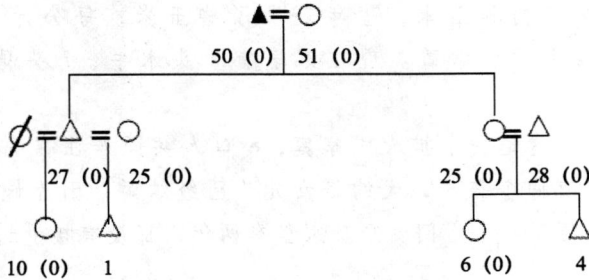

家户（13）

信息提供者：我们没有水田，只有一点旱稻田，收成只够吃6个月左右，剩下的几个月就到山上的丛林中去采集野菜卖，然后买粮食吃。

种了一点玉米，但地太少了，虽然放火烧了山，但树都没有烧死，还不能种庄稼。现在家里有2头水牛、6头猪，没有鸡，鸡都死光了。儿子虽然注册上学了，但时常不去上学，有时去，但老师又不在，他就回家了。现在干脆不上了。我叫他去，但他就是不去，我也没有办法，不去就不去吧。如果老师住在村里，情况可能会好一些，但我们这里的老师不住在本村，他们住在2公里之外的克木人村里，常不来上课。老师是克木人。女儿也不愿意上学，她曾去过几天，因为不懂老语，就不再去了。

调查者：这是一个人口较少的扩大式家庭，由于被访者吸食大烟，家里还有一个80多岁的老母亲，劳力又少，生活极度穷困。

家户（13）：5人

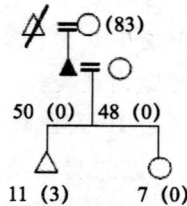

家户（14）

信息提供者：我们家有水田和旱田，水田里种水稻，粮食够我们吃一年的，去年卖了700公斤大米，每公斤1600基普。旱田主要用来种橡胶树和玉米，去年还卖了些玉米，每公斤1000基普。明年我们准备种些木薯。现在家里有2头水牛、7头猪，没有鸡，鸡都死光了。

调查者：这是一个扩大式家庭，8口人共同居住在一间茅草长屋里。被访者有两个孩子，大的是女儿，已经结婚；因为她弟弟身体残疾，所以她招了一个上门女婿。家里有两代人都没有接受过正规的学校教育。

家户（14）：8人

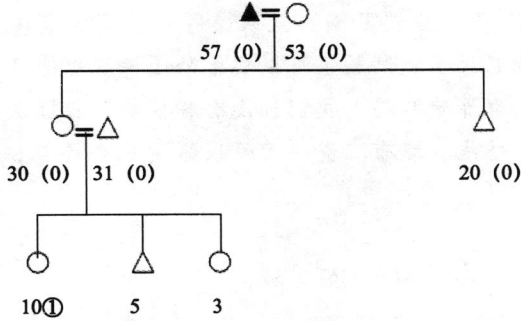

家户（15）

信息提供者：我们家里没有水田，旱稻只够吃6个月的，余下的几个月就到山上去找山货，卖了换粮食吃。今年中国政府免费给我们提供了木薯苗，明年准备种木薯。我们种的棉花基本够家人穿衣用的。现在家里只有3头猪，没有鸡，寨里闹鸡瘟时全死光了。如果家里"做鬼"需要杀鸡，就到市场上或村民家去买。

调查者：这是一个人口较少的扩大式家庭，被访者是入赘女婿，因为他岳父家只有一个女儿。他儿子虽然注册上学了，但上1天，玩2天，就和没有上一样。在蓝靛瑶人山寨，小学的情况大都差不多，学校形同虚设。

家户（15）：6人

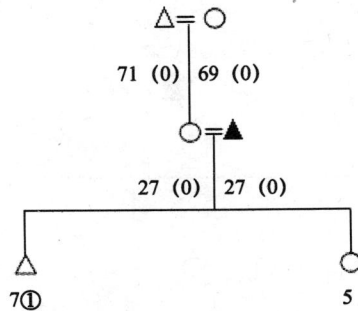

家户（16）

信息提供者：我们只有一些旱田，收获的旱稻只够家人吃 2 个多月，剩下的 10 个月主要靠到山里采集一些野菜到市场上去卖来维持生活。另外，我在家里缝制腰包可以卖给外国游客也能挣一点钱。因为家里人手少，没有养猪和鸡。我们也没有种棉花，衣服主要从市场上买棉线，回来自己纺线、织布。我一天可以缝制 2 个腰包，每个可买 10000基普左右。

家户（16）：3人

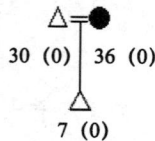

家户（17）

信息提供者：家里只种有旱稻，以前粮食够吃，但今年不够。因为丈夫刚刚去世，没有种玉米，种的棉花基本够家人穿衣用，但如果把棉花卖了换粮食吃，就不够用。

调查者：这是一个核心家庭，6 口人。大女儿远嫁到乌多姆赛省，平时很少回来。被访者的丈夫患的是肺结核病，5 天前才去世。丈夫生病期间向村民借了不少钱，光请赛曼"做鬼"，就向村民借了 3 头猪，现在家里穷困不堪，什么家畜和家禽都没有。小儿子没有上学，因为家里没有人看家。

家户（17）：6人

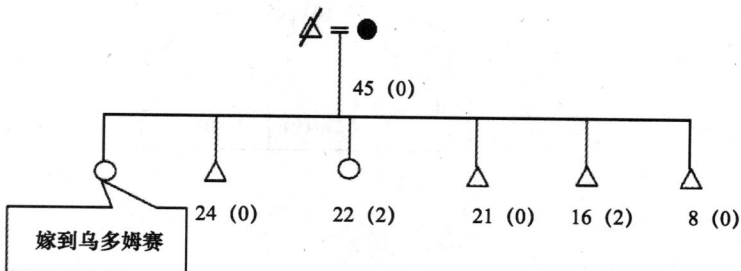

家户（18）

信息提供者：我们去年种有水田和旱田，收获的粮食基本上够吃，但今年的粮食只够吃5—6个月的，剩下的几个月靠打零工、卖掉家里养的猪糊口。我们在中国筑路公司打零工，每天可挣20000—25000基普。家里种的棉花够一家人穿衣用。现在家里有1头水牛、2头猪，只有1只鸡，因为闹鸡瘟时鸡大多都死了。现在还没有种橡胶树，准备明年开始种。种的木薯主要是自己吃，没有多余的可卖。

调查者：这是一个扩大式家庭，被访者的父亲已去世多年，母亲现在和他生活在一起。他姐姐一家也在本村。他女儿没有上学，要在家里看管小弟弟。

家户（18）：2家11人

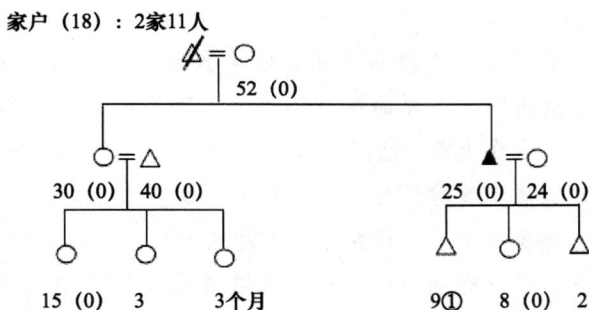

家户（19）

信息提供者：种有水田，粮食够一年吃的。旱田里主要种玉米和棉花，种的棉花够家人穿衣用。现在家里有3头水牛，原有5头猪，女儿结婚时杀了4头；以前养有100多只鸡，但去年闹鸡瘟时几乎死光了，现在只剩下10只了。有时我们也卖一些棉布给日本商人。

调查者：这是一个扩大式家庭，7口人。被访者的大女儿已经结婚，因为家里养的都是女孩，所以他招了一个上门女婿。在学习上他很想帮帮孩子，但他孩子的老语不好，他自己虽然老语说得不错，但因为没有上过学，对于孩子的学习无能为力。在村里人们都说蓝靛瑶语，孩子们只有在学校有机会讲老语，练习的机会不多。因此，孩子们的老语很难提高。村长曾是老师，他说，不光是蓝靛瑶人学生，其他少数民族也是一样，他们在家里和村里都讲本民族的方言，只是在学校说点老语。那木昌的孩子从小就说两种语言，在洪垒有傣族（Tai）人，那里的蓝靛瑶人孩子的老语也讲得很好。语言是一个问题，是孩子们不愿去学校的原因之一。如果老师再不关心孩子，他们就更不愿意去学校了。

家户（19）：7人

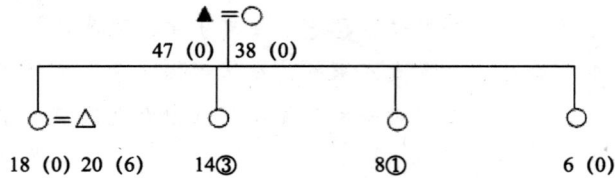

家户（20）

信息提供者：家里主要种水田，有一点旱田，粮食够家人吃一年的，但没有余粮出售。今年的粮食不够吃，因为修公路时切断了水源，浇水时没有水，收成大减。去年玉米卖了 500 公斤，种的棉花够家人穿衣用的，有时还能卖些纺织品。现在家里有 3 头水牛、2 头母猪，猪崽都瘟死了，只有 5 只鸡了。现在还没有种橡胶树，中国政府赠送的木薯苗还放在家里，还没有烧山开地呢。木薯苗已经放了 20 多天，但还没有死。

调查者：这是一个扩大式家庭，三代 8 口人生活在一起。大女儿和二女儿都已经出嫁，三女儿招了一个上门女婿，和他们一起生活。儿子刚刚结婚，儿媳妇是另一个蓝靛瑶寨子塔兰（Talan）嫁过来的。与绝大多数蓝靛瑶人扩大式家庭一样，前两代人基本上没有上过学。

家户（20）：3家15人

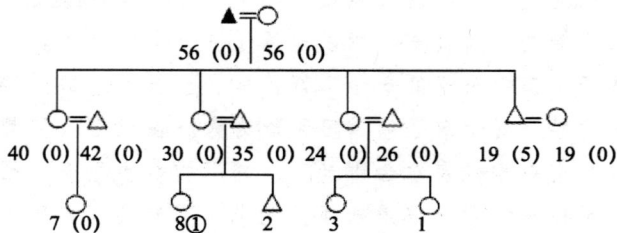

家户（21）

信息提供者：我们主要种水田，但粮食不够吃，如果种点旱稻就够吃。种的玉米也主要用来吃，种的棉花基本上够家人穿衣用的。今年我们准备开始种植橡胶树，现在正在挖树坑。现在家里有2头水牛、6头猪，以前养了很多鸡，现在剩下3只了，其中一些是瘟死的，一些是被村里人偷吃掉了。

调查者：这是一个扩大式家庭，三代8口人共同生活在同一间茅草长屋里。被访者是上门女婿，他二儿子患有痴呆症，老四和老五都不愿意去上学，他也只好由他们去了。

家户（21）：8人

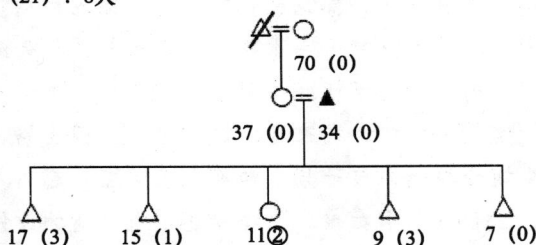

家户（22）

信息提供者：我们有一点水田和旱田，种的稻谷基本上够我们一家人吃一年的，但没有多余的粮食可卖。明年我们准备种一些橡胶树。种的玉米主要用来饲养家畜和家禽，种的棉花也够一家人穿衣用的。现在家里有3头水牛、6头猪，只有2只鸡，上个月死了不少。

调查者：这是一个由9人组成的扩大式家庭，亲属关系比较复杂。被访者是上门女婿，与他的父辈们一样，他也没有接受过正规学校教育，但参加过扫盲班的学习。他岳父早已去世，岳母以及一个60岁的大舅子与他及家人生活在一起，共同住在一个茅草长屋里。他大舅子的老伴早年去世，没有留下孩子。他家老二患有痴呆症，但生活基本上可以自理。两个小儿子都在读书。

家户（22）：9人

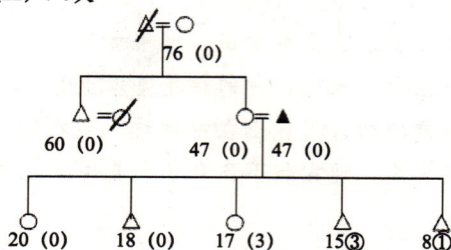

家户（23）

信息提供者：家里只种有旱稻，粮食够家人吃 9 个月左右，剩下的几个月靠打零工糊口，什么活都干，替村民烧山、种地，或者给中国筑路公司修路等。种有玉米，棉花也基本够家人穿衣用的。明年我们准备种一些橡胶树。现在家里有 1 头水牛、3 只猪崽，没有鸡了，全都瘟死了。每次买回小鸡，没几天就会瘟死。

调查者：这是一个扩大式家庭，被访者是上门女婿，他岳父早已去世，岳母及小姨子和她的孩子与他和家人生活在一起，共 8 口人。小姨子离异不久，带着一个小女孩。他和他妻子还有他的小姨子都没有上过学，他的大女儿读完二年级就不上了，主要是因为上课听不懂，她不怎么懂老语。二女儿也不懂老语，只会说"吃饭"、"睡觉"等简单用语，另外她身体也不好，老是生病。老三也不懂老语，上了一个学期，到现在还不怎么会讲老语。

家户（23）：8人

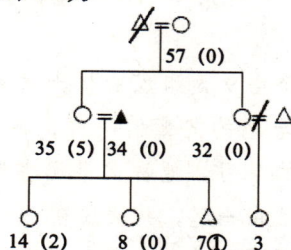

家户（24）

信息提供者：以前我们种有水田，但政府修公路时都被征购了，只补偿了 1/3 的价钱。现在我们连种旱稻的山地都没有，目前问题还没有解决。好在我们还有一些种玉米和棉花的山地，种的棉花基本上够一家人穿衣用的。现在家里有 2 头水牛、3 头猪、10 只鸡、5 条狗。养狗主要是卖钱的。

调查者：这是一个看似女性占主导地位的扩大式家庭，被访者的丈夫是上门的，她的大女婿也是上门的。同样，被访者和她的同辈及父辈一样，都没有上过学。据本村的学生反映，他们从来不在家里做作业，因为老师从来不布置家庭作业。老师经常来晚，他来晚或不来上课时，学生就回家，要么到地里拔草，要么到山上去挖竹笋。她家二女儿上了一年学就自己退学了；老三之所以上学这么晚，是因为小时候她一点老语也不懂，现在懂一点了才去上。

家户（24）：8人

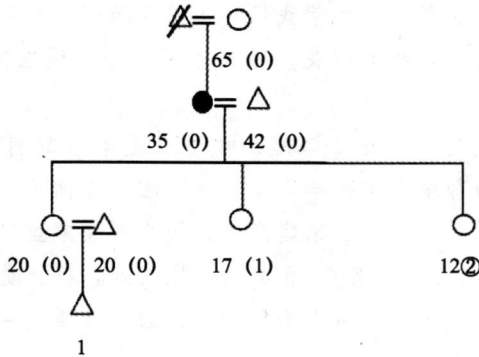

家户（25）

信息提供者：我们种有水田，粮食够吃的，但没有余粮可卖，平时我们也吃玉米。今年棉花丰产，明年不种也够用了。没有种木薯，过去种木薯只是用来吃，现在不种了。明年准备种一些橡胶树，现在中国那边常有人来收购橡胶，价钱很好。家里有 2 头水牛、4 头猪，鸡上个月几乎都死了，现在只剩下 2 只；新买的小鸡也都养不活。儿子现在琅南塔区上初一，每天骑自行车到 7 公里外的学校上学，每年要 150 美元的各种费用。只要儿子愿意上学，我们就供他，但不能保证女儿，她已经上了3个一年级了，因为她奶奶去田里干活，她总是跟着去，经常不去上课。

调查者：这是一个人口较少的核心家庭，虽然夫妻俩都没有上过学，但两个孩子现在都在读书。她丈夫还参加过扫盲班，相当于小学五年级的文化水平，他是村长老婆的弟弟。

家户（25）：4人

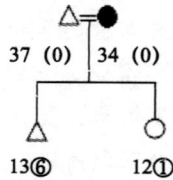

37（0） 34（0）

13⑥ 12①

家户（26）

信息提供者：我们种有水田和旱田，仅水田的收成就够一家人吃的，旱田都种了橡胶树。去年我们种了一点玉米，但收成不好，因为是间种在橡胶林地里。种有棉花，够家人穿衣用。现在家里有4头水牛、8头猪、4只鸡。

调查者：这是一个核心家庭，被访者是本村的村长，他初中毕业后，在琅南塔教师培训学校学习了3年。因为身体不好，他很少下地干活。他家里开了一个很小的家庭商店，他主要在家里守店，小商店每天可卖10—20美元的货，有4—5美元的纯收入。村长是本村极少数吸食大烟者之一。大儿子也基本上不干农活，因为他懂点中文，时常给到老挝投资的中国小老板当向导和翻译。

家户（26）：5人

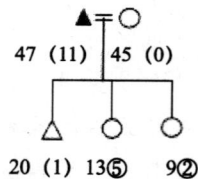

47（11） 45（0）

20（1） 13⑤ 9②

家户（27）

信息提供者：我们主要种水田，粮食够家人吃一年的；种的玉米主要用来喂猪和鸡，种有一些蓝靛树，也种了一些木薯和橡胶树，有棉田，收获的棉花够家人穿衣用。现在家里有4头水牛，黄牛去年都卖掉了，有4只猪崽，因为闹鸡瘟，没有养鸡。

调查者：这是一个扩大式家庭，被访者是上门女婿，他岳母已经去世，岳父跟他们一起生活。大女儿是收养他大舅哥的孩子，与家户（28）的女儿是双胞胎。两个女儿虽然都注册上学了，但大多数时间都在家里看孩子，很少去学校上学。

家户（27）：6人

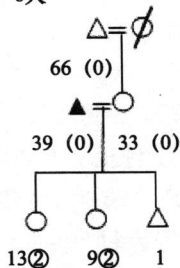

家户（28）

信息提供者：我们主要种水田，还有一些旱稻，平常水田种的粮食就够全家人吃的，但如果举行祭祖仪式，就不够吃了。种的玉米主要用来喂猪和鸡，有时粮食不够吃时，人也吃。明年我们准备种木薯和橡胶树。我们每年都种棉花，年份不好时，种的棉花就不够家用，就得到市场上去买。我们家里没有养水牛，本来家里有水牛，但被人偷去了，买了几头回来又都死了。我想我们家不适合养水牛，从此也就不再养了。种水田需要用水牛时，可向邻居租用，把水田耕完大概需要200000多基普吧，如果没有现钱，秋收时可以用稻谷来抵。现在家里只有2头猪、30多只鸡，其中20只是小鸡。

调查者：这是一个有双胞胎的核心家庭，其中的一个双胞胎女儿被家户（27）收养。家里的3个孩子都在读书，大儿子现在波乔省上学。在蓝靛瑶人山寨，几乎家家户户都要请赛曼"做鬼"，小仪式每年要举行2—3次，大型仪式每2—3年举行一次。大型仪式几乎全村人都来参加，在家里吃，每日三餐，要吃整整3天。期间要宰杀5—6头猪、十几只鸡。村里几乎每个家庭都会举行这种大型祭祖仪式。

家户（28）：5人

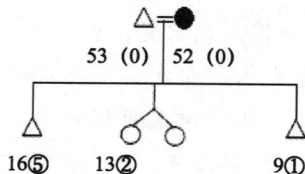

五　塞普嘟（Sop Dute）寨

老挝塞普嘟山寨有200多年的历史，这个寨子位于省城琅南塔东南15公里，有村级公路通往村里。现在村里有29户，其中蓝靛瑶人26户、235人。被调查22户、26家，169人，其中女性81人。以前村址在琅南塔河对岸，1994年因村里流行瘟疫，迁到现在的地方，以前叫那木嘟（Nam Dute）。虽然琅南塔河从村边流经，但水质污染相当严重，根本无法饮用。2002年澳大利亚援助项目（Australian Agency For International Development，AusAid）提供资金，帮助寨子解决了饮用水问题，从此人们不再饮用污浊的琅南塔河水。现在村里有3处安装了自来水龙头。2006年，一个中国商人通过关系在这里承包了三千公顷土地种植橡胶树。土地虽然属于村集体，但是由琅南塔地区政府承包给中国人的，租期40年，而该村却没有丝毫收益。对此村民意见很大，但是政府的行为他们只能发发牢骚而已，认为当地政府是受贿后才签署这份合同的（参见图3—17）。

该村有一所小学，2006年第一学期，有学生20人，2个教师，一、二年级在一个教室上课；三、四年级在一个教室上课。

图3—17　老挝琅南塔塞普嘟寨一角（作者拍摄于2006年）

家户（1）

　　信息提供者：家里种有旱稻，有些年份够吃，有些年不够吃。种的玉米主要用来饲养家畜和家禽，稻谷不够吃时，我们就吃玉米。种的棉花够家人穿衣用的。两年前我们种了400株橡胶树，但由于不懂技术，都死光了。种有桑蚕树，但也都卖给别人了。另外还种了一点木薯吃。现在家里只有2头猪，没有鸡，也没有牛。在我们这里，每年10—12月，都会闹猪瘟和鸡瘟。这两天村里的狗又开始闹病了，昨天死了4只，今天又死了1只，我们也不知道是什么病。

　　调查者：这是一个不幸的核心家庭，被访者现在的家庭是他离异后又组建的。大儿子一年前离家出走，至今一点消息没有；大女儿是痴呆，生活都难以自理；二女儿嫁到另一个蓝靛瑶人村寨那木崆。

家户（1）：5人

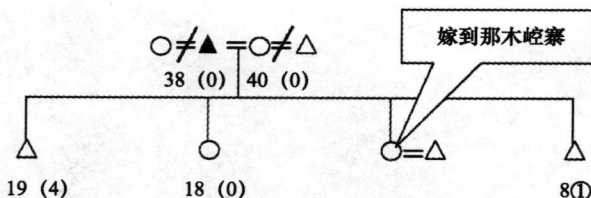

嫁到那木崆寨

38 (0) 40 (0)

19 (4)　18 (0)　8①

家户（2）

信息提供者：家里主要种有旱稻，有一点水田，粮食基本上够家人吃一年的。以前孩子小，没有劳动力，种的粮食不够吃，现在够了。没有种玉米，种有 1000 株橡胶树，种有棉花，够家人穿衣用的，还种有木薯。前两年有 8 头水牛，但瘟死了几头，余下的都卖了。现在家里有 6 头猪、8 只鸡。去年有 15 头猪、100 多只鸡，但上半年闹猪瘟、鸡瘟时都死了。

调查者：这是一个由 11 人组成的扩大式家庭，被访者是该村的村长。大儿子离异，没有孩子；大女儿和二女儿都已结婚，两个女婿都是上门的，都与他和老伴及两个未成年的孩子生活在一起。村长没有上过学，但参加过扫盲班的学习。二女儿是在琅南塔读完小学的，三女儿现在琅南塔读五年级。小儿子是收养的，他母亲去世，父亲又婚。

家户（2）：11人

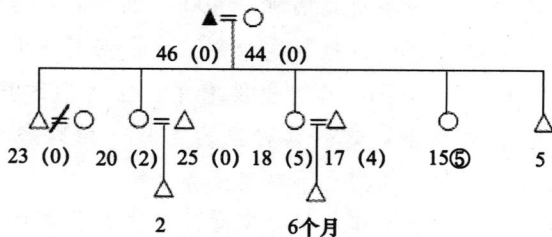

46 (0) 44 (0)

23 (0)　20 (2)　25 (0)　18 (5)　17 (4)　15⑤　5

2　　6个月

家户（3）

信息提供者：我们主要种旱稻，如果土地好，收成够家人吃一年的，土地不好的话，一般只够吃 7 个月，剩下的几个月就到山里去采集竹笋和野菜到市场上去卖，换粮食吃。我们也种玉米，用来喂猪，稻谷不够吃的时候，我们就吃玉米。明年准备种一些橡胶树，种的棉花够家人穿衣用的。没有养水牛和黄牛，因为村里种了橡胶树，怕牲畜伤树。现在家里只有2头猪、5只鸡。

调查者：这是一个扩大式家庭，由两个家庭组成；被访者的大儿子虽然已经结婚，但还没有立户，依旧居住在茅草长屋里；大女儿也结婚了，招了一个上门女婿。小儿子和小女儿还在上学，入学注册费是3000基普，学生的课本是免费的，只需买本子和铅笔，每个学生每年需各种费用15美元左右。小女儿上学晚是因为她自己不愿意去学校上学，她害怕老师。

家户（3）：2家12人

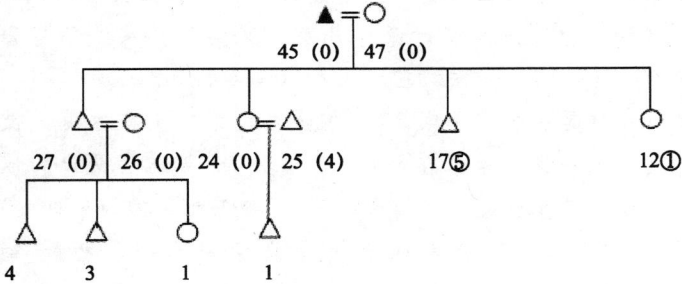

家户（4）

信息提供者：我们只有旱稻田，以前因为山地不好，收获的稻谷只够吃6个月的；现在的山地好，产的粮食基本够家人吃。我们还种有玉米，一部分用来当口粮，一部分用来喂猪和鸡。有时候也会种一点木薯来吃。我们种的棉花够家人穿衣用的，还种有一点蓝靛。现在家里有8头猪、50只鸡，但都是鸡仔。

调查者：这是一个亲属关系比较复杂的扩大式家庭，被访者的前妻早年去世，没有留下孩子；他现在的妻子嫁过来时带了一个女儿，现在已经结婚，女婿上门。这里的村民依旧以传统的刀耕火种的方式耕作，旱田种一两年就轮歇几年。因此，遇到不好的山地，收成就可能不够吃。

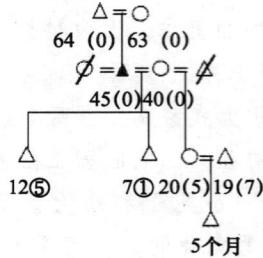

家户（4）：9人

家户（5）

信息提供者：我们主要种旱稻，有一点水田，因为孩子多，又都太小，稻谷不够吃，要靠玉米和木薯等杂粮维持生活。种的棉花基本上够家人穿衣用的，明年准备烧山种些橡胶树。现在家里没有水牛，有 3 头猪，以前有许多猪，建房子时杀了几头，又卖了几头。只有 20 只鸡。以前还养有山羊，但山羊破坏庄稼，所以都卖掉了。

调查者：这是一个由 4 家 27 人组成的超级扩大式家庭。被访者的父母和他的儿子一家人生活在一起（7 口人）；被访者两口和他小儿子与他女儿女婿一家生活在一起（6 口人）；他弟弟一家（9 口人）；还有他妹妹一家（5 口人，他妹妹的大女儿嫁到另一个蓝靛瑶人村那木叻了）。

家户（5）：4家27人

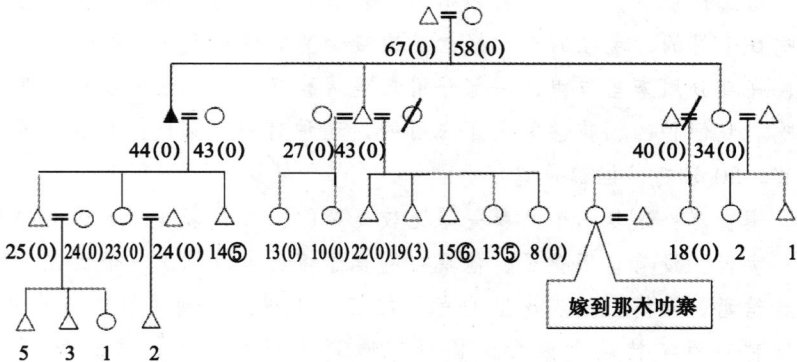

家户（6）

信息提供者：只种有旱稻，只够吃6个月，余下的几个月主要靠进山挖竹笋和野菜换粮食吃，同时也为村民打零工。种有一点玉米和木薯吃，没有棉花，家人穿衣用的棉布主要从市场买棉线回来自己纺织。现在家里只有6头猪、20只鸡，以前有水牛，但都卖了。孩子自己不愿意上学，我们也管不了。我丈夫参加过扫盲班，能认老文，我没有参加过。

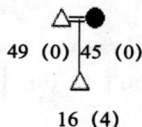

家户（6）：3人

49（0）45（0）

16（4）

家户（7）

信息提供者：家里只种旱稻，够吃7个月左右，因为地不好。其他什么庄稼都没有种。人口少，开地不多。余下的几个月主要靠给村民打零工糊口，有时也去山里采集竹笋去卖。以前有1头水牛，但被小偷偷去了。现在家里有3头猪、1只鸡，以前有30多只，但去年7月份都瘟死了。孩子上学每年花费50000基普左右。

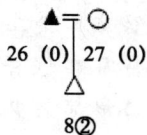

家户（7）：3人

26（0）27（0）

8②

家户（8）

信息提供者：我们只种有旱稻，收成基本上够家人吃一年的，种的玉米主要用来喂猪，去年卖了800公斤，每公斤5000基普。另外，我们还种有一点木薯吃，种的棉花够家人穿衣用。明年我们准备再种点橡胶树。现在家里有1头水牛、3头猪、50只鸡，但大都是小鸡。

调查者：这是一个扩大式家庭，被访者的大姨子孤独一人，与他们一家人生活在一起。大儿子是收养的，在那木昌寨；二女儿嫁到波乔省（Bokeo）。全家人只有小女儿和小儿子接受过几年的正规学校教育。

家户（8）：7人

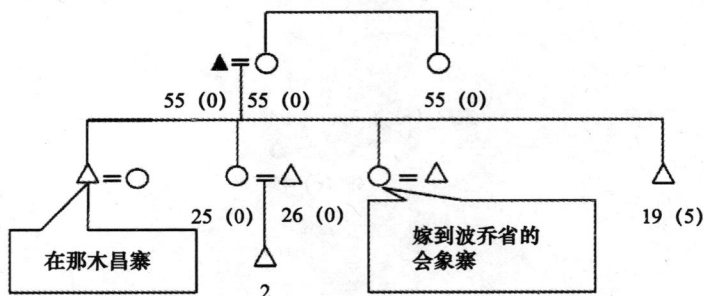

家户（9）

信息提供者：家里有一点水田，主要种旱田，收获的稻谷基本上够一年吃的。我们种玉米和木薯主要是为了吃，多余的喂猪、喂鸡。家里种的棉花够家人穿衣用的。今年没有种橡胶树，因为没有足够的劳动力，准备明年种。现在家里有5头猪、30只鸡。

调查者：这是一个扩大式家庭，9口人，四世同堂。6个成年人没有一个读过书，大儿子和儿媳参加过扫盲班。大女儿有些痴呆，但生活能自理，可以做一些农活。小儿子说，他爸爸没有能力管他的学习，因为他不懂老语。他常常和伙伴去林中挖竹笋，帮他妈妈做饭。他有时也做家庭作业，但通常都很少。因为家里没有桌子，就趴在席子上写作业。他说他将来想当一名教师，目的是多挣些钱。二女儿今年只有10岁，就开始将自己的眉毛拔得细细的，问她为什么不像大女孩那样都拔光时，她说"我想和城里人那样，只把眉毛拔细，这样好看"。

家户（9）：9人

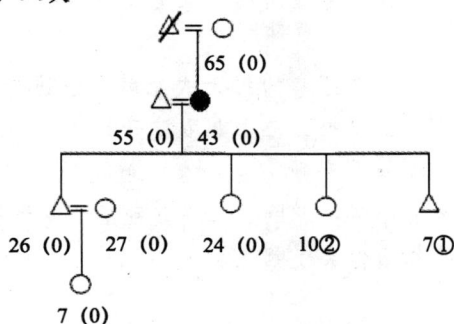

家户（10）

信息提供者：我们主要种旱田，水田很少，粮食够一年吃的，有时还有余粮卖。种玉米是我们蓝靛瑶人的传统，我们家也种玉米，主要用来喂猪、喂鸡，去年种了些木薯吃，棉花够家人穿衣用，有时还可卖些棉布。还种有蓝靛，在这个村里许多人家都种蓝靛。我们准备明年还种些橡胶树。我替别人养了 20 头牛，年终主人会给我分几头小牛犊作为报酬。去年我替别人养牛，换了 1 台手扶拖拉机。现在家里有 8 头猪、17 只鸡。原先有 40 多只，但都瘟死了。

调查者：这是一个扩大式家庭，8 口人。只有小儿子读过三年书，其他人都没有上过学。在蓝靛瑶人村寨，尤其是那些偏远的纯蓝靛瑶人山寨，老年人和没有入学的儿童大都不会讲老语，人们在村子都讲蓝靛瑶语。

家户（10）：8人

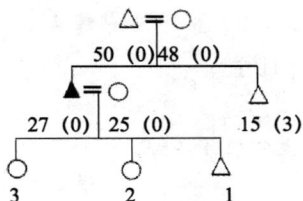

家户（11）

信息提供者：我们家没有水田，种的旱稻只够全家人吃 5 个月左右，余下的几个月主要靠儿女给其他村民打零工糊口，我们也从山里采集竹笋和野菜卖，同时也编织一些小竹篮等手工编制品去市场卖。我们种有棉花，但不够家人穿衣用的。家里没有水牛和黄牛，现在只有8头猪、2只鸡。

调查者：这是一个不幸的扩大式家庭，被访者的丈夫多年前去世，她现在的丈夫是个老烟鬼，三十几岁就开始吸食大烟，穷困不堪，没有人愿意嫁给他，而她自己则一直守寡，前几年他们才结合到一块儿，1岁的小男孩是他们今年收养的。二女儿死后，女婿撇下6岁的女儿离家出走，至今也不知道他去了哪里。

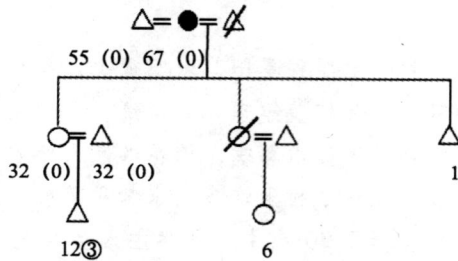

家户（11）：7人

家户（12）

信息提供者：家里种有旱稻，但只够吃2—3个月，余下的几个月主要靠给别人家挖橡胶树坑或干其他农活挣钱糊口，家里没有种其他作物，也没有喂猪和鸡。

调查者：这是一个穷困不堪的扩大式家庭。被访者是上门女婿，他岳母的第一个丈夫婚后不久就病故，第二个丈夫多年前也和她离婚，给她留下两个女儿，二女儿30岁还没有嫁人，这在蓝靛瑶人山寨是比较少见的，家里没有人上过学。

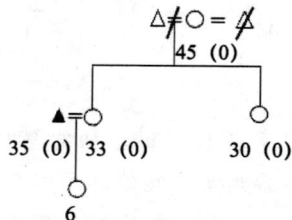

家户（12）：5人

家户（13）

信息提供者：家里只有一点旱稻，去年的收成只够吃2个月的，余下的10个月主要靠我外出打零工挣钱买粮食吃。我们没有种玉米，也没有种棉花，没有养猪，也没有养鸡。

调查者：这是一个极其穷困的核心家庭，他们与家户（12）同住在一间很小的茅草屋里，屋内除了两张草席外，几乎再没有什么其他家当了。

家户（13）：4人

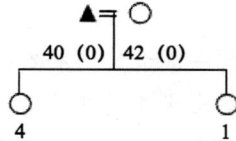

家户（14）

信息提供者：我们只有旱稻，现在粮食够吃。以前不够吃，因为没有足够的劳动力，现在孩子大了点，能下地劳动。种有玉米，当粮食吃，不卖；种有棉花，够一家人穿衣用，还有一些木薯，主要用来吃。没有橡胶树，没有水牛和黄牛，现在家里有8头猪、18只鸡。

调查者：这是一个普通的扩大式家庭，前两代人都没有读过书，现在家里有3个学龄儿童，但只有一个在校读书。

家户（14）：7人

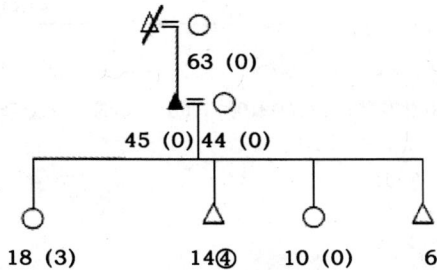

家户（15）

信息提供者：家里种了点旱稻，只够吃5个月的，余下的几个月靠打零工糊口，家里常常揭不开锅。因为家里劳动力少，开垦的山地就少，所以我们也没有种玉米。以前家里有4头水牛，去年卖了3头，现在还有1头，没有养猪，去年还有几十只鸡，年初闹鸡瘟时都死了。

家户（15）：4人

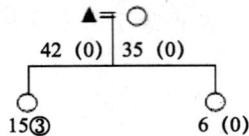

家户（16）

信息提供者：家里有一点水田，主要种旱稻，年景不好的时候，粮食常常不够吃。我们种的玉米主要用来吃，也用来喂猪；有一点木薯，也主要用来吃。粮食不够吃时就到山里采集竹笋和野菜去市场卖，换粮食吃。种的棉花够一家人穿衣用的，种有蓝靛，但收成不好。现在家里有1头水牛，去年还有5头，但被小偷偷去了，还有6头猪，鸡去年都死光了，今年刚刚买了5只小鸡。

调查者：这是一个亲属关系比较复杂的扩大式家庭，被访者的妻子五年前去世，给他留下5个孩子，3年前他又娶了一个，他妻子嫁过来时带了2个未成年的孩子，都失学在家。

家户（16）：12人

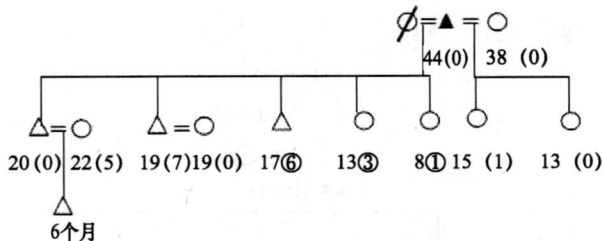

家户（17）

信息提供者：我们只有旱田，收获的粮食够吃一年的，种玉米主要用来吃和喂猪，旱稻田里还夹杂种有木薯。明年我们准备种些橡胶树，棉花够家人穿衣用的，也种有蓝靛树。现在家里有6头猪、25只鸡、1

条狗。

调查者：这是一个扩大式家庭，被访者的大女儿嫁到那木崆寨，大儿子一家三口和二女儿一家三口都与他们生活在一起，6 个成年人都没有上过学。

家户（17）：9 人

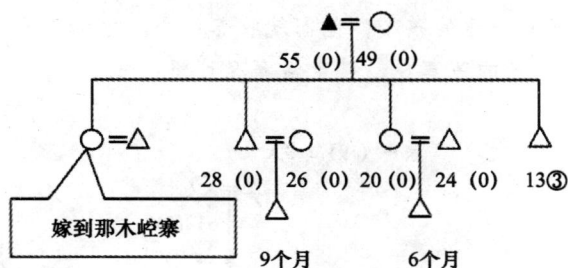

嫁到那木崆寨

55（0） 49（0）
28（0） 26（0） 20（0） 24（0） 13③
9 个月 6 个月

家户（18）

信息提供者：我们主要种旱稻，有一点水田，粮食够吃一年的，每年还可以卖 500 公斤余粮。种有一点玉米，主要用来吃、喂猪和鸡，有时也卖一些。我们还种有木薯吃。现在准备种橡胶树，有棉花，够家人穿衣用，种有一些蓝靛。没有水牛，有 3 头猪、10 只鸡、3 只狗。

调查者：这是一个关系比较复杂的扩大式家庭。被访者的父母离异，父亲和他们一起生活。他妻子的父母已经去世，他妻子嫁过来时还带了一个弟弟和一个妹妹。被访者的弟弟去年在琅南塔读了一个学期的初中，但因为没有地方住，又没有自行车可以骑着去上学，就自己退学了。

家户（18）：9 人

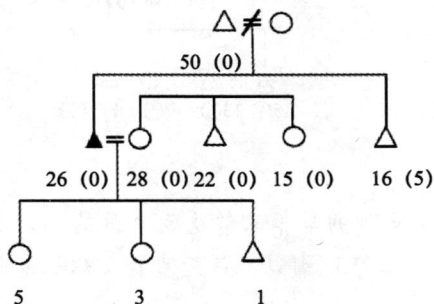

50（0）
26（0） 28（0） 22（0） 15（0） 16（5）
5 3 1

家户（19）

信息提供者：我们家种的旱稻只够吃 5 个月的，没有水田，余下的几个月主要靠打零工、卖些手工编织品等方式糊口。种有棉花，够家人穿衣用。没有养猪，养的鸡也都死光了。

调查者：这是一个只有三人的极其穷困的扩大式家庭，被访者的父亲去世，母亲和他们生活在一起。他已经结婚多年，可一直没有孩子。他们说如果遇到合适的孩子，他们就收养一个。他们所有的家当就是一间不足 10 平方米的茅草屋，其生活窘况可想而知。

家户（19）：3人

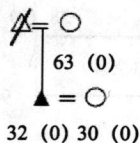

63（0）

32（0）30（0）

家户（20）

信息提供者：我们种的旱稻只够吃 3 个月的，余下的 9 个月靠打零工、到山里采集竹笋和野菜换粮食吃，没有种玉米和木薯，也没有种橡胶树，没有饲养水牛和黄牛，也没有养猪和鸡。

调查者：这是一个核心家庭，被访者的妻子和他是二婚，嫁过来时带了一个 1 岁的男孩。尽管他家里非常穷困，但他还是坚持让 3 个孩子去学校读书。

家户（20）：6人

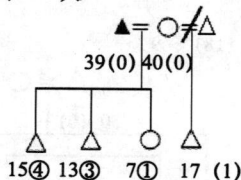

39（0）40（0）

15④ 13③ 7① 17（1）

家户（21）

信息提供者：家里种的旱稻只够吃 3 个月的，余下的几个月靠打零工（砍山、开垦橡胶地等）糊口，每天可挣 20000 基普左右，要比上山采集竹笋挣得多。家里没有种其他庄稼，没有养猪，也没有喂鸡。

　　调查者：这是一个人口较少的扩大式家庭。被访者的父亲已经去世，她父母就她一个女儿，母亲只能与她一起生活。

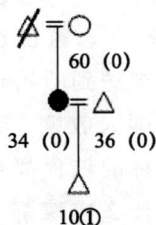

家户（21）：4人

　　家户（22）

　　信息提供者：我们家只有旱田，收获的旱稻基本上够我们吃一年的。我们还种有玉米，但收成不太好，因为老鼠祸害得很厉害，种的木薯也几乎被猪糟蹋光了。明年我们准备种一些橡胶树，家里种的棉花也够家人穿衣用，另外还种有蓝靛树。现在家里有1头水牛、4头猪、10只鸡。

　　调查者：这是一个人口较少的扩大式家庭，全家人都没有上过学，也没有上过扫盲培训班。被访者是村长的父亲，儿子结婚后，一直没有孩子，去年收养了一个小男孩。

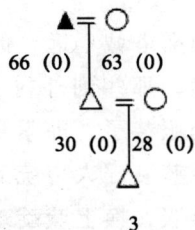

家户（22）：5人

3

　　六　那木迪（Nam Dy）寨

　　那木迪寨位于省城琅南塔东北面5公里，村边有一条名叫"漓"

（Nam Lee）的小河流经。据这里的老人讲，这个寨子是 1969 年才建立的，村民主要来自那木仃、那木柏（Nam Bo）等地。现有村民 48户，其中有 10 户是西达人（Sida），50 人，其余的都是蓝靛瑶人。只有 24 户有水田，其余的只有旱田。村民主要种植水稻、旱稻、玉米、棉花、橡胶树（1997 年只有 8 户人家种橡胶树，现在有 60% 的人家都种橡胶树）。现在这 8 户人家已经开始收效，但每户只有 200 株。他们将橡胶收割后，集中送到哈特瑙（Hat Ngao）村，这是一个苗人村落，由住在那里的中国人收购。最近也有中国人来村里收购橡胶。据村长讲，80% 的人家种的粮食都够吃。那些不够吃的人家主要是不愿意干农活，有一家人什么庄稼都不种，只靠打零工维持生活，有 5家人的粮食只够吃 3 个月左右。这个村里有 10 户人家极度穷困，其中有 5 户家里有适龄学童。据我们调查，本村现仍有 18 人吸食大烟，他们的家庭大都极度穷困。

　　该村距省城很近，有电，有几家还购买了彩电，可以接收到泰国的电视节目。村里的电是从琅南塔输入过来的，而琅南塔的电主要是由中国云南输入的。本村我们只家访了 13 户、18 家，被调查人数109 人，女性 55 人，其中有 39 名适龄学童，只有 9 人失学在家。该村小学的条件与其他蓝靛瑶人寨子相比要好一些，入学率也比较高，只有少数学生失学在家，师资力量也比较强，但是学校的管理还存在不少问题，如不按时上、下课，教师有事情可以随时放学生回家，上课很随意等（参见图 3—18）。

　　这个寨子虽然离琅南塔城不远，但寨子里的小孩基本上都穿他们自己的传统服装，当然，那些到外村上初中的孩子，尤其是女孩子，一般都改穿老族的传统服装了，即紧身上衣和绣边筒裙。她们大都是因为怕同学笑话才不穿蓝靛瑶人传统的黑色斜襟长衣短裤的。回到家里，她们便会脱下老族服，换上蓝靛瑶人服装，尤其是下地干活或去山里采集野菜时，一般都穿自己的传统服装。随着外界的影响不断增大，越来越多的蓝靛瑶人青年人开始改穿老族服，尤其是外出时，只有那些中老年人，还在穿自己的服装。另外，由于种植橡胶树的人家越来越多，种棉花的人家越来越少，制作蓝靛瑶人传统服装既费时又费力，也是许多蓝靛瑶人改穿老族服装的原因之一，在市场上，这种

图 3—18　老挝琅南塔那木迪寨一角（作者拍摄于 2006 年）

服装也很便宜。

家户（1）

信息提供者：家里有水田和旱田，收获的粮食够家人吃一年的，有些年份还可卖 1 吨左右。种有玉米，主要是出售的，每年可卖 2 吨左右，有 500 棵橡胶树，也种木薯吃，棉花多数年份都够用的。在棉田里还种有红薯和蓝靛树。家里没有养水牛，耕地时用手扶拖拉机。现在家里有 2 头猪、5 只鸡。四个月前这里闹鸡瘟，家里的鸡几乎都死了。这里每 3—4 个月就会闹一次鸡瘟。

调查者：这是一个由 13 人组成的扩大式家庭，大女儿一家人也在本村［见家户（4）］。二女儿和三女儿也都已结婚，但依旧和父母一家人生活在一起。四女儿有些痴呆，但生活基本上能自理。被访者是本村的村长，没有上过学，但后来参加扫盲班学习，现在相当于小学五年级的水平。由于这个村落就在省城附近，村民的日常开销远比其他蓝靛瑶人山寨大，如仅每年初中学杂费（包括校服）就要大约 500000 基普，小学约 100000 基普。这对于那些生活在偏远山区的蓝靛瑶人家而言，可不是一个小数目。

家户（1）：2家13人

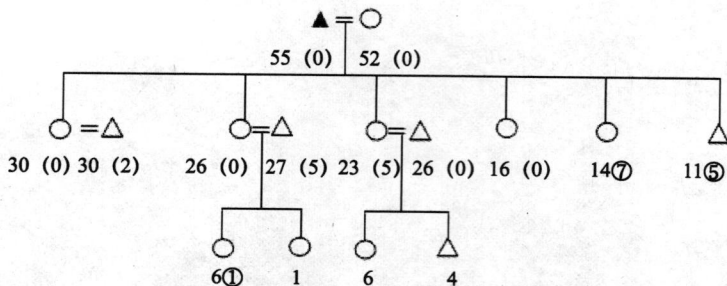

家户（2）

信息提供者：我们主要种植旱田，有一些水田，粮食够全家人吃一年的，有些年可卖一点。去年我们种了 8000 株橡胶树，今年又挖了 2000 个树坑，准备明年开春种。我们还种有木薯，主要用来吃和喂猪。我们种的棉花够家人穿衣用。因为村里曾闹过一阵子狂犬病，现在人们不再养狗了。

调查者：这是一个普通的扩大式家庭，上两代人都没有上过学，现在家里有两个孩子在读书，二女儿是收养亲戚家的，她一直没有上学，现在主要帮助家里干活。两个孩子上学每年要花 300000 基普左右。琅南塔教育厅规定，每个学生的注册费是 5000 基普，因为村里有些家庭特别困难，村里自己规定 1—4 年级只收 3000 基普，5 年级收 5000 基普。

家户（2）：8人

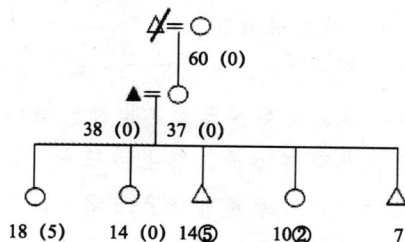

家户（3）

信息提供者：我们只有旱田，没有水田，收成只够家人吃 6 个月左右，余下的几个月主要靠到山里采集野菜拿到市场上换粮食糊口，孩子们只能在周末帮家里干一点活。我们没有种玉米，明年准备种 500 株橡胶树。我们这个民族不种棉花，因为我们这里的女人不会纺织。现在家里养了 5 头猪、30 只鸡。四个孩子每年的学费约 1500000 基普，尤其是大孩子的开销更大，因为他在城里读书。

调查者：这是一家西达（Sida）人，不在我们的研究范围之内，也不在本村人口数据统计中。我们之所以把这家偶然调查到的与蓝靛瑶人生活在同一个村寨的西达人展现给大家，是想说明这家虽不富裕的家庭对于学校教育的态度。我们可以看到，这家人的经济条件并不比同村的蓝靛瑶人家富裕，甚至连粮食都不够吃，但他们的孩子都在读书。

家户（3）：6人（这家是西达人）

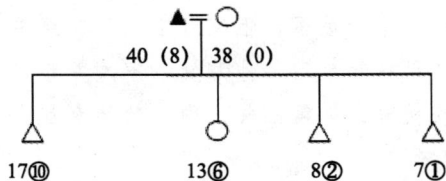

家户（4）

信息提供者：我们只有旱田，粮食够家人吃一年的，有时还有余粮可卖，棉花够家人穿衣用的，种的玉米只是用来吃，还种有大蒜（约有 50 公斤）。去年我们种了 1000 株橡胶树。现在家里只有 3 头猪，没有鸡，闹鸡瘟时家里的鸡都死了。

调查者：这是一个亲属关系有点复杂的扩大式家庭，被访者是村长的女婿，他母亲已去世，父亲再婚，并生了一个 10 岁的女儿。家里 3 个适龄学童都在读书，每年学杂费大约需要 30 万基普。

家户（4）：7人

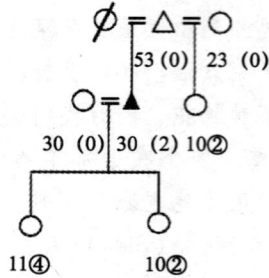

家户（5）

信息提供者：家里只有旱田，如果不卖粮食就够吃。今年我们准备种一些橡胶树，种的玉米除了用来喂猪和鸡之外，基本上都拿去卖了。我们种的棉花基本够家人穿衣用。现在家里有 15 头猪、25 只鸡。

调查者：这是一个由两家人组成的扩大式家庭，共 14 人，虽然大家同住在一个茅草长屋里，但实际上他们在经济上是分开的，即被访者一家人与他父母一起生活，他妹妹一家人一起过。上两代人都没有接受过正规的学校教育，但第三代人中适龄学童都在读书。

家户（5）：2家14人

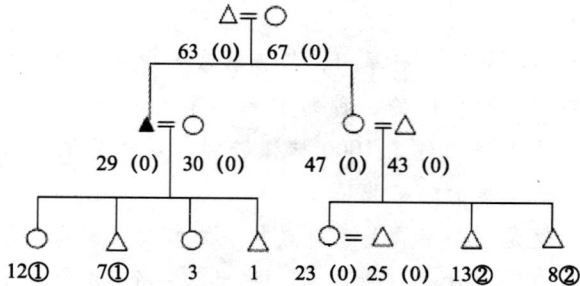

家户（6）

信息提供者：我们有水田和山地，但水田不多，我们主要靠种旱稻生活，收获的粮食够家人吃一年的。我们从 1997 年开始种橡胶树，当时种了 2000 株，去年又种了 1200 株。种的玉米主要用来吃、喂猪和喂鸡。我们种的棉花也够家人穿衣用的，我们还种有一些蓝靛和木薯，有时也种一些红薯吃。现在不养水牛了，耕水田都用手扶拖拉机。2004 年有 3 头水牛，都病死了。现在有 8 头黄牛、3 头猪、20 只鸡。虽然劳动力只有 4 人，但学生放学后、假期都帮助家里干农活。种橡胶树时，我们请了一些人来帮工，其他的活我们都能自己干。

调查者：这是一个亲属关系比较复杂的扩大式家庭，由两家共 16 人组成。被访者的岳母多年前去世，其岳父再婚，但现在与他一家人生活在一起；他岳父再婚时，女方带过来一个儿子，现在也结婚了，与其母亲生活在一起。与大多数蓝靛瑶人家庭一样，上两代人都没有上过学。这两家共有 10 个孩子，都是适龄学童，其中只有两个还没有上学。他们当中还有一对龙凤胎。

家户（6）：2家16人

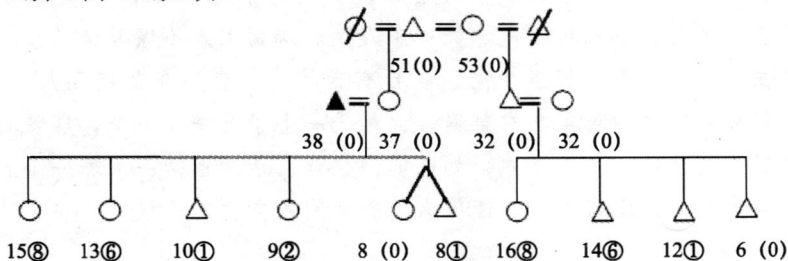

家户（7）

信息提供者：我们种有旱稻和水稻，粮食够吃，去年还卖了 2 吨，挣了 3 百万基普，买了一台脱谷机。今年我们开始种橡胶树，种的玉米主要用来吃，用来喂猪和鸡，也卖一些。今年没有种棉花，前些年种的棉花还剩下一些。因为劳动力少，没人开荒地，就没有种木薯。现在家里有 2 头黄牛、6 头猪、30 只鸡。闹鸡瘟之前，养了 100 多只鸡。大女儿辍学是因为家里没有人做饭。

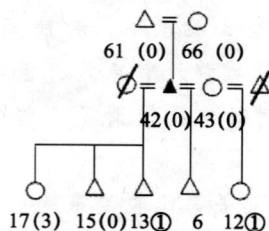

家户（7）：2家9人

家户（8）

信息提供者：家里有一点水田，主要种旱田，也种有玉米，主要用来喂猪和鸡，有时也卖一些，去年种了1500株橡胶树。家里还种有棉花，基本上够一家人穿衣用的，还种有蓝靛树，也种木薯吃。现在家里有10头猪、30只鸡，没有水牛和黄牛，耕地用手扶拖拉机。

调查者：这是一个由2家人组成的扩大式家庭，共13人。被访者的父亲跟他过，他母亲跟他妹妹一家人过。这两家人不像其他蓝靛瑶人那样住在一个茅草长屋里，他们各自有自己的茅屋。在蓝靛瑶人山寨，将父母分开赡养的现象非常普遍，大都是一个子女赡养一个，即便是这两个子女同住在一个茅屋内，如果他们分灶生活，也是一人养一个。在田野调查期间，没有听说过任何有关养老问题方面的争议。

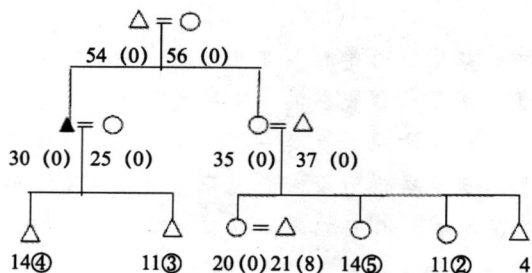

家户（8）：2家13人

家户（9）

信息提供者：我们只有旱稻，收成只够吃5个月左右，余下的几个月主要靠替本村其他家庭帮工换取粮食生活。因为劳动力少，家里没有再种其他庄稼。现在家里只有 8 只鸡，没有养猪。

　　调查者：这是一个由两个破碎的家庭重组的核心家庭，男女双方各自带着一个孩子进入这个家庭。实际上，这个家庭并不像被访者所说的那样缺劳动力，他们的日子过得如此穷困，主要是因为家里有 2 人吸食大烟，即被访者和他的儿子。

家户（9）：4人

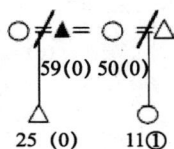

家户（10）

　　信息提供者：家里只有一点旱稻，收成只够全家人吃 2 个月左右。家里的粮食不够吃，主要是因为没有田地，余下的 10 个月靠给本村其他家户帮工换取粮食过活。

　　调查者：这是一个极其穷困的核心家庭，因为被访者吸食大烟，家里的大部分田地都被他卖掉了（所以他没有多少田地）。现在家里只养了 3 头猪、1 只鸡。儿子之所以能够上学，是因为他几乎不用掏钱，只需交 3000 基普的注册费就可以了，其他费用以及本子、铅笔等均由老师垫付。

家户（10）：4人

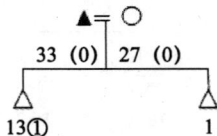

家户（11）

　　信息提供者：四年以来我们一直没有种过地，这些年主要全靠给本村村民帮工过活，准备明年种些旱稻，现正在砍山、开荒地。我们家里没有养猪，也没有养鸡。

　　调查者：这也是一个极度穷困的核心家庭，被访者吸食大烟多年。

据村民讲，他家以前有些田地，但前几年都被他卖掉吸食烟土了。我们去他家访问时，被访者在家看小孩，他老婆出去给邻居帮工了。被访者面黄肌瘦、目光痴呆，与我们交谈时，眼光一直注视着脚下的地面。

家户（11）：5人

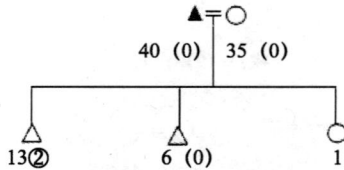

家户（12）

信息提供者：我们家只种有一点旱稻，因为没有劳动力，粮食不够吃，没有其他庄稼。现在家里没有喂猪，只养有 10 只鸡。

调查者：这是一个扩大式家庭，极度穷困。被访者是上门女婿，虽然只有三十来岁，但吸食大烟已经多年，现在他已经没有能力下地干农活了。据村民讲，那些没有足够田地、家里粮食不够吃的人家，主要是因为家里有人吸食大烟。村里给他们分了山地，但他们大都不愿去开垦。

家户（12）：5人

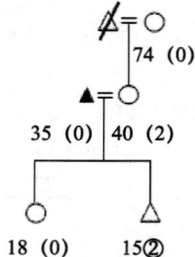

家户（13）

信息提供者：家里只有一点旱田，种的粮食只够吃 2—3 个月，剩下的几个月主要靠给本村村民帮工糊口。现在家里只有 1 头猪，没有养鸡。

调查者：这也是一个极度穷困的扩大式家庭，被访者的女儿已经结婚，招了一个上门女婿。家里有 4 个劳力，按常理他们的日子不应该过得这么穷困。但是，因为被访者和他女婿都吸食大烟，很少下地干农活，主要靠两个女人维持家庭生活。

家户（13）：7人

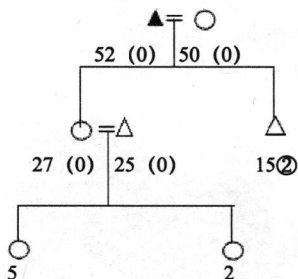

家户（14）

信息提供者：我们有一点水田，粮食只够吃6个月左右。家里没有水牛，耕地时借村民的手扶拖拉机，秋收时以稻谷来抵还租金，因此不够吃。今年准备开垦些旱田种玉米吃。因为没有劳动力开田，就没有种棉花。现在家里有5头猪，没有鸡。去年养的鸡都死光了。

调查者：这是一个少见的核心家庭，说少见是因为就被访者夫妻俩的年龄而言，他们的孩子太小了，在蓝靛瑶人山寨，他们这个年龄大都该当爷爷奶奶了。由于日子过得紧，大儿子已经辍学在家，帮助父母维持生计。

家户（14）：4人

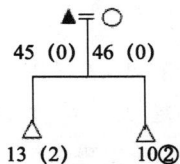

七　洪垒（Hong Leuay）寨

洪垒寨子位于省城琅南塔西北面，距市中心只有10里地，从琅南塔到猛新（Mongxing）的主干公路就从村边经过。该村由于一窝蜂地都改种了橡胶树，大多数家户种的粮食都很少，许多村民家的粮食不够吃，还有一些家庭已经不再种粮食，靠给苗人打零工糊口。橡胶树一般需要 8 年才能收效，因此，该村绝大多数村民目前处于生存的困境中。该村有一所小学，开设 1—5 年级的课程。由于欧洲联盟资助，其教学环境不错，校舍条件也很好（参见图 3—19）。

图 3—19　老挝琅南塔洪垒寨一角：孩子们在玩"竹球"（作者拍摄于 2006 年）

在这个蓝靛瑶人村寨，有 46 户人家，我们走访了 17 户、21 家，被访人数 142 人，其中女性 71 人。在这 46 户人家中，有 23 户没有种橡胶树，他们依旧耕种旱稻。他们准备明年开始种橡胶树。以前种橡胶树，还可以从中国的橡胶公司贷款，3 年前种 400 株橡胶树，可以获得 700 美元的贷款，10 年之内还清。现在没有了，全靠自己筹集资金。村民说，本村的土地非常贫瘠，以前种旱稻收成也不好，只得改种橡胶树。

家户（1）

信息提供者：有一点水田，只够吃 4 个月的，靠帮苗人种橡胶树挣钱，每月可挣 20 美元，自己种有 200 株橡胶树。政府鼓励当地农民种植橡胶树，不让我们开垦旱稻田，认为这会破坏林地。家里没有棉花田，只有我一个人穿蓝靛瑶人的传统服装，丈夫和孩子都已经改穿老族（Lao）服装。

调查者：这是一个在蓝靛瑶人山寨比较少见的核心家庭，被访者的丈夫高中毕业后，在老挝国立大学琅勃拉邦分校学习过两年，现在琅南塔少数民族教师培训学校（Minority Teacher Training College）教书。也许是因为丈夫是老师，这个家庭比较重视学校教育，虽然家里同时供几个孩子上学有些困难，但他们认为孩子上学很重要，希望孩子们能有高学历，将来能找到好工作。被访者认为，"如果他们不上学，就会像我一样整天下地干活"。

家户（1）：7人

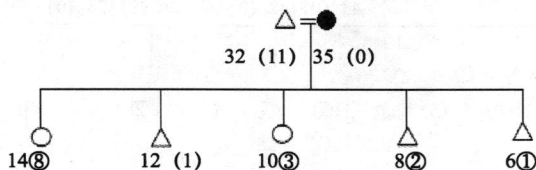

调查者：自从当地政府要他们在旱地改种橡胶树后，他们的粮食就一直不够吃。3年前他们家种了495棵橡胶树，5年才能产胶。由于传统生计模式的改变，以及缺乏整体性规划和指导，目前该村大多数村民都面临着生存问题。

家户（2）

信息提供者：我们种有一点旱稻，不够吃，只够吃5个月左右，现在主要靠给邻村的苗人挖橡胶树坑或到山里采集野菜到市场卖糊口。家里没有养猪，也没有养鸡。

调查者：自从当地政府要他们在旱地改种橡胶树后，他们的粮食就一直不够吃。3年前他们家种了495棵橡胶树，5年才能产胶。由于传统生计模式的改变，以及缺乏整体性规划和指导，目前该村大多数村民都面临着生存问题。

家户（2）：5人

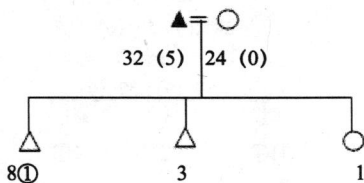

家户（3）

信息提供者：我们家种有一点旱稻和木薯，收成只够吃 6 个多月，剩下的日子主要靠给别人挖树坑、砍山、卖木材等为生。现在家里有 7 头猪、50 只鸡。种有一点棉花，够家人穿衣用的。现在孩子们上学时都穿老族服，回家后才穿蓝靛瑶人传统服装。

调查者：这是一个由 16 人组成的大家庭，实际上由两个扩大式家庭组成。被访者的大女儿已经结婚，女婿是入赘的，被访者的母亲跟他们一起过；他父亲跟他弟弟一家人一起过。

家户（3）：3家16人

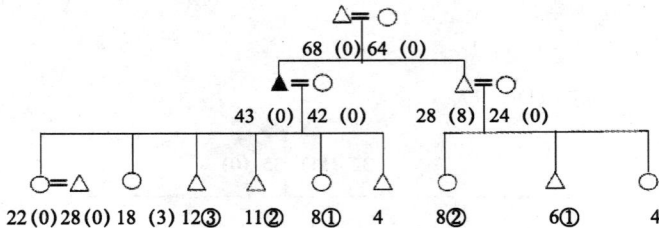

家户（4）

信息提供者：家里种有一点旱稻，收成只够家人吃 6 个月，余下的半年靠儿子的工资和家人打零工过活，没有种玉米和木薯，因为家里没有劳动力。种了一点棉花，但这里的蓝靛质量不好，所以这里的人一般都不怎么织布。现在家里只有 4 头猪，闹鸡瘟时鸡都死了。

调查者：这是一个四世同堂的扩大式家庭，被访者的儿子高中毕业后到琅南塔教师培训班进修过 1 年，现在是本村的小学老师，他是家里成人中唯一受过学校教育的人。

家户（4）：9人

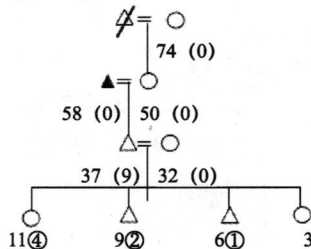

家户（5）

信息提供者：家里种有一点水田，两年前就不再种旱稻了，水稻只够吃 5 个月，余下的几个月主要靠卖橡胶买粮食吃。我们家种的橡胶树已经开始割胶，橡胶主要卖给中国人。种的棉花也够家人穿衣用，另外还种有玉米，主要用来喂猪、喂鸡。现在家里有 3 头黄牛、10 头猪，没有养鸡。

调查者：这是一个亲属关系比较复杂的大家庭，被访者的两个前妻都已经去世，第二个妻子嫁过来时带了两个孩子，一儿一女，和他又生了一儿一女。不久前，被访者又娶了一个 20 岁的老婆，现在他父亲跟他们一大家子过。他 19 岁的大女儿高中毕业后到琅南塔教师培训学校学习了 3 年，2007 年起在村里当教师。他 14 岁的儿子在民族初中学习（School for Poor Minorities），是寄宿学校。被访者的母亲和他大弟弟一起生活，他大弟弟没有上过学，因为当时他和他小弟弟都在琅南塔上学，他爸爸不让他上学，有时他为此感到很伤心，家里的孩子中就他是文盲。他现在每年要交 300 多美元的学杂费，因为老大在琅南塔上学，开销很大。

家户（5）：3家17人

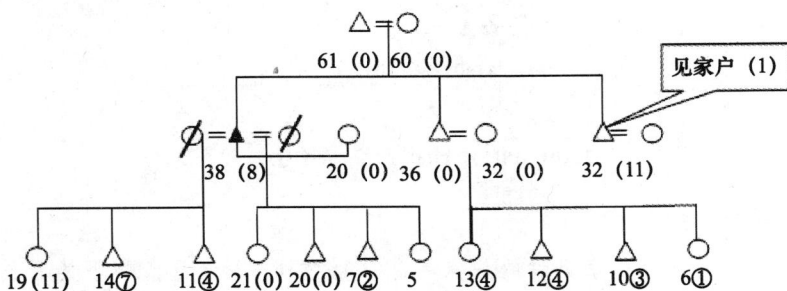

家户（6）

信息提供者：我们种的那点旱稻就够吃一个多月的，余下的 11 个月主要靠给邻村的苗人挖橡胶树坑、在橡胶园打零工维持生活。3 年前我们家种了 500 多棵橡胶树，成活的可能有 400 来棵。家里只有 1 头猪，因为常闹鸡瘟没有养鸡。

调查者：被访者刚刚从乌多姆赛迁来，田地少，生活穷困。

家户（6）：3人

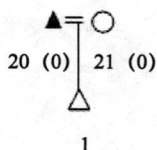

20（0）　21（0）

1

家户（7）

信息提供者：家里种的旱稻就够家人吃一个月的，因为没有田地，旱稻是夹杂种在橡胶地里，所以几乎没有什么收成，全靠给村民挖橡胶树坑挣钱维持生活。家里有400来株橡胶树，没有种棉花，家人穿衣用的棉布主要从市场上购买棉线，回来自己纺织、缝制。现在家里只有1头猪、1只鸡。

调查者：这是一个亲属关系比较复杂的扩大式家庭，被访者离异后再婚，与前妻有一个女儿，现在已经结婚，招了一个上门女婿。

家户（7）：8人

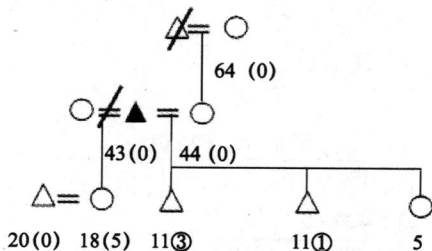

64（0）

43（0）　44（0）

20（0）　18（5）　11③　　11①　　5

家户（8）

信息提供者：家里种的一点旱稻只够吃1—2个月，剩下的月份主要靠给邻村的村民挖橡胶树坑挣钱买粮吃。家里种有400多棵橡胶树，已经有3年的树龄了。家里没有猪也没有鸡，上周闹猪瘟、鸡瘟时都死光了。

调查者：这是一个普通的扩大式家庭，大儿子刚刚结婚，女儿辍学在家主要是为了看管弟弟。在我们进村调查期间，许多蓝靛瑶人山寨都在闹猪瘟和鸡瘟，这里的村民从来没有给家禽注射过疫苗，他们也不知道猪和鸡的死因。他们只知道，如果把猪圈起来，一定都会死。

家户（8）：7人

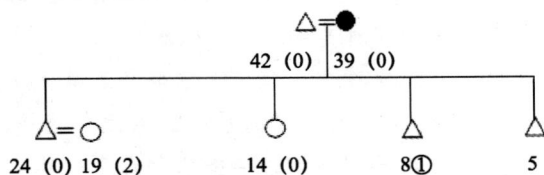

家户（9）

信息提供者：我们种的旱稻只够吃 5 个月左右，与其他家户一样，我们也种有 400 来株橡胶树，3 年的树龄。现在家里只有 1 头猪，没有鸡，闹鸡瘟时都死了。现在家里没有棉田，从市场上购买棉线回来自己纺线做衣服。

调查者：根据调查，大多数村民认为政府让他们改种橡胶树是一件好事，因为只要树长成后，就可以坐享其成了。一棵树的生产寿命有 40 年。但是也有不利的方面，因为前 8 年没有任何收成，只有输出，生活很困难。政府曾向那些改种橡胶树的村民承诺，头 3 年政府会向他们提供基本口粮，但从来没有兑现过。被访者说，现在他家每天只能吃两顿饭，就这样都很难保证。本村的土地非常有限，种了橡胶树就没有土地种其他庄稼了。政府让村民每户种两公顷橡胶树，头 3 年在第一块橡胶地里夹种旱稻，第二个 3 年在第二块地里夹种旱稻。实践证明只有第一年可以在橡胶地里夹种旱稻，以后再种，连种子都收不回来。

家户（9）：5人

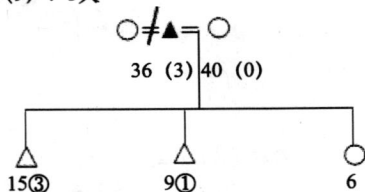

家户（10）

信息提供者：3 年前旱稻就没有什么收成，全靠给苗人挖橡胶树坑、在他们的橡胶园里打零工挣钱过活。这些年来家里的人一直靠给苗人打工生活。现在家里除了种有 400 株橡胶树外，再没有其他任何庄稼了。家里没有喂猪，也没有养鸡，孩子上学全靠亲属资助。

调查者：这是一个由 12 人组成的扩大式家庭，被访者的大女儿招了一个上门女婿，男方离异，再婚时带来三个女儿，其中有两个已到了上学的年龄，但我们调查时她们还都没有上学。

家户（10）：12人

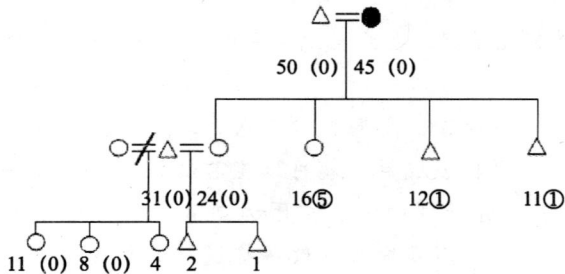

家户（11）

信息提供者：前年种的旱稻只够吃 2 个月的，去年和今年不再种旱稻了，因为种和不种没有什么区别。家里也没有种橡胶树，全靠丈夫打零工、老婆到山里采集野菜过活。家里没有养猪，也没有养鸡。

调查者：1996 年这村里只有 5 家种橡胶树，有 1 家种了 500 株，2 家种了 300 株，另外 2 家种了 200 株，种 200 株的那两家现在的收成还不够购买粮食的。村里大多数家户都是在 3 年前才开始改种橡胶树的。现在村里仍有十几户人在吸食大烟，据村民反映，当地政府官员从没有来村里进行过禁烟宣传。

家户（11）：2人

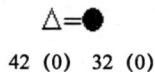

家户（12）

信息提供者：家里种有1000株橡胶树，已经开始产橡胶了。家里没有田地种旱稻了，只是在橡胶地里种了些旱稻，但没有什么收成，一年的粮食主要靠打工挣钱来买。女儿、儿子和女婿都外出打工，因为经济条件不允许，现在家里还没有通电。现在家里只养了2头猪，鸡全都死光了。

调查者：这是一个扩大式家庭，10口人共同生活在一间茅草长屋里。被访者是家里的长女，刚刚离异不久，现在带着两个儿子和父母及其兄妹生活在一起。她大妹妹小学毕业后在民族班（School for Minorities）上了1年后就退学了。我们采访这家时，赛曼（鬼师）正在他家"做鬼"，因为她爸爸生病，请赛曼来做仪式驱鬼。虽然这个村子距省城琅南塔只有10里之遥，但村民们生病时首先想到的还是赛曼而不是医生。据赛曼说，老人生病是因为他的3个祖先在作祟，因为他们想吃猪肉和鸡肉，而他好久没有供奉他们了，所以他们来找他的病痛。赛曼很肯定地说，做完法事后，就要杀鸡供奉祖先，他还说，长期以来，这3位祖先衣衫破旧、吃不饱，他们现在需要吃的、穿的。只要安抚好他们，老人的病痛很快就会好的。

家户（12）：10人

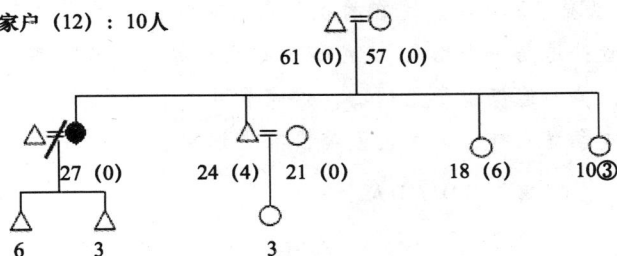

家户（13）

信息提供者：家里种有500株橡胶树，已经开始产橡胶，曾在橡胶地里种过旱稻，但没有什么收成。粮食主要靠到市场上买，种了些木薯和玉米吃。种有棉花，基本够家人穿衣用的。现在家里有1头黄牛、17头猪、30只鸡。

调查者：这是一个由11人组成的扩大式家庭。在蓝靛瑶人当中，被访者算是一个比较有"文化"的人，他初中毕业，这在蓝靛瑶人村寨是不多见的。他养了7个孩子，现在有5个在读书，每年仅学杂费就要花100多万基普。这个村寨里，大家都不怎么种棉花了，因为靠种棉花纺线、织布、做衣服太费时间，现在忙不过来，基本都到市场上去买现成的老族衣服。

家户（13）：11人

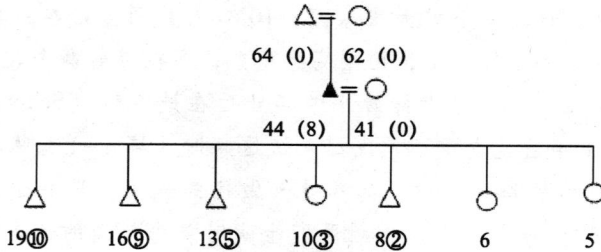

家户（14）

信息提供者：家里种有一些旱稻，只够吃3个月左右，这些旱稻也是在橡胶地里夹种的。今年不准备再在橡胶地里种旱稻了，因为收成不好。种有一些玉米和木薯，今年没种棉花，因为去年种的棉花还够用一年。有340多棵橡胶树，已经种了3年了，还要等5年才能产胶。现在家里有13头猪、2只鸡。现在村里正在闹鸡瘟，每天都有鸡死。

调查者：这是一个由11人组成的扩大式家庭，被访者是上门女婿，有趣的是，他的连襟也是上门的，这家有两个上门女婿。与大多数蓝靛瑶人扩大式家庭一样，前两代人都没有上过学。

家户（14）：11人

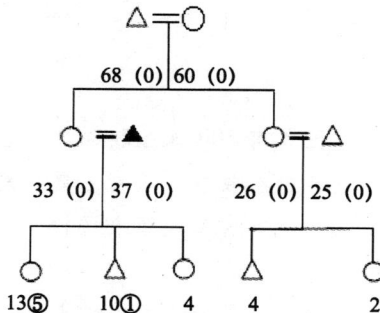

家户（15）

信息提供者：家里旱田很少，种的旱稻只够吃2个多月，全家人也是靠打零工过活，1996年种的200株橡胶树已经开始产胶，3年前又种了400株，今年准备开垦些棉田。因为劳动力太少，无法种更多的庄稼。现在家里只有1头猪，没有养鸡。

调查者：这是一个只有5口人的扩大式家庭，被访者只有一儿一女，女儿和他们夫妻俩一样没有读过书，已经结婚，她弟弟还在读书。

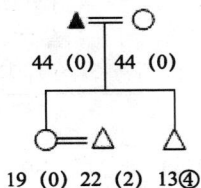

家户（15）：5人

家户（16）

信息提供者：我们种的旱稻只够吃2个多月，剩下的日子主要靠打零工挣钱买粮食吃。三年前种了400株橡胶树，因为没有劳动力，已经有好多年没有种棉花了，家人穿衣用的棉布，主要从市场上购买棉线，回来自己织布。

调查者：这是一个核心家庭，被访者的丈夫吸食大烟。二女儿在家看管弟妹，没有去上学。

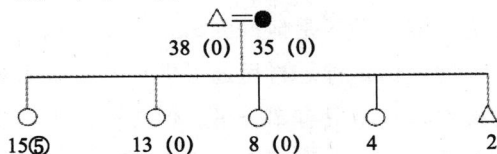

家户（16）：7人

家户（17）

信息提供者：我们种的旱稻只够吃1个多月，剩下的日子主要靠打零工维持。三年前种了400株橡胶树和200株蓝靛树。种有一点玉米吃，没有种棉花，主要从市场上购买棉线回来织布做衣服。这里的蓝靛质量不好，染出来的色不好看。现在家里有 4 头猪，鸡都死光了，最后 1 只鸡是昨天死的。

调查者：这是一个扩大式家庭，被访者的父亲已去世多年，母亲跟他们一家人一起过。家里有 3 个学龄孩童，但由于家庭困难，只有大女儿在读二年级。依他们家庭的情况，这个女孩可能很快就会退学，照看小妹妹，让两个弟弟去读几年书，这种情况在蓝靛瑶人村寨极为普遍。

家户（17）：7人

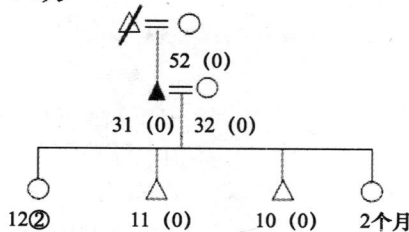

八 那木昌寨（Nam Tchang）

那木昌位于省城琅南塔西面，距城中心只有 2 公里。本村有 22 户人家，我们调查了 16 户、18 家，被调查人数 128 人，女性 65 人。在这 22 户人家中只有 8 户人家种的粮食（主要是水稻）够吃，其他家户都只够吃几个月，余下的日子主要靠外出打工、上山砍柴到市场卖来维持生活。该村的蓝靛瑶人是 1970 年才从那木仃迁移过来的，是政府组织搬迁的。他们迁来时，当地的黑傣人都因战争外逃了，但战争结束后，黑傣人返回，说蓝靛瑶人种的是他们的田地，要求归还。现在大多数蓝靛瑶人都没有足够的水田耕种。村里通了电，但有些家户因经济困难并没有用电。该村虽然离省城只有 2 公里，但村民的生产生活方式却与其他蓝靛瑶人村寨并没有什么差别（参见图 3—20）。

据这里的 75 岁的老人〔见家户（1）〕回忆，他们先迁到一个当时名叫会赫姆（Huay Hom）的山寨，又从那里迁到那木仃寨，1974 年才迁到这里来。来这里主要有两个原因：一是当时这里没有人居住，这里的原居民黑傣因战争都外逃了。政府说这里有许多水田没有人耕种，当

图3—20　老挝琅南塔那木昌寨一角（作者拍摄于 2006 年）

地人都迁走了；二是他是那木仃的头人，也是在政府工作的人员，依据政府的建议，他率先迁到这里，于是很多村民都跟随他来到这里。据老人说，他们迁来时虽然有许多水田，但蓝靛瑶人习惯于耕种旱稻，因此当地黑傣人返回后，很容易就要回了他们的水田，因此，现在他们只有旱田。这些来自那木仃的蓝靛瑶人之所以如此穷困，一是因为他们自己懒惰，不愿意下地干活，二是现在没有水田，三是吸食大烟。据老人讲，佬魁（Lao Huay）是 1962 年才开始由外族叫起来的，蓝靛瑶人自称为"布盟"（Bu Mong），他们称其他群体为"兜"（Dou）。

家户（1）

信息提供者：家里种有旱稻，收成够全家人吃一年的，有些年份还可以卖一些旱稻，我们也种有玉米吃，种的棉花够家人穿衣用，另外还种有 3000 多株香料树和一些蓝靛树。现在家里有 2 头猪、30 只鸡，没有饲养水牛和黄牛。

调查者：这是一个扩大式家庭，被访者是本村一位德高望重的老人，现在与二儿子生活在一起，另外最小的儿子也与他们一起生活。二儿子高中毕业后，在老挝首都万象的国家政治学院（National Political School）学习了4年，现在是琅南塔区团委书记。小儿子现在还没有结婚，高中毕业后，在一所专科学校进修1年，现临时在琅南塔的一所专科学校教书。

家户（1）：7人

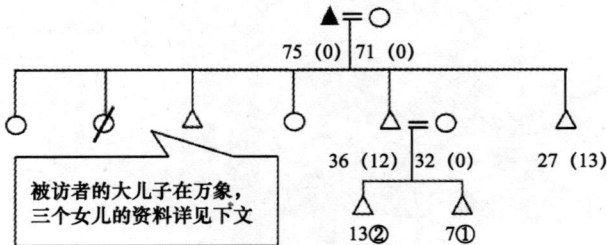

被访者的大儿子在万象，三个女儿的资料详见下文

75 (0) 71 (0)
36 (12) 32 (0) 27 (13)
13② 7①

家户（2）

信息提供者：我们有一些水田和旱田，两年前粮食不怎么够吃，现在够了。我们种的棉花够家人穿衣用，这些年没有种玉米。现在家里只有1头猪、3只鸡。为了挣钱，有时去市场卖些柴，一背篓可卖15000基普。

调查者：这是一个由两家人组成的一个大户，其中一个是扩大式家庭，一个是核心家庭，共13人，同住在一个茅草长屋内。被访者是家户（1）的大女儿，3年前丈夫去世，刚刚再婚。她丈夫去世前他们俩都吸食大烟，丈夫去世后，她戒掉了烟瘾。她有两个女儿，都已经结婚，因为没有儿子，两个女婿都是上门的。现在她和新老伴与小女儿一家人一起过，大女儿一家已分灶过了。现在两家有7个小孩，其中3个适龄学童，只有一个在读书；上两代人都没有读过书。

家户（2）：2家13人

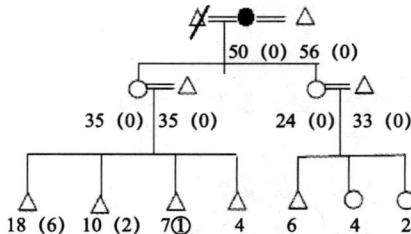

50 (0) 56 (0)
35 (0) 35 (0) 24 (0) 33 (0)
18 (6) 10 (2) 7① 4 6 4 2

家户（3）

调查者：被访者是家户（1）的二女儿的三儿子，几年前父母双双病故。他大哥初中毕业后在老挝首都的万象警察学院学习了5年，现在万象做警察。二哥现在与大哥生活在一起。他妹妹离异，有一个小女儿，他弟弟辍学在家，现在他们四人都与外公生活在一起。

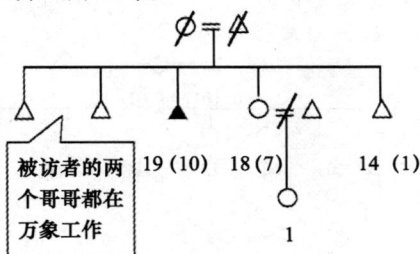

家户（3）：4人

被访者的两个哥哥都在万象工作

19（10）　18（7）　　14（1）

1

家户（4）

信息提供者：家里种有水稻和旱稻，粮食够全家人吃一年的；家里还种有800棵香料树。现在家里养有20只鸭、30只鸡，没有养猪。

调查者：这是一个扩大式家庭，被访者是家户（1）的三女儿，她丈夫去世后，为了生存她嫁给了一个70岁的老头，嫁给他是因为他有水田。她的大女儿已经结婚，女婿上门，他们结婚5年多一直都没有孩子，现在收养了一男一女，希望通过收养孩子，能尽早怀上自己的孩子。

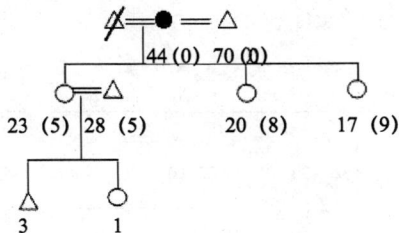

家户（4）：8人

44（0）70（0）

23（5）28（5）　20（8）　17（9）

3　1

家户（5）

信息提供者：家里有水田和旱田，粮食够家人吃的；现在家里喂了2头猪，没有养鸡。

调查者：这是一个扩大式家庭，被访者是家户（1）的大儿子，他的大女儿是收养的，收养的目的也是为了让老婆怀孕，随后他老婆给他生了5个女儿。大女儿已经结婚，因为家里没有儿子，女婿必须上门。被访者的5个女儿都在上学，大外孙女也在读书。

家户（5）：11人

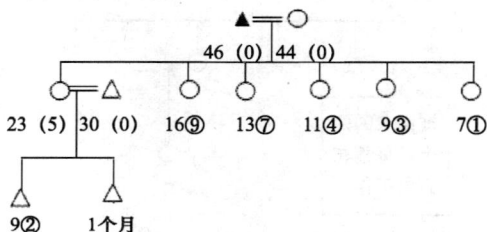

家户（6）

信息提供者：我们有一点水田和旱田，粮食有些年份够吃，有些年份不够吃，要看年景的好坏，一般也就差2—3个月的粮食。家里种有500株橡胶树，今年准备种些香料树，没有种玉米，也没有棉田，穿衣主要从市场上购买棉线回来，自己织布，自己缝制。现在家里有3头猪、3只鸡。这里也闹鸡瘟，鸡都快死光了。

调查者：这是一个由两家人组成的大户，共13人，一个是扩大式家庭，一个是核心家庭。被访者有4个女儿，大女儿和二女儿都已经结婚，两个女婿都是上门的。现在大女儿一家人已经另起灶，单独过了。

家户（6）：2家13人

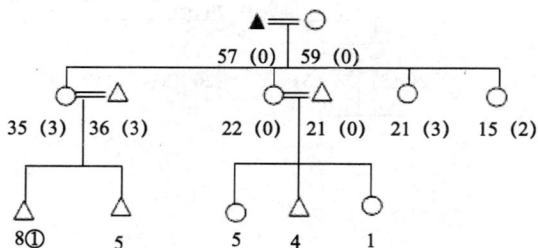

家户（7）

信息提供者：家里种有一点水田和旱田，如果只种水田，粮食只够吃6个月，加上旱稻基本够吃。但如果年景不好，旱稻歉收，就不够吃了。3年前只种了400多株橡胶树，没有种玉米和棉花。现在家里没有养猪，也没有养鸡。

调查者：这是一个普通的核心家庭，被访者的丈夫体弱多病，已经多年没有下地干活了。大儿子和大女儿辍学主要是因为他们的父亲病重，家里缺乏劳动力。最小的儿子还没有上学是因为他不懂老语，害怕老师，自己不愿意去上学。

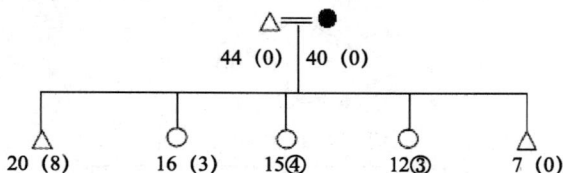

家户（8）

信息提供者：我们种的旱稻只够吃3—4个月的，因为没有田地，余下的几个月主要靠打零工糊口。3年前我们种了495株橡胶树，有一点棉田，棉花不够家人穿衣用，主要从市场上购买棉线。现在家里有1头猪、2只鸡。因为鸡瘟多数鸡都死了。原有10头猪，闹猪瘟时死了9头。

调查者：这是一个普通的核心家庭，由于被访者吸食大烟，他们家是该村中比较穷困的家庭。

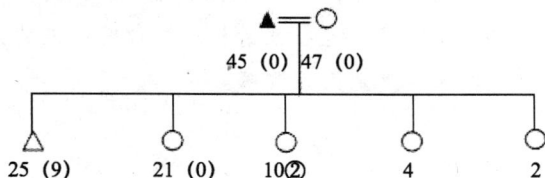

家户（9）

信息提供者：我们种有一点旱稻，粮食只够吃 2—3 个月的，粮食不够吃主要是没有田地，余下的几个月靠上山砍柴到市场去卖来糊口。现在家里只有 2 头猪、6 只鸡。我们没有种玉米和棉花。3 年前种了 495 株橡胶树，但只成活了 70 来株。

调查者：这是一个人口不多的扩大式家庭，被访者是上门女婿，由于他吸食大烟，家里的生活穷困不堪。在这个村里每家都种有 1 公顷橡胶树，即 495 株。他们家的橡胶树由于管理不善，几乎都快要枯死光了。

家户（9）：6人

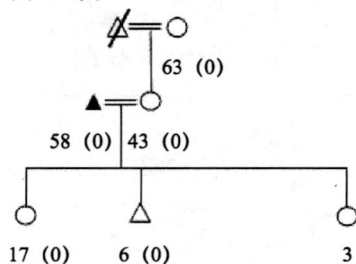

58 (0)　43 (0)

17 (0)　6 (0)　3

家户（10）

信息提供者：我们种的旱稻遇到不好的年景，只够吃 8 个月左右。和大家一样，3 年前我们也种了 495 株橡胶树，但只成活了 100 来株，还有 100 株香料树。在那木仃寨我们还种有玉米，每年可收 2 吨左右，但将玉米运回来运费很贵，因此，实际上种玉米没有多少收入。在那木仃寨我们还种有棉花，够家人穿衣用。

调查者：这是一个人口较少的扩大式家庭，被访者是家户（1）妹妹的女儿，她的丈夫已经去世，两个儿子都已结婚，大儿子离异，没有子女，依旧生活在大家庭里。他们家是从那木仃寨迁来的，在那里还保留着他们的田地。迁来这里是因为改嫁。

家户（10）：6人

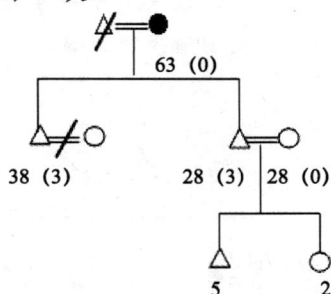

家户（11）

信息提供者：家里有水田和旱田，水田只占30%左右，以种旱田为主。今年收成的粮食可能够吃，有些年份差2—3个月的粮食。现在家里养了5头猪、14只鸡。

调查者：这也是一个扩大式家庭，被访者是村长，他没有上过学，但参加过扫盲班的学习，相当于小学五年级水平。他也是上门女婿，他的大女儿是收养的，家里有4个适龄学童，都在读书。

家户（11）：8人

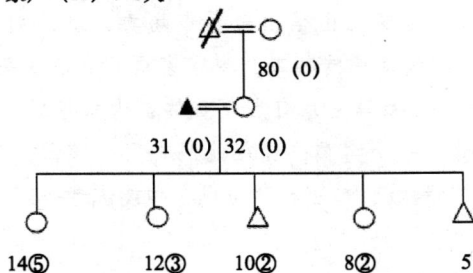

家户（12）

信息提供者：我们种的旱稻只够吃3个月的，余下的几个月靠给别人种橡胶树或到山里去砍柴、卖柴糊口。我们家里没有养猪，也没有养鸡，家里什么都没有。

调查者：这是一个穷困的扩大式家庭，被访者的小姑子患有痴呆症，但生活基本上可以自理，可以做一些简单的家务劳动。前些年，她丈夫吸食大烟，只有她一个人下地干活，现在她丈夫把烟戒掉了，但她婆婆还在吸食大烟。她反映，政府只是一年前才在这个村里推行禁烟，但现在村里仍有几十个人在偷偷吸食大烟。

家户（12）：9人

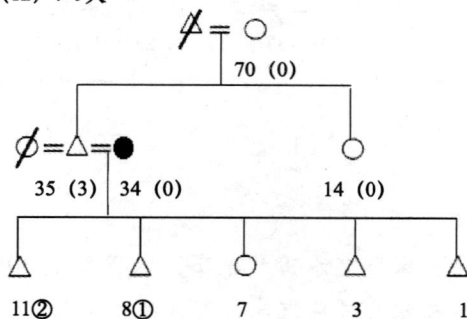

家户（13）

信息提供者：我们种的旱稻只够吃5个月的，现在（2006年4月3日）几乎已经没有粮食了。3年前我们种了500株橡胶树，但只成活了不到200株。准备明年种些香料树。在塔湾寨种有一些玉米，主要用来吃。这里还种有一些木薯，种的棉花不够家人穿衣用，主要从市场上购买棉线。余下的几个月主要靠到山里砍柴去市场卖，或给别人挖橡胶树坑糊口。因为没有多余的粮食喂猪和鸡，现在家里只养了3头猪和3只鸡。

调查者：这是一个亲属关系有点复杂的扩大式家庭，被访者丈夫的前妻15年前去世，留下一个男孩；现在他们有5个孩子，其中4个在读书。被访者的弟弟前两年病故，弟媳和孩子现在和被访者一家生活在一起。

家户（13）：10人

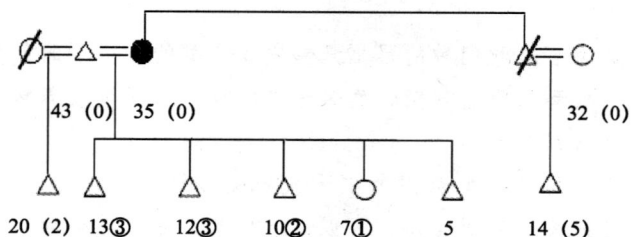

家户（14）

信息提供者：我们有水田，种的水稻够全家人吃上一年。3 年前我们种了 455 株橡胶树，但只成活了 100 来株。种有棉花，但不够家人穿衣用的，还要从市场上购买棉线，在橡胶地里还种了一些玉米，但收成不好；橡胶地里还夹种了 300 株木薯。现在家里只有 1 头猪、3 只鸡。这里闹鸡瘟，家里的鸡死了不少。

调查者：这是一个人口较多的扩大式家庭，被访者是上门女婿，没有读过书，也没有参加过扫盲培训班。

家户（14）：10人

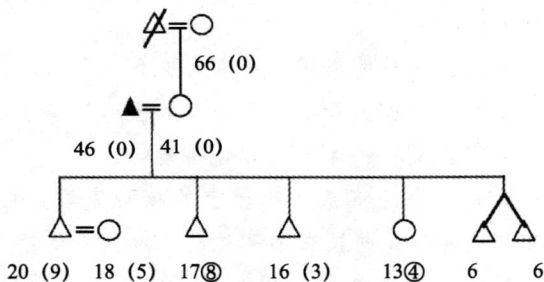

家户（15）

信息提供者：家里有一点水田和旱田，粮食只够吃 8 个月左右。3 年前我们种了 300 株橡胶树，但只成活了不到 100 株，有 100 来株香料树，还有一点木薯，主要用来吃和喂猪。在塔湾寨我们种有一点棉花，但不够家人穿衣用，还需从市场上购买棉线回来织布。现在家里只有 1 头猪、4 只鸡。

调查者：这是一个人口较少的扩大式家庭，被访者的丈夫已经去世。据被访者讲，家里养鸡是为了过节和做仪式用的，蓝靛瑶人叫"过酿"（guo niang）。对于蓝靛瑶人来说，年三十要杀猪，三月三要杀鸡、做三色糯米饭，七月十四要杀鸡①，做糯米饭、包粽子。另外，蓝靛瑶人生病时都要杀鸡请赛曼做仪式，他们叫"做鬼"。这是他们养鸡最主要的目的。

① 在老挝蓝靛瑶人山寨，民间所有的传统节庆都是按照中国阴历来计算的。

家户（15）：6人

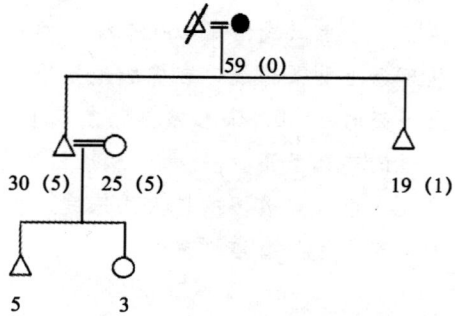

家户（16）

信息提供者：我们种的旱稻只够家人吃6个月的，余下的几个月靠上山砍柴卖、给别人打零工换些粮食糊口。因为没有多余的粮食，就没有养猪和鸡。我们也没有种橡胶树和香料树。

调查者：这是一个经济条件比较差的核心家庭，被访者的丈夫去世，他们现在住的房子是村民帮助新盖的。她去年才把大烟戒掉。由于没有劳动力，她们没有能力种植棉花，已经不再穿传统的蓝靛瑶服装了，改穿老族服装了。

家户（16）：3人

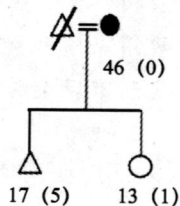

九　酸亚（Suanya）寨

老挝酸亚寨位于省城琅南塔东北角，距琅南塔40多公里。先从琅南塔搭乘去磨丁或勐腊的班车，行至38公里处下车，随后再向偏北方向步行近4个小时才能到达。该村是个有苗人、顶板瑶人和蓝靛瑶人组成的大寨子，共有 158 户人家。其中苗人最多，有 74 户，652 人；顶板瑶人 58 户，399 人；蓝靛瑶人最少，只有 26 户，125 人，其中女性 58 人。这是一个由三不族群构成的村落，他们都有各自的聚落群：蓝靛瑶人居住在最东端，紧挨着是苗人的聚落，再往西是顶板瑶人的聚落。尽管没有外显的聚落边界，但每个族群都很清楚自己与邻族的界限在哪里。由于历史、族群生活习性、人生观及价值观不尽相同，三个族群虽然居住在同一地域，但贫富悬殊很大：最富有的是苗人，接下来是顶板瑶人，而蓝靛瑶人因为有吸食大烟的传统，生活得最清苦，有些家里除了一些简陋的生活用品外，几乎一无所有（参见图 3—21）。

图3—21　老挝琅南塔酸亚寨一角（作者拍摄于 2006 年）

该村种有水稻、旱稻、玉米、芝麻、黄豆、橡胶树等，其中主要以旱稻为主。据我们调查，该村 26 户蓝靛瑶人中就有 3 家任何庄稼都没有种，主要靠给本村寨的苗人打零工养家糊口。26 户人家中仅有 10 户人家种的粮食够吃，不够吃的人家并不是因为田地少，而是因为家里吸食大烟的人多，没有人下地干活，有些家只种一点地，有些家地里虽种了不少，但因为吸食大烟，平时又不下地管理，所以也就没有什么收成。据该村村长的统计，该村吸食大烟的人数多达 41 人，占该村蓝靛瑶人总数的 33%，也就是说，有三分之一的人在吸食大烟，除去未成年人之外，可以说绝大多数成人都在吸食大烟。在这 26 户人家中，有 2 家 3 人吸食，5 家 2 人吸食，只有 4 户人家不吸食大烟。

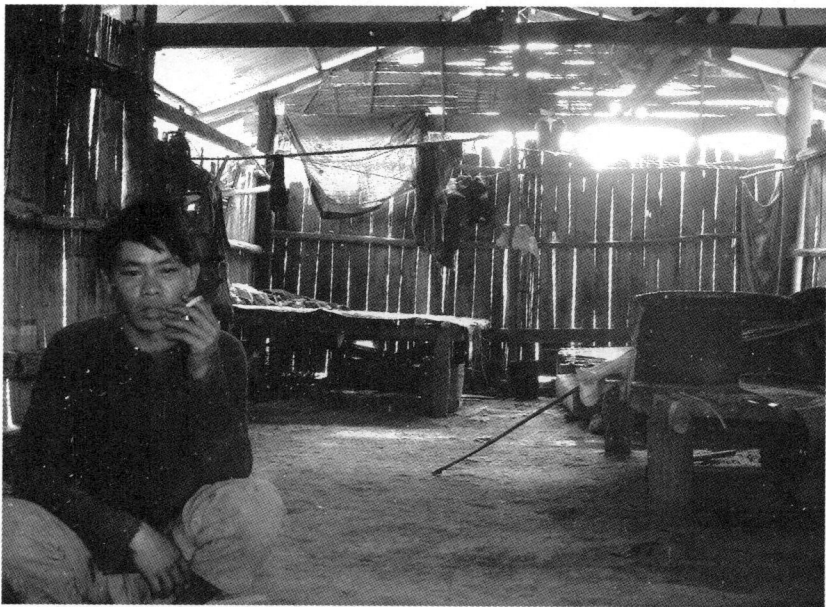

图 3—22 家徒四壁的蓝靛瑶人家（作者 2006 年拍摄于老挝琅南塔酸亚寨）

虽然老挝政府于 2005 年已经开始严禁种植罂粟，但许多苗人家现在都有不少存货。这些蓝靛瑶人烟鬼给苗人打零工，除了挣点买粮的钱外，其主要目的是从苗人那里换大烟抽。他们给苗人干一天活，可以换取小拇指尖那么大一块大烟。与蓝靛瑶人同属一个寨子的顶板瑶人，因为信奉了基督教，美国人就为他们所在的自然屯投资修建了自来水，而与其相连的蓝靛瑶人的聚落，因为坚持自己的信仰，至今仍在喝混浊的河水。这个村子的布局呈"厂"字形，东端由蓝靛瑶人居住，中间是苗人，另一端是顶板瑶人。

家户（1）

信息提供者：我们种有旱稻，只够吃5—6个月的，其余的几个月主要靠给本村的苗人打零工养家糊口。现在家里只有1头猪和1头黄牛，没有鸡。

调查者：这是一个人口较少的扩大式家庭，被访者的母亲已经去世，父亲跟他们过。他的大女儿是收养的，已经退学。我们去他家采访时，他正躺在席子上吸食大烟，我们进屋后，他也没有起身，只是示意我们坐下。

家户（1）：6人

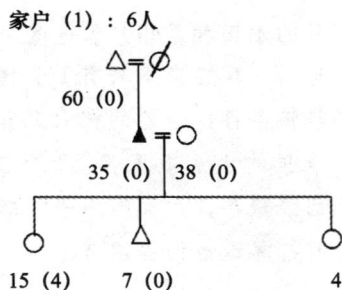

家户（2）

信息提供者：我们没有水田，只种有旱稻，粮食基本够吃。现在家里有4头黄牛、16头猪、30只鸡。

调查者：A家是一个扩大式家庭，8口人；B家是一个3口之家的核心家庭。因为没有能力盖茅草屋，B家暂时寄居在A家里。我们采访时，A家的女主人正在吸食大烟。

家户（2）：2家11人

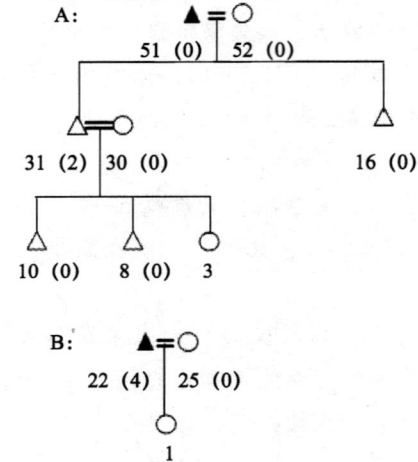

A:

51 (0) 52 (0)

31 (2) 30 (0) 16 (0)

10 (0) 8 (0) 3

B:

22 (4) 25 (0)

1

家户（3）

信息提供者：我们种的水田和旱稻只够吃 8 个月左右，剩下的 4 个月靠给本村的苗人打工生活。现在家里只有 1 头猪、5 只鸡。

调查者：这是一个经济条件比较差的核心家庭，因为被访者吸食大烟，很少下地干农活，家里的生活很清苦，3 个孩子虽都是适龄学童，但都没有读书，大女儿已经辍学，后面的弟弟和妹妹还没有上学，据我们了解，其父母根本没有打算送他们去读书。

家户（3）：5人

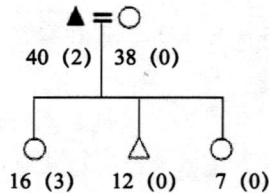

40 (2) 38 (0)

16 (3) 12 (0) 7 (0)

家户（4）

调查者：这家有 3 人吸食大烟，即被访者夫妻俩和他的岳母。我们到这个寨子的那天夜里，因为他老婆偷偷地吸食了他的那份大烟，被访者毒打了他老婆一顿。这家只种了一点旱地，几乎没有什么收成，主要靠给本村的苗人打工糊口和换取大烟。为了糊口，这个村寨的有些蓝靛瑶人家庭还在山上非法采集一种树皮，晒干后卖给中国商人，由他们偷运到中国境内。这种树皮是制作线香的原材料。

据村长讲，这个村是 2005 年才开始禁止种植罂粟的，主要是本村的苗人种，他们现在还有不少存货，主要卖给本村的顶板瑶人和蓝靛瑶人，苗人自己也有人吸食大烟，但人数不多。

家户（4）：6人

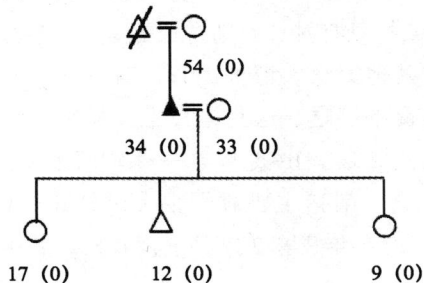

家户（5）

信息提供者：家里没有水田，只种旱稻和玉米，粮食够吃。现在家里有 2 头猪、13 只鸡。

调查者：由于时间关系，在这个村寨，我们只走访了 5 户人家，调查人数 31 人，其中女性 16 人；6 岁以上人数为 28 人，其中从未进过学校的有 21 人，曾进过学校的有 7 人：上过二年级的 4 人；上过三年级的 1 人；上过四年级的 2 人。

家户（5）：3人

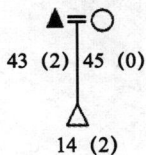

十　那木峒（Nam Thong）寨

在乌多姆赛省，只有两个蓝靛瑶人村寨，那木峒寨是其中之一。传说这个寨子是第二批蓝靛瑶人入迁老挝后最早建立的寨子，这批人是在首领"李三李苏"的带领下从越南迁到老挝乌多姆赛省的。该村位于那莫（Na Mo）县东北5公里，该村是一个以蓝靛瑶人和苗人为主的多民族混居的村落，主要有蓝靛瑶人33户，200人，女性97人；苗人33户，235人；另外还有普诺族（Phunoi）1户，4人；普桑族（Phusang）2户，12人；黑傣人1户，7人。该村只有村长和副村长各有1公顷水田，也只有他们两家种的水稻够吃，其他家户大都种山谷，有些家户只有一点水田。约有三分之一的家户粮食不够吃，这些家户主要靠给本村或外村寨富有家庭帮工糊口。与其他蓝靛瑶人山寨基本一样，该寨主要种植水稻、山谷、玉米（主要用来出售，喂猪主要靠野生香蕉秆和一种当地叫作"侯缪"Hou Mju 的植物）。2005年只有2家种植橡胶树，其中一家是村长。

图2—23　老挝那木峒寨一角（作者拍摄于2006年）

这段时间（即 6 月中旬）就有三分之一的人家粮食不够吃，过一两个月，也就只有十来户人家的粮食够吃。粮食不够吃的家户主要靠打工糊口。该村多数人家粮食不够吃，并不是因为村里的土地少，是因为村民们不愿意种庄稼，尤其是男人们不愿下地干活。今年就有两户人家什么庄稼都没有种，靠打工糊口，过一天算一天。现在村里三分之二的成人在吸食大烟，只有少数男人能够下地干活。据我们挨家挨户统计，该村共有 57 人吸食大烟，其中只有 2 人目前暂时戒掉。当地政府曾组织过该村的烟鬼们到县里集体戒烟，吃住都由政府免费提供。但他们回来后不久又都开始复吸了。那些烟瘾大的村民，一大早起来就开始吸食，根本没有时间下地干活。实际上，他们个个面无血色、弱不禁风，也没有能力下地干活。虽然本村已经没有人再种植罂粟了，但村里的苗人家里还有许多存货。该区就有 7 个苗人村寨种植罂粟，他们是大烟的主要提供者。由于医疗卫生条件比较差以及长期营养不良，这个村寨的人寿命普遍比较短，目前村里只有几个 60 岁以上的人。村民大都不种蔬菜，平时也很少吃菜，主要以大米、玉米等主粮为生。

这个寨子是 1960 年才建的，蓝靛瑶人是最早来这里定居的。1960 年之前，他们曾在现在村头的那个山洞下居住过许多年，那是老寨的地址。因为人们在老寨子时，年年粮食歉收，女人怀不上孩子，最后村老才决定另选寨址，迁到了现在这个地方。有两条河流经那木峒寨，其右边的叫那木塞（Nam Saai），左边的叫那木峒，两条河在村头汇合后流向那莫县城，仍叫那木塞（参见图 3—23）。

因时间关系，在那木峒寨我们只走访了 6 户、10 家，被访谈人数 76 人，其中女性 34 人。

家户（1）

信息提供者：我们种有水田和旱田，粮食够吃，每年还有余粮出售。种有玉米，主要是出售的，种有蓝靛，种的棉花够家人穿衣用的。现在家里只有 6 头猪、2 只鸡。

调查者：这是一个由两家组成的大户，其中一家是扩大式家庭，即被访者及其家人、其父母和弟妹；另一个是核心家庭，即被访者的哥哥一家，他们虽然还住在长屋里，但已分灶过了。被访者是该村的副村长，其家庭条件是村里最好的。他的二儿子是收养的，是一个黑傣小男孩，小女儿也是收养的，是被访者老婆妹妹的孩子。

家户（1）：2家13人（副村长家，房东）

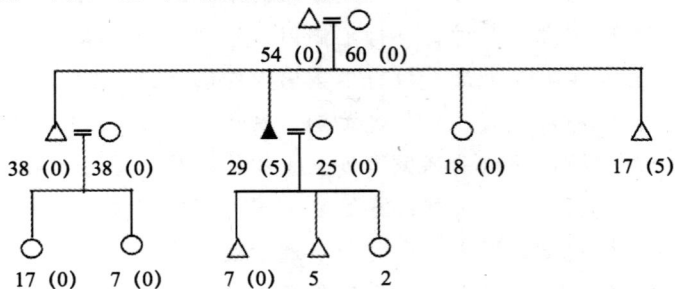

家户（2）

信息提供者：我们种有水田和旱田，粮食基本上够吃；我们种的棉花也够家人穿衣用，另外我们还种有一些蓝靛。现在家里有4头猪、3只鸡。

调查者：这是一个人口较多的扩大式家庭，由被访者及其家人、他父母、一个已婚的妹妹和上门妹夫、他弟弟和弟媳，还有一个没有结婚的妹妹，共12口人组成。家里没有人吸食大烟，有一个8岁的女孩没有入学。

家户（2）：12人

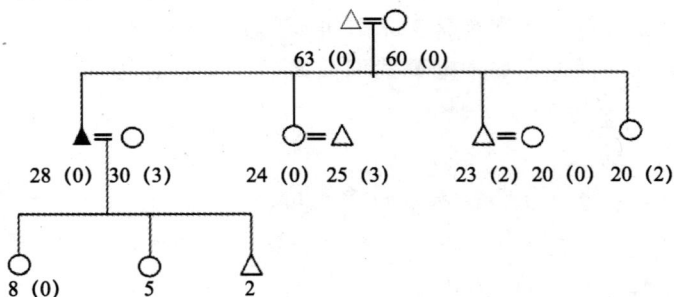

家户（3）

信息提供者：家里有水田和旱田，主要种水稻、旱稻和玉米，每年的粮食都够吃。我们还有棉花，基本够家人穿衣用。现在家里有 7 头猪，没有鸡。

调查者：这是一个由 3 家人组成的大户，大儿子一家分出去过，没有计算在内。被访者是本村的村长，他前妻 16 年前去世，留下 4 个孩子，一年后他娶了现在的老婆，他们又生了 6 个孩子。现在二儿子一家和大女儿一家虽然还住在长屋里，但已经分灶单过。

家户（3）：3家16人

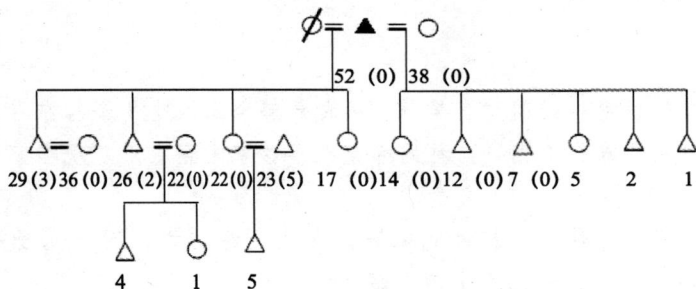

家户（4）

信息提供者：家里种旱稻，粮食够吃，现在家里有 6 头猪，没有鸡。没有送孩子上学是因为孩子们自己不愿意去。我们做家长的说也说了，打也打了，也不让他们干活，可他们就是不去上学。如果有我们自己的老师，有自己的学校（指村里），他们可能会去上学，到外村去上学，我们家长也不放心，怕孩子过河会出事。另外，到外村上学，外村的孩子也常常打骂我们的孩子，孩子常在那里受气，这是他们不愿意上学的最主要原因。

调查者：这是一个由两个扩大式家庭组成的大户，被访者一家三代 7 口人一起生活，被访者的父亲已经去世，他母亲和他弟弟一家过。他们有 5 个适龄学童，但因为本村没有学校，孩子们都失学在家。

家户（4）：2家15人

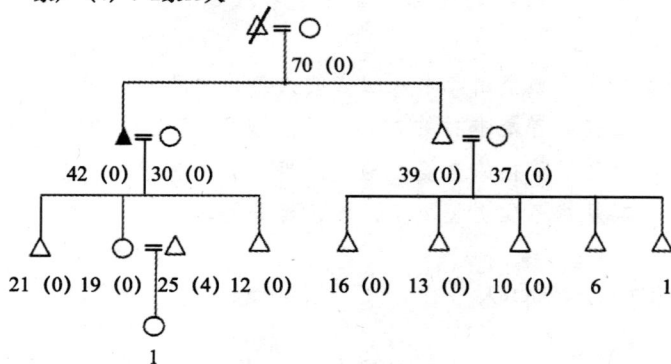

家户（5）

信息提供者：我们种有旱稻，粮食只够全家人吃 8 个月左右，余下的几个月主要靠打工糊口，种的棉花也不够家人穿衣用。现在家里养有 7 头猪、1 只鸡。

调查者：这是一个扩大式家庭，女儿已经结婚，因为儿子是残疾（严重脑瘫），所以招的是上门女婿。

家户（5）：9人

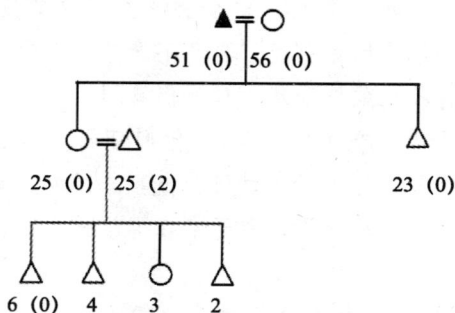

家户（6）

信息提供者：我们主要种旱稻，有一点水田，粮食够吃，种有棉花，但不够家用。现在家里养了 3 头猪、15 只鸡。两个儿子每年学费要 10 万老币，大孩子在县里上学，开销大；小的在邻村上学。

调查者：这是一个由 11 人组成的扩大式家庭，副村长带我们进入这家采访时（下午 5 点左右），被访者和他老婆正光着上身躺在地上的席子上吸食大烟。我们进去后，被访者赶忙找了条裤子穿上，而他老婆则把裙子往上提了提，遮住上身。我们采访时，他老婆在继续吸食，不时地插几句。他们家有 3 个适龄学童，都没有读书。

家户 (6)：11人

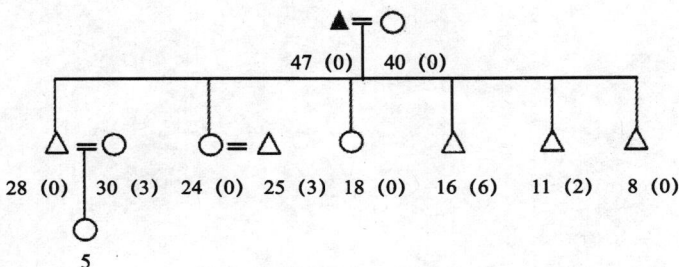

十一　孙赛（Sunsay）寨

在老挝，被称作"金地昂门"（Kim Diang Mun，意思是"住在山顶上的人"）的蓝靛瑶人主要分布在最北端的省份丰沙里（Phongsaly），而且主要散居在与中国接壤的群山之中，这里交通极其闭塞，寨与寨之间也相隔较远。丰沙里的蓝靛瑶人之所以被称作"金地昂门"是因为他们主要居住在高山上。孙赛寨是近几十年来才组成的村寨，位于"诺特乌"（Gnot-Ou）县城北面的那木乌（Nam Ou）河边，距县城仅两公里，居民主要从其他偏远的蓝靛瑶人村寨迁来。刚迁过来时，这个寨子叫"珲联"（Huilian），三年前当地政府才正式命名为孙赛。这是一个多民族杂居村，主要有阿卡人（Akha）和蓝靛瑶人，其中蓝靛瑶人有 24 户，276 人。这里的村民主要种植水稻、旱稻、玉米、棉花、黄豆、蓝靛等，由于水田少，约有三分之二的家户的粮食不够吃。与琅南塔蓝靛瑶人村寨不同的是，丰沙里的蓝靛瑶人吸食大烟的人很少。值得注意的是，该村的水质有问题，村里许多人都患有甲状腺病。在孙赛寨，我们走访了 10 户、11 家，被调查人数 85 人，其中女性 41 人（参见图 3—24）。

图 3—24　老挝丰沙里孙赛寨一角（作者拍摄于 2006 年）

家户（1）

信息提供者：我们种有一点水稻和旱稻，但收成只够吃 7 个月左右，主要靠打零工糊口。还种有一点玉米，种的棉花不够家人穿衣用。现在家里只有 2 头猪、8 只鸡。

调查者：这是一个由 12 人组成的扩大式家庭，被访者的大儿子和大女儿都已结婚，现在还都与他们生活在一起，女婿是上门的。所有的孩子都没有读过书，被访者认为孩子们去读书，就没有人挣钱买粮食吃，对于他们而言，生存第一。

家户（1）：12人

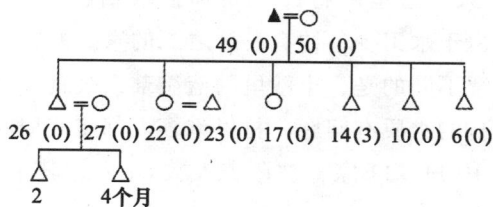

家户（2）

信息提供者：家里种有一点水稻和旱稻，但收成只够吃4个多月，其余的几个月主要靠打工糊口。我们还种有一点玉米吃。现在家里只有2头水牛、1头猪、8只鸡。

调查者：这是一个人口较多的扩大式家庭，共12人，三代人同住在一间茅草长屋里。被访者是村长，他父亲已经去世，他有8个孩子，3个儿子，5个女儿。大女儿刚刚结婚，女婿是上门的。家里有5个适龄学童，其中只有2个在读书。据他讲，打工每天只能挣15元人民币，主要到外寨打工，有时去维护公路，有时也去砍山场或帮助别家种田等换粮食养家。

家户（2）：12人

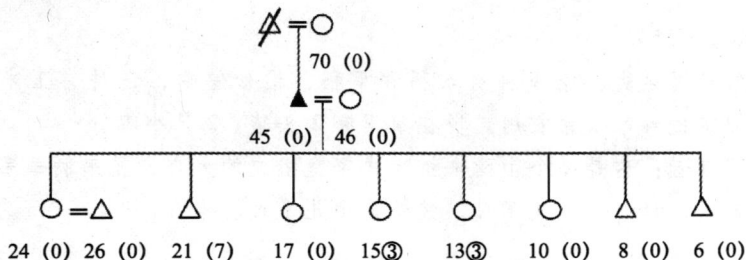

家户（3）

信息提供者：家里种有水稻和旱稻，粮食够吃，还种有一点玉米，没有种棉花。现在家里没有养猪，只有20只鸡。

调查者：这是一个不多见的扩大式家庭，被访者的两个小姨子和他们一家人生活在一起。家里的4个成年人都没有上过学，两个适龄学童，有一个在读书。他的两个小姨子在当地公路局打零工糊口，维护公路（主要是除路边的野草）。

家户（3）：7人

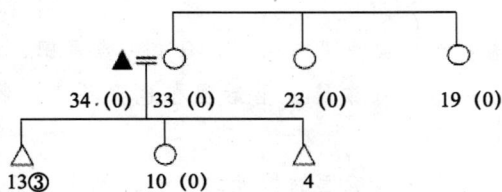

家户（4）

信息提供者：我们种有一点水稻和旱稻，粮食够吃 9 个月左右，余下的 3 个月主要靠打工挣钱买粮食吃。我们还种有一点玉米，没有种棉花。现在家里只有 1 头水牛、3 只小鸡。

家户（4）：6人

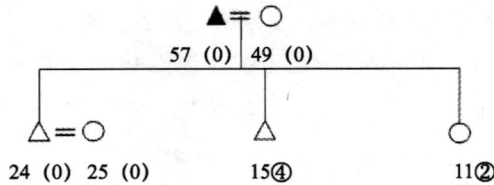

家户（5）

信息提供者：家里种有水稻和旱稻，粮食够吃，还种有玉米和棉花，棉花也够家人穿衣用。现在家里有 2 头猪、2 只小鸡。

调查者：这是一个由两个扩大式家庭组成的大户，兄弟俩每家赡养一个老人，母亲跟大儿子过，父亲跟小儿子过。

家户（5）：2家11人

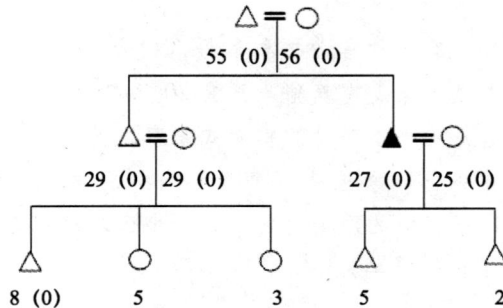

家户（6）

信息提供者：我们家里没有水田，只有一点旱田，种的旱稻只够吃 6 个月的，其余的几个月靠什么生活现在也说不上。我们家里没有养猪，也没有养鸡。

调查者：这是个比较穷困的扩大式家庭，他们一家人刚刚从一个叫作"小河边"（*XiaoHeBian*）的偏远山寨搬迁过来。

家户（6）：7人

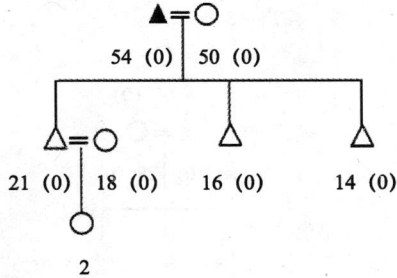

家户（7）

　　信息提供者：我们没有水田，也没有旱田，没有养猪，也没有养鸡。现在全家人主要靠给缺劳力的村民打零工吃饭。

　　调查者：这也是一个比较穷困的扩大式家庭，他们全家刚刚从一个名叫洪罗剑的偏远村寨迁来，该村寨坐落在高山上，离这里要走一天多的山路。据被访者的父亲回忆说，他们的祖辈是从中国广东迁来老挝，现已经第五代人了。

家户（7）：7人

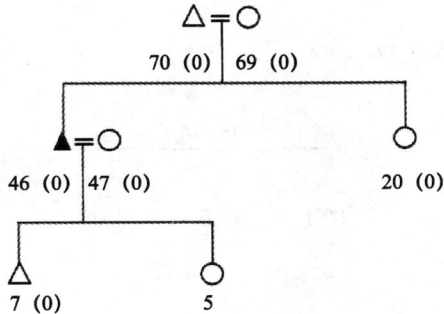

家户（8）

　　信息提供者：家里没有水田，只有一些旱田，粮食基本够吃，另外还种有玉米和黄豆，没有种棉花。现在家里只有1头猪、2只鸡。

　　调查者：这是一个人口较少的扩大式家庭，被访者的父亲已经去世，母亲多病，不能下地干活。被访者说他还没打算送女儿去学校读书。

家户（8）：6人

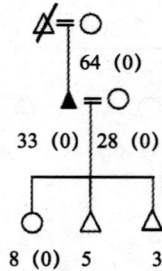

家户（9）

信息提供者：我们种有一点水田，主要种旱田，粮食够吃。还种有玉米和黄豆，卖一部分，吃一部分，没有种棉花，因为现在我们已经基本上不再织布了。现在家里没有养猪，也没有喂鸡。

调查者：这是一个核心家庭，五年前他们从一个名叫"金甸"（Kimdian）的偏远山寨迁来的。金甸位于中国边界，他们的村落坐落在高山上。金甸在那木乌河的下游，从这里要徒步两天才能到，没有通公路。两个孩子每年的学费要100多元人民币。

家户（9）：6人

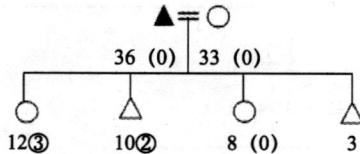

家户（10）

信息提供者：我们有一点水田，主要种旱田，粮食够吃。家里没有养猪，也没有喂鸡，前段时间寨子里闹猪瘟和鸡瘟，都死光了。

调查者：这是一个人口较多的扩大式家庭，女儿和大儿子都已结婚，女儿招的是上门女婿。儿子结婚有些年头了，但他老婆一直怀不上孩子。如果有合适的机会，他们会收养一个男孩或女孩。他们全家去年才从洪罗剑（Hong luo jian）山寨迁来。

家户（10）：11人

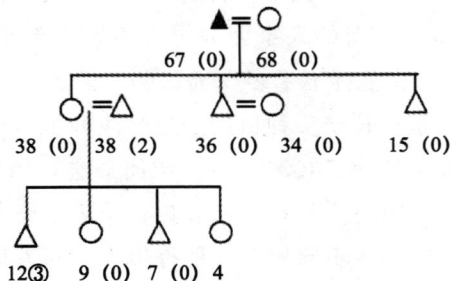

十二 塔湾（Tawan）寨

塔湾寨位于老挝省城琅南塔东北 14 公里，就坐落在通往老挝首都万象、乌多姆赛、磨丁以及中国的主干公路边，交通十分便利。该寨现有 31 户、39 家，总人口 222 人。这是一个以蓝靛瑶人为主的多民族混居的村落，主要有蓝靛瑶人、西达人（Sida）、苗人、普米人（Phumi）、克木人、叻人（Lue）和贺人（He）等少数民族，其中有蓝靛瑶人 22 户、24 家，116 人，女性 82 人。据 L. 查泽的调查[1]，1995 年该村有 23 户人家，共 137 人。据老人们回忆，他们来老挝至少已经有三代人了。传统上，他们为了寻找适宜游耕的林地而不断迁徙。1962 年在老挝政府的倡导下他们迁到琅南塔平原的边缘。较少的人口使他们依旧沿袭着他们传统的旱稻种植方式和小规模的家畜饲养。1990 年 9 月村子被一场大火焚毁，当时大人们正在山上收割旱稻。1991 年 1 月该村受到联合国开发计划署（United Nations Development Programme，UNDP）的紧急救助。从那时起，该村一直受益于一个捐助计划项目在药物和种子方面的资助。一个非政府国际组织（Non-Governmental Organization）还定期为村民免费进行健康检查。与其他蓝靛瑶人村寨一样，

---

① Chazée，Laurent（2002）. *The Peoples of Laos：Rural and Ethnic Diversities*，p. 111. Bangkok：White Lotus Co.，Ltd.

该村村民主要种植旱稻，没有水田，部分家庭也种植玉米，2005 年该村只有 3 户人家种植玉米，收成和销路都不错。因为有公司专门来该村收购，今年几乎每户都种了玉米。村里每户都种有棉花，但只有约三分之一的人家够家用，其余的人家因为男人不愿下地干活（主要是因为吸食大烟），仅靠妇女是种不了多少棉田的，因此不够用。2002 年该村开始种植橡胶树，是村长带头种植的。当时他种了 300 棵，2003 年他又种了 400 棵，2005 年他种了 1000 棵，今年他又挖了 1000 多个树坑，但还没有种。现在几乎家家户户都种有橡胶树，但因家庭条件不同，种的数量不等，有些家庭因为买不起树苗，种得很少。因为现在当地政府禁止砍伐林木新开垦田地，约有三分之二的家庭种的旱稻不够吃，其中有些仅够吃 5—6 个月的，余下的几个月全靠给本村或邻村的村民挖橡胶树坑糊口。虽然这里有中国筑路公司的采石场，但该村村民都不愿去做工，认为活太累，工钱不多（每天 35000 基普，包三餐，这实际上已经相当高了），而来这里打零工的都是那木叻寨的村民（参见图 3—25）。

图 3—25　老挝琅南塔塔湾寨一角（作者拍摄于 2006 年）

村长家

信息提供者：家里除了种橡胶树外，种的旱稻够吃，种的棉花也够家人穿衣用。现在家里饲养了14头猪，没有鸡；前段时间还有15只鸡，但最近闹鸡瘟都死光了。每学年光孩子上学的注册费就要80万基普，两个上四年级的孩子每天要步行到5公里以外的邻村学校上学，上初中的孩子则每天骑自行车到另外一个村里去上学。

调查者：这是一个由3家16人组成的大户，其中两个是核心家庭，即大女儿一家5口和大儿子一家4口；一个是扩大式家庭，即被访者夫妻俩、他们的4个未婚孩子和他岳母，共7人。两个孩子虽然已经分灶单独过，但依旧住在父母的长屋里。被访者是该村的村长，由于我们进寨子后才得知，该村正在闹猪瘟和鸡瘟，每天都有很多猪和鸡病死；更可怕的是寨子里有许多人都患有乙肝和结核病。为了安全起见，我们只在村寨里逗留了一个上午，只访问了村长一家人和该村教学点的老师。太阳落山时分，我们搭了一辆开往琅南塔方向的货车，离开了这个村寨。

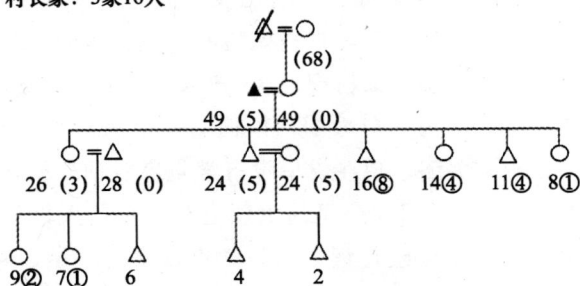

村长家：3家16人

十三 那木塔兰（Nam Talan）寨

该村在那木崆寨子的东北面，从那木崆出发，还得步行5个多小时的山路才能抵达。没有公路，只有一条羊肠小道，非常难走，就连当地人都认为出来一趟很不容易。由于交通问题，我们没有去这个寨进行实地调研。但是，我们先后访谈了5名出来走亲戚的村民，据他们的讲述，该自然村只有 12 户蓝靛瑶人，80 多人。寨子里有一个教学点，只开设 1—3 年级的课程。在距其 1 公里外还有一个克木人村落，那里有一所中心完全小学，开设 1—5 年级的课程。据这几个村民反映，这两个自然村虽然住得很近，但关系一直不好，经常因争夺生存资源而发生冲突，甚至有过几次寨与寨之间的群体械斗。现在蓝靛瑶人家长宁可想法让孩子到其他村寨甚至省城琅南塔去读四年级，也不在该村读书。那木塔兰教学点只有一个教师，是黑傣人，我们有幸采访了他。据他讲，邻村是克木人的聚落，那里有学生到琅南塔读初中的，但蓝靛瑶人村却一个也没有。他们读完三年级后，便辍学在家务农了。

那木塔兰的村民主要种水稻，旱田里只种黄瓜或南瓜或玉米。水田种的谷子基本上够吃，几乎没有人卖余粮，因为交通极其闭塞，就是有余粮也卖不出去。

十四　那木肯雅（Nam Kenyay）寨

由于过于偏远，山路难行，我们也没能到达这个山寨进行实地调研。但是，我们还是访谈了 3 名来自该村的村民，他们也是来我们所在山寨走亲戚的。据他们讲，该村现有 13 户人家，82 人。这里的适龄学童现在都无法上学，因为人口太少，以前有一个教学点，只有 1—2 年级，但 3 年前该校被关闭。现在村里没有学童愿意到外村寨上学，适龄儿童失学率 100%。距该村 5 公里的山顶上有一个苗人村寨，那儿有一个教学点，但没有蓝靛瑶族儿童去该教学点读书。一是山路特别难走，孩子不愿意去；二是蓝靛瑶人与该村的苗人之间的关系也不和谐，经常因土地或水资源问题发生争执和冲突。所以蓝靛瑶人家长们也都不愿意自己的孩子到苗人的村里去读书。

以上我们从人口、生计手段、婚姻状况、家庭规模、教育程度等不同层面比较翔实地展示了蓝靛瑶人山寨的情况。通过人类学传统的资料收集方法——谱系法，我们绘制了每一个被调查家庭的谱系图，从中我们可以比较清晰地看到这些家庭有关人口、性别、年龄、婚姻状况、家庭规模、受教育程度等方面的情况；通过家庭图谱上面的文字，我们可以比较详细地了解这些家庭的生活状况，其中有来自信息提供者的口述与想法，也有调查者的评析与观点。

在老挝调查期间，笔者一共走访了 12 个蓝靛瑶人村寨，其中 10 个分布在琅南塔，1 个在丰沙里（Phongsaly），1 个在乌多姆赛。琅南塔的 10 个被访蓝靛瑶人村寨主要分布在南塔区，大多数位于河流或溪流附近，海拔大都在 800 米以下，具体分布详见图 3—26。

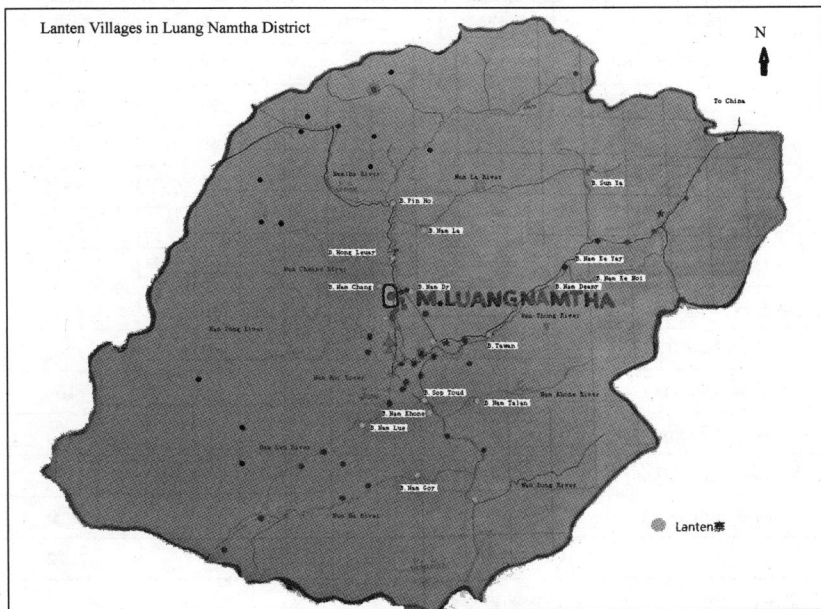

图 3—26　蓝靛瑶人村寨在老挝琅南塔分布图
（来源：根据老挝琅南塔教育厅提供的地图绘制）

由于时间及其他因素的影响或限制，有些村寨，我们挨家逐户地进行了访谈，有些村寨，我们只访谈了一部分家户。本次实地调查的重点是蓝靛瑶人的学校教育状况，因此，我们主要走访了村寨中那些有适龄学童的家户。我们研究的对象"金地门"主要分布在琅南塔省的南塔区，因此实地调研主要集中在这个地区，我们走访了该区 15 个蓝靛瑶人自然村寨中的 10 个；乌多姆赛省只有 2 个蓝靛瑶人村寨，我们走访了其中的 1 个村寨，即那木峒寨；由于本研究主要关注被称作"金地门"的蓝靛瑶人，因此对于丰沙里的"金地昂门"，我们只选择了一个村寨进行了调查。在这 12 个村寨中，我们重点调查了那木仃寨、那木克诺伊寨、那木崆寨、塞普嘟寨和洪垒寨，被调查村落、家户与人口情况详见以下表格。

表3—1：　　　　　被调查村落、家户与人口情况一览表①

村寨	家户数	家庭数	人数	户平均人数
那木仃（Nam Deany）	24	25	179	7.46
那木克诺伊（Nam Ke Noi）	36	36	229	6.36
那木崆（Nam Khone）	25	25	160	6.4
那木叻（Nam Lue）	28	35	244	8.71
塞普嘟（Sop Dute）	22	26	169	7.68
那木迪（Nam Dy）	13	18	109	8.38
洪垒（Hong Leuay）	17	21	142	8.35
那木昌（Nam Tchang）	16	18	128	8
塔湾（Tawan）	1	3	16	16
酸亚（Suanya）	5	6	31	6.2
那木峒（Nam Thong）	6	10	76	12.7
孙赛（Suanya）	10	11	85	8.5
总计	203	232	1568	7.72

（来源：2007 年根据本人实地调查数据绘制）

在人类学家研究的社会中，最常见的是扩大式家庭，即由一对夫妇和她们的已婚子女及其子女所组成的家庭共同生活在一起或由两个或两个以上已婚兄弟及其子女组成的家庭。人类学研究发现，扩大式家庭主要存在于定居农业社会，因此，经济因素是形成这种家庭形式的主要原因，扩大式家庭可能是阻止家庭财产分散的社会机制。此外，扩大式家

① 家庭统计数原为 235，本表格略去了 1 户西达人家庭；总人数原为 1602 人，本表格略去了那些虽被统计却已经离开村寨的人。

庭也是人类应对险恶自然环境和社会环境的调适方式，因为在这样的环境中，单凭核心家庭的力量是无法生存下去的。从上述蓝靛瑶人的家庭案例中我们可以清楚地看到，老挝蓝靛瑶人仍以扩大式家庭为主，约占被调查家庭的 62% （145 家），家户人口平均数为 7.72，家庭人口平均数为 6.7。

第 四 章

蓝靛瑶人的日常生活与生计活动

　　蓝靛瑶人主要生活在老挝北部山区，目前（2006 年）大多数蓝靛瑶人仍以刀耕火种的粗放农业为生，过着"日出而作，日落而息"的田园式生活。尽管世界商品经济的浪潮已经波及老挝北部的各个村寨，但蓝靛瑶人似乎依旧生活在前工业社会里，虽然部分蓝靛瑶人村寨坐落在交通便利的公路边，但现代经济似乎对他们并没有产生多大影响。

第一节　蓝靛瑶人山寨一日纪实

　　凌晨 4 点左右，蓝靛瑶人山寨便在晨雾中慢慢苏醒。这时，寨子里的某一只公鸡开始打鸣，紧接着，全寨的公鸡便会一个接一个地鸣叫起来，新的一天就要开始了。随着公鸡的鸣叫声，那些醒得较早的人们便开始说话，主妇们开始起床，随之就可以听到有人在淘米，有人在劈柴，妇女们开始生火做饭。大约 5 点左右，寨里的绝大多数人都已经起床。在蓝靛瑶人的大家庭里，似乎每个人都有自己的活儿，有的做饭，有的挑水，有的喂猪、喂鸡，无须家长去吩咐，大家都知道自己该干什么，一切都显得井然有序。在蓝靛瑶人的茅草屋里，除了铁锅、水缸外，他们几乎不使用外界的现代商品。虽然有些人家里也有几个小瓷碗，但很少使用。他们也很少使用外界的日常用品，也不去市场买食油，因为他们平日里基本上不吃炒菜。唯一必不可少的外界商品是食盐，这是每家都不能少的，再穷的家户也有些盐巴（参见图 4—1）。

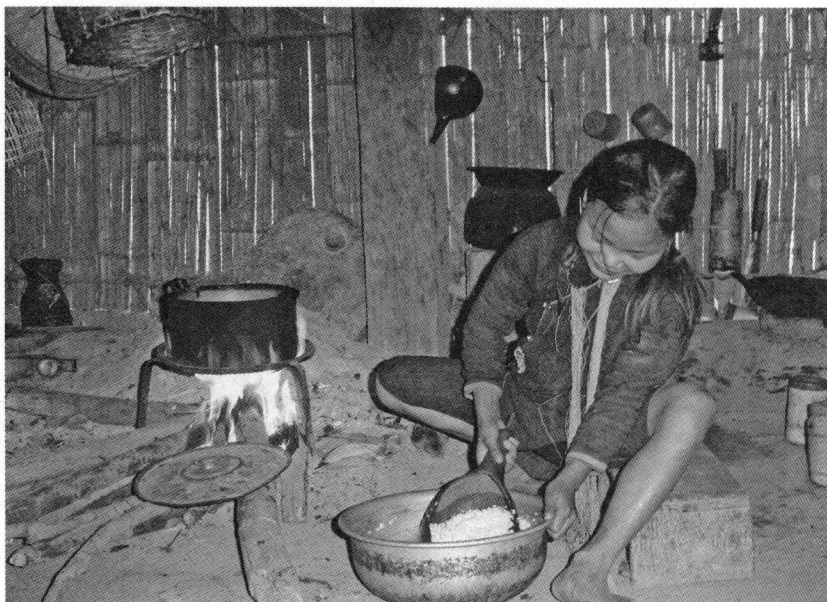

图 4—1 蓝靛瑶人小女孩在淘米做饭（作者 2006 年拍摄于老挝那木仃寨）

在蓝靛瑶人村寨，每天早上起床后，都会发现整个山寨都被浓浓的大雾所笼罩，能见度不足 10 米，天地浑然一体，分不清东南西北，仿佛整个宇宙间只有那么几间低矮的茅草屋似的，再多往前走几步就会从地球上摔落下去，让人心里发慌，有一种远离人群、与世隔绝的恐慌感。也许这只是一个外来者的感觉（参见图 4—2）。

此时，地面的小草上挂满了露珠，潮气很大。这个时候最忌下田地或走进树林，因为小草上粘满了吸血虫，也就是人们常说的蚂蟥。老挝北部山区的蚂蟥特别大，饥饿的蚂蟥约有两厘米长，等它吸足血后，足足有小拇指那么大，软绵绵、鼓囊囊的，让人看后即刻便会起满身鸡皮疙瘩。如果你没有经验，一大早起床后便往林子里跑……去解急，回来后就会发现只穿着拖鞋的脚面上爬了十几条软绵绵的扁形小虫，但没有丝毫感觉——这是最可怕的。刚刚爬上身的蚂蟥，可用手将其轻轻摘去就行了，但如果它们已经进入了皮肤，千万不能急于将其拔出。那样会把它拽成两截，留在皮肤里的就很难取出来了。当地人常用的方法是，

图4—2　晨雾逐渐散去的蓝靛瑶人村寨一角
（作者 2006 年拍摄于老挝琅南塔那木仃寨）

用软底子拖鞋轻轻拍打伤口的上方，将其拍打出来。

　　在山寨里，猪和狗都是散养的，它们成天在村里和树丛中巡视，寻找一切可以食用的东西。如果早上起床后，你往村边树丛中走去，肯定会有一两只狗或几头猪紧跟着你，在你方便时，它们会不耐烦地在离你不远的地方守候，不时地叫几声，提醒你尽量快点。等你起身离去后，它们会马上处理你丢下的"垃圾"，把地面打扫得干干净净。几年前曾有非政府国际组织山寨改善蓝靛瑶人村民的卫生环境，他们按照自己的想法和文化观念，给每家都修了一个水泥蹲坑厕所，想以此来改变蓝靛瑶人几百年来在野外方便的习惯，而且深信他们为村民们做了一件很有意义的好事，但他们万万没有想到的是，他们花钱雇人修建的水泥蹲坑不仅没能改变蓝靛瑶人方便的习惯，而且占去了村里的许多土地，至今一个个水泥蹲坑依然裸露在村里，反而更加影响了山寨的容颜，污染了生态环境。实际上，在山寨里，修建茅厕有许多问题，一是一家人都将大小便集中在一个茅坑里，需要人不断清理，而且气味特别大，容易招苍蝇；二是蓝靛瑶人没有用大粪作肥料的传统，他们世代生活在群山峻岭之中，过着游耕生活，树丛中随处都可以大小便，所饲养的狗和猪是天生的尽职尽责的清洁工，它们会及时地把地面上的粪便处理得干干净净，小便则会渗入泥土里，一点都不会影响村寨周围的环境。实际上，非政府组织修建的那种茅坑，每次用完后还得用水冲洗，村民们哪有那闲功夫。在他们看来，那根本不是人类要做的事情（参见图4—3）。

图4—3　非政府国际组织在老挝蓝靛瑶人村寨修建的、已被废弃的水泥茅坑（作者2006年拍摄于老挝琅南塔那木仃寨）

　　大约6点钟左右，当太阳升起后，浓雾才慢慢退散，几乎每天都是如此。在老挝北部山区，清晨的大雾预示着一大清早便是阳光明媚的大晴天。早晨7点左右，那些要下地干活的人便开始吃饭，而那些留在家里的老人和孩子们则要晚一些才吃早饭。那些家里粮食不够吃的家户，早饭通常都是玉米或木薯；家里条件好的，一般都是煮一大锅米饭，放在三角架边，谁先起床谁就先吃，用木勺将米饭盛在芭蕉叶上，撒些食盐在米饭上面，用手抓几把包起来吃，不需要一家人做在桌边一起吃饭。可以坐在火塘边的小竹凳子上，也可以站着吃，也可以边走边吃（参见图4—4）。

图 4—4　把米饭盛在芭蕉叶片上，用手抓食
（作者 2006 年拍摄于老挝琅南塔洪垒寨）

　　总之，通常都不用挂在屋顶上的竹编小圆桌，只有来客人或遇到节日时才偶尔将饭桌拿下来摆在地上用。吃完早饭后，各自再用芭蕉叶包些米饭，撒些盐巴，用竹篾扎起来带到山场去，这就是午饭。条件稍微好点的家庭，可能会有半瓷碗剁碎的红辣椒，里面放些盐，将其捣碎，用以下饭。条件再好点的，可能会从火塘上方的凉竿上切下一小块腊肉或腊肠，用竹片夹起来，在明火上烧烤数分钟，用来佐餐。有些家户用竹筒做米饭，这样带午饭就方便多了，直接把竹筒带到山场去。值得注意的是，这里有的是田地，雨水充沛，气候又适宜，一年四季都可以种蔬菜，可村里却没有人家种菜。绝大多数村民平时都不吃什么蔬菜，有些人家偶尔会到山林里去采集些新鲜竹笋回来，或是烧烤蘸盐水吃，或是用清水煮来吃，很少有人家炒菜吃。

　　早上 8 点左右，尽管地面还很潮湿，但人们已经开始带着午饭、背着砍刀三三两两地陆续向各自的山场走去，一天的劳作开始了。依据不同的时节，村民们从事着不同的劳动。由于大多数山地比较远，中午他们通常都不回来，在山地或丛林里吃自带的午饭。等村民们都去山场之后，寨子里就剩下走不动的老人、辍学的孩子和那些还没有上学的孩童了。在赤道烈日骄阳的照射下，他们大都躲在屋檐或树荫之下纳凉，那些趴在哥哥姐姐背上的婴孩此时也大都歪着脑袋睡着了；那些清晨还在四处觅食的狗儿也都趴在阴凉处，无精打采地吐着火舌，即便是听到什么响动，它们也懒得再叫一声。热带丛林中的寨子此时显得格外寂静（参见图4—5）。

　　寨子里大多数人家白天上山做工都不锁门，许多竹篱门上也无法安装门锁，人们外出时，只是转动一下门外的转动把手，从里面把门拴上，以防家畜家禽进屋捣乱。一般情况下，村民见门是拴上的，屋内又没有人说话，便不会开门进屋，也有人会在门外喊两声，如果没有应答，便会自觉离去。但近些年来，寨子里也出现过个别偷盗现象，致使那些相对富裕些的人家不得不留人守家或给门上锁。而那些家里人手不多，家里又没有什么值钱东西的人家，则把现金之类的贵重物品存放在亲戚家里。一般是以小木盒子的方式存放，再加把小锁。村里几乎每家人都有亲属，因此，不愁没有存放东西的地方。可以看出，在那些距现代城镇比较近的蓝靛瑶寨子，过去那种"夜不闭户，路不拾遗"的古朴传统正在日渐消失。

图4—5　清晨准备出工的蓝靛瑶人妇女们，她们背着传统的背包，里面装着午饭；有的还没吃早饭，手里还拿着芭蕉叶，上面就是早饭（作者2006年拍摄于老挝琅南塔那木崆寨）

　　在大多数蓝靛瑶人山寨里，平日里闲在家里的大人或小男孩，会去村边的小河去捕几条小鱼回来，放在香蕉叶子里，加点食盐，包好后埋在火炭里，几十分钟后刨出来食用，可算是当地的一道美味菜肴。当地捕鱼使用一种特殊的、以橡皮筋为动力的射枪（这种射枪是他们自己发明的还是由其他文化区传播来的就不得而知了）。另外，捕鱼还需一副潜水眼镜，这些都是他们从琅南塔市场上购买回来的。遗憾的是，现在能够捕到的鱼儿越来越少了。

　　捕鱼通常是男孩的事情，而到小河里去捞洗河藻，即小河里石头上生的绿色青苔，则是小女孩常做的事。如果家里来了客人或实在需要什么菜肴佐餐的话，家里的小女孩就会到村边的小河里捞河藻，然后就地将其搓洗干净，拿回来加点粗盐炒着吃。在没有其他任何菜肴下饭的情况下，河藻的味道还算不赖。如果小女孩做事不那么细心，吃的时候可得小心咀嚼，因为常常会吃出沙粒或小石子来。另外，吃这种河藻时，不能细细地品味，否则会感到多少有点腥味。

图4—6　蓝靛瑶人小女孩在小河里摘洗河藻
（作者2006年拍摄于老挝琅南塔那木仵寨）

下午 2 点钟左右，当笔者正蹲在地上记笔记时，进来一个青年男子，约莫 40 来岁，他坐在床边，眼睛盯着笔者那硕大的旅行包看了好一会儿，又看了看笔者，然后与房东主妇说了些什么，好像是在问笔者是谁、从哪里来、来这里做什么等。随后，他递给女主人一大把基普，女主人便溜进了小屋，过了一会儿，只见她拿出烟具，那男子便躺在笔者睡觉的板床上开始吸食大烟，好像笔者这个"外国人"根本不存在似的。看来他是"迫不及待"了，他娴熟地点燃小灯、碾磨鸦片、搓揉鸦片小球，灵巧地转动着烧红的小铁杆，随后死命地吸食了一口，过了许久才慢慢地吐出了一点点淡淡的烟雾，他吐烟的样子惬意极了。

下午 4 点多，人们便陆陆续续从村寨四周的丛林中钻出来，背着一些干柴或扛着几根竹竿，回寨子了。背柴通常是妇女的事，男人们可能会扛几根竹竿或拎着山雀等小野味回家。当然，只有运气极佳的人才有可能猎捕到山雀、山鼠、兔子等小野味。对于那些去山场干活的男女来说，回到家里要做的第一件事情，就是去村边的小河里洗澡，除非天气特别不好。琅南塔、乌多姆赛和波乔的蓝靛瑶人村寨大都保留着男女老幼在村边小河里同浴的风俗，据说这一习俗已沿袭百余年了。几乎每天下午 5 点左右，都有三五成群的男女在一起同浴。这也是村里人，尤其是妇女们议论村里逸事的最佳场所。她们往往一边洗澡一边聊天，一天的劳累与满身的尘埃都会在这轻松而快乐的情境中消失殆尽。通常情况下，只有儿童才完全裸泳，成年男子至少要穿内裤，妇女则要穿她们专门用于洗澡的宽大"筒裙"（参见图 4—7）。

沐浴完之后，妇女们便开始准备晚饭；男人们要么修补修补茅屋，要么磨磨砍刀，或者到邻居家的门前去侃大山；孩子们则在村寨里的空旷地带追逐嬉戏，大点的孩子背着小弟弟或小妹妹，也混在其中，开心无比，叽叽喳喳闹个没完，这是村寨里最有生气的时刻。晚饭同样是米饭，通常都是糯米饭，大家各吃各的，很少有全家人围坐在饭桌一起吃饭的情景。晚饭过后，家人围在火塘边聊聊本村或邻村的新鲜事儿，随后多数村民便熄灯上床睡觉。如果村寨里哪家来了亲戚，而且还是个"帅哥"或"靓女"，村里的青春男女便会结伴来到这家聊天（如果是"帅哥"，来的大都是女孩；如果是"靓女"，来的大都是村里的男孩），看是否有机缘得到来访者的青睐，这有点像中国南方少数民族村寨里流

图4—7 洗去尘埃与疲惫（作者2006年拍摄于老挝琅南塔那木仃寨）

行的"坐妹"习俗。

大多数蓝靛瑶人村寨都没有通电，天黑之后，各家就点起了小小的煤油灯，除了这点亮光外，茅草长屋里漆黑一片。晚上八点左右，只有主妇的小房间里有一点微弱的灯光，光线是从竹板墙的缝隙中透过来的，在黑暗中隐隐约约地可以看到主妇正侧着身子躺在凌乱的床上吸食大烟。不久又进来一位中年妇女，她径直走进小屋，也开始吸食起来。过了一会儿，几个出去串门的小孩陆续回来，孩子们对大人们躺在床上吸食大烟的行为可能早已习以为常，看都没看一眼便径直走向各自的床铺和衣睡下。等家人都睡下之后，多数主妇还要忙着往竹筒里灌米，然后将竹筒放在屋内的火塘上烧烤，准备家人明天带去山场的午饭。

山寨里的黑夜非常宁静，加之这里的茅草屋或木板房四面漏风，夜间谁家说话的声音大点，半个寨子的家户都可以听到。晚上9点多还看到有些家户亮着油灯，还可以听到有些人在聊天，随后一盏盏灯便逐个熄灭，人们说话的声音越来越少，越来越低，渐渐地整个村寨被黑夜吞噬，万籁寂静，奔波劳累了一天的人们进入了梦乡。

第二节 蓝靛瑶人生活中的信仰与仪式

信仰与仪式活动是老挝北部山区蓝靛瑶人日常生活的重要组成部分。与其他苗—瑶语族一样，蓝靛瑶人信奉多神与道教。他们既祭拜家神和祖先，也崇拜诸如天神、土地神、水神、树神等自然神灵。在蓝靛瑶人村寨，最重要的神祇是寨神和家神。每一个蓝靛瑶家庭都设有供奉家神的神龛。对于蓝靛瑶人而言，对鬼神和灵魂的信仰是其生活不可或缺的一部分。在他们看来，每个人都有几个灵魂，这些灵魂分别寄居在人体的不同部位。蓝靛瑶人民间认为，瑶族人有 11 个灵魂，蓝靛瑶人女人有 24 个，男人有 23 个灵魂①。

蓝靛瑶人除了信仰古老的道教外，还盛行祖先崇拜。蓝靛瑶人这种集古老道教信仰、鬼神信仰和祖先崇拜的信仰体系，使其具有自己的独特性，在某种程度上有别于其他民族的信仰。

一 蓝靛瑶人信仰的神灵

在蓝靛瑶人山寨，村民普遍相信，万能的神灵掌控着人世间万物的命运，规定着人们日常生活中的行为规范。每一个神祇都有其各自的保护作用，人们必须无条件地尊重神祇的习性。冒犯了神灵的人必须举行仪式来进行赎罪，以免当事人或他的家人乃至他所在村落遭受灾难。人和神灵之间的媒介是鬼师，当地人称赛曼，他的角色是将人们的愿望上传给神灵，并传达神灵的旨意。在蓝靛瑶人的日常生活中，重要的神灵有家神、村神、天神、森林神、盐地神、无花果树神等。

在蓝靛瑶人村寨，家神是最受人们崇拜的神祇。它的作用是保护家人，蓝靛瑶人确信，只要人们向家神提供充裕的供品，它就能保护家人

---

① 另参见 Chazée, Laurent（2002）. *The Peoples of Laos: Rural and Ethnic Diversities*, p. 108. Bangkok: White Lotus Co., Ltd。

的平安。从某种意义上说，对家神的信仰在精神层面上将活着的家人与已故的先祖联系在了一起。蓝靛瑶人村民每年都会依据家庭需求或村里仪式专家的要求，不定期地举行各种祭拜家神的仪式，以求家庭太平。虽然蓝靛瑶人家里没有祖先牌位，但都有供奉祖先的简陋祭坛（参见图4—8）。

图4—8　蓝靛瑶人茅草屋内的简易神龛
（作者2006年拍摄于老挝琅南塔那木仃寨）

祭拜家神的仪式通常是在家庭范围内举行的，由村里的赛曼主持。如果家庭遭遇其他灾难，赛曼还可以为他们举行其他祭祀仪式。赛曼通常是以击鼓的形式来请神的。

祖先神备受尊敬，它代表着父系继嗣的延续。虽然没有规定每年一定要举行祭祀仪式，但每户人家都会举行祭拜祖先的仪式。对于蓝靛瑶人的家庭来说，祭祖是一项非常重要的活动，通常要邀请几个有名的赛曼主持，举行长达五天之久的献祭仪式（参见图4—9到图4—13）。

第 1 天，在赛曼的指导下，设立祭祀法坛，即在一张小桌子上竖起一个网状竹编架子，然后把写有咒符和剪有各种图案的竹质彩色粗纸粘贴在架子上。在蓝靛瑶人看来，这些纸质彩色咒符与图案具有吉祥、兴旺、财富、安康等象征寓意。

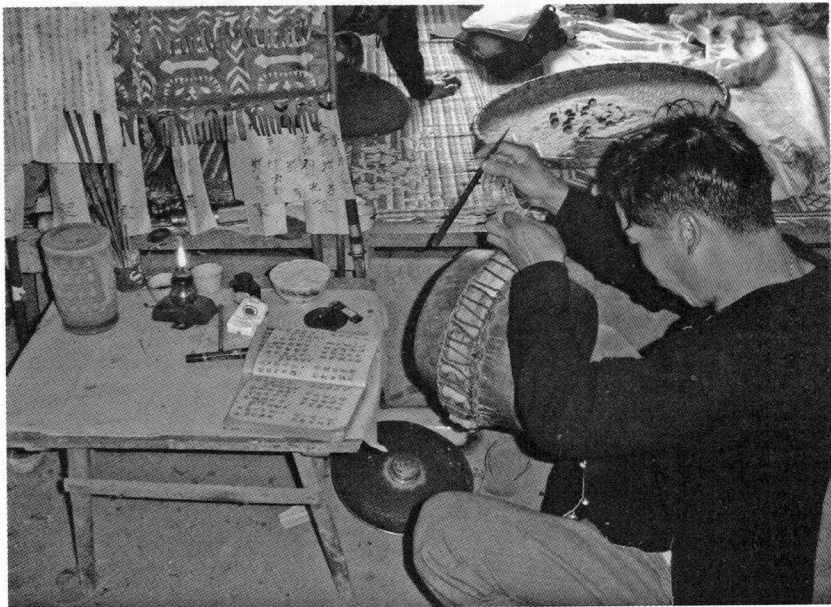

图 4—9　蓝靛瑶人赛曼在神坛前击鼓请神
（作者 2006 年拍摄于老挝琅南塔那木克诺伊寨）

根据经书的内容，在夜幕中，一位德高望重的赛曼离开自己的家，前往举行仪式的家户。他代表着祖先神，身着丝绸长袍，头戴木雕面具，手拿拐杖、摇铃和木鼓。他一路走一路击鼓，吟唱经文。当他走进举行仪式的家户时，这家人要宰杀两只鸡，象征性地献给祖先神，仪式结束后这两只鸡归赛曼所有。此时，仪式通常由多位赛曼主持，其中一位面对法坛，根据另一位赛曼咏诵的经文有节奏地击打着小木鼓，二者配合默契。第三个赛曼，在法坛前焚烧红、绿、黄三色竹质粗纸，拜祭祖先神，歌声彻夜不断。

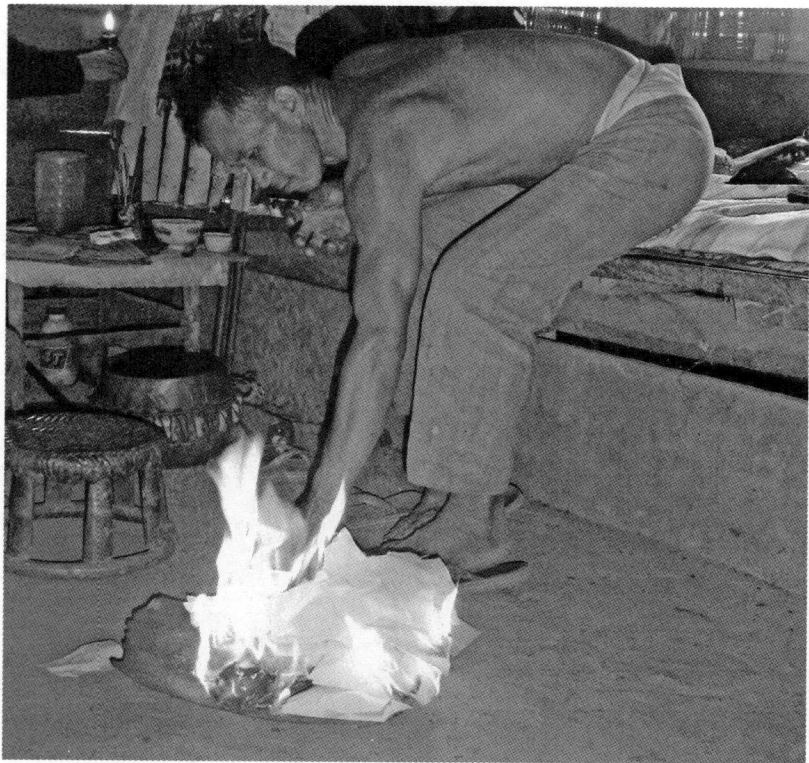

图4—10　赛曼在法坛前焚烧彩色竹质粗纸，祭祀祖先

（作者2006年拍摄于老挝琅南塔那木克诺伊寨）

　　第2天清晨，主家在茅草屋前搭建一个五边形的场子，用白色棉布将其围裹起来，五根柱子代表已死去的先祖。这个五边形的场子象征着囚禁室，将祖先神关在里面。里面燃亮一盏煤油灯，给祖先神照明，好让它们享用供品——三色纸。待它们享用完毕，赛曼把它们放出来，这样它们就可以返回天堂了。在场子附近竖有一根竹竿，上面飘挂着用汉字书写的五代先祖名单的纸条。

　　第3天，在茅草屋前的一张小桌子上摆上用三色彩纸包裹的糯米团。赛曼身着长袍，头戴面具，手拿一根象征武器的棍子，召唤神灵前来享用米团。神灵享用完祭品之后，赛曼将米团撒向四方。仪式仍在茅屋内戏剧性地进行着。人们跳着舞，每个人的身上都标有数字，代表这家人的男子数。这个舞蹈的内容还包括一项相互传递一只布洋娃娃的仪式，象征着男女祖先神之婚配以及九月怀胎。等到婴儿降生后，人们给布洋娃娃洗澡、喂奶，然后将其交给主家的妻子。这个仪式象征着主家人丁兴旺，子孙满堂。

第 4 天，主家宰杀 4 头猪，祭拜男女祖先神、家神和赛曼的师傅。赛曼通过观察猪肝的形状、位置和大小来占卜吉凶。如果结果是凶，可以通过增加祭品进行化解。如果宰杀的是猪崽，就把猪头挂在门口；如果是大猪，便把猪肝挂在门口。此外，还要杀两只鸡祭拜已故父母。随后撤去竹架，宴请邻里。

第 5 天，主家要给每一位赛曼送一只猪蹄，以示答谢。

图 4—11 蓝靛瑶人赛曼穿的丝制长袍（正面）
（作者 2006 年拍摄于老挝琅南塔那木克诺伊寨）

图4—12 蓝靛瑶人赛曼穿的丝制长袍（背面）
（作者 2006 年拍摄于老挝琅南塔那木克诺伊寨）

在蓝靛瑶人的屋中往往会看到一种白纸剪的小人，在当地叫"遂曼"（Suiman），是家里的守护神，共有五个，它们分别守护着东、南、西、北、中五个方位，它们依次是"当遂"（Dangsui）、"曼遂"（Mansui）、"鸠遂"（Jiusui）、"关遂"（Guansui）和"宫曼"（Gongman）。它们是赛曼在给家人医病做鬼时贴在墙上的（参见图4—13）。

村神在蓝靛瑶人的信仰体系中也占有重要地位，其职责是确保各个家神之间能够和睦相处，保护各家的庄稼免受各种自然灾祸的破坏，但

图4—13 蓝靛瑶人称作"遂曼"（Suiman）的家神
（作者2006年拍摄于老挝琅南塔乌多姆赛那木峒寨）

是其护佑的程度是与村民们对它的态度相关的。在蓝靛瑶人村寨，村神受崇拜的程度仅次于家神。

天神与蓝靛瑶人的起源有关。它护佑着所有蓝靛瑶人及其庄稼，并能排解所有问题。在蓝靛瑶人的心目中，天神的地位很高，但没有家神和村神那么重要。蓝靛瑶人通常在每年的3月2日祭祀天神。这天村民不下地干活，禁止砍伐树木。按照蓝靛瑶人的习俗，在寨门前挂有方形网状竹编，以示禁止外人入寨。主持仪式的家户要宰杀一头猪，其他家户每家出一只鸡，由赛曼观察猪肝占卜，随后举行祭拜天神仪式①。

据L.查泽的调查，蓝靛瑶人还信仰无花果树神。人们对其十分敬

---

① 另参见 Chazée，Laurent（2002）.*The Peoples of Laos：Rural and Ethnic Diversities*，pp. 120 – 123. Bangkok：White Lotus Co.，Ltd。

畏，因为冒犯它可能会招致家破人亡。无花果树神是丛林和生活在丛林中各种动植物的保护神。当人们选好了要开垦的林地后，人们必须先祭拜无花果树神，如果林地中有无花果树，不能砍它，也不能放火烧它。无花果树林是不能被开垦耕种的。如果在开垦的林地中有一棵大无花果树，蓝靛瑶人在砍伐和焚烧其周围的其他树木之前，传统上要先举行仪式祭拜这棵树。如果在烧山时因火势无法控制而烧伤了无花果树，人们必须马上请求饶恕，并立即举行赎罪仪式。如果得不到无花果树神的宽恕，冒犯者不久便会进入神经狂乱状态。据说，1982 年，"塔伐克"（Tafak）寨的一位老人不慎烧伤了一棵无花果树后，没有举行赎罪仪式表示忏悔，结果他不久便进入了神经狂乱状态，经一番狂喊乱叫之后便死去，他的孩子也都精神失常，村民们杀了一头牛献祭后，孩子们才躲过一劫，总算保住了性命①。

据本人在老挝北部山区的调查，蓝靛瑶人普遍信仰鬼神。费斯（Phii Si）鬼是指人死后，头变成"屎壳螂"虫，专门吃各种动物的粪便。传说它们吃饱后返回时，如果用竹笋叶盖住那死人的脖子，费斯鬼就会找不到家，不久便会死去。这种鬼一般不会危害健康的人，喜欢吃伤者的患处的脓肿血块。

另一种鬼叫费波普（Phii Bop）鬼，往往寄住在某些人体内，那木昌的蓝靛瑶人确信邻寨一个普诺族（Punoi）男人体内就有费波普鬼。如果寨子里有人生病，它们往往认为是费波普鬼因该家人没有满足鬼魂的要求而造成的。蓝靛瑶人相信，如果这个人想吃哪家的鸡或小猪崽而得不到满足（人只是想想而已，去真正享用的则是费波普鬼），该家肯定会有人生病。其征兆是当费波普鬼想吃哪家的鸡或猪崽时，它就会附体于该家某个人体内，这个人会向家人说想吃什么。如果它的要求得不到满足，费波普鬼就会使此人生病。笔者的一位蓝靛瑶人信息提供者十分肯定地说，他家曾有三个孩子被费波普鬼害死，其中有一个都上小学二年级了。

---

① 另参见 Chazée, Laurent （2002）. *The Peoples of Laos: Rural and Ethnic Diversities*, p. 120. Bangkok: White Lotus Co., Ltd。

二 蓝靛瑶人的各种驱魔仪式

信仰与仪式密不可分，它们总是形影相伴。在如蓝靛瑶人山寨之类的传统乡民社会，有时候我们真的很难区分哪些活动归属于信仰，哪些活动又是仪式。有鉴于此，我们不想就它们之间的界限争论不休。以上就蓝靛瑶人信仰的主要神祇进行了简要介绍，使我们对他们的信仰体系有了一个大致的了解。下面对蓝靛瑶人繁杂的驱鬼仪式进行概要描述，希望我们在了解其信仰体系的基础之上，通过其驱鬼治病等仪式，进一步加深我们对其精神世界的了解。

巫术信仰或仪式在蓝靛瑶人的日常生活中占有重要地位。巫术是人们为达到善意或恶意的目的而操纵超自然力的一种行为方式。在蓝靛瑶人村寨，每当发生疾病或瘟疫，人们总会首先求助于无所不能的神祇，并通过人与神之间的中介赛曼来完成人们的祈愿。赛曼在一个盛有水的盘子上搭一根木棍，沿木棍撒一些稻米种子，然后观察到底触犯了哪路神。仪式因触犯的神灵不同而不同，触犯了小神就举行小型仪式，如果触犯了家神或寨神等神灵，就得举行大规模的仪式①。

我们在那木崌寨考察期间，去一家采访时，见屋里摆着法坛，准备请赛曼做法事，一问才知道，是主人的关节疼痛，他确信是恶鬼在作祟，所以特意请赛曼来请神驱鬼。村长告诉我们，这种情况在蓝靛瑶人山寨很普遍，人们生病后，由于交通不便，距离医院太远，人们往往求助于村里的赛曼请神驱除病魔。虽然他们平时非常节俭，但对于请赛曼"做鬼"是从不吝啬的。大仪式要杀牛杀猪，小仪式则杀鸡，同时还要给赛曼一定数目的报酬。

根据 E. 埃文斯—普理查德 （E. Evans-Pritchard） 对阿赞德人（Azande）巫术信仰的研究，巫术不是用来解释诸如违反了禁忌之类缘

---

① 另参见 Chazée, Laurent （2002）. *The Peoples of Laos: Rural and Ethnic Diversities*, p. 125. Bangkok: White Lotus Co., Ltd。

由显见的事，而是用于解释日常生活中许多人们无法解释的现象①。与许多乡民社会一样，在蓝靛瑶人山寨，很多疾病、死亡、意外事故都需要解释。由于许多现象无法解释，人们只得求助于超自然力。田野调查期间，那木厅村寨的一个村民在村中砍伐树木时不幸被一棵大树砸伤了头部，伤势相当严重。当时副村长正在和我们一起商量如何去另一个蓝靛瑶人村寨调查的事，跑来一个青年说某某被大树砸伤了，要他马上过去看看。第二天早上，笔者在副村长家闲聊，被砸伤村民的儿子来到他家，什么也没说就自己找了一张小凳子坐下来。这时副村长取下挂在房梁上的竹编小圆饭桌，摆在他面前，然后叫他老婆在那青年的脚前燃起一堆火，取出经书，摆了三杯水酒、一杯炉灰、一把尖刀，便开始做请神驱鬼仪式。他们无法解释为什么那青年的父亲以前去砍树都没有受伤，而偏偏这一次却被大树砸伤？他们想知道是哪一路恶鬼在作祟，并希望通过赛曼强大的法术来医治他父亲的伤痛。副村长说，在这里做完法事后，还需去事故发生现场再做一次才能凑效。这个村落距省城琅南塔只有24公里，而且过路的车辆很多，但他们却没有一丝送伤者去医院治疗的想法，而是依靠传统的法术。在这个只有25户人家的小小村寨里竟然有两个法师，村里谁家要是有个小病小灾的，总要请他们去请神驱鬼。他们在寨里是很有社会身份和地位的人，尽管他们在财富上与大家几乎没有什么差异。在村民的心目中，他们具有能与神祇沟通的能力。这不是封闭或落后的问题，这个村子虽然在地理位置上距都市很近，但人们的生活、观念却很封闭或者说很守旧。

还有一次笔者到那木迪寨调查，刚刚到村寨住下，还没与房东聊上几句，他儿媳就推门进来，把背篓往地上一扔，急匆匆地向他说着什么。从他们谈话的神情看，笔者猜想一定是出了什么事。原来她下午砍山时，将一个帮工男孩的手腕砍伤。大家急忙往门外跑，只见一个男子双手紧握住这个男孩的手腕，并一直高高地举着。伤者手腕上缠着破布，已被鲜血浸透。可以看出，砍伤有段时间了，因为布上的血渍已成

---

① Evans-Pritchard, E. E. (1979). "Witchcraft Explains Unfortunate Events." In Lessa and Vogt, eds., *Reader in Comparative Religion: An Anthropological Approach*, 4th ed. New York: Harper & Row, Pub., pp. 362 – 366.

黑紫色，被砍伤的手由于缺血已经发紫。这男孩有十六七岁，满脸汗水，面色苍白，看样子流了不少血。这是到异文化做调查的人类学者最怕发生的事情。好在这个寨子离城市很近，人们的观念多少有些改变，他们不会将此类不幸的灾祸与陌生人进寨联系在一起。想想看，笔者刚刚进他家，屁股还没有坐热，就发生了这样的不幸事故。如果这件事情发生在偏远山寨，情况可能就不同了。当地人很可能会认为是我们这个陌生的外国人给他们带来了不幸。通常情况下，他们可能会改变对你的态度，致使你尽早离开；极端的情况下，受害者的亲属或许会对你采取一些举措，如把你赶出寨子。

那天晚上，房东请来了莫公，杀了1只公鸡，做请神驱鬼仪式。只见莫公在正厅里摆了饭桌，算是法坛。上面摆放了1盏煤油灯，1个香炉，上面插了3炷香，桌面上还有1只鸡、1只鸡蛋、3只酒杯、1碗生米和一摞纸钱。莫公便独自在那儿做起了请神仪式，没人听他念叨什么。约莫过了一个时辰，莫公吹熄油灯，仪式结束。这个寨子里大大小小有6位莫公，据房东讲，村里大多数人家每年都要做几次请神敬神仪式，祈求家人平安，庄稼丰产。实际上，每年举行几次这样的请神仪式，不仅可以安抚人们的心理，使其平和安宁，而且从营养学的角度看，也具有积极意义。它可以使家人在仪式之后，美美地吃上一顿荤菜。这对于平常只有米饭加野菜和盐巴的人们来说，无疑是一次补充高蛋白质的机会，补充人体所需的部分元素。因此，每次举行仪式，孩子们都很高兴，他们耐心地等待着仪式的结束，然后饱餐一顿。实际上，一家七八号人吃一只鸡，每人根本吃不到什么肉，有时分享这只鸡的还不止家人和莫公。村里有几个游手好闲的男人，这时往往会不请自到。那天晚上就来了两个男子，不邀请他们就会自己坐在饭桌前。主妇也有应对的办法，一只鸡炖一大锅汤。一大碗汤里只有三四块鸡肉。由于人多，笔者只是象征性地喝了几口鲜美的鸡汤，冲下两碗米饭。几天没有吃到肉腥味，这除了盐之外没有加任何调料的鸡汤却格外的香甜。

据说蓝靛瑶人会放"巫崴"（wuwai，即中国南方人所说的"巫蛊"）。如果有人来家里，主人没有招呼或没有邀请他上桌吃饭。他回去后，如果主人家里有人生病，如肚子疼痛等，人们则常常认为是那人放了"巫崴"。这时，他们会请莫公来，杀只鸡请神驱除"巫崴"。其结果是仪式之后，莫公往往会从受害者的痛处"取出"一小块石子，认为那就是被放蛊者置入受害者体内的"巫崴"。因此，寨里那些游手好闲的人走到谁家都可以混吃混喝，尤其是哪家举行请神仪式，他们往往会不请自到，而主家为了避免受到"巫崴"之害，也就常常会邀请他们上桌。

另一个通过"做鬼"仪式来解释蓝靛瑶人日常生活中无法解释的现象的例子是解梦。在蓝靛瑶人山寨，"艾瓜"（Aigua，蓝靛瑶语）或"卯菲"（Mawphi，老语）是专门的解梦者。他们的工作是根据人们的梦境来判断是哪一种"鬼"在作祟。如果蓝靛瑶人早上醒来感觉晚上梦见了不祥之物，也就是说感觉做了不好的梦，他们通常都会请"艾瓜"解梦，然后再请赛曼来"做鬼"。如梦见手持砍刀砍山地、砍大树，一般要做大型的"做鬼"仪式；梦见自家的粮仓倒塌，寓意家里老人的魂魄要走了，这时一定要请赛曼"做鬼"；白天出门，在路上遇到诸如穿山甲、竹鼠、刺猬之类白天不易碰到的动物，表示我们的祖先回来寻找吃的，所以要杀猪杀鸡祭祀他们；如果梦见吃饭也表示已死去的祖先来要吃的，也要杀鸡祭拜。梦见蛇，表示夫妻一方的命中有相克的东西，做梦者会生病。如果夫妻有一方是3月生的，另一方是7月生的，7月生的就会克3月生的。因此，要常请赛曼杀鸡来抚慰7月生的人的"鬼魂"，祈求"鬼魂"不要伤害对方的性命。

巫术的逻辑之一是做了某事便会诱发另一事的发生，这是一种积极的行为表现，其目的在于诱发欲求的事情。笔者在老挝北部的一个山寨做调查期间遇到过这样一件事：有一个在首府万象打工的蓝靛瑶人女孩突然赶回山寨，她千里迢迢专程赶回家来只是为了请赛曼"做鬼"。她失恋了，她随身带了一张男友的照片，希望赛曼对这张照片施加法术，使男友回心转意。她对法师的法术充满信心，确信在赛曼施术之后不久，男友一定会重新回到她的身边（参见图4—14和图4—15）。

在老挝少数民族地区考察，特别要注意，当你在寨门或小河边看到倒挂的树枝或六边形竹编时，千万要问清楚，作为一个外乡人，你是否可以经过。一旦冒犯了他们的禁忌，来者要出钱买猪或牛宰杀，举行仪式解除犯忌。根据中国农历，从每年的第二个月的第二天开始，老挝的蓝靛瑶人村寨一般都要举行为期3天的当地称作"简江曼"（Jianjiang-

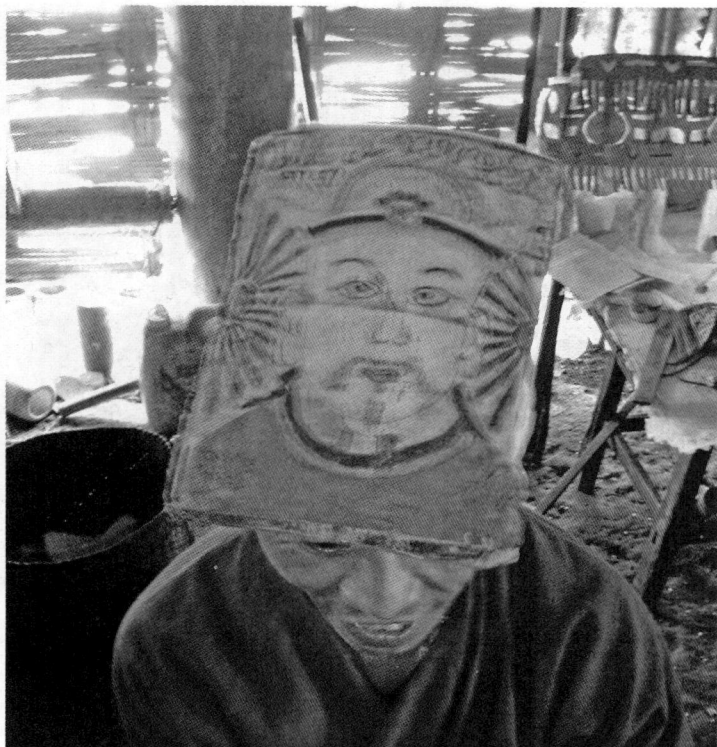

图 4—14　蓝靛瑶人山寨戴面具的赛曼
（作者 2006 年拍摄于老挝那木昌山寨）

man）的仪式（实际上与中国南方乡村的打醮仪式相似），除非请不到有资历主持仪式的鬼师或没有足够的牛、猪的牺牲等情况下，他们才会另择良辰吉日举行。通常情况下，举行这种仪式要请两名莫公（Maw Gong），宰杀 3 头猪或 1 头牛，每个家户要依据自家的经济条件捐献 1 只鸡或 1 头小猪崽、1 公斤大米、1 公斤糯米，举行盛宴，先敬奉神祇，后村民聚餐。聚餐时只许男人参加，女人和孩子不得加入。一般每隔 3 年举行一次"简江曼"仪式，如果这三年庄稼连续丰产，就不会替换做东的家户。如果期间有哪一年歉收或遇到灾害，大家则会更换做东的家户，由其他家户轮替。在举行仪式期间，做东的家户要负责全村人的吃

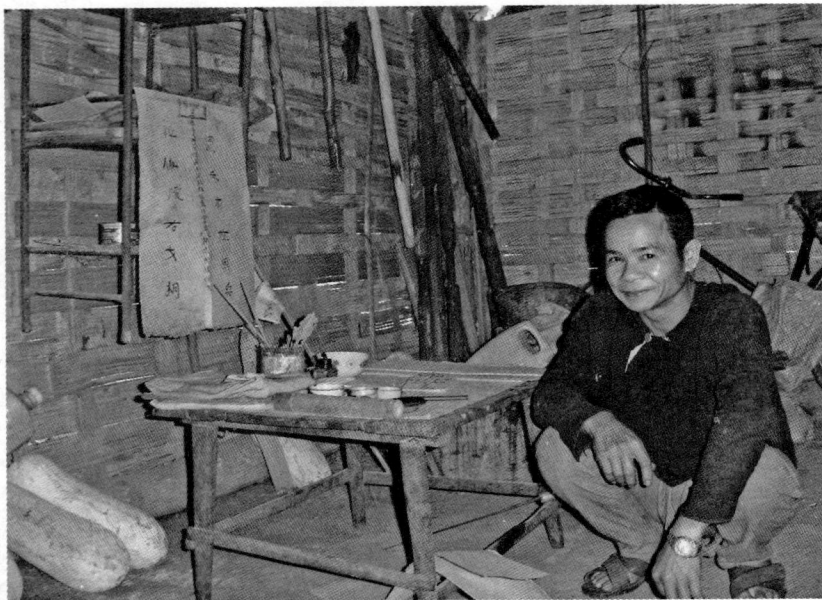

图 4—15　蓝靛瑶人家里设立的做"鬼"法坛及赛曼
（作者 2006 年拍摄于老挝洪垒寨）

喝问题，尽管妇女和孩子不参加聚餐，但男人们会把饭菜带回家去给家人吃。聚餐之后，赛曼一行人敲锣打鼓进入每户人家，驱邪除魔，最后还要绕寨子一周。仪式主要是为了驱逐病魔、祈求人丁家畜兴旺、五谷丰收。在仪式期间，村民不得下地干活，不得动刀，不得劈柴，不得弄出噪声。因为鬼师在这期间在答谢所有曾护佑他们的神灵，人们相信一年来，这些神灵护佑人畜平安、五谷丰收。在这期间也禁止任何陌生人入寨，如果有外人，期间就不能出去，主要是怕他们会带来疾病和邪气。

　　除"简江曼"仪式之外，蓝靛瑶人还举行一年一度的祭祀寨神的仪式。在蓝靛瑶人山寨都有 2—3 个称作"阳邹"（Yangzou）的人，在蓝靛瑶人语言中，"阳"（yang）为寨子，"邹"（zou）为主人，意为寨主。他们负责主持祭祀村里的鬼神。每年一次的寨祭就由他们主持。届时，每家都要捐献一只鸡，实在穷得连鸡都捐不起的，可以捐两只鸡蛋。另外，每家还要捐献一瓶白酒。按传统，每年都要有两个家庭各捐

图 4—16 蓝靛瑶人村寨路口的封寨标示
（作者 2006 年拍摄于老挝琅南塔那木克诺伊寨）

献一头猪，用以举行寨祭仪式，无论穷困与富裕，每个家庭依次轮流。寨祭仪式只允许男人参加，祭祀寨神时要封寨，在寨门及主要入口处悬挂六边形的竹编，表示禁止陌生人入寨。祭寨仪式一般要举行一天一夜，在这期间，男人们停下手头的活儿，尽情地喝酒，回家时每人带回一面白色小旗、一包用芭蕉叶包的糯米饭、一棵活香茅草（Gelaoja），回到家后，把白旗插在粮仓上，以求年年粮食满仓；糯米饭分给家人吃，以求劳有所获；把香茅草种在山谷旱地里，以求山谷丰产（参见图 4—16）。

此外，蓝靛瑶人买了新摩托车之后，也要请赛曼来举行"做鬼"仪式，杀鸡祭神，请寨子里的老人、亲戚、邻居参加，祭祀完神灵后，设宴席，等所有人就座后，赛曼给摩托车拴线，即将一根附了咒符的白色线绳拴在摩托车的把手柄上，以求人车平平安安。这根线绳一直拴到烂掉为止。被请去的人一般都要象征性地送一张老币，折成细条后系在白线上，祝愿车主人平安。

从上述例子中我们可以看出，宗教信仰与巫术仪式不仅能解释人类的许多疑难问题，帮助人们完成自己的心愿，而且还将人们带入奇妙的情感世界之中。换句话说，宗教信仰和巫术仪式不仅具有解释或认知功能，而且具有情感功能。例如，超自然信仰和仪式能够减缓人们的焦虑。巫术技艺能够驱除超出人们控制范围内的疑虑，同样，宗教有助于人们面对生活中的各种苦难。尽管所有的社会都有应对各类问题的方法，但还有许多人们无法掌控的问题①。根据 B. 马林诺夫斯基（B. Malinowski）的研究，每当人们遇到危险和疑虑时才会求助于巫术行为。他发现特洛布里恩德（Trobriand）岛民在从事诸如到深海航行之类没有把握的活动时，才会举行巫术仪式，在浅水域捕鱼时他们从来不使用巫术。在他看来，宗教在人们面临危机时为人们提供了感情慰藉②。当代人类学家格尔茨在《作为文化体系的宗教》一文中也认为，人们"借助宗教内在的格调，来表达情感——心情、情绪、激情、感情"，宗教向人们提供了理解世界的能力，使人们能够在感情的层次上来忍受现实生活中的苦难③。老挝蓝靛瑶人的案例充分证明了这一精辟论述。

三 老挝蓝靛瑶人的度戒仪式

度戒仪式是老挝蓝靛瑶族男人一生中最重要的通过仪式，含有浓郁的宗教意味，通过度戒仪式，他们投胎再生，获取一个法名，死后方能入土为安④。在实地田野调查的基础上，笔者试图从人类学的视角阐释和解读蓝靛瑶人的度戒仪式及其象征寓意，为我们理解蓝靛瑶人的精神

---

① Kottak, Conard P. (1997). *Anthropology: The Exploration of Human Diversity*, p. 338. New York: The McGraw-Hill Companies.

② Malinowski, B. (1948). *Magic, Science and Religion, and Other Essays*. With introd. by Robert Redfield. Garden City, N. Y.: Doubleday.

③ Geertz, Clifford (1973). "Religion As a Cultural System." In *The Interpretation of Cultures*, p. 104. New York: Basic Books.

④ 本节内容已在《云南民族大学学报》2011 年第 5 期第 94—97 页刊载，在此特向《云南民族大学学报》表示感谢。

世界提供一点依据或者一种视角。以下笔者主要以琅南塔的蓝靛瑶人即"金地门"为主，通过一个比较微观的视角，阐释蓝靛瑶人的度戒仪式及其象征寓意。这是男性蓝靛瑶人生活中需要经历的最重要的仪式活动之一，也是一个唯有男性参加的仪式活动。

与其他苗—瑶语族的族群一样，蓝靛瑶人信奉多神与道教。他们既祭拜家神和祖先，也崇拜诸如天神、土地神、水神、树神等自然神灵。蓝靛瑶人普遍相信，无所不能的神灵掌控着人世间万物的命运，规定着人们日常生活中的行为规范。每一个神祇都有其各自的保护作用，人们必须无条件地尊重神祇的习性。冒犯了神灵的人必须举行仪式来进行赎罪，以免当事人或他的家人乃至他所在的村落遭受灾难。人和神灵之间的媒介是鬼师，当地人称赛曼，他的角色是将人们的愿望上传给神灵，并传达神灵的旨意。在蓝靛瑶人村寨，最重要的神祇是寨神和家神，每一个蓝靛瑶人家庭都设有供奉家神的神龛。与其他信奉多神教与道教的族群一样，仪式活动是蓝靛瑶人日常生活中的重要内容。生活中但凡遇疾病、灾祸或重大事件，通常都要请赛曼前来主持仪式活动。每当此时，村寨里的人们总会聚集在举行仪式的人的家里或院落里，在沉闷的木鼓声中一边观看仪式一边闲聊；小男孩们则夹杂在大人中间，在玩耍过程中习得一些有关仪式的基本知识。

（一）度戒：男人的仪式

结构—功能主义大师拉德克里夫—布朗（Radcliffe-Brown）认为仪式行为是社会秩序的展演，对社会结构的构筑有不可缺少的作用；象征主义大师 V. 特纳（V. Turner）则认为宗教仪式行为是社会通过对自身的反省建构人文关系的手段。但对于大多数人类学者来说，神灵信仰和仪式活动构成了文化的基本特质，也构成了社会形态的象征展示方式。因此，无论采用何种解释体系，人类学者在进入田野调查和民族志与论文写作时，信仰与仪式向来是主要的观察点和论题[①]。因为仪式，用 M. 威尔逊（M. Wilson）的话说，"在最深的层次上体现了群体的价值，

---

① 王铭铭：《想象的异邦：社会与维护人类学散论》，上海人民出版社 1998 年版，第144—145 页。

人们在仪式中表现了他们最为之感动的东西。笔者认为仪式的研究是理解人类社会基本构成的关键所在"①。因此，研究一个社会或文化的仪式活动可以帮助我们更好地理解该社会或文化"最为之感动的东西"。

据 V. 杰内普（V. Gennep）和 V. 特纳等人类学家的研究，生活在不同文化尤其是那些传统社会中的人在其生命过程的重要转折点上或者当人们的角色和地位发生较大的变化时通常都要举行一些过渡性仪式活动②。

经过度戒仪式，他投胎再生，获取一个法名，死后赛曼方能为其举行丧葬仪式，使其躯体入土安息，亡灵投胎转世。可以说，度戒仪式是老挝蓝靛瑶族男人一生中最重要的通过仪式，含有浓郁的宗教意味，关系到他来世能否投胎转世。因此，对于一个蓝靛瑶族男人而言，无论其家境好坏，其家人一定要为他举行一次象征"再生"的度戒仪式。家境好的，父母可以在他孩提时期为其举行度戒仪式；如果家境穷困，父母无法为其举办度戒仪式，那么，等他结婚后，如果女方家境好，也可以帮助他完成这个重大的通过仪式③。

2006 年 3 月笔者在琅南塔的一个蓝靛瑶人山寨调查时，正好赶上一场度戒仪式，受戒者是一个 26 岁的已婚男子。这个仪式整整举行了三天三夜，本村所有的成年男子都参加了仪式活动，妇女不能参加，但可以到主家协助主妇准备众人需用的饭菜。仪式由一位 70 来岁的老赛曼主持，另外还有 5 个小赛曼做助手。受戒者在仪式期间必须静卧在床上，不能下地，在床上接受各种神祇的旨意，完成"再生"的一系列程序。

按照常规，需要度戒的男孩子的父母，要在举行仪式的头一年就请赛曼查看经书，选定受戒的日子。首先要举行小度戒仪式，通常要杀 4 只鸡，敬献 4 位鬼神，摆法坛，给孩子起法名，然后再举行大度戒仪

---

① 徐鲁亚：《维克多—特纳与恩丹布的神秘仪式》，庄孔韶主编：《人类学经典导读》，中国人民大学出版社 2008 年版，第 420 页。

② 维克托—特纳："模棱两可：过关礼仪的阈限时期"，史宗主编：《20 世纪西方宗教人类学文选》，上海三联书店 1995 年版，第 513 页。

③ 举行度戒仪式开销很大，往往需要花去人们多年的积蓄。以下是老挝那木克诺伊赛一个男子举行度戒仪式的具体开销：半大小猪 6 头、公鸡 4 只、大米约 300 公斤、啤酒（Beerlao）20 瓶。另外还有请赛曼的费用：三个大赛曼每人 50000 基普（约合 5 美元），两个小赛曼每人 30000 基普（约合 3 美元），共计 210000 基普（约合 21 美元）。

式。举行大度戒仪式的具体日子，通常不确定，要看孩子哪一年走好运就定在哪一年。受戒者要亲自逐个去拜请赛曼为自己主持度戒仪式。临行前，他要梳洗得干干净净，剃好头，在家人的陪同下，从法力最小的赛曼"赛维克地"（saaiwickdy）开始依次逐个烧香拜请赛曼。当天晚上，法力最小的赛曼先来到小孩家准备仪式用的字符，村里人也纷纷来受戒者家里帮助剪纸、布置法坛。为此，整个村寨要热闹几天。村民们尤其是村里的男人们在这几天几乎都不出工，汇集在法坛周围聆听赛曼的唱词或围坐在院落里谈天说地。在举行度戒仪式的三天里，村里所有的成年男子都会前来参加仪式活动，可以免费享用一日三餐（参见图4—17）。

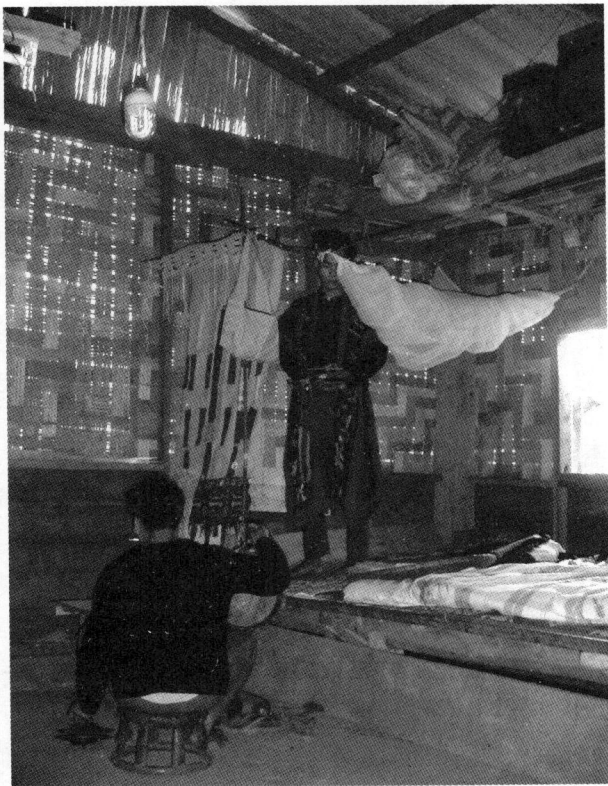

图4—17　站在床上的就是受戒者，坐着的是赛曼，他正在施法（作者2006年拍摄于老挝琅南塔那木克诺伊寨）

传统上，那些爱学习、能够记得住经文的人，受戒后就有可能成为赛曼（法师的一种）。赛曼（蓝靛瑶语）或 Mogong（老语）是"做鬼"的法师。在蓝靛瑶人村寨，法师又分为赛曼（Saaimen）和寡门（Guamen）。寡门是不识字、经过学习成为法师的人；而赛曼则不是一般人可以胜任的，他必须懂得汉字，会念经，是可以主持各种治疗疾病活动的仪式专家。

生活在老挝北部丰沙里的蓝靛瑶人（即"金地昂门"）的度戒仪式略有不同。通常情况下，那里的男孩 10 岁开始受度戒，他们认为男人在 8 岁以前是没有"道"的。因此，8 岁以后，只要家庭条件允许，就要为孩子举行度戒仪式，使其重新投胎。在丰沙里，蓝靛瑶人的度戒仪式一般要做一个星期。在这期间，受戒者每天只能喝一点水，吃一点饭，睡觉时不能俯卧，也不能仰卧。否则认为对天地不敬，只能侧着身子睡觉。外出解急时，眼睛不能远视，只能看自己的脚下，步子也不能迈得太大，也不能坐凳子，如果要坐，要赛曼将凳子在火上燎一燎，除去邪气方可坐。受戒时，将一根筷子折成两截，师父拿大头一端，受戒者拿另一端，筷子象征利剑，如果受戒者不遵守戒规，师父可以用"利剑"杀死受戒者。一周之内，要杀 6 头猪、10 只鸡，全寨子每家来一个男子参加聚餐，妇女通常也不得参加此类度戒仪式（参见图 4—18）。

（二）木鼓声声：度戒仪式的过程及其象征寓意

老挝蓝靛瑶人的度戒仪式的具体过程极为繁杂，在老赛曼的主持下，要先叩请玉皇、雷皇和盘皇，再拜请他们的师父（也是神灵），三请家神，把受戒者引介给这些神灵。在度戒期间，受戒者要遵守许多禁忌行为。第一，受戒者要静卧在床上，不得随意下地和出门，非要出门时也得打着雨伞。第二，受戒者每天都得有人尤其是老赛曼的陪同，在守护他的同时向他传授某些知识。第三，受戒者不能吃饭，只能喝一点水。等仪式结束后，他们才能吃东西。三天仪式之后，师父们先吃，随后受戒者才能吃。吃饭时，师父每人给他夹一点菜，由他的家人把饭菜端送到床上，让他一人独自在床上吃饭，随后便躺下睡觉。也就是说，受戒者在"阈限时期"内基本处在禁忌和隔离状态之中。受戒期间，

图 4—18　村民们正在享用免费盛餐
（作者 2006 年拍摄于老挝琅南塔那木克诺伊寨）

外人不能有意去探望他，他要与外界保持一种"隔绝"状态，受到许多约束。如不能见光，不能出远门，出去大小便时，要请别人先出去看看道上有没有猪粪或者牛粪之类的不洁之物，如果有，必须清除，受戒者非常忌讳碰见这类他们认为不洁的东西。受戒者出门大小便时，要打雨伞，不能抬头向远处看，只能看自己的脚下；受戒者除了下地大小便外，必须整日整夜地躺在床上，如同新生儿童一般。此外，受戒后三周之内，受戒者不准杀生，不准与女人讲话，更不能与女人同房。他们深信，如果受戒者犯忌，尤其是与女人同房，他们会生病，甚至丧命，因为在这期间诸位赛曼还都在向他施法。（参见图 4—19）

象征人类学派的代表人物之一 V. 特纳在其名作《象征的森林》一书中认为，对于那些通过象征表述其情感、道德和价值观的人们来说，

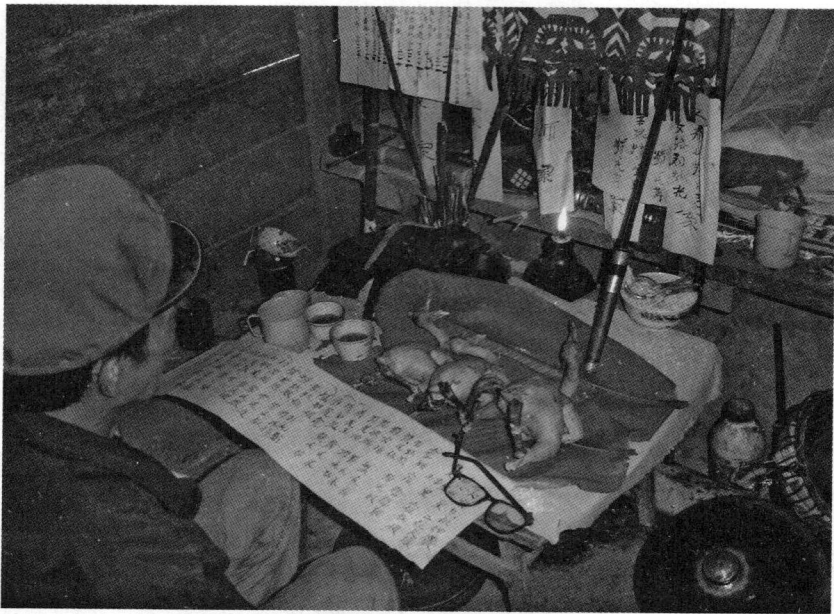

图 4—19　赛曼正在请各种神祇
（作者 2006 年拍摄于老挝琅南塔那木克诺伊寨）

象征蕴含着极其丰富的意义①。从蓝靛瑶人的度戒仪式中我们可以清楚地看到这些禁忌行为所蕴含的象征寓意。根据 V. 杰内普的研究，通过仪式是伴随着地点、状态、社会位置、年龄的每一变化而实施的礼仪，认为通过仪式通常分为三个时期或阶段，即分离、阈限和整合。在分离阶段中象征行为意味着仪式主体（接受仪式的人）离开了他以前在社会结构中所占据的位置，或离开了一种"状态"②；在阈限时期，仪式主体，或 V. 特纳称之为"阈限人"的状态含糊不清，他所经过的领域几乎不带过去的或将来的状态的任何特性；在第三个阶段中，转化完成

① Turner，Victor（1969）．*The Forest of Symbols*：*Aspects of Ndembu Ritual*，p. 44. London：Cornell University Press.

② 这是维克托－特纳的概念，指一个人的为社会文化所承认的成熟状况，如"已婚状态"或"单身状态"或"婴儿状态"，等等。

了，这时仪式主体再次处于稳定的状态，从而有一些明确规定的"结构上的"权利和义务，人们期望他的行为符合某些约定俗成的规范和道德标准①。显而易见，蓝靛瑶人度戒期间的上述禁忌行为表明，仪式主体或"阈限人"此时处于一种"模棱两可"的模糊状态，正如 V. 特纳所说的那样，他的状况是含混不清、似非而是的状况，是平时习惯的大混乱。V. 特纳甚至认为，在通过仪式的阈限时期，"阈限人"从结构上看是"不可见的"，尽管他在形体上是可见的②。

仪式期间，赛曼要在受戒者的院子里竖起一根竹竿，上面挂满写有咒符的各色纸条。两个最小的赛曼，用芭蕉竿做一支"枪"，腰间挂着装有弹药的袋子，这时受戒者站在法坛中央，这两个赛曼端着"枪"绕着他佯装向他射击，以示受戒者生命的终结或"死亡"，与此同时，另外一个小赛曼则在模仿"妊娠"与"分娩"，象征着受戒者生命的"再生"。此时，整个仪式进入高潮，在场观看的人们相互敬酒庆祝，庆贺受戒者获得"新生"。紧接着，赛曼要在草纸上写下主持仪式的赛曼的名号、受戒者的姓名、生辰八字以及受戒的日期，再将其一式两份拼在一起，并在拼接处加盖印章，其中一份是给阴曹地府的，这份要烧掉；另一份则由受戒者用草纸包起来细心保管，不能给任何人看，等他去世时，其家人才将其拿出来烧掉，以示能与阴曹地府的那份对上，以证明死者的真实身份（参见图 4—20）。

度戒仪式的最后一天，赛曼们的任务主要是教授受戒者一些医病的常识或法术，教导他善待家人，多为百姓做好事。3 天之后，受戒者家人杀鸡宴请赛曼，拆去专门为受戒者而建的围栏（一般用布），但他还必须睡在里面。这时，赛曼各自回家，理发、换衣服。这期间他们忌讳与女人接触，更不能与女人同房。当晚主家要杀一头猪，拜谢"罗冠神"（luoguan），庆贺度戒仪式圆满成功。

本节概要地介绍了老挝蓝靛瑶人的度戒仪式，着重讨论了其度戒仪式中所蕴含的象征内涵。毋庸置疑，仪式是人类文化中的一个重要方

①　维克托—特纳：《模棱两可：过关礼仪的阈限时期》，史宗主编：《20 世纪西方宗教人类学文选》，上海三联书店 1995 年版，第 514 页。

②　同上书，第 517 页。

图4—20 赛曼们正在催生"新生命"的诞生
（作者2006年拍摄于老挝琅南塔那木克诺伊寨）

面，对其进行深入细致的剖析，有助于我们进一步探讨一个社会、一个
民族的精神世界。人类学的研究表明，在历史长河中所积淀下来的各类
仪式活动中所包含的深层寓意往往能折射出一个民族的世界观和价值取
向。从蓝靛瑶人的度戒仪式中，我们可以清楚地看到，在蓝靛瑶人的文

化中，这些被 V. 特纳称之为"阈限人"的受戒者不仅在结构上是"不可见的"，而且在仪式上是"污染性的"，所以他们总是被隔离，部分地或完全地与文化上有规定有秩序的状态和地位的领域隔离开来①。仪式期间赛曼们不停地击鼓施法，致使整个山寨都浸没在沉闷的木鼓声中。木鼓声为山寨营造了一种超乎寻常的神圣的宗教氛围，给人以无限的遐想。对那些从小听着木鼓声长大的蓝靛瑶人而言，这声音无疑使他们感觉到一种强烈的认同感和归属感。男人们在木鼓声中"脱胎换骨"，获取新的"角色"、"身份"或"地位"，并习得其新"角色"或"身份"所必需的能力和知识。在蓝靛瑶人的传统社会，诸如度戒之类的各种仪式，使当地人为了生存所必需的某些知识永久地传承下去，同时也可以帮助我们更好地理解蓝靛瑶社会或文化中"最为之感动的东西"。

第三节 蓝靛瑶人生活中的节庆与习俗

一 传统节庆

与老挝的主体民族老族不同，蓝靛瑶人不过四月新年。他们的主要节日有农历正月初一、三月三、五月初五和七月十四等，其中比较重视正月初一、三月三和七月十四。需要特别说明的是，老挝蓝靛瑶人民间至今仍在使用中国汉人传统的农历历法，尤其是在确定婚丧嫁娶的日子或祭祀神灵祖先时，都以农历历法为准。每年过年时都要杀猪，一般在农历腊月二十五或二十六日宰杀。与中国广西贺州的土瑶人一样，老挝蓝靛瑶人养猪喂鸡主要是为了过年和在举行大大小小的各种仪式时宰杀。平时家里有个小病小灾或遇到什么不祥之兆，人们都会请赛曼到家里来"做鬼"。举行小型仪式，通常要宰一只鸡；若是大型仪式如度戒仪式等，则要宰杀一只乃至多头猪，宴请参加仪式的宾客。

---

① 维克托—特纳：《模棱两可：过关礼仪的阈限时期》，史宗主编：《20 世纪西方宗教人类学文选》，上海三联书店 1995 年版，第 517 页。

正月初一：在蓝靛瑶人山寨，每年腊月十五以后就可以杀猪了，寨子里人家轮流杀猪，杀猪的人家要请全寨子的人吃饭，大家相互请，这个活动通常一直要持续到年初一。也有人因为猪小，到农历二月才杀猪的。过年初一时，蓝靛瑶人没有什么特别的饮食，不杀鸡（因为此时家里有足够的猪肉），饭菜与平常差不多。这天不能晾晒衣服，大家不相互串门（因为谁家去的人多，谁家就财源多。如果来的男人多，则这年养的家畜、家禽公的多；如果妇女来的多，则母的多。）另外，在这天，煮猪草如果用竹子烧火，则母的多；如果用木材则公的多。蓝靛瑶人不讲究年饭，对于他们来说，杀猪那天吃的便是过年饭。在蓝靛瑶人山寨，人们通会常轮流杀猪，大家相互请客，热闹非凡。他们认为，如果大家都在同一天杀猪，各家吃各家的就没有意思，不热闹啦。

三月初三：初一时就开始用草药染糯米，做红、黄、绿三色糯米饭。初三时就祭祀祖先，鱼是烤来祭祖先的，另外还需四五只整鸡。祭祖之后，请亲戚一起来吃饭。这一天，鸡是必须有的，再穷也要买只鸡祭祖过节。以前村寨的人们集体去河里捕鱼，用一种叫作"莱松"（laisong）的草药毒鱼。鱼被毒死，还未捕捞之前，有许多禁忌，如不能吐口水，小孩、大人都不许撒尿，不许在用草药毒鱼的河段下游动刀砍东西，捕捞时先让村里有身孕的妇女捕捞，嘴里要不停地念叨："鱼儿啊，死啊，死啊！"这时大家才开始下河捕捞被毒死的鱼儿。

七月十四：这一天蓝靛瑶人要准备野芭蕉叶和竹篾条，包糯米糍粑，杀鸡祭祖，祭桌上糍粑要堆成小山似的，糍粑的主料有：糯米、猪肉（如果有猪杀）、猪油、盐等。一般情况下每家都要杀鸡。过节期间，亲戚们相互送自家做的糍粑。

简言之，在蓝靛瑶人山寨，三月初三一定要做黑色糯米饭，杀鸡祭祀祖先；七月十四和腊月的最后一两天，则要做糍粑祭祖。腊月的最后一个晚上，鸡叫以后，要鸣枪迎新，每家鸣3枪。鸣放第一枪时，家人要在屋内摆桌敬烟，祈求一年来的病痛灾祸统统送走；第二枪表示迎接新年，祝愿新年家人安康；第三枪以示新年风调雨顺。

在老挝，蓝靛瑶人各寨子之间欢庆节日的风俗大致相同，但也有个别寨子略有不同。如那木迪寨子的蓝靛瑶人与中国的瑶族人过的节日基本一样。大年初一至初五全寨不能砍草、杀虫，不能动土。农历三月初三吃红米饭，清明节祭祖，农历七月十四过大年节，包糍粑粑，年初一家家要杀猪。九月过新米节。最重要的节日是大年初一、清明节和七月十四。再如据 L. 查泽的调查，在老挝的有些蓝靛瑶人山寨，"菁提昂"（*Kinh Tiang*）是新年的第一个节庆，可能与中国的农历新年有关。一般在元月或二月举行，这个节庆蕴含着几层意义，但通常都是以家神的名义祭祀的。整个仪式持续一天，但仪式的准备工作却需要好几天。总之，庆祝活动会在新年伊始持续多天。此时，村民要准备糕点、佳肴和米酒。人们唱着古老的歌谣，跳着传统的舞蹈，整个村落都沉浸在节庆的欢呼之中。接下来在四月要为已故祖先举行稻米节。这个节日会在烧山和点种期间举行，通常在种水稻之前。其间当地人用糯米做糕点，把大米用树叶染成红、绿、黄三种颜色，做三色饭。据当地人讲，这种米饭是一种园艺神的象征，是它让人类享用"馕缇"（Nang Ti）或红色米饭的。"馕萌"（Nang meng）或绿色米饭代表着大米和其他农作物，"馕旺"（Nang Vang）或黄色米饭，象征着收成的食物。节日这一天，家家户户都要准备三色米饭，摆在饭桌上，以祭祀家神。但只有赛曼才有资格将这种三色米饭敬献给家神。因此，这一天赛曼要到每一户人家去主持仪式，每个仪式大约需要三个小时①。

二　传统婚俗

蓝靛瑶人女孩到了 14—15 岁时便开始剃眉，以示她们已经到了婚嫁的年龄。男孩结婚的年龄要稍微大点，通常是 16—17 岁。在蓝靛瑶人中，就婚配的范围而言，族内婚是准许的，但禁止五代之内的婚配。实际上，只要家里祭祀的祖先不同的男女就可以婚配，或者说家里祭祀的祖先与婚配一方没有亲缘关系的男女就可以婚配。

女子结婚后，可以保留自己的姓氏，但她的孩子属于丈夫的家族。如果丈夫去世，妻子必须留在夫家，不能返回娘家。她必须要把自己的

----

① 另参见 Chazée，Laurent（2002）. *The Peoples of Laos*：*Rural and Ethnic Diversities*，p. 120. Bangkok：White Lotus Co. ，Ltd。

公婆视作亲生父母，如果她想再嫁，必须要征得他们的许可，而娶她的男人则必须向他们支付彩礼。传统上，除了关注血亲问题之外，蓝靛瑶人的婚配还要看男女双方的生辰八字。蓝靛瑶人的婚配通常主要包括以下几个环节。

问亲：在琅南塔蓝靛瑶人山寨，年轻人的婚配依旧遵循着"父母之命，媒妁之言"的古老原则。通常的情况是，青年男女先自由恋爱，如果一个男孩看上一个女孩，就请朋友告诉自己的父母，说自己看上了某某家的女孩。这时，父母便会请来赛曼，讨得女孩的生辰八字，看双方的"命"是否相合。如果生辰八字相合，就选择良辰吉日去提亲。男孩的父母就请自己的兄弟，带1只公鸡、1瓶白酒，来到女方家，宰杀带去的那只公鸡，请女方家的父母和兄弟吃饭，然后提亲。如果女方家没有异议，双方父母便选择黄道吉日，商议定亲、嫁妆等婚事。男方父亲或者亲属去女方家时，如果在路上遇到蛇等动物，预示不吉利，就会放弃这门亲事。如果遇到母猪、母牛等产崽也不吉利。如果问亲一切顺利，男方父亲就带1只公鸡到女方家商议聘礼，同时需要三四个证人。传统上，姑娘的哥哥也要一份礼金。通常情况下是5枚小银币（主要用于做头饰）。女方父母要30两银币，奶钱3两5钱。

定亲：男方家要准备一枚重0.7两的银币和1只鸡、2瓶白酒，鸡必须要大红公鸡，到女方家商定订婚日期。男方问女方家要多少抚养费。去的那晚，就商量娶嫁问题，如果是男方娶女方，就商讨嫁妆的数目；如果男方入赘女方，就商议男方需要在女方家服务多少年，服务期限一般是1—3年，然后才能将新娘娶回男方家。嫁妆是女方家早就准备好的，在男方接亲人就坐之后，就由女方家人当众宣读有哪些嫁妆。通常情况下，嫁妆主要有：白布、黑布、牛、猪、白银、衣服、腰束、项圈、刀、锄头以及那些可以让她独自生活的工具。如果家境好，嫁妆会更多。但最穷困的家户，也要给衣服和常用生产工具。

娶亲：娶亲时，先派两个人牵1头猪去女方家，随行的还有7人，其中一个是证婚人，他必须带1把雨伞。新郎新娘婚后要叫他爸爸；要有一名能歌善舞的中年妇女，还有两名伴娘（蓝靛瑶称yinggo），另外三个都是男的，其中一个是证婚人的随从，其他两个叫"桔隆"（ju-long），是去对歌的。赶猪的必须是能言善辩的人，要应对女方家提出的各种问题，如女方家说送来的猪太小等。赶猪的人把猪送到女方家后，他就完成了自己的使命。猪被送到女方家后，女方家要请人杀猪，准备酒菜。这头猪至少要有 30 公斤，如果不到 30 公斤，以后要补给，如果超过 30 公斤，女方家要将多余的归还男方家。（在丰沙里，提亲时不杀鸡，接亲时，女方家要找两个小姑娘送亲，只带钱，不杀猪）。男方家人到女方的寨子后，还不能直接去女方家，要先到女方家事先安排好的人家中去休息，等女方家安排好酒宴之后，再请他们过去。

女方家要请赛曼来祭祖，祭祀完祖先后，要在家里摆三个饭桌，每个桌子都要有一位寨子里的老人就坐，由他来主持祭拜祖先，随后其他男人才能就坐。安排完之后，才去叫男方家人来，来了之后不能马上进屋，要站在大门外，这时证婚人和屋内的三个老人开始相互施法，以示争夺鬼魂，屋内的三个老人坐在桌边，每人手里拿一根筷子施法，将筷子的一端指向门外，其目的是不让证婚人带走姑娘的灵魂，这时证婚人也在门外施法，将雨伞打开，指向屋内，他不停地开合雨伞，以示将姑娘和男方家来的人的灵魂都收拢在雨伞里，最后将雨伞合拢，用绳子将其捆绑紧，以示已经将他们的灵魂收入在内，它们将会乘船或其他交通工具带着新娘的灵魂返回男方的村寨。

进门前，男女双方的对歌能手要进行对歌仪式，交进门钱后才能进屋吃饭、喝酒。随后便开始对歌，通宵达旦，从晚上 10 点一直唱到第二天早上 11 点左右。这期间，证婚人将带来的银两称过后交给女方家，女方家再验收男方家带来的银两，看是否够分量。称银两的是那三位老人，经他们确认之后，再交给女方家的主人。天亮时分，证婚人开始施法，拿一个小袋子，口含清水，走到新娘的睡房，喷洒、施法，并将新娘的灵魂收入小袋之内，拴在雨伞上。这时天已大亮，女方家在门外准备好 12 杯酒水，要男方接亲的人必须喝完再出门。其中证婚人要喝 6 杯，如果他喝不下，他要掏钱放在酒桌上，每杯要付 1 枚小银币。喝完酒之后，便可以接走新娘了。如果新娘有哥哥，就由他将新娘背出家门，出家门时既不能走正门，也不能走后门。如果房子好，就从窗户出去；如果房子破旧（如茅草屋），就拆掉一面墙，将新娘背出家，随后再送一小段路程，男方家通常要付钱给新娘的哥哥，一般是 5 枚小银币。如果新娘没有哥哥，就由女方家的男性亲戚来背，婚否都可以。新娘出娘家门时，头上要盖一块黑布，遮住脸。传统上，新娘要在离开娘家之前哭三夜，哭诉离别之情。一般情况下，新娘都会象征性地哭几声，但不像中国的蓝靛瑶人哭得那么凶。男方家人出女方家门时还要交出门钱，否则，女方家的人不让他们出门。新娘出寨子时，本村的妇女和小孩要在路口讨要过路钱。男方家给的钱，在场的妇女和小孩要均分。女方家要包饭（即用芭蕉叶包上糯米饭）给所有接亲的人，即便是接寨子的新娘也要给接亲的人包饭。据蓝靛瑶人讲，这是寓意让姑娘尽早忘掉娘家，安心在夫家过日子。

到了男方家，男方家有牛就杀牛，有猪就杀猪。随后要摆好至少三桌酒席，要请赛曼先施法，之后客人才能就坐。这时，新郎和新娘要在老人面前面对面地察肩走过，表示"过老人面"，随后才能成为夫妻。随后新娘就可以到新郎的房间里，待着不出来。开宴之前，新郎则要在师公的主持下先拜谢全村的每户人家，再拜谢村长，再拜谢村里的长者，最后祭拜鬼神。宴席结束后，新郎要再次拜谢留下来的老人，请老人和证婚人教导他今后如何生活。之后，证婚人斟两杯酒水，来到新郎新娘面前，教导他们讲如何做人、如何孝敬父母等。这堂课要讲许久，新郎新娘要认真聆听，牢记在心。随后要他们喝下这两杯酒。有趣的是，新婚之夜，新郎不能与新娘同床，新娘要由接亲的一个小姑娘陪同，新郎则要到朋友家里去过夜。第二天早上，这个小姑娘要引领她去小溪边打水、做家务。早饭后，新娘和新郎要带1只红公鸡和1瓶酒到证婚人家，杀鸡、准备酒菜，桌子摆好后，要先祭拜祖先，随后新郎新娘斟3杯酒，放在托盘里，另外还有1只鸡腿，正式认证婚人为"爹爹"。证婚人要喝下这3杯酒，象征性地吃两口鸡肉。随后他要给新郎新娘钱，一般给两三枚银元。然后证婚人要斟3杯酒让新郎喝下，之后新郎新娘还要备3杯酒、1只鸡腿认证婚人的老婆为"妈妈"。最后，证婚人的老婆要斟三杯酒要新娘喝下，并在托盘里放一卷白布，送给新娘，表示等他们死后，新郎新娘可以用这卷白布为他们送终。拜认过证婚人之后，新郎新娘就可以同床了。大约1个月以后，新郎新娘选1只大红公鸡，装在竹编鸡笼里，回娘家，杀鸡拜谢女方父母。拜谢过程与拜谢证婚人一样。他们在娘家住几天，一般没有规定，新郎新娘可根据自己的情况而定。通常情况下，女方会尽早让他们返回男方家。在蓝靛瑶人的传统观念中，嫁出去的女儿犹如泼出去的水，新娘"生是男方家的人，死是男方家的鬼"。如果新娘在娘家生病，女方家也往往会送她回男方家，害怕她的鬼魂会伤害女方家的人。

对于蓝靛瑶人来说，妇女孕期与坐月子都是比较特殊的时期，民间也有一些禁忌习俗。如新娘怀孕之后，她们可以下地劳动，如砍草、锄草等，但她们不能去挖坑，如栽树、栽木桩等。蓝靛瑶人认为这样做会把胎儿的灵魂埋在坑里。怀胎八九个月后，孕妇就不能做重活了。家人请师公来做法事，保佑孕妇，使其不受鬼魂侵扰。在饮食方面，孕妇基本没有什么忌讳。分娩后，女方的女亲戚用锋利的竹片剪断脐带。然后，给婴儿洗澡。洗澡时，大人先把自己的手臂放入澡盆中，然后才把婴儿放进去洗，给婴儿来回搓洗三次，就抱上来用布包好。亲戚把剪下的脐带放入竹筒中，用破布封口。日后，婴儿的父亲把这个竹筒挂在高大挺拔的树上，祝愿小孩能够健康成长，长大后会爬树。分娩后的头三天产妇不能出自己的睡房，只能吃白米饭和一点盐，盐（粗盐）要先在火上烧红，凉下来后才能吃。不满月时可以抱着婴儿在寨子里走动，但母子不能进别人家，产妇一般不做重体力活。

在月子里，产妇只能吃鸡、鸡蛋、生姜和米饭，别的都不能吃。如果没有奶水，就上山采集一种叫"东囊麻"（dongnangma）或"纳麻"（nama）的草药煮来喝，可以催奶。婴儿满月后，要请证婚人来给孩子起名，要杀 4 只鸡，有猪的也可以杀一头小猪，其中一只鸡是用来祭拜送子神"黛法曼"（daifaman）的，即赐予他们孩子的神灵；一只鸡是献祭给家神"表曼"（Biaoman）的，主要包括盘皇、雷皇、玉皇、三界神、农神、土地神等；第三只鸡敬献"毕布"（bibu），最后一只鸡敬给证婚人的守护神赛曼（saaiman）神，即他受戒时为他主持仪式的赛曼的魂魄。饭后，新郎要斟满两杯水酒，请证婚人给小孩"搭桥"，即起名。如果是男孩，等他长到 10—12 岁时，如果家境允许，就请赛曼给他做度戒仪式。

传统上，蓝靛瑶人是很少离婚的，但现在已有不少人因为感情不和、婚后不孕、吸食鸦片等问题离婚。如果夫妻双方因某种原因决定离婚，他们便会去找寨子里的老人们来解决。通常的情况是，亏理的一方要给对方出 15 枚银元，孩子会按照性别判给双方，女孩判给母亲，男孩判给父亲。对于离婚问题的处理，寨与寨之间有些差别，如在有些寨子，亏理的一方不仅要赔偿 15 枚银元，而且还会失去孩子的监护权和房子的居住权。如果是丈夫亏理，他必须离开自己的父母家，而妻子则继续和公婆住在一起，等他们死后，由她来继承家产①。

三 传统葬俗

任何人在极度悲伤时，其情感上都需要安慰、平定和弥补。死亡可以说是造成人们内心极度悲伤的最主要事件之一。在马林诺夫斯基看来，这种极度悲伤往往会给社会群体造成一定的危害。此外，至亲的死亡常常会扰乱一个人的社会关系，使其家庭关系、经济活动、情感交流以及其他许多曾经与死者生前的生活息息相关的事情因此发生某些微妙的变化。如果我们从社会而不是从个体的角度看这个问题，那么在一个其成员之间有着密切联系的社会里，尤其是在那些鸡犬之声相闻的小型社会里，任何一个的死亡都可能产生波及整个社会结构的压力点。至于一个人的死到底会在多大程度上引起社会的不安，那就要看死者在这个社会里到底扮演了一个何等重要的角色②。与其他民族一样，蓝靛瑶人也创造了一套减缓人们内心悲痛、帮助人们度过生命中的困难阶段，从而维护社会稳定，保证社会能够正常运行的文化机制，这就是蓝靛瑶人的葬俗。

蓝靛瑶人死后，先将其安放在他或她自己的床上，家人必须坐在地上守灵，而绝不能坐在凳子或床上。葬礼一般由本寨或邻寨的赛曼主持法事为死者超度。如果去世的是家父或家母，要为他们准备 1 件白色孝服和 1 匹白布；如果去世的是长子，只准备 1 匹白布即可；如果是小孩，则无须准备这些东西。有人去世时，家里的女人要大声哭泣，要鸣放一枪，以示家里有人死去，随后家里的男人便向左邻右舍告知死讯，

① 另参见 Chazée, Laurent（2002）. *The Peoples of Laos: Rural and Ethnic Diversities*, pp. 123 - 124. Bangkok: White Lotus Co., Ltd.

② 史宗主编，金泽等译：《20 世纪西方宗教人类学文选》（上、下册），上海三联书店1995 年版，第 819 页。

要他们前来帮助安排死者的后事。死者的亲属给死者换寿衣，用白草纸包两撮米饭，放在死者的双手里，再用白粗布绕绑。随后将尸体停放在正厅中央，头朝东、脚向西。用 4 根柱子作为支架，3 根竹竿作横竿，上面铺竹板或木板，搭成停放尸体的台架。竹竿都要用白色或黑色粗布缠绕。之后再用白粗布将死者的脸部遮盖起来，请赛曼来为其举行仪式，施法超度其灵魂。在尸体的脚一方搭建一个小祭坛，上面放 1 盏长明灯。在祭坛下拴 1 只小鸡，什么颜色的都可以，祭坛上还放有 3 个酒杯、满满 1 碗白米饭，米饭上盖 1 张白色草纸，再插 1 双筷子，燃 3 根线香。祭坛上面要写上死者的生辰八字和死去的日期和时辰。随后主家便请村里的年轻人去砍伐做棺材的树木，砍伐树木的斧子或砍刀上必须贴有经赛曼施过法术的字符，否则刀斧一旦伤了人，伤口很难医治，伤者甚至会因此而丧命。基于久远的传统，棺木一般由村民们准备。因为老挝盛产木材，人们通常都会用最好的木材来做棺木。树木砍伐回来后，在做棺材之前，还要请赛曼施法、鸣枪，众亲属绕尸体哭悼，将白纸放在尸体下放的架子上，向尸体告别之后，赛曼砍 1 根长竹竿，从死者的脚方向，即西面，伸出屋外，竹竿的端头上挂有死者的两套衣服。在竹竿上砍 3 处缺口，上面夹有用白草纸搓成的捻子，蘸上猪油，经赛曼施法后，点燃捻子，将竹竿推伸出屋，将死者的衣服烧掉。以前也有穷困人家要去这些衣服，泡洗后再穿。烧完衣服，便拆去停尸架，将尸体入棺木前，要在棺材底部铺一张白纸，上面撒上炉灰，在灰上用水酒杯口按上 36 个杯口印①，然后再将尸体放进去。盖好棺材盖子后，用竹楔将棺盖钉住，鸣放一枪。以前有钱人家要在死者的嘴里放一枚银币，再用白粗布包尸体。

赛曼会根据死者的生辰八字来推算安葬的日子。如果记不得死者的具体生辰八字，就无法进行推算，这种情况下，就会在死者去世的当日安葬。出殡时，赛曼将煮好的糯米饭倒在簸箕里，平摊开，用一双筷子在中间画一个十字，将米饭分成 4 份，然后将一双筷子折成两截，在每份上插一截筷子，再用白草纸将 4 份米饭包好，1 份放在棺材内，1 份

---

① 据蓝靛瑶人老人讲，这样 36 个杯口印象征着 36 杯水酒，是敬献给各路神灵的。

放在棺木的东头，1 份放在西头，1 份留下给亲友吃[1]。如果死者的配偶还健在，赛曼用 1 根白线绳，一头拴在棺材上，一头拴在死者配偶的腰间，赛曼施法术后，将线绳剪断，以示两人从此将生活在阴阳两个世界。随后赛曼将竹子砍成小截，与银元一起，先用纸，再用白布包起来，这叫"扫帚钱"（bujiunyang），赛曼手拿扫帚钱绕棺材 3 周，之后便将棺材抬出家门，出门后，如果死者是长者，其晚辈要在棺木下来回钻 3 次。棺木抬到墓地后，在墓坑四角要放 4 根竹竿，当土埋到一半时，所有参加安葬的人都会过来抓住竹竿，边呼喊边用力将竹竿抽出来，以示不要将生者的魂魄与死者埋在一起。

下葬 3 天后，还要请赛曼到墓地杀一只鸡，在死者的脚头处摆放 4 块石头，再用竹竿搭建 1 个小祭坛，上面摆放 3 个酒杯，还有在家里的祭坛上摆上 1 碗米饭、一瓶酒，赛曼念经为死者祈祷，并在坟墓四周撒一些生米，表示让死者能在阴间耕种。这时，死者的名字还不能上家谱，他还不能成为家里的祖先神。待家境允许时，家人再杀猪请赛曼为死者超度灵魂，使其成为祖先神，被记录在家谱上，从此便受家人膜拜。家里死人，蓝靛瑶人不在家门口挂六角型的竹编或树枝以示禁忌。

传统上，蓝靛瑶人是实行火葬的，只是到了后来人们才开始实行土葬。火葬对于老人而言是一种尊重。因为火葬的花费很大，因而现在人们为了省钱，很少进行火葬，但一些家境好的人家，老人去世后，仍进行火葬。老人去世后，寨子里的青壮年人帮助去砍火葬用的木柴。木柴必须是自家的，最好是现从森林中砍伐的，不能使用别人家里的木柴。把木柴运回来后就搭建火葬塔架。先栽四根树桩，要活树，塔架是长方形的，一般宽 1 米、长 2 米。木柴要顺长方形摆放，一般要摆放 1.5 米高。随后将尸体安放在柴堆上方，再砍伐四根大活树，交叉搭放在尸体下，以免柴垛燃烧时坍塌。点燃柴垛时，蓝靛瑶人习惯上是不围观的，确信火不会熄灭后，人们便会陆续离开现场，直到第二天才去捡拾骨灰，将其放在瓷坛里，捡拾骨灰时不能用手，如果用手，人们确信无论

---

① 这与中国广西罗城仫佬族丧葬仪式上的"分粮"仪式有些类似，详见袁同凯《变迁与持续：仫佬族社区节庆与宗教传统的民族志研究》，罗树杰主编《民族学人类学》，民族出版社 2004 年版，第 134—155 页。

种什么庄稼都成活不了，要用筷子或木棍将骨灰夹入坛内。捡拾时要先从脚头开始，最后捡拾头骨。骨灰入坛后，先用白草纸封住坛口，再用白布封，最后将坛子埋入事先选好的墓地。

四　"坐妹"习俗

在老挝的蓝靛瑶人村寨，未婚男女青年的性观念相对比较开放，婚前他们可以与任何一个他们中意的同族异性伙伴确立性关系。山寨里的未婚青年男女每年都要与外寨子（蓝靛瑶人）相约对歌，以创造谈情说爱的机会。对歌一般在村头寨尾的空地上进行，那些不善对歌的男女青年则相互调侃调情，或相互投掷一种四角绣球来进行交流，以增进情感。另外，青年男女也时常"串寨"，如果某个男孩到邻寨去"串寨"，夜间就会有几个女孩前来与他"聊天"。在漆黑的夜晚，当房东家人都上床后，她们便会相约而至，来探望前来"串寨"的"帅哥"。她们往往围坐在火塘四周，小声地说笑或讲些趣闻。如果"帅哥"中意哪个女孩，他便渐渐向她靠拢，专心地与她一个人讲话，有意地冷落其他女孩。这时夜色已深，村寨里万籁俱寂，那些受到冷落的女孩会知趣地一个个地找借口起身离去，最后只剩下一对有情人。

俗话说"百闻不如一见"，2006 年 6 月 11 日晚，作为研究者的笔者终于有机会"参与"和"见识"了一番所谓的"坐妹"活动。那天晚上，笔者与随同的蓝靛瑶人翻译来到那木峒——一个距县城只有 5 公里的蓝靛瑶人山寨。翻译当时只有 20 多岁，但已是两个孩子的父亲，小伙子虽然个头不高，但人却长得很精神，在蓝靛瑶人女孩眼中也算是个"帅哥"。我们在房东家的正厅里住下后，约晚上 9 点，当房东家人都睡下后，来了 3 个女孩，其中有一个年龄大点，20 来岁，其他两个也就十五六岁，她们围坐在正厅里的火塘四周，一边拨弄火塘里的火苗一边小声地说话。因为我们是步行进山的，而且笔者还背了一个不小的背包，因而躺下后不久就开始昏昏欲睡。此时睡在笔者身边的翻译捅了笔者一下，小声说，"今晚可能有女孩约我们'聊天'"。笔者说，"不会吧，我是个'法郎'（即外国人），而你也已经结婚了"。可没过多久，就见有人打着手电筒朝我们的蚊帐走来，她用手电照了照我们两个，确认该叫哪个之后，她便俯下身子，小声叫翻译起来，因为语言问题，笔者也不知道她究竟说了些什么。按常理说这是男孩求之不得的美事，会马上起身应允，但小伙子却佯装已经熟睡，一声不吭，不一会儿，那女孩就撩起蚊帐，伸手拉小伙子起身。这时他还在推脱，在女孩再三拽拉下，他才极不"情愿"地坐起身来，叫笔者也起来。可能因为笔者是"法郎"的缘故，女孩没有动手拉笔者，只是用老语叫笔者也加入他们。这时另外两个女孩也羞答答地来到了我们的蚊帐前。笔者想这可是体验蓝靛瑶人"坐妹"习俗的绝好时机。因此，虽然很困，但还是起身来到火塘边，燃了一根香烟，因为听不懂他们在聊些什么，只能一边吸烟一边用木棍拨弄着火，这时火塘里的火燃了起来，除了那位年龄大点的女孩外，另外两个都用衣袖遮住了脸，翻译用中文对笔者说，别把火拨得那么亮，她们都很害羞。笔者便随手把火弄小了些。那位动手拉扯翻译的女孩确实很开朗，不时地找话题与翻译说话，笔者笑着对翻译讲，看来这位女孩是个老江湖了，于是便起了"老江湖"这个很贴切的绰号给她。她们聊了一会儿，又陆续来了 5 个女孩，因为炉火很暗，也看不清她们，但可以肯定她们都是些未婚的女孩。她们也都很腼腆，只是偶尔回答一下翻译的问话，大多数时间她们都是在相互窃窃私语。笔者观察了一会儿，也看不出什么名堂，便起身告辞，来到距火塘仅几米处的地铺上继续睡觉，但躺下后也一直没有睡着。不久，笔者隐约地看到有女孩开始离开，不知又过了多久，发现只剩下最先来的那三位女孩了。她们和翻译仍在小声说话，不时地发出笑声。这时主人的睡房里断断续续地发出不小的呼噜声。没有过多久，那两个害羞的女孩也先后离开了，最后只剩下翻译和"老江湖"了。在那两个女孩走后不久，火塘里的火就被强行熄灭了，整个屋里一片漆黑，也没有说笑声了。不一会儿，他们就蹑手蹑脚地离开了（参见图 4—21）……

据翻译讲，在蓝靛瑶人村寨，一个男孩，只要他不残不傻，他便可以去追求寨子里的每个发育成熟的未婚女孩。他说女孩的年龄实际上不是成熟的标记，而是看女孩是否剔除了眉毛。虽然她们没有自己单独的睡房，但只要女孩愿意他们就可以偷偷地溜进女孩家，钻进女孩的蚊帐，但前提是不能让女孩的父母看到，他们听见不要紧，但绝对不能看到男孩钻进女儿的蚊帐里。因此，男孩必须在天亮前悄悄溜回去，因为

图 4—21　那天晚上的情景
（作者 2006 年拍摄于老挝蓝靛瑶人茅屋里的火塘边）

蓝靛瑶人住的多为茅草屋或竹板或木板房，开关门时通常会发出"吱嘎嘎"的响声，那些淘气的男孩，在转动门闩前，往往会在门与门框贴紧的地方撒尿，或用塑料袋盛些清水往上浇，这样开门时就没有"吱嘎嘎"的响声了。他说，征得女孩的同意是重要的，如果男孩晚上想和哪个女孩约会，他要么在白天找机会通知女孩，要么晚上来到女孩家，在房外用细竹棍拨弄已经睡下的女孩，并小声报出名字来。如果女孩喜欢，她会马上偷偷地起身去开门放男孩进屋来，如果她不怎么喜欢，她也不会直接拒绝他，而会说"有能耐你就自己进来"等推脱的话，如果男孩真的有本事不打搅女孩的父母就能进屋来，她通常是不会拒绝的。据翻译讲，大多数情况下，父母都是装聋作哑，但也有极少数家长不许男孩随便溜进家来与自家的姑娘约会的，他们可能会提着拨火棍将男孩撵出屋去。

第二天晚上 10 点多，当房东家人睡下后，又来了 4 个女孩，笔者和翻译也都进了蚊帐。与昨天晚上一样，她们也是先在火塘边坐下，给火塘添了些柴，过了没多久，就有 3 个女孩向我们的蚊帐走来，她们先用手电筒照了照我们，看清翻译睡的位置后，其中一个便蹲下身子，撩起蚊帐，伸手拽翻译起来，并低声说着什么。大概是起来和我们聊天之类的话，翻译还是先假装睡着，随后又嘟哝了几句，意思是他很累，想睡觉，但 3 个女孩怎么也不肯罢休，硬是把他拖了起来。这些女孩白天一个个都很腼腆，见了外人连句话都不敢讲，可到了晚上，在她们面前，害羞的是外寨来的小伙子！她们不但主动出击，而且还大胆地动手动脚，这在我们的传统文化中，可以说是"坏女孩"的行为，但在这里，在蓝靛瑶人的文化中，却是习以为常的现象，无论是老人还是小孩，对此都熟识无睹。村寨里没有电，晚上 9 点左右，家里的大人都早早地睡下了，而那些情窦初开的少男少女们则洗过澡，换上干净衣服，三五成群地聚集在村里的空地上或到某家的火塘边开始说笑聊天，这是他们一天中最开心的时刻。翻译被拉扯起来后，便与那几个小女孩低声地说笑起来，还不时地发出一两声尖叫声。这种马拉松式的调情一直持续到凌晨 1 点多，笔者隐约地看到翻译双手抱膝，低着头，身边的两个女孩不断地挑逗他，不时地发出开心的笑声来。看来今晚他又得熬下去了，因为 4 个女孩谁也没有先"退场"的意思。有趣的是，今晚那位"老江湖"不知何故却没有来，也许她们有自己的游戏规则：即昨晚姊妹们把机会留给了她，今晚该轮到其他姐妹了。不知为何，最后，4 个女孩一起离去——可怜的翻译被挑逗得疲惫不堪，和衣倒在铺上就睡着了。

第三天晚上，也是我们留住山寨的最后一晚，约 10 点左右，翻译约笔者出去看看，笔者也想抓拍几张蓝靛瑶青年男女"坐妹"的外景照片。我们刚一出门，就见一群女孩已经汇集在我们房东的门外了，翻译便上前搭讪，并开始挑逗其中的一个女孩，那女孩虽然有些羞涩，却一点儿没有恼怒的意思。笔者很容易地拍摄了几张"坐妹"的照片，翻译仍在与那几个妹妹说笑，笔者见没什么别的可拍摄，便悄悄地溜回来，坐在煤油灯下记录自己的见闻。当笔者独自在小小的煤油灯下记笔记时，房东家 16 岁的儿子"坐妹"回来，也许他今晚运气不佳，没有约到心仪的女孩。已经凌晨 1 点多了，翻译还没有回来，不久笔者便进入了梦乡（参见图4—22）。

图4—22　蓝靛瑶人的"坐妹"
（作者2006年拍摄于老挝那木峒寨）

五　剔眉风俗

以前，蓝靛瑶人女孩长到十四五岁时，会举行特别的只允许妇女参加的剔眉仪式。这种仪式一般由一位女性长者和接受仪式的同伴参加。仪式期间，长者会传授一些与性相关的知识。女孩剔了眉毛之后，便表示她在性方面已经成熟，可以公开谈情说爱了。同龄女孩中如有哪位迟迟没有剔眉，会遭到同伴的非议，使其承受很大的心理压力。现在人们虽然不再举行正式的剔眉仪式，但剔眉习俗依旧流行。小姑娘们到了青春期初期，就开始使用传统的方法自己拔眉毛，即先在眉间抹点木炭火灰消毒和止痛，然后用两根细线在眉间来往搓捻，使眉毛缠绕在线上，然后迅速拔出。至于为什么要剔眉，蓝靛瑶人只知道是沿袭世代的传统，具体缘由谁也说不上。实际上，女孩性成熟举行剔眉仪式的习俗在中国古代就有，如土瑶人妇女在古时候就有剔眉剃头的习俗，只是到了现代才放弃了这种习俗。居住在中国西双版纳勐腊县的蓝靛瑶人妇女也有拔眉毛的习俗（参见图4—23）。

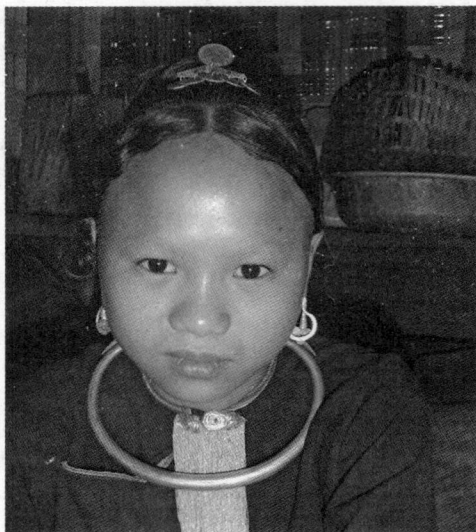

图4—23 剔了眉毛的蓝靛瑶人女孩
（作者2006年拍摄于老挝那木克诺伊寨）

第四节 蓝靛瑶人的生计活动

传统上，蓝靛瑶人主要以游耕为生，辅之以狩猎和采集。蓝靛瑶人村落传统上都坐落于山顶或山腰上，但老挝琅南塔、乌多姆赛和波乔的蓝靛瑶人近百年来主要居住在海拔700—1000米的河谷地带。据说河流或山涧溪流是他们选择寨址的最重要的依据，当然，是否适宜种植罂粟和造纸用的山竹以及旱稻等也是选择寨址所必须考虑在内的条件。但是，在丰沙里，绝大多数蓝靛瑶人村落依旧建在高高的山顶上。这里缺乏水源，土地贫瘠。虽然近些年来有一些村落迁到山谷地带，但依旧靠在极为有限的山地上种植旱稻为生。其他谋生手段有饲养家畜家禽、造纸，偶尔也外出狩猎或到森林里去采集。正如 L. 查泽所言，"如果自然资源足够丰富，这种低效率生产方式传统上能够维持人们的基本存在"①。但是随着自然资源日益匮乏，他们传统的生计方式不再能够满足人们的生存需求。根据蓝靛瑶人的游耕方式，一块山地耕种三五年之后，往往需要 10 左右的休耕时间。由于能够用于耕种的山地越来越少，大多数蓝靛瑶人村落不得不依靠诸如打零工、卖干柴、狩猎或采集等谋生手段过活（参见图 4—24）。

图 4—24 蓝靛瑶人现今可以捕获到的所谓"猎物"
（作者 2006 年拍摄于老挝琅南塔那木迪寨）

就蓝靛瑶人的山地生产活动而言，首先是砍山，把树木、杂草等砍倒，晾晒半个月左右后放火将其烧掉，这些都是男人们的活儿。随后，

---

① 另参见 Chazée，Laurent（2002）. *The Peoples of Laos: Rural and Ethnic Diversities*，p. 111. Bangkok: White Lotus Co. , Ltd。

由妇女们将没有烧掉的树枝清理干净，就可以用"点棍"点种玉米等山地作物了。

砍山的一般程序是，先将要开垦的山林中的大树砍倒，十几天后，放火烧山，烧完之后，再由妇女们将那些还没有烧光的树枝清理成堆，地面上的树桩，能砍的就将其砍掉，砍不掉的就任其留在地里。然后将清理出来的树枝进行分类，粗点的树干背回家做柴禾；其余的则堆放在一起，再放火将其烧尽。等所有的树枝都被清理干净后，才能进行点种。初次砍山通常是男人的活儿，但余下的清理活儿则常由妇女们来完成，这项活儿费时费力，通常要做几个月。在雨季来临之前，清理山场是主要的野外劳动，妇女们早上背着竹篓进山，下午5点左右背着山柴返回，几乎每天都是这样辛苦。一般情况下，她们要在雨季之前准备好柴禾，雨季到来后，通常不再砍柴。此时人们主要忙于种植各种庄稼，如水稻、旱稻、玉米、棉花等，这一般要忙上一个多月。

庄稼生长期间不用上肥、不用浇水，只需锄2—3次草就可以等着收割了。一般情况下，四月底开始种玉米，播种一个多月之后锄一次草，七月左右再锄一回草。八月底就可以收割了。砍树、烧山、开垦山地等活儿男人干得多，锄地妇女干得多。一般来说，在村里劳动没有什么严格区分，男人一般不背柴和砍猪草。具体农事活动为：二月份的活动主要是砍山。男女都参与砍山活动，即将山地里的杂草、树枝砍倒、晒干。三月份开始烧山、种地。先种棉花，接着种玉米，随后种蓝靛。四月份开始种山谷（旱稻），并撒秧田、培育水稻苗，耗时一个月左右。五月份开始种水稻。这里的水稻要比中国勐腊的水稻成熟得早。六月和七月份开始锄山谷地里的杂草，这个工作主要由妇女做。八月和九月份开始收谷子、吃新谷。十月和十一月份，将谷子收入粮仓。十二月份通常没有什么主要农事活动，主要是过节和准备来年的农事（参见图4—25到图4—27）。

图 4—25 烧山（作者 2006 年拍摄于老挝北部蓝靛瑶人山寨）

图 4—26 清理树枝（作者 2006 年拍摄于老挝北部蓝靛瑶人山寨）

图 4—27　点种（作者 2006 年拍摄于老挝北部蓝靛瑶人山寨）

老挝蓝靛瑶人传统的生产方式主要包括游耕农业、小规模家畜饲养业、狩猎、采集、纺织以及造纸。如果自然资源充裕，传统上这种低效率的生产方式还可以维持生计。据著名老挝研究专家 L. 查泽的研究，通常情况下，10 年以上的森林放火烧后才能提供足够的地力，每公顷可出产 1.2 吨的稻米。因此，他们必须要有足够多的森林资源才能维持生存。然而，这种低效率的生产方式却使蓝靛瑶人生活到今天。在1975 年以前，由于自然灾害、缺乏足够的劳力锄草等原因造成的旱稻歉收，蓝靛瑶人可以通过狩猎和采集活动使其生活得以维持下去。但1975 年老挝全国解放以后，随着森林保护法的出台以及村落的重新安置，蓝靛瑶人的生产方式在不断地改变。像那木叻等极少数幸运的村落由于获得了足够的水田，其生产模式也自然发生了彻底的变化，由原先的粗放农业生产模式转换为水田精耕细作模式，并辅之以高地旱稻种植、小规模的家畜饲养以及像纺织、造纸等家庭副业，使其产品流入市场。但大部分其他蓝靛瑶人村落由于没有从政府那里获得水田，被迫在有限的山地上继续从事其原有的刀耕火种的生产方式。自然资源的缺乏以及山地休耕周期的不断缩短，对粗放农业和劳动生产力往往会产生负面影响，造成地力减退、粮食产量下降。传统上，在一块新开垦的荒地上，连续耕种3—5年，其产出的粮食已经无法满足大多数家庭的生活了。像塔湾和那木仃就是典型的例子，由于山地旱稻连年歉收，村民们不得不长期以诸如狩猎和采集、季节性地在其他民族村落打短工、在琅南塔城打零工或到琅南塔城里卖柴来维持生计。有些村民为了生存甚至到了卖儿卖女的地步。

目前的这种穷困趋势以及人们对未来的生活越来越没有信心，进一步加剧了鸦片吸食活动，越来越多的年轻人为了逃避现实，沉迷于鸦片的云雾之中。而鸦片的吸食则进一步加剧了他们穷困的程度。尽管当地政府已经采取了一些措施来禁止罂粟种植、鸦片交易以及村民吸食鸦片，但至今收效依旧不大明显。

在塔湾村，村民们的生存主要以刀耕火种的生产方式种植旱稻和玉米、饲养家禽、养猪以及从事像季节性到其他村落打短工或到琅南塔城里做零工等方式维持生计。旱稻田分布在村落附近的山场上，主要以家庭为单位耕种，其规模通常情况下是1—5个家庭。在海拔600米高的石灰岩阴面山地上，雨季通常种植玉米，旱季则会在其上面种植罂粟。由于山洪带来的沉积沃土，人们在旱季也会在小河的两岸种植玉米或木薯等作物。猪和家禽在村里是散养的，但在夜间为了防止黄鼠狼和其他小型猫科动物偷袭，家禽往往会被关起来。旱稻是老挝蓝靛瑶人最喜爱的主食。在塔湾、那木叻等蓝靛瑶人村寨，人们种植的旱稻品种主要有"考草达姆"（Khao Tchao Dam）、"考草登"（Khao Tchao Deng）和"考草琅糕"（Khao Tchao Luang Kao）等，这些旱稻的生长期一般在六个月。收割一般在九月中旬，蓝靛瑶人通常用一种传统的特殊刀片（参见图4—28和图4—29）割谷穗，随后把谷穗捆绑成把，摊在稻田里晾晒，晒干之后再运回谷仓或家里。与其他民族不同的是，蓝靛瑶人一般储藏谷穗，吃的时候再脱粒。脱粒的方法也很传统，依旧使用以人力脚踩的捣杆或以水为动力的捣杆[1]。

---

　①　另参见 Chazée, Laurent（2002）. *The Peoples of Laos: Rural and Ethnic Diversities*, pp. 112 – 113. Bangkok: White Lotus Co., Ltd。

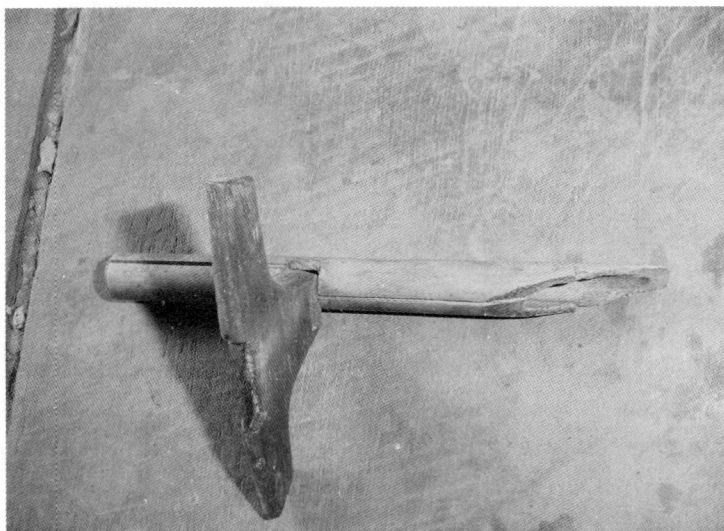

图 4—28　蓝靛瑶人割旱稻的手镰
（作者 2006 年拍摄于老挝北部蓝靛瑶人山寨）

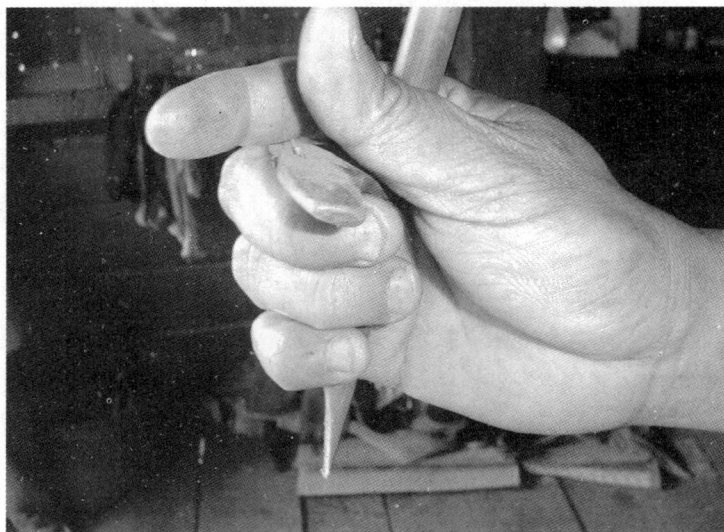

图 4—29　蓝靛瑶人持手镰的方式
（作者 2006 年拍摄于老挝北部蓝靛瑶人山寨）

蓝靛瑶人的手工艺人主要有银匠和铁匠，银匠主要打制传统服饰上所需的纽扣、吊坠，以及项圈、手镯等；铁匠主要打制传统砍刀、锄头等用具，有趣的是，蓝靛瑶人中没有人会木工手艺。老人们通常都会一点手工编织手艺，主要编织竹质背篓、粪箕、竹条衣箱、竹条针线盒、竹编饭桌、竹条小圆凳、竹席等（参见图 4—30）。

图 4—30　蓝靛瑶人铁匠正在打制蓝靛瑶人砍树木和杂草用的砍刀
（作者 2006 年拍摄于老挝琅南塔那木仃寨）

传统上，蓝靛瑶人的日常活动都是根据其传统日历来安排的，而其传统日历则是根据中国农历来推算的，并按生肖来计算日子，即鼠日、牛日、虎日、兔日、龙日、蛇日、马日、羊日、猴日、鸡日、狗日和猪日。哪天能做什么或不能做什么，都需查看日子。虽然现在人们不是每天都查看日历行事，但每当遇到什么重大日子，人们还是会看看日子。在他们的观念中，虎日忌讳出工，而羊日和猪日则是良辰吉日，做什么事情都会比较顺利。在蓝靛瑶人村寨，劳作日程安排和日常活动通常都会让位于应对各类灾害或人生礼仪的仪式活动，如为驱除各类瘟疫、应对各种自然灾害举行的仪式活动，或丧葬活动、新生儿诞辰等。除生产劳动外，日常家务活动主要包括挑水、砍柴、采集食物、照看婴儿、修缮房屋、织布染布、缝制衣服等。总体而言，在蓝靛瑶人村寨，人们会在仪式活动上花费很多时间，以驱除或避免各类天灾人祸，祈求平安①。

第五节　蓝靛瑶人的传统造纸

在蓝靛瑶人山寨，收割完旱稻之后，村里的妇女便开始造纸，时间在 10 月至来年 2 月之间的旱季闲暇季节。寨子里的妇女先到村边的竹林去砍伐竹子，然后将其放在小溪中浸泡、捣碎，加入当地产的生石灰，再用香蕉叶将其遮盖起来，上面压上石块，使其浸透、泡软。经过一两个月的浸泡之后，将纸浆挤压干取出，在河水里清洗干净，制成造纸用的纸浆。同时，她们还要用一种特殊的树皮制作树胶，将其掺于纸浆里。提取树胶的方法非常简单，先砍伐只有 4—5 厘米粗（这里指直径）的树木，将树干外层的干树皮用弯刀削掉，再放在木墩或石磉上用木棍一边翻转一边用力砸，直到内皮与木质脱离为止。然后将内层皮浸泡在适量的清水之中，以用作造纸的黏合剂。将纸浆盛在水桶里，掺入适量的树胶，搅拌均匀，先将事先准备好的用竹架撑平展的粗布平放的地面上，用木勺将纸浆均匀地倒在上面，待纸浆中的水渗干后，再把竹架竖起来晾晒数小时，晾干后便可用竹篾轻轻将纸从粗布上小心翼翼地剥离下来，厚实而又耐揉的粗纸就造好了。如果纸浆倒得不均匀，造出的纸就薄厚不均，甚至还可能会有小漏洞，因此，倒纸浆可以说是一道颇具技术含量的工序。蓝靛瑶人造的粗纸质地均匀，手感特别好。据说因为树胶的原因，这种粗纸还能防虫蛀。寨子里几乎每家都造这种粗纸，主要用于日常宗教仪式或记家谱。现在也有少数人家将其兜售给前来观光的外国游客（参见图 4—31 到图 4—36）。

---

① 另参见 Chazée，Laurent（2002）．*The Peoples of Laos：Rural and Ethnic Diversities*，p. 115. Bangkok：White Lotus Co.，Ltd。

图4—31　蓝靛瑶人妇女在制造树胶

（作者2006年拍摄于老挝琅南塔那木仃寨）

蓝靛瑶人用当地产的一种树皮提取树胶，将其均匀地掺在纸浆里。

图4—32　蓝靛瑶人制作的纸浆

（作者2006年拍摄于老挝琅南塔那木仃寨）

右边的小木罐子里就是蓝靛瑶人造纸用的纸浆。

图 4—33　蓝靛瑶人妇女在倒纸浆

（作者 2006 年拍摄于老挝琅南塔那木仃寨）

　　把加入了树胶的调制好的纸浆均匀地倒在撑平的粗布上，这是整个造纸过程中最重要的一环。

图 4—34　蓝靛瑶人妇女晾晒在小溪边的粗纸

（作者 2006 年拍摄于老挝琅南塔那木仃寨）

　　等倒在粗布上的纸浆凝固后，把粗布架子支撑起来晾晒，在阳光下晾晒数小时，直至完全干透。

**图4—35　蓝靛瑶人妇女在用竹篾剥离晾干的粗纸
（作者2006年拍摄于老挝琅南塔那木仃寨）**

待彻底晾干后，再用竹篾轻轻地将纸张四周挑起，慢慢地从粗布架子上揭下来，柔软的蓝靛瑶粗纸就造好了。

**图4—36　蓝靛瑶人妇女正在剪做仪式用的咒符，这是蓝靛瑶粗纸
最主要的用途（作者2006年拍摄于老挝琅南塔那木克诺伊寨）**

第六节　蓝靛瑶人的纺织与印染

在蓝靛瑶人山寨，男女之间的劳动分工十分明显。男人主要从事开垦山场、砍伐树木以及社交等重体力劳动和狩猎等公共领域的活动，而洗衣、做饭、挑水、砍柴、背柴、纺线、织布、做衣服等被 M. 罗莎尔多（M. Rosald）称为"家庭领域"（family sphere）里繁杂的家务劳动则主要由妇女来做①。有些活则男女都会做，如种地、除草等。有时，部分年老体弱的男子也会看管小孩。相比之下，蓝靛瑶人妇女要做的活远比男人的琐碎和繁重。一般情况下，村里闲着的人，大都是男人，尤其是他们一旦吸食大烟，便很少再下地干活，大多数时间都闲待在家里，而妇女，包括他们的女儿则显得十分辛劳。她们往往从凌晨 5 点多开始，一直忙碌到日落饭后，准备好第二天的早饭和午饭后，才得以休息。

纺织与染布通常是妇女的事，男人很少参与，一般是在农闲时节，即十二月至来年四月之间，村里的妇女们聚集在一起，一边聊天一边纺织棉线，或在晚饭后，纺织一会儿。在蓝靛瑶人村寨，几乎每户人家里都有一部或几部简易的纺棉机和一部织布机，纺棉机的工作原理和结构相当简单。棉线纺织好后要缠绕在纺线槌上，妇女们会在闲暇之时，上机织布。棉布织好后，再用蓝靛的根茎印染。至今，每户蓝靛瑶人家依旧种植蓝靛，将其根茎洗净后，浸泡在水里。根茎原本是红褐色的，经过浸泡后，水会变成蓝靛色。蓝靛瑶人世世代代就是用这种蓝靛色的水印染布料的（参见图 4—37 到图 4—42）。

---

① Rosaldo, M, and Louise Lamphere, eds. （1974）. *Women, Culture, and Society*. California：Stanford University Press.

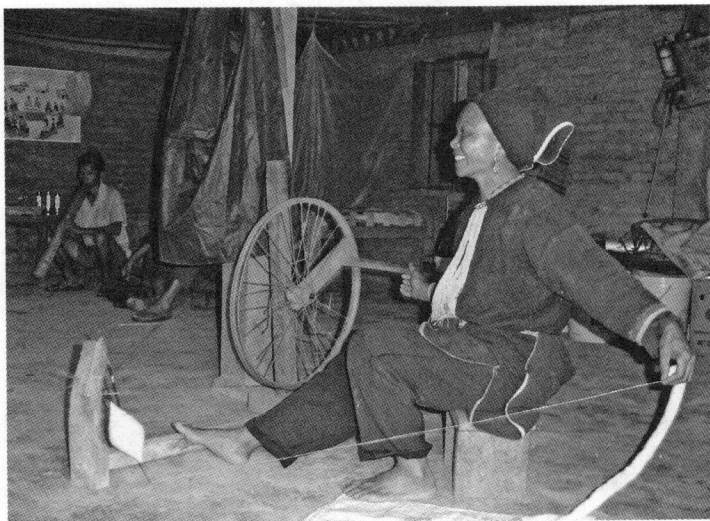

图 4—37　蓝靛瑶人妇女在纺织棉线（作者 2006 年拍摄于老挝丰沙里孙赛寨）

　　在阴雨天或晚饭之后的闲暇时间里，蓝靛瑶人妇女往往会一边与家人聊天一边用自己种植的棉花纺线，这是她们日常生活的一部分。

图 4—38　蓝靛瑶人妇女正在绕线
（作者 2006 年拍摄于老挝琅南塔塞普嘟寨）

图4—39   蓝靛瑶人妇女在织布

（作者2006年拍摄于老挝琅南塔那木仃寨）

在大多数老挝蓝靛瑶人家里，通常都会有一台自制的简易织布机。织布也是蓝靛瑶人妇女尤其是上了年纪的妇女日常家务的一部分。

图4—40   用蓝靛浸染粗布

（作者2006年拍摄于老挝琅南塔那木克诺伊寨）

粗布织好之后，用蓝靛水浸染，给粗布上色。

图4—41　凉晒浸染好的布料
（作者2006年拍摄于老挝琅南塔赛普嘟寨）

图4—42　蓝靛瑶人妇女缝制传统服装
（作者2006年拍摄于老挝琅南塔那木克诺伊寨）

女孩从14岁开始跟母亲学做针线活，主要有绣袖口、领口，教她们如何纺棉线、织布等。蓝靛瑶人母亲通常羞于告诉女儿一些女人的事情，有关性方面的知识大都是通过同龄人获取的，做母亲的能说出口的都是如"天黑不要出去玩得太久"之类。在她们看来，好女孩晚上是不出家门的，只能等男孩来找她们（如用竹篾捅她们等）。大多数蓝靛瑶人认为，母亲一般不会向自己的女儿传授女人的事情。只有在自己的女儿太憨的情况下，做母亲的才会自己或请其他妇女传授一些女人的生理知识（参见图4—43）。

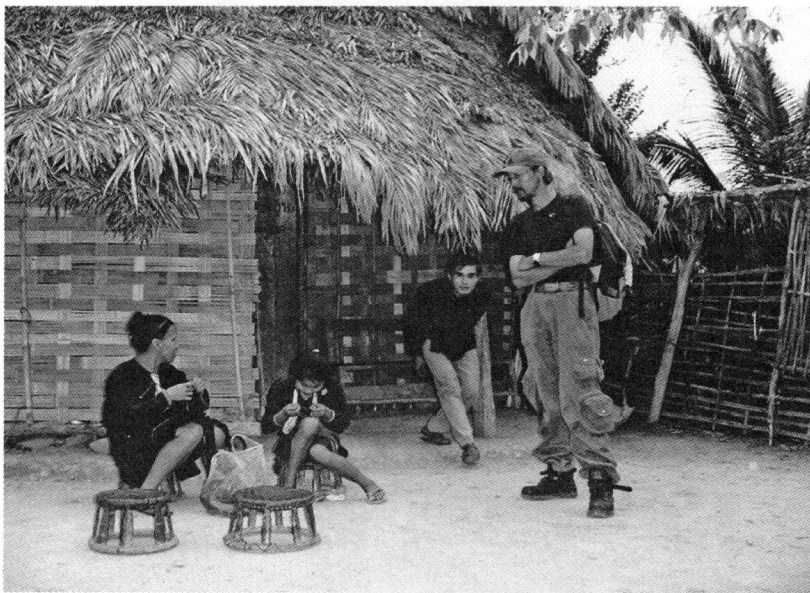

图4—43 蓝靛瑶人小女孩在跟母亲学做针线活
（姜学文先生2006年拍摄于老挝琅南塔那木迪寨）

根据人类学的研究，妇女的地位与其在生计经济中所起作用的大小有关。依据这种观点，妇女在以狩猎、游牧或精耕农业为主的男性占主导地位的社会中将居于从属地位。尽管蓝靛瑶人妇女在家庭中担负着艰辛而繁重的家务劳动，但由于她们通常在家庭中从事的最主要活动是生养孩子，而生养孩子这一人类再生产活动在以男性为中心的社会中往往得不到足够的重视，难以得到社会的承认，因此，她们的社会地位往往低于男性①。在蓝靛瑶人村寨，家里有客人吃饭时，妇女一般情况下都不上桌吃饭，她们要么与小孩在另一张桌子上吃，要么等客人和男人们吃完后再吃。一般情况下她们也不坐在正厅里与客人聊天。在家里，她们白天活动的场地主要在厨房后偏房里，尤其是那些已婚的妇女。"女人生来脸面都是朝外的"，这是蓝靛瑶人常说的一句话。在他们看来，女人早晚都是别人家的人，只有儿子才能赡养自己，有些家男孩多，娶不起媳妇，就先去女方家服务几年，然后再娶媳妇回来。如果真是没有儿子，一般都让女儿嫁给那些没有爹妈的孤儿，这样他们才能长久地与父母生活在一起，也才能起到养老的作用，不过，在他们的观念中，只有儿子才能传宗接代的思想根深蒂固。如果家里穷，一般家庭会将大女儿卖出去，再给儿子娶媳妇。婆婆和儿媳多数的关系都比较紧张，只有少数能够和睦相处。如果自家的儿子不孝，先由爹妈管教，如果不听，就找村里的老人，或村长来进行教育（参见图4—44、表4—1）。

图4—44　蓝靛瑶人妇女在舂糯米
（作者2006年拍摄于老挝琅南塔那木克诺伊寨）

① Rosaldo, M., and Louise Lamphere, eds., (1974). *Women, Culture, and Society*. California: Stanford University Press.

表4—1：　　　　　　　　　蓝靛瑶人主要经济活动一览表

活动类型	内容	备注
刀耕火种活动	旱稻、玉米、棉花、木薯、罂粟等	自2005年起，老挝政府已全面禁止罂粟种植，但由于政府执行力度不够，在老挝北部某些偏远的密林深处，仍有人在种植罂粟
家庭养殖活动	鸡、猪、水牛、黄牛、狗等	
狩猎活动	鹌鹑、银色山鸡、斑纹鸽子、黑夜莺、画眉、松鼠、竹鼠、野猪、马来鹿等	像野猪、鹿之类的较大型动物现在已经很难捕到
捕捞活动	小河里的各种小鱼	现在小河里已基本没有什么鱼类可供捕捞
采集活动	竹笋、蘑菇、蜂蜜、香蕉、蕨类植物、各类野菜等	最常见的是竹笋、蘑菇和各类野菜
手工艺活动	纺织印染、造纸等	家庭纺织印染和造纸非常普遍

（表格来源：作者2007年根据田野调查资料绘制）

第五章

蓝靛瑶人的学校教育

在老挝人民革命党执政之前，蓝靛瑶人山寨没有正规学校，也没有人受过任何正规的学校教育。在那个时期，像蓝靛瑶人之类的少数民族一直被"老龙族"（Lao Loum）和"老听族"（Lao Theung）视为是低贱的群体。在这些主体民族看来，长年居住在深山里的蓝靛瑶人无异于原始、落后而又愚昧无知的野蛮人——他们依旧沿袭着刀耕火种的生产方式，他们依旧居住在茅草房里，他们的日常生活中充斥着单调而冗长的仪式活动，等等。所有这些均使他们在经济、政治和文化上处于极其边缘化的地位，因而也就被主体民族戏称为深山里的"部落"民族①。

第一节　蓝靛瑶人学校教育的历史与现状②

1975 年之后，即老挝人民民主共和国成立之后，"在少数民族人口

---

① 对于公众来说，"部落"这一概念无疑是与原始、古老、愚昧、落后、未开化、近亲繁殖等概念联系在一起的。详见 Tan Chee-Beng（1992）. On Tribe. *Sarawak Gazette* CXIX（1521），pp. 51 – 52. September；弗恩（Raymond Firth）著、费孝通译：《人文类型》，华夏出版社 2002 年版，第 8 页；Fried，Morton H.（1975）. *The Notion of Tribe*, p. 8. CA.：Cummings Publishing Company；袁同凯：《走进竹篱教室——土瑶学校教育的民族志研究》，天津人民出版社 2004 年版，第 291 页。

② 本节内容已在《民族教育研究》2009 年第 6 期第 54—58 页刊载，在此特向《民族教育研究》表示谢忱。

众多的所有省份，都建立了民族学校"①，为少数民族儿童提供了接受正规教育的机会，并有意识地培养了一批少数民族师范生，使他们回到自己的家乡担任小学教师。因此，蓝靛瑶人村落中40岁左右的几乎都没有受过正规学校教育。他们当中有些接受过一年或两年的教育培训，这些教育培训项目是由像联合国教科文组织和联合国儿童基金会之类的、国际机构发起的，其主要目的是培训成人读书识字。根据《2005—2006年教育发展计划实施报告》（*Report of Implementation of the Plan for Developing Education in the Year 2005 – 2006*）②，此类项目的总体目标，一是扩大少数民族接受教育的机会；二是提高少数民族地区的教育质量；三是继续推进少数民族地区的扫盲运动，重点对象是那些没有机会读书的乡村妇女；四是提高教学质量，尤其是中学的教学质量；五是继续在少数民族地区改建和新建小学和中学校舍；六是支持和扩充私立教育，鼓励更多的人投资创办私立中学和职业学校；七是继续完善少数民族地区乡村教育的监督与管理体制，不断改善教师的待遇。需要强调的是，目前地方政府，比如琅南塔省政府，在许多方面试图改善少数民族村寨的学校教育，但从笔者调查过的十余所小学看，政府却没有向这些学校投入多少教育经费。而像亚洲开发银行、联合国教科文组织、联合国儿童基金会、欧洲联盟等一些国际组织，在帮助少数民族村寨筹建新校舍、投资一些教育发展项目和资助少数民族儿童读书。在笔者所访问过的十一所小学中，有6所是由亚洲开发银行和欧洲联盟资助修建的，而且这些校舍也是蓝靛瑶人山区最好的。

在老挝，尽管蓝靛瑶人儿童的学习环境从整体上看得到了改善，但他们的学习成绩依旧普遍低下。根据本人在老挝北部调查的12个村落和11所小学的情况分析，他们的文盲率在老挝是最高的。蓝靛瑶人儿童的学业成绩普遍比较差。根据笔者所采访过的235户人家的资料显示，在1349名6岁以上的蓝靛瑶人居民中，有891人从未接受过正规

---

① Abhay, Phansy (2003). "The Ethnic Minorities and Education." In Yves Goudineau, ed., *Laos and Ethnic Minority Cultures*: *Promoting Heritage*, p. 251. UNESCO Publishing.

② Louang Namtha Provincial Education Department (2000). *Report of Implementation of the Plan for Developing Education in the Year* 2005 – 2006, pp. 4 – 5. Louang Namtha.

的学校教育，占 66%；245 人上过学但调查时已经辍学，占 18%，这部分人中绝大多数只上过一年或两年；有 213 人在读。在这 1349 人中，6—16 岁的学龄儿童 423 人，其中只有 207 人在读，失学率为 51%。需要特别指出的是，那些在读一年级或二年级的学生中，会有相当一部分人或许一两年后便会离开学校去照看他们年幼的弟妹，或者外出挣钱养家。还需说明的是，蓝靛瑶人女性的文盲率远比男性高。在 671 名被调查的女性中，有 75% 的人没有接受过学校教育。另一个需要注意的问题是，40 岁以上的文盲率为 95%，女性则高达 99%。

案例 1：下面这个家户是一个很好的例证。

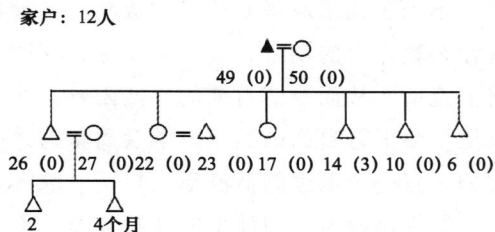

家户：12 人

49 (0) 50 (0)

26 (0) 27 (0) 22 (0) 23 (0) 17 (0) 14 (3) 10 (0) 6 (0)

2   4 个月

从该家庭图谱中我们可以清楚地看到，这个家庭有 12 人，其中 6 岁以上的 10 人，但只有 1 人接受过三年正规学校教育。需要说明的是，这个案例在蓝靛瑶人村寨并不是例外，大多数蓝靛瑶家庭都在为生计疲于奔命，几乎没有人关心孩子的学业。即使是那些已经把孩子送去读书的家长，也并没有期望自己的孩子通过学校教育能在社会上"出人头地"，或者说，"向上流动"。

陈志明（Tan Chee-Beng）、马和民、高旭平、韩嘉玲以及白杰瑞等国内外学者已经讨论过穷困与教育成就之间的关联性问题[1]。他们的研

---

① Tan, Chee-Beng (1993). "Education in Rural Sarawak." *Borneo Review* 4 (2)：128 - 141. 马和民、高旭平：《教育社会学研究》，上海教育出版社 1998 年版。韩嘉玲：《中国贫困地区的女童教育研究：贵州省雷山县案例调查》，《民族教育研究》1999 年第 2 期，第 56—63 页。Postiglione, Gerard A. (2000). "National Minority Regions：Studying School Discontinuation." In Judith Liu, Heidi A. Ross, and Donald P. Kelly eds., *The Ethnographic Eye*：*Interpretive Studies of Education in China*, p. 55. New York：Falmer Press.

究表明，贫困问题是阻碍弱势群体儿童取得学业成功的主要因素之一。与老挝其他少数民族群体相比，蓝靛瑶人属于最穷困的族群。他们当中的绝大多数人至今仍旧居住在竹篱墙、茅草顶的简易房子里，家里除了一些破旧的瓦罐、竹席和竹编器具外，几乎再没有什么别的值钱家当了。大多数儿童衣衫褴褛、营养不良。

影响蓝靛瑶人儿童学业成就的另一个突出问题是，他们的许多父母都是鸦片吸食者。这些人的精力都耗费在吸食鸦片上，根本不关心孩子的学业问题。当孩子长到能够胜任体力劳动时（通常到 12—13 岁），这些瘾君子父母便会要求他们的孩子辍学回家，挣钱养家和供他们吸食鸦片，致使这些儿童成了鸦片吸食的受害者和牺牲品。此外，蓝靛瑶人传统的生活方式也不利于儿童取得学业上的成功。蓝靛瑶人父母对他们的孩子几乎没有什么教育上的期望，没有多少家长期望自己的孩子能够通过学校教育向上流动，从而改变目前的生活困窘。在他们眼里，只要孩子们能在学校里学会书写自己的名字，学会简单的计算，就等于已经受过教育了。比如，有一个偏远的蓝靛瑶人村落，欧洲联盟为他们修建了漂亮的校舍，免费提供教材，但那里的适龄儿童的失学率却高得令人不可思议。

案例 2：在老挝琅南塔地区东北方向，距省城 39 公里处，有一个坐落于群山深处的蓝靛瑶人村寨。这个山寨交通闭塞，虽然欧洲联盟修筑了山路，但崎岖难行，普通汽车难以抵达，只有中国产的手扶拖拉机可以慢慢地爬行抵达。这个村寨共有 36 户蓝靛瑶人家庭，232 人。村里没有电，没有卫生所，也没有商店。人们靠刀耕火种的生产方式种植山地旱稻和玉米为生，只有极个别家庭有一点水田耕种，少数家庭也种植棉花和木薯。一般家庭都饲养猪和鸡以备举行宗教仪式，农闲时偶尔也会外出打点零工补给生活。据我们的调查，只有 40% 的家庭，其收成能够维持家人全年的生活。村里有 30 人常年吸食鸦片，这些人主要靠季节性地为当地村民打零工或靠森林采集过活。

村寨里有一间漂亮的校舍，是欧洲联盟于 2002 年修建的。在 2006年第一学期，这个小学只有 20 个在读生，两个来自琅南塔地区的外族老师，一个是傣泐人，另一个是黑傣人。其中一个经常回家，常常缺课。根据老师的反映，每学年当地政府只给他们小学发放几盒粉笔、教师用书和 6 只圆珠笔。因为该村落交通不便，难以抵达，几乎没有政府官员前来检查教学工作。这个村寨有 6—16 岁的学龄儿童 62 人，其中只有 20 人在校读书，失学率高达 68%。

从本村寨的情况分析，一般而言，主要有三方面的因素阻碍蓝靛瑶人儿童学业的成功。第一，家庭需要年长些的孩子照看年幼的弟妹。第二，是语言障碍。在蓝靛瑶人村寨，人们通常都使用本族方言交流，儿童入学之前所接触到的主要是本族语言，很少有人懂得学校教育通用的老语。第三，也是最重要的，就是吸食鸦片。在这个村寨里，在那些有适龄学童的家庭里，至少有一名鸦片吸食者，而这个人通常都是户主或家里的其他年长者。这些瘾君子对待学校教育的态度直接影响着孩子们的学业成就。如上所述，这些吸食者不仅不关心他们孩子的学业，而且会迫使他们的孩子停止学业，外出打零工来维持家人的生活和满足他们吸食鸦片的需求。

缺乏学习氛围的社区环境，加之缺乏责任感的教师以及对教学通用语言的生疏等因素，往往使得这些沉迷于鸦片的蓝靛瑶人村民对他们孩子的学业成就寄予很低的期望。而这种很低的教育期望无疑会直接造成他们孩子学业上的失败。

而在另一个不同族群杂居的村落洪垒，蓝靛瑶人对他们的孩子却寄予了较高的学业期望，希望他们的孩子能够通过学校教育的途径向上流动，不同族群之间价值观的互动产生了较为积极影响作用，使得该村的蓝靛瑶人把教育成就视为成功的重要途径。这些家长的价值取向在很大程度上影响到他们孩子的学业成就以及未来择业取向。教育人类学的研究已经表明，家长的价值取向和他们在现实生活中的实际行为对学生在学校里的表现具有直接的影响作用①。这种对学校教育的积极态度会明显地激励儿童刻苦学习，努力取得良好的学业成就。这个村落的生活条件并不比笔者所访问过的其他蓝靛瑶人村寨好，但是在 48 名 6—16 岁适龄学童中，有 38 人在校读书，失学率只有 21% 左右。根据该村小学校长的观点，这是不同族群相互影响的作用。该村的蓝靛瑶人在观念上

---

① Reese, Leslie (2002). "Parental Strategies in Contrasting Cultural Settings: Families in Mexico and El Norte." *Anthropology & Education Quarterly* 33 (1): 32.

很大程度地受到其他族群如克木尔族和傣族的影响，而这些族群又以重视学校教育而闻名遐迩。但是，笔者认为该村鸦片吸食者较少也是主要原因之一。根据我们的调查，该村只有 5 人不同程度地吸食鸦片，而其中 4 人的家里没有学龄儿童。从这个案例中我们看到，家长对学校教育的态度对其子女入学和学业成绩也起着重要作用。

综上所述，主要有四方面的因素阻碍着蓝靛瑶儿童在学业方面的成就。

第一，蓝靛瑶人在社会、经济和政治上被边缘化。这些"部落"民族往往接受的是低劣的学校教育，他们缺少受过正规训练的合格教师，得不到足够的教育经费（除一些国际组织偶尔提供一些资金外，中央或地方政府提供的教育经费非常有限），教学设施简陋，教学管理混乱。虽然部分蓝靛瑶人村落得到欧洲联盟等国际组织的资助，修建起漂亮的校舍，但从总体上看，他们的教学条件与主体民族相比还有很大差距。蓝靛瑶人村寨里的老师，主要来自其他族群，都是政府硬性安排来山区任教的。这些人中几乎没有人愿意长期留在蓝靛瑶人山寨，只要能找到更好的工作，他们会随时丢下他们的学生离开山寨。这也不能完全归罪于这些老师，他们每 3 个月领一次工资，而每个月只有 26 美元左右，除此之外，地方政府再没有任何其他方面的生活补助。

第二，教育人类学的跨文化与历史研究表明，在主流学校内和教学课堂上往往存在不利于少数民族儿童学习的隐形因素，如学校管理者和教师对少数民族儿童较低的学业期望就是这种隐形因素之一。笔者的田野调查发现，这点在老挝蓝靛瑶人的学校教育中表现得非常突出。对于大多数蓝靛瑶人村落小学而言，往往只有一个教师，由他负责所有科目的教学与管理工作，没有人监管他的教学及教学效果，只要学校能正常开课就行。由于历史和社会原因，老挝的蓝靛瑶人一直被其他民族视为是低劣的族群。那些在蓝靛瑶人山寨从教的老师主要来自老龙或老听等主体民族，他们有意无意地表现出对蓝靛瑶人学生比较低的教育期望，地方教育管理者同样更是如此。大多数老师都不住在他们从教的蓝靛瑶人村寨里，而是每天骑摩托车往返于学校和他们的居所。有些教师虽然在工作日内住在村寨里，但一到周末便会返回家里，根据村民反映，这些老师往往延迟返校的时间，缺课现象时有发生。对此，村民们也只能睁一只眼闭一只眼。因为如果他们将教师缺课的情况反映到上级部门，老师们可能会离开学校，而学校也会因此而停课。毋庸置疑，上述这些因素也会直接影响到学生的学业成就。根据笔者对 11 所蓝靛瑶小学的田野调查，只要学生每天能按时上学，在课堂上保持安静，他们就被看作好学生。在大多数情况下，学生在课堂上没有机会讨论教学内容，通常放学后也没有家庭作业和其他课外活动。在这里，学校教育仅仅意味着静静地坐在教室里听老师灌输课本知识。这种社会的和学校的期望影响着当地蓝靛瑶儿童如何感知学校教育，并对此感知作出反应。

第三，社会上的大多数人，包括地方政府官员，对像蓝靛瑶人之类的弱势族群具有根深蒂固的刻板印象，认为他们既原始、落后又愚昧无知。这种刻板印象，像一张无形的巨网，一直笼罩在老挝蓝靛瑶人的生活。他们总是觉得自己周边的族群，尤其是像老龙和老听等主体民族，往往也包括临近的苗人，看不起他们，而且时常欺辱他们。比如，在那木峒没有开设小学，那里的孩子要到 3 公里以外的一个老听族人的村落去上学。因为他们那种群体性的自卑情结，村里 30 个学龄儿童中只有 6 人上学，而且全都是男生。也就是说，所有学龄女童都失学在家，村里的失学率高达 80%。根据大多数村民的反映，没有他们自己的小学是造成如此高失学率的直接原因。他们不愿意送自己的孩子到老听族的村落去读书，因为他们的孩子时常受老听族孩子的欺辱。据村民讲，他们的孩子去那里读几天就不愿意再去了。开学时，该村共有 15 个男生和女生注册读书，可没过多久很多人就辍学了。

第四，蓝靛瑶人家长对学校教育的冷漠态度也是阻碍孩子学业的重要因素之一。这些家长根本没有意识到学校教育的重要性，也没有把教育看作孩子未来成功择业的重要途径。大多数蓝靛瑶人老人认为，孩子读书越多，就会变得越懒惰。正如其中一位村民所说的那样，"如果孩子去读书，他们会失去学习下地劳作技术的机会。等他们在学校读几年书之后，他们照样没有机会在城里找到工作。而且，他们所学的书本知识在实际生活里也没有什么用处，人又变得懒惰，不再愿意下地干活了。所以说，送他们读书是浪费时间和金钱，没有实际意义"。因此，家长对学校教育的否定态度不可避免地会对孩子们的学业产生负面影响。

蓝靛瑶人的现状在很大程度上与其学校教育失败及鸦片吸食相关。上述案例已经有力地证明，蓝靛瑶人家长吸食鸦片直接或间接地造成其子女学业上的失败。罪恶的鸦片使得蓝靛瑶人产生了一种悲观的生活态度，当然，这种悲观态度无疑会影响到他们子女的学业成绩。持有这种态度的瘾君子父母不可能倾向于鼓励和支持孩子们去努力读书。

如上所述，蓝靛瑶人依旧靠刀耕火种的生产方式为生，因为缺失现代知识，加之大量村民吸食鸦片，他们在文化、社会、经济和政治方面都处于边缘地位。本研究坚持认为，少数民族地区的社会经济发展需要注重学校教育的发展。从上述案例中我们看到，要想让蓝靛瑶人彻底摆脱目前的困境，当地政府需要持续地大力宣传禁毒政策，加大各项禁毒措施的力度，从根源上根除鸦片，杜绝吸食行为。只有这样，具有百年鸦片吸食历史的蓝靛瑶人才能逐渐摆脱吸食鸦片所造成的诸多负面作用，真正走出鸦片的阴霾。

第二节　蓝靛瑶人村寨小学及村民受教育状况

1975 年之前，蓝靛瑶人村寨没有任何正规的学校教育，1975 年之后，即老挝人民民主共和国成立之后，"在少数民族人口众多的所有省份，都建立了民族学校"[①]，为少数民族儿童提供了接受正规教育的机会，并有意识地培养了一批少数民族师范生，使他们回到自己的家乡担任小学教师。自此，蓝靛瑶人的山寨开始有了象征国家符号的小学，开始有了第一批代表"政府人员"的小学老师，但这些老师都是外族人，主要是老挝的主体民族黑傣人、傣泐（Tai Lue）人等。由于新政府成立不久，财政紧张，蓝靛瑶人山寨小学的基础设施非常简陋，在大多数村寨，所谓的小学，大都是一些破旧不堪的茅屋，政府几乎没有在蓝靛瑶人山寨修建校舍。如果你在哪个蓝靛瑶人山寨看到一所漂亮的校舍，那一定是诸如欧洲联盟之类的国际组织捐资修建

① Abhay, Phansy (2003). "The Ethnic Minorities and Education." In Yves Goudineau, ed., *Laos and Ethnic Minority Cultures: Promoting Heritage*, p. 251. UNESCO Publishing.

的。在老挝调查期间，笔者走访了琅南塔、乌多姆赛、丰沙里、波乔等省份的 11 所小学，详细考察了这些小学的基本状况，现将每一所小学的基本情况概述如下。

一　那木仃（Nam Deany）小学

这是一所完小，位于那木仃山寨，开设 1—5 年级的课程，开设老文、算术、社会、体育等课程，没有开设音乐和美术课。2006 年第一学期，本教学点各个年级的学生数如下（参见表 5—1 到表 5—3）：

表 5—1：　　　2006 年第一学期那木仃小学学生情况一览表

年级	一		二		三		四		五	
	总数	女	总数	女	总数	女	总数	女	总数	女
人数	40	6	9	4	34	14	15	6	17	8
蓝靛瑶	5	2	5	4	4	3	0	0	1	1

（表格来源：作者 2007 年根据田野调查数据统计、绘制）

表 5—2：　　　2006 年第一学期那木仃小学蓝靛瑶学生情况一览表

年级	一	二	三	四	五	总计
总计	5	5	4	0	1	15
女生	2	4	3	0	1	10
男生	3	1	1	0	0	5

（表格来源：作者 2007 年根据田野调查数据统计、绘制）

表 5—3：　　　那木仃寨 6 岁以上蓝靛瑶人受教育情况一览表

年龄组（女）	人数	从未上过学	离校	在校人数
06—09	12	12	0	0
10—14	14	1	3	10
15—19	9	3	6	0
20—24	14	11	3	0

年龄组（女）	人数	从未上过学	离校	在校人数
25—29	8	6	2	0
30—34	8	8	0	0
35—39	2	1	1	0
40—44	4	3	1	0
45—49	3	3	0	0
50—54	5	5	0	0
55 +	9	9	0	0
总计	88	62	16	10
年龄组（男）	人数	从未上过学	离校	在校人数
06—09	7	4	0	3
10—14	5	0	3	2
15—19	8	3	5	0
20—24	12	6	6	0
25—29	8	6	2	0
30—34	8	3	5	0
35—39	7	4	3	0
40—44	3	1	2	0
45—49	4	3	1	0
50—54	4	4	0	0
55 +	3	3	0	0
总计	69	37	27	5
年龄组（男女）	人数	从未上过学	离校	在校人数
06—09	19	16	0	3
10—14	19	1	6	12
15—19	17	6	11	0
20—24	26	17	9	0
25—29	16	12	4	0
30—34	16	11	5	0
35—39	9	5	4	0
40—44	7	4	3	0
45—49	7	6	1	0

续表

年龄组（女）	人数	从未上过学	离校	在校人数
50—54	9	9	0	0
55 +	12	12	0	0
总计	157	99	43	15

（表格来源：作者 2007 年根据田野调查数据统计、绘制）

该村被调查人数 179 人（24 户），其中女性 96 人。在那木仃寨，6 岁及 6 岁以上的有 157 人，其中没有进过学校的有 99 人；曾进过学校的有 43 人，其中只读过一年级的有 3 人、只读过二年级的有 20 人、只读过三年级的有 6 人、只读过四年级的有 5 人、只读过五年级的有 9 人；现在读 15 人。该村有 6—16 岁适龄学童 46 人，但只有 15 人在读，入学率仅为 32.6%。

图 5—1　那木仃教学点的老师背着孩子去上课，前面那所茅草屋就是这个教学点的教室（作者 2006 年拍摄于老挝琅南塔那木仃）

本教学点共有五个教师，都不是本地人，都是黑傣人，其中有两个女性，一个是校长的妻子，另一个女教师嫁给了当地一个黑傣男子。校长是从琅南塔调来的，他妻子也是这里的老师。

据这里的小学校长反映，政府几乎不给这里的小学下拨任何办公经费，只是发放一些简单的办公用品，主要是粉笔。相比之下，一些非政府组织和机构对学校的经费或物质支持要多一些，如老挝万象一家私人旅游公司从2006年开始给该小学捐献学习用品，此外还有一些非政府组织也多少捐些书和体育用品。

虽然当地政府有规定，在山里教书的教师每月有补助，但他们的收入仍远远不够维持生活。在这里，每3个月才发一次工资，约80美元左右。单职工的教师家庭，一方每月可从政府那里领取15000基普的基本生活费，为了谋生，村里分给他们一些田地，种些橡胶树、玉米之类的作物。同时，他们也饲养猪、鸡等家畜和家禽。有趣的是，村里每户人家每年要送给每个教师十公斤大米。

校长妻子叫瑟昂（Se Ang），当时（2006年）她只有29岁。她说村里的蓝靛瑶人和苗人对他们教师很好，但黑傣人认为教师来这里只是为了拿工资，根本没有用心教授他们的孩子。她说过年时，蓝靛瑶人都会给他们送猪肉，但傣族人从来不送礼物给他们。蓝靛瑶人希望他们能留下来继续教授他们的孩子，七年来他们都和睦相处，没有发生过任何争执（参见图5—2）。

据她反映，小学里的课桌都是家长自己做的，许多课桌已经破旧不堪了。由于家里穷困，这里有许多孩子光着屁股来上学。她说家长从来不会过问孩子的学习，也不关心孩子是否去学校学习。这些家长一大早就离家去山场劳动了。副村长的两个12—13岁的女儿都辍学在家，她希望她们能上学，但她又无能为力。

在这个村寨里，像她们这样的失学适龄学童多达31人，他们大都在12—16岁。这些孩子，就像笔者在中国土瑶人山寨里看到的失学孩童一样，要么背着弟妹在村寨里玩耍；要么和伙伴们下河摸鱼；要么结伴去附近丛林里去采集竹笋或采摘野菜。在蓝靛瑶人村寨，这个年龄段的孩子，无论男女，都已经承担起诸如看管弟妹、淘米做饭、喂猪喂鸡、采集果实等家务劳动和生计活动了（参见图5—3）。

图 5—2 瑟昂老师在上课（作者 2006 年拍摄于老挝琅南塔那木仃教学点）

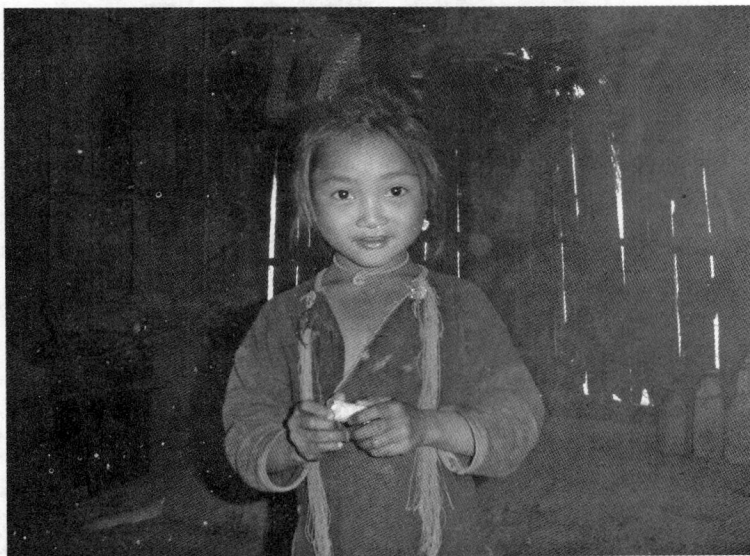

图 5—3 失学女童（作者 2006 年拍摄于老挝琅南塔那木仃山寨）

图 5—4　站在竹篱教室外的失学男孩
（作者 2006 年拍摄于老挝琅南塔那木仃教学点）

二　那木克诺伊（Nam Ke Noi）小学

这是一所完小，开设 1—5 年级的课程。2006 年第一学期共有 21 名学生。据老师讲，注册时有 26 人，已有 5 人退学（参见图 5—4）。

表 5—4：　　2006 年第一学期那木克诺伊小学在校学生一览表

年级	一	二	三	四	五	总计
总计	10	5	2	2	2	21
女生	4	0	0	1	0	5
男生	6	5	2	1	2	16

（表格来源：作者 2007 年根据田野调查数据统计、绘制）

表 5—5：　　那木克诺伊寨 6 岁以上蓝靛瑶人受教育情况一览表

年级组（女）	人数	从未上过学	离校	在校
06—09	8	7	0	1
10—14	10	3	3	4
15—19	15	10	5	0
20—24	13	7	6	0
25—29	9	8	1	0
30—34	9	9	0	0
35—39	5	5	0	0
40—44	3	3	0	0
45—49	6	6	0	0
50—54	7	7	0	0
55 +	5	5	0	0
总计	90	70	15	5
年级组（男）	人数	从未上过学	离校	在校
06—09	18	11	0	7
10—14	21	9	3	9
15—19	13	2	8	3
20—24	15	6	9	0
25—29	6	5	1	0
30—34	7	6	1	0
35—39	9	8	1	0
40—44	3	3	0	0
45—49	6	3	3	0

年级组（男）	人数	从未上过学	离校	在校
50—54	4	4	0	0
55 +	3	3	0	0
总计	105	60	26	19
年级组（男女）	人数	从未上过学	离校	在校
06—09	26	18	0	8
10—14	31	12	6	13
15—19	28	12	13	3
20—24	28	13	15	0
25—29	15	13	2	0
30—34	16	15	1	0
35—39	14	13	1	0
40—44	6	6	0	0
45—49	12	9	3	0
50—54	11	11	0	0
55 +	8	8	0	0
总计	195	130	41	24

（表格来源：作者2007年根据田野调查数据统计、绘制）

被调查人数229人（36户），其中女性103人。在那木克诺伊寨，6岁及6岁以上的有195人，从未进过学校的有130人。6—16岁的适龄学童65人，但只有23人在校读书，入学率仅为35.4%；在本村小学读书的有21人，其中一年级10人，女生4人；二年级5人，没有女生；三年级2人；没有女生；四年级2人，女生1人；五年级2人，没有女生。在外村读初一年级的有3人（其中一人17岁），没有女生。另外有41人曾不同程度地接受过学校教育，其中只读过一年级的有4人；读过二年级的有10人；三年级的有10人；四年级的有6人；五年级的有7人；初一的有1人；初二的有1人；初三的有2人（参见表5—5）。

该校只有2个男教师，一个是傣泐族，另一个是黑傣人。

据傣泐族教师反映，村里只有两三家人支持孩子的学习，其他家长

图 5—5　欧洲联盟出资修建的小学校舍
（作者 2006 年拍摄于老挝琅南塔那木克诺伊寨）

根本就不关心孩子是否上学，也从来不过问孩子的学习情况。当地政府没有任何教育专项拨款，学期只发给老师 6 本教科书和 6 支圆珠笔。他每三个月的工资约合 130 美元。

黑傣人教师说，他目前还是代课教师，每两个月的工资约合 37 美元。他们两个老师都是从琅南塔来的。这里的学生们不太懂老语，尤其是一年级的学生，几乎听不懂老师在讲什么。村里的学生没有什么心思学习，一点也不用功。这个季节（3 月）孩子们大都喜欢到山里去挖竹笋或寨子边的小河里去捕鱼，所以常常不来上课，对此，家长不管，他们也没有办法。有时候他们去家里找学生上课，家长说让他们去山里找吧，孩子挖竹笋去了。他认为目前最大的问题，一是这里比较偏远，这个小学虽然附属于中心小学，但中心小学的校长从来没有下来检查过教学工作，可以说这所小学几乎没有人来管理；二是学生缺少课本，几乎所有的学生都没有课本。

这里每学期 9 月 1 日开学，5 月底放假。具体是：第一学期从 9 月 1 日至来年的 1 月 9 日；第二学期从 1 月 23 日至 5 月底。

这里有个不成文的规定，家里有孩子上学的，每户要给每个教师 20 公斤大米；没有孩子上学的，每户要交 10 公斤大米。

这个村寨没有电视，现在只有 10 户人家用太阳能发电照明，一套太阳能发电设备需要 16 万基普。以前用家用水力发动机发电，但很不方便。另外每个月还需支付 1 万基普的电费，这个费用是大多数家庭承受不了的。因此，寨子里只有少数人家里晚上有电。那木肯雅（Nam Ken-yay）距本村有 5 公里左右，但山路很难走，那里现在只有 12 户人家（参见图 5—5 和图 5—6）。

图 5—6　作者与那木克诺伊教学点的师生留影（乌塔娜老师拍摄于 2006 年）

三　那木崆（Nam Khone）小学

那木崆教学点只有 1 名老师，只开设 1—3 年级的课程，2006 年第一学期共有 15 个学生，其中一年级 9 人，女生 2 人；二年级 3 人，女生 2 人；三年级 3 人，女生 2 人，其中有 2 个该上四年级的男生又重新读三年级（参见表 5—6）。

表 5—6：　　2006 年第一学期那木崆小学蓝靛瑶人在校学生一览表

年级	一	二	三	四	总计
总计	9	3	3	0	15
女生	2	2	2	0	6
男生	7	1	1	0	9

（表格来源：作者 2007 年根据田野调查数据统计、绘制）

表 5—7：　　2006 年那木崆 6 岁以上蓝靛瑶人受教育情况一览表

年龄组（女）	人数	从未上过学	离校	在校
06—09	11	10	0	1
10—14	6	1	0	5
15—19	11	8	2	0
20—24	7	5	2	0
25—29	6	6	0	0
30—34	7	7	0	0
35—39	1	1	0	0
40—44	4	4	0	0
45—49	7	6	1	0
50—54	2	2	0	0
55 +	8	8	0	0
总计	70	59	5	6
年龄组（男）	人数	从未上过学	离校	在校
06—09	8	2	0	6
10—14	9	5	1	3
15—19	4	2	0	2
20—24	14	9	5	0
25—29	8	4	4	0

年龄组（男）	人数	从未上过学	离校	在校
30—34	6	4	2	0
35—39	4	4	0	0
40—44	5	5	0	0
45—49	4	3	1	0
50—54	2	0	2	0
55 +	9	7	2	0
总计	73	45	19	9
年龄组（男女）	人数	从未上过学	离校	在校
06—09	19	12	0	7
10—14	15	6	1	8
15—19	15	11	4	0
20—24	21	14	7	0
25—29	14	11	4	0
30—34	13	10	2	0
35—39	5	5	0	0
40—44	9	9	0	0
45—49	11	9	2	0
50—54	4	2	2	0
55 +	17	15	2	0
总计	143	104	24	15

（表格来源：作者 2007 年根据田野调查数据统计、绘制）

那木崆寨被调查人数 160 人（25 户），其中女性 84 人。在 6 岁及 6 岁以上的 143 人中，有 104 人从未进过学校；有 24 人曾接受过正规学校教育，其中读过一年级的只有 2 人，读过二年级的有 5 人，读过三年级的有 9 人，读过五年级的有 7 人，高中毕业的 1 人。本村共有学龄儿童 39 人，目前在校 15 人，入学率为 38.5%（参见表 5—7）。

这个教学点只有一名教师，是黑傣人，2002 年来这里教学。据他讲，以前村民给教师大米，但现在许多村民家里太穷，不再给了。他只得从岳母家里借了一块地种旱稻，每年收 2 吨左右。另外还养了 8 头猪，以前养得还多，都卖掉了，还有 30 多只鸡、4 头黄牛和 1 头水牛。如果村民廉价出售粮食，他会收购，然后再运到琅南塔市场去卖。他是本村妇女主任的女婿，家安在这里。他老婆在学校还开了家小商店，卖些糖果之类的东西。

这里的学生没有什么作业本，作业本常被家长撕去抽烟。据他了解，有部分学生还是愿意学习的，但他们的家长却常让他们在家里干活、去地里砍草或上山去挖竹笋等，使孩子们常常缺课。家长也不与老师合作，比如，老师布置作业，家长也不督促孩子做，而是让孩子干活。这些家长对学校教育丝毫没有兴趣，有些学生没有课本、作业本和铅笔，只是空手来听课。

当地政府只给教师提供教科书和粉笔，另外还给一部分学生提供课本，除此之外，别的就不管了。这里有些家庭非常穷困，时常有学生光着屁股就来上课，有些女孩子都没有裤子穿，只穿件上衣，教师有时会把家里的旧衣服送给学生。如果学生中途辍学，家长要被罚款 5 万基普。这是琅南塔区教育局的规定，被罚的钱由村民委员会管理，实际上这个规定不起什么作用，村里一分钱也收不到。在农忙季节，孩子们常常缺课去帮助家长种地或收庄稼。如果家长向老师请假，是可以准许的。如果只有 3—4 个学生来上课，就不上课了。他从教师培训班毕业后，就来到这里教学，一来就上复式班的课，同时教三个年级，没有一点教学经验。他希望能有援外组织资助他继续进修学习，以提高自己的教学能力和水平。

这所小学是 2000 年欧洲联盟捐资修建的，有两间教室、一间办公室、一间会议室，还有一个厕所。因为缺少教室，将三个年级的学生都集中在会议室里一起上课，而教室现在却成了教师的住房，办公室也空着没用。因为管理问题，老师上课随意性很大，我们去学校采访的那个上午，只上了一节课后就有学生回家不再去了。在上课期间，笔者来到寨子边的小河畔，看见有五六个学龄儿童正光着身子在小河里摸鱼，其中有些就是在校的学生，有些则是辍学的男孩。这里 8 点上课，11：30 下课；下午 2 点上课，下午 15：30 下课（参见图 5—7）。

图 5—7 欧洲联盟援建的校舍
（作者 2006 年拍摄于老挝琅南塔那木崆寨）

四 那木叻（Nam Lue）小学

那木叻寨设有 1 个教学点，开设 1—4 年级的课程。只有两间破旧的教室，一年级和四年级在一个教室里上课；二、三年级在一间教室上课。2006 年第一学期一年级有 20 人，8 名女生，其中蓝靛瑶学生 11人，女生 5 人；二年级有 14 人，其中蓝靛瑶学生 8 人，女生 4 人（蓝靛瑶）；三年级 12 人，其中蓝靛瑶学生 7 人，女生 6 人；四年级 3 人，没有女生，四年级没有蓝靛瑶学生（参见表 5—8 到表 5—9）。

表 5—8： 2006 年第一学期那木叻小学学生情况一览表

年级	一		二		三		四	
	总数	女	总数	女	总数	女	总数	女
人数	20	8	14	13	12	3	3	0
蓝靛瑶	11	5	8	4	7	6	0	0

（表格来源：作者 2007 年根据田野调查数据统计、绘制）

表 5—9：　　2006 年第一学期那木叻小学蓝靛瑶人在校学生一览表

年级	一	二	三	四	总计
总计	11	8	7	0	26
女生	5	4	6	0	15
男生	6	4	1	0	11

表 5—10：　　　那木叻寨 6 岁以上蓝靛瑶人受教育情况一览表

年龄组（女）	人数	从未上过学	离校	在校
06—09	15	9	0	6
10—14	14	2	2	10
15—19	10	6	4	0
20—24	16	12	4	0
25—29	7	7	0	0
30—34	11	10	1	0
35—39	7	6	1	0
40—44	3	3	0	0
45—49	8	8	0	0
50—54	7	7	0	0
55 +	11	11	0	0
总计	109	81	12	16
年龄组（男）	人数	从未上过学	离校	在校
06—09	15	8	0	7
10—14	8	0	3	5
15—19	15	2	8	5
20—24	21	13	7	1
25—29	12	9	3	0
30—34	7	6	1	0
35—39	4	4	0	0
40—44	4	4	0	0
45—49	6	5	1	0

续表

年龄组（男）	人数	从未上过学	离校	在校
50—54	4	4	0	0
55 +	11	11	0	0
总计	107	66	23	18
年龄组（男女）	人数	从未上过学	离校	在校
06—09	30	17	0	13
10—14	22	2	5	15
15—19	25	8	12	5
20—24	37	25	11	1
25—29	19	16	3	0
30—34	18	16	2	0
35—39	11	10	1	0
40—44	7	7	0	0
45—49	13	13	0	0
50—54	12	11	1	0
55 +	22	22	0	0
总计	216	147	35	34

（表格来源：作者 2007 年根据田野调查数据统计、绘制）

在那木叻寨，被调查人数 244 人（28 户），其中女性 128 人。6 岁及 6 岁以上人数为 224 人，其中从未进过学校的有 147 人，曾不同程度地接受过学校教育的有 34 人，其中读过一年级的有 7 人；读过二年级的有 13 人；读过三年级的有 9 人；读过五年级的有 3 人；读过初一的有 1 人；另有 1 人高中毕业。现共有 6—16 岁适龄学童 62 人，在读学生有 32 人，入学率为 51.6%，其中一年级 11 人，女生 5 人；二年级 9 人，女生 8 人；三年级 7 人，女生 3 人；五年级 4 人，女生 3 人；初一 1 人。另外还有一个 17 岁的男生在读初中二年级，一个 20 岁的男生在读高中二年级（参见表 5—10）。

据教师甲讲，她是克木人，来本教学点任教已经 3 年了，教一年级

图5—8 老师甲正在上课（作者 2006 年拍摄于老挝琅南塔那木叻寨）

和四年级。据她反映，这里的学生时常不来上课，我们去学校采访她的那天早上，她是到学生家里去找他们来上课的。据她了解，那些辍学在家的孩子，并不是因为家庭困难上不起学，而是家长的观念有问题，他们主要让学童在家看管弟妹。对于他们而言，能读会算就不想再读书了。当地政府没有给这个教学点下拨资金，只发给老师教科书和 2 支圆珠笔，不给学生免费提供课本。最后，她还诙谐地说，"哦，对了，还给我们免费发了几张宣传画"（参见图5—8）。

教师乙，是老龙族，正式老师，初中毕业后，到琅南塔教师培训班集训 1 年（按常规是 3 年）。今年（2006 年）调到这个教学点任教，教二、三年级的全部课程。月薪每 3 个月发一次，三月可得 145 美元。据他反映，二年级的学生常常不来上课，因为当时正是旱田耕种的时节，家长都让孩子去田地里干活。这里大多数学校都是以复式班的形式上课。他认为蓝靛瑶人不关心孩子的学习，农忙时节常让孩子留在家里干活，不来上课。平时家里没有吃的了，也让孩子到山上去采集野菜（如竹笋），根本不考虑孩子的学习。他们也没有办法，有时他们去学生家里找他们来上课，家长却让他们去山上找，说他们也不知道孩子具体到哪里去了。每年开学时，每个学生要交5000基普，有时家长不交，不让孩子来上学。

在那木叻考察期间，笔者发现一个问题，仅靠家户访谈很难查清失学儿童的实际数目。因为有许多在册的学生实际上都辍学在家，或每个月只到学校去几天，大多数时间都待在家里干活，或上山采集竹笋或野菜，或到村边的小河里去摸鱼。寨里的孩子似乎对学习不感兴趣，他们有时早上背着书包去了学校，但不一会儿就回家了，家长也不问缘由。孩子放下书包，背上背篓就出去了。对此，家长们也视而不见，不管不问。2006年3月24日笔者从学校采访回来，房东的两个注册在校的女儿却都在家里，一个刚刚从旱田里干活回来，与她一起去旱田锄草的还有4名同龄伙伴，她们也都是在校的学生。对此，老师们也有同样的看法，但他们毫无办法。他们说他们不能每天清晨都去学生家里请学生来上课。24日那天是周五，上午那木叻小学二、三年级的老师又没有来上课，学生们有些在校园里玩耍，有些干脆回家放下书包下地干活去了。据家长反映，这种情况很常见，老师三天两头不来上课，家长谈论此事时，似乎也不怎么在乎，孩子们不去上学，能下地干活，他们不但没有怨言，反倒显得很高兴（参见图5—9）。

五 塞普嘟（Sop Dute）小学

该小学有两间木板围栏教室，开设1—5年级的课程，2006年第一学年有学生21人，6个女生。一年级7人，女生3人；二年级2人，女生1人；三年级5人，女生2人；四年级2人，女生1人；五年级5人，女生2人。由于教室不够，只能以复式班的形式上课，一、二年级在一个教室里上课；三、四、五年级在一个教室上课。由于缺乏资金，黑板是学生用废弃电池的石墨粉刷的（参见表5—11）。

图 5—9 上课时间下河摸鱼的男孩

（作者 2006 年拍摄于老挝琅南塔蓝靛瑶人山寨）

表 5—11： 2006 年第一学期塞普嘟小学在校学生一览表

年级	一	二	三	四	五	总计
总计	7	2	5	2	5	21
女生	3	1	2	1	2	9
男生	4	1	3	1	3	12

（表格来源：作者 2007 年根据田野调查数据统计、绘制）

表 5—12： 塞普嘟寨 6 岁以上蓝靛瑶人受教育情况一览表

年龄组（女）	人数	从未上过学	离校	在校
06—09	7	5	0	2
10—14	8	4	0	4

年龄组（女）	人数	从未上过学	离校	在校
15—19	9	4	3	2
20—24	8	5	3	0
25—29	9	9	0	0
30—34	6	6	0	0
35—39	2	2	0	0
40—44	8	8	0	0
45—49	5	5	0	0
50—54	1	1	0	0
55 +	9	9	0	0
总计	72	58	6	8
年龄组（男）	人数	从未上过学	离校	在校
06—09	4	1	0	3
10—14	8	0	0	8
15—19	14	0	10	4
20—24	6	6	0	0
25—29	10	9	1	0
30—34	3	3	0	0
35—39	4	4	0	0
40—44	6	6	0	0
45—49	5	5	0	0
50—54	2	2	0	0
55 +	7	7	0	0
总计	69	43	11	15
年龄组（男女）	人数	从未上过学	离校	在校
06—09	11	6	0	5
10—14	16	4	0	12
15—19	23	4	13	6
20—24	14	11	3	0
25—29	19	18	1	0
30—34	9	9	0	0
40—44	14	14	0	0

续表

年龄组（男女）	人数	从未上过学	离校	在校
35—39	6	6	0	0
45—49	10	10	0	0
50—54	3	3	0	0
55 +	16	16	0	0
总计	141	101	17	23

（表格来源：作者2007年根据田野调查数据统计、绘制）

在塞普嘟寨，被调查人数169人，其中女性81人。6岁及6岁以上人数为141人，其中从未进过学校的有101人，曾进过学校的有17人：一年级的有2人；二年级的有1人；三年级的有3人；四年级4人；五年级的有5人；初二的有2人。现共有6—16岁适龄学童36人，在读学生有21人，入学率为58.3%，其中一年级7人，女生3人；二年级2人，女生1人；三年级5人，女生2人；四年级2人，没有女生；五年级5人（其中有一个男生已经超过16岁），女生2人。另外还有1个15岁的男孩和1个17岁的男生在外村读初一（参见表5—12）。

教师甲，是黑傣族人，高中毕业后，在琅南塔教师培训学校进修了一年，就来这里教学了，已经在这里任教5年了。现在的校舍是1997年修建的，旧校舍在村里，是间竹篱草屋。当地政府没有给这个教学点下拨任何资金，每年只给教师发教科书、粉笔和2支圆珠笔。今年（2006年）游客给小学捐了一些彩笔和一些教学用具。他每3个月的工资是16万基普。这些钱根本不够用，他老婆没有工作，在家里种了些水田和旱田，同时种些蔬菜到市场去卖，还养了15头猪、30多只鸡。现在是农忙时节，学生们常常不来上课。他们时常去家里督促学生上课。他也说，蓝靛瑶人家长对学生的学习没有丝毫兴趣，从来不督促孩子学习（参见图5—10）。

教师乙，是老龙族人，也是高中毕业后在琅南塔教师培训学校进修一年，来这里5年了。他每3个月收入17万基普，他家里也种有水田和旱田，主要种水田、旱稻和蔬菜。另外还养了3头猪、10只鸡，他

图 5—10 老挝塞普嘟教学点的老师正在上课
（作者 2006 年拍摄于老挝琅南塔塞普嘟寨）

老婆也是家庭主妇。去年（2005 年）以前，村里每户给教师 10 公斤粗米，今年（2006 年）他们不在村里住，村民也就不给了。

这两个老师都住在省城琅南塔，每天跑来上课。他们一个骑摩托车来上课，另一个骑自行车，他来回要骑 2 个多小时。他们都认为教师的工资太低，不能安心教书。

六　那木迪（Nam Dy）小学

这是一所完全中心小学，有 3 名教师，开设一至五年级的课程。2006 年第一学期有学生 84 人，其中蓝靛瑶学生 60 人，西达族（Sida）学生 24 人：一年级 23 人，其中蓝靛瑶学生 17 人、女生 8 人，西达族学生 5 人，女生 2 人；二年级 25 人，蓝靛瑶学生 21 人，女生 12 人；三年级 10 人，蓝靛瑶学生 9 人，女生 3 人；四年级 7 人，全是蓝靛瑶学生，女生 4 人；五年级 19 人，西达族学生 13 人，蓝靛瑶学生 6 人，西达族女生 7 人，蓝靛瑶女生 3 人。有三个教室，一年级在一个教室上课；二、三年级在一个教室上课；四、五年级在一个教室上课（参见表 5—13）。

表 5—13：　　　　2006 年第一学期那木迪小学学生情况一览表

年级	一		二		三		四		五	
	总数	女	总数	女	总数	女	总数	女	总数	女
人数	23	10	25	13	10	3	7	4	19	10
蓝靛瑶	17	8	21	12	9	3	7	4	6	3
西达族	5	2	4	1	1	0	0	0	13	7

（表格来源：作者 2007 年根据田野调查数据统计、绘制）

表 5—14：　2006 年第一学期那木迪小学蓝靛瑶人在校学生一览表

年级	一	二	三	四	五	总计
总计	17	21	9	7	6	60
女生	8	12	3	4	3	30
男生	9	9	6	3	3	30

（表格来源：作者 2007 年根据田野调查数据统计、绘制）

表 5—15：　　　　那木迪寨 6 岁以上蓝靛瑶人受教育情况一览表

年龄组（女）	人数	从未上过学	离校	在校
06—09	4	2	0	2
10—14	12	1	0	11
15—19	6	2	2	2
20—24	4	3	1	0
25—29	4	4	0	0
30—34	3	3	0	0
35—39	4	4	0	0
40—44	2	2	0	0
45—49	2	2	0	0
50—54	3	3	0	0

年龄组（女）	人数	从未上过学	离校	在校
55 +	5	5	0	0
总计	49	31	3	15
年龄组（男）	人数	从未上过学	离校	在校
06—09	7	4	0	3
10—14	13	0	1	12
15—19	3	1	0	2
20—24	1	0	1	0
25—29	6	5	1	0
30—34	4	3	1	0
35—39	4	4	0	0
40—44	3	3	0	0
45—49	1	1	0	0
50—54	5	5	0	0
55 +	4	4	0	0
总计	51	30	4	17
年龄组（男女）	人数	从未上过学	离校	在校
06—09	11	6	0	5
10—14	25	1	1	23
15—19	9	3	2	4
20—24	5	3	2	0
25—29	10	9	1	0
30—34	7	6	1	0
35—39	8	8	0	0
40—44	5	5	0	0
45—49	3	3	0	0
50—54	8	8	0	0
55 +	9	9	0	0
总计	100	61	7	32

（表格来源：作者 2007 年根据田野调查数据统计、绘制）

在那木迪村寨，被调查人数 109 人（不包括家户 3），其中女性 55

人。6 岁及 6 岁以上人数为 100 人，其中从未进过学校的有 60 人，曾
进过学校的有 8 人：二年级的有 3 人；三年级的有 1 人；五年级的有 3
人；初三 1 人。现共有 6—16 岁适龄学童 42 人，在读学生有 32 人，入
学率为 76.2%，其中一年级 10 人，女生 4 人；二年级 11 人，女生 5
人；三年级 1 人（男）；四年级 2 人，女生 1 人；五年级 3 人，女生 1
人。另外有 5 名学生在外村读初中，其中 2 人在读初一，1 人读初二，
2 人读初三。由于该村距省城琅南塔仅数公里之遥，其社会经济发展明
显好于其他蓝靛瑶人村寨，村民的观念也较为开放，绝大多数村民对学
校教育持肯定态度，比较关心子女的学业成绩（参见表 5—15）。

图 5—11 悬挂着老挝国旗的那木迪教学点（作者拍摄于 2006 年）

教师甲是黑傣族人，初中毕业后，在琅南塔教师培训学校进修了 3
年，1984 年开始当老师，调来这里已经 2 年了。他常去家访，这里的
学生在农忙时节也能来上课，只有生病时才会缺课。1991 年他来这里
教学时，家长还不了解学校教育的重要性，但两年前，村民对学校教育

的态度有了很大的改变，比较重视孩子的学习。虽然他们辅导不了孩子的学习，但很支持孩子的学习，一般情况下不会让孩子在上课时下地干活。由于教师的工资太低，他老婆在家里种有旱稻，粮食够一年吃的，有时还可卖 1 吨左右。没有种玉米，有一块菜地。家里养了 4 头黄牛、14 只鸭子。老婆还做买卖，卖水牛肉。

教师乙，是黑傣族人，高中毕业后在琅南塔教师培训学校学习一年，来这里教学有 4 年了。

教师丙，是傣泐人，女性，高中毕业后，在琅南塔教师培训学校培训一年，今年（2006 年）刚调到这里教学，现教二、三年级的课程。

图 5—12　教师丙正在上课（作者 2006 年拍摄于老挝琅南塔那木迪教学点）

据这些老师反映，当地政府没有给这个教学点下拨什么经费，每学期只是配发教科书和粉笔，每个教师 2 支圆珠笔。这里有一个旅游景点，偶尔会有外国游客或旅行团到景点游览，途经村寨时，当地旅游局会让游客捐些钱，为学生购买一些作业本和铅笔等文具（参见图 5—11

到图 5—12）。

　　教师的家都在琅南塔城内，他们每天骑摩托车或自行车来村里上课，午饭都从家里带。他们说即便是在雨季，他们也不住在村里。

　　在这个村寨，2002 年成立了一个名叫 "Parent Association" 或 "Association of Parent Participaning School" 的组织，即 "家长协会" 之类的组织，主要由家里有学龄儿童的家长组成，参与学校管理。按要求每月开一次会议，每个月教师应向教育局汇报一次教学情况，村长和教师也参加家长协会的会议。村里给学校一块地，让学生开了一个鱼塘，并给学校买了些鱼苗，但到目前为止，还没有收效。

七　洪垒（Hong Leuay）小学

　　这是一个由苗人、克木人、普诺人、黑傣和蓝靛瑶人混杂居住的村落，主要是蓝靛瑶人和克木人。这里最早是蓝靛瑶人的村子，后来由于采伐森林，迁移来了许多其他民族，组成现在这个村落。该村有一所完全中心小学，还开设有一个幼儿班。另外该校还负责 "旺颇克"（Wang Pok）、"坪霍"（Pin Ho）和 "拉克汉姆考"（Lak Kham Kao）3个教学点的教学工作。

　　2006 年第一学期该校有学生 102 人，女生 42 人；其中有蓝靛瑶人学生 46 人，蓝靛瑶人女生 17 人。该校共有教师 8 人，其中女性 4 人，需要特别说明的是，这里有一个蓝靛瑶人本族的老师，他是我们调查过的 11 所小学中唯一的一名蓝靛瑶人教师（参见表 5—16）。

表5—16：　　2006 年第一学期洪垒小学蓝靛瑶人在校学生一览表

年级	一	二	三	四	五	总计
总计	12	7	7	5	4	35
女生	1	2	3	2	3	11
男生	11	5	4	3	1	24

（表格来源：作者 2007 年根据田野调查数据统计、绘制）

表 5—17： 洪垒寨 6 岁以上蓝靛瑶人受教育情况一览表

年级组（女）	人数	从未上过学	离校	在校
06—09	8	5	0	3
10—14	11	3	0	8
15—19	8	1	5	2
20—24	7	7	0	0
25—29	2	2	0	0
30—34	5	5	0	0
35—39	3	3	0	0
40—44	5	5	0	0
45—49	1	1	0	0
50—54	3	3	0	0
55 +	6	6	0	0
总计	59	41	5	13
年级组（男）	人数	从未上过学	离校	在校
06—09	11	1	0	10
10—14	16	2	1	13
15—19	3	0	0	3
20—24	6	4	2	0
25—29	3	2	1	0
30—34	4	2	2	0
35—39	6	3	3	0
40—44	5	5	0	0
45—49	2	1	1	0
50—54	1	1	0	0
55 +	5	5	0	0
总计	62	26	10	26
年龄组（男女）	人数	从未上过学	离校	在校
06—09	19	6	0	13
10—14	27	5	1	21
15—19	11	1	5	5
20—24	13	11	2	0

续表

年龄组（男女）	人数	从未上过学	离校	在校
25—29	5	4	1	0
30—34	9	7	2	0
35—39	9	6	3	0
40—44	10	10	0	0
45—49	3	2	1	0
50—54	4	4	0	0
55 +	11	11	0	0
总计	121	67	15	39

（表格来源：作者 2007 年根据田野调查数据统计、绘制）

在洪垒寨，调查人数 142 人（17 户），其中女性 70 人。6 岁以上人数为 121 人，其中从未进过学校的有 67 人，曾进过学校的有 15 人：一年级的 1 人；二年级的有 2 人；三年级的有 2 人；四年级的有 1 人；五年级的有 2 人；初一的有 1 人；初中毕业的有 4 人，高中毕业的有 2 人。现共有 6—16 岁适龄学童 48 人，在读学生有 38 人，入学率为 79%，其中一年级 12 人，女生 1 人；二年级 7 人，女生 2 人；三年级 7 人，女生 3 人；四年级 5 人，女生 2 人；五年级 4 人，女生 3 人。另外有 3 名适龄学童在外村读初中和高中，还有一名 19 岁的男生在省城读高三（参见表 5—17）。

该村通电，是从琅南塔输送过来的，由于村民都种植橡胶树，水田少，旱稻也少，大多数家庭的粮食只够吃 6 个月左右，余下的几个月主要靠卖橡胶或打零工买粮食吃。

1977 年这里开始设立学校，校舍不在这里，是在村落中的一个茅草屋。1996 年建了那所旧校舍，现在二、三、五年级仍旧在那里上课。这所新校舍是 2003 年由亚洲开发银行（Asian Development Bank，ADB）资助修建的，同时，亚洲开发银行还实施了资助少数民族女童教育计划，受资助的村落包括坪霍小学、拉克汉姆考小学和本村小学。需要特别说明的是，这个村的蓝靛瑶人儿童中没有失学的（参见图 5—13 和图 5—14）。

据这个小学的校长讲，当地政府没有给他们学校下拨任何教学或办

图 5—13　1996 年修建的校舍（作者 2006 年拍摄于老挝琅南塔洪垒寨）

公经费，只配发教材和粉笔，连圆珠笔都不发了。6 年前政府不再免费
为学生提供课本，去年日本游客来本村时，捐了 60 本课本，但还远远
不够，学校在开学时向每个学生收取 6000 基普的注册费，这笔钱由学
校管理，可用来购买学生用的课本。但并不是配发给每个学生，只是给
那些没有能力购买课本的学生。

　　8 位老师中只有一位住在村里，其他人都住在琅南塔，每天骑摩托
车来上课（参见图 5—15）。

　　这里的蓝靛瑶人家长还是比较支持学校教育的，这个村离琅南塔城
很近，人们知道学校教育的重要性，另外这是一个多民族混杂居住的村
落，其他民族对蓝靛瑶人教育观念的改变也有一定积极影响。在农忙时
节，蓝靛瑶人学生也能按时上课，因为这里的旱田少，主要种植橡胶，
村民基本是依靠卖橡胶来维持日常生活的。这里水田也很少。

　　这里基本是按照琅南塔教育厅的要求来管理教师的。新校舍有三

图 5—14　2003 年由亚洲开发银行资助修建的校舍
（作者 2006 年拍摄于老挝琅南塔洪垒寨）

间，两间办公室，另外还有一个厕所。

　　这个村有 97 户，814 人，其中蓝靛瑶人只有 24 户。这个村距琅南塔城只有 5 公里左右，位于琅南塔通往猛新的公路边。由于交通便利，这里的蓝靛瑶人与山区的蓝靛瑶人相比，其社会与文化已经发生了不少变化，尤其是青年人，已经不再穿传统的蓝靛瑶人服装，年轻女孩也不再剃眉。从外表上已经看不出她们与老龙族之间的差异性了。究其原因，一是因为传统服装从种植棉花、纺线、织布到缝制成衣，耗时耗力，其成本与老龙服装相比要高得多，由于离琅南塔市场很近，她们很容易从市场上购买到既便宜又方便穿着的老龙服装。二是许多年轻女孩羞于在山外穿着传统服装，只有回家下地干活时才偶尔穿。在与外界接触较少的传统山寨，女孩到了十四五岁后，如果还不剃眉会感到自己很孤立，迫于同龄群体的压力，她们会自觉不自觉地从 12 岁或 13 岁开始偷偷地拔自己的眉毛，使其变得越来越稀，到十四五岁时便将其全部拔光。而在琅南塔郊区的洪垒和那木迪，到外面上学的女孩和部分留在村里的女孩为了追求时尚，迎合主流群体的审美观，已经不再剔眉，认为剔眉有碍于美观，跟不上时尚。

图 5—15 抱着婴儿上课的老师（作者 2006 年拍摄于老挝琅南塔洪垒小学）

八 那木昌（Nam Tchang）小学

那木昌教学点只开设 1—3 年级的课程。2006 年第一学期这个学校共有学生 108 人，其中：一年级有 2 个班级，共 50 人，每个班级 25 人，其中有蓝靛瑶人学生 8 人，女生 4 人；二年级有 30 人，蓝靛瑶人学生 6 人，女生 1 人；三年级 28 人，蓝靛瑶人学生 4 人，女生 2 人。这个学校有 4 个教师，3 个是普诺族，1 个是克木族（参见表 5—18）。

表 5—18： 2006 年第一学期那木昌小学蓝靛瑶人在校学生一览表

年级	一	二	三	四	五	总计
总计	5	5	4	2	2	18
女生	1	2	2	0	1	6
男生	4	3	2	2	1	12

（表格来源：作者 2007 年根据田野调查数据统计、绘制）

表 5—19： 那木昌寨 6 岁以上蓝靛瑶人受教育情况一览表

年龄组（女）	人数	从未上过学	离校	在校
06—09	5	1	0	4
10—14		1	1	7
15—19	8	1	5	2
20—24	7	3	4	
25—29	2	0	2	
30—34	4	4		
35—39	3	2	1	
40—44	5	2		
45—49	2	2		
50—54	1	1		
55 +	8	8		
总计	54	28	13	13
年龄组（男）	人数	从未上过学	离校	在校
06—09	10	5	0	5
10—14	9	0	3	6
15—19	6		5	1
20—24	4	1	3	
25—29	4		4	
30—34	4	3	1	
35—39	5	1	4	
40—44	2	2		
45—49	3	3		

续表

年龄组（男）	人数	从未上过学	离校	在校
50—54				
55 +	5	5		
总计	52	20	20	12
年龄组（男女）	人数	从未上过学	离校	在校
06—09	15	6	0	9
10—14	18	1	4	13
15—19	14	1	10	3
20—24	11	4	7	
25—29	6	0	6	
30—34	8	7	1	
35—39	8	3	5	
40—44	7	7		
45—49	5	5		
50—54	1	1		
55 +	13	13		
总计	106	48	33	25

（表格来源：作者 2007 年根据田野调查数据统计、绘制）

在那木昌寨，共调查 128 人（16 户），其中女性 65 人。6 岁及 6 岁以上人数为 106 人，其中从未进过学校的有 48 人，曾进过学校的有 33 人：读过一年级的 3 人；二年级的有 3 人；三年级的有 8 人；五年级的有 8 人；初一的 1 人；初二的 1 人；初中毕业的 2 人，高一的 3 人；高二的 1 人；高中毕业的 1 人，还有一个在读大一。现共有 6—16 岁适龄学童 36 人，在读学生有 24 人，入学率为 66.7%，其中一年级 6 人，女生 2 人；二年级 6 人，女生 2 人；三年级 5 人，女生 3 人；四年级 3 人，女生 3 人；五年级 2 人，女生 1 人；初中 2 人，另外有 1 个 17 岁的男生在外村读初中三年级（参见表 5—19）。

这个学校也是亚洲开发银行资助于 2005 年新建的。有两个教室，但有 3 个年级 4 个班级，因此，学生需要轮流上课。上午是一年级的一个班级和三年级上课；下午是一年级的另一个班级和二年级上课。当地政府没有资金下拨，每个学期只给每个老师发 1 本教材、1 支圆珠笔和 1 把尺子。现在学生的课本需要自己购买，不再是免费的（参见图5—16和图5—17）。

图5—16 2005年亚洲开发银行资助新建的校舍
（作者2006年拍摄于老挝琅南塔那木昌寨）

图5—17 老挝琅南塔那木昌教学点的老师在上课（作者拍摄于2006年）

九 塔湾（Tawan）小学

塔湾教学点开设 1—3 年级的课程，但只有一个老师。四年级以上要到距该村 6 公里外的那木峒去上。现在该村有 3 个孩子步行、5 个孩子骑车到该村上四、五年级，其中有 5 个是蓝靛瑶人，有 2 个在读初中，一个是村长的儿子，在读初三；另一个是女孩，在读初一（参见表 5—20）。

表 5—20： 2006 年第一学期塔湾小学蓝靛瑶人在校学生一览表

年级	一	二	三	总计
总计	8	6	6	20
女生	6	4	3	13
男生	2	2	3	7

（表格来源：作者 2007 年根据田野调查数据统计、绘制）

表 5—21： 塔湾寨 6 岁以上蓝靛瑶人受教育情况一览表

年龄组（女）	人数	从未上过学	离开	在校
06—09	3	0	0	3
10—14	1	0	0	1
15—19	0	0	0	0
20—24	1	0	1	0
25—29	1	0	1	0
30—34	0	0	0	0
35—39	0	0	0	0
40—44	0	0	0	0
45—49	1	1	0	0
50—54	0	0	0	0
55 +	1	1	0	0
总计	8	2	2	4
年龄组（男）	人数	从未上过学	离校	在校
06—09	1	1	0	0

续表

年龄组（男）	人数	从未上过学	离校	在校
10—14	1	0	0	1
15—19	1	0	0	1
20—24	1	0	1	0
25—29	1	1	0	0
30—34	0	0	0	0
35—39	0	0	0	0
40—44	0	0	0	0
45—49	1	0	1	0
50—54	0	0	0	0
55 +	0	0	0	0
总计	6	2	2	2
年龄组（男女）	人数	从未上过学	离校	在校
06—09	4	1	0	3
10—14	2	0	0	2
15—19	1	0	0	1
20—24	2	0	2	0
25—29	2	1	1	0
30—34	0	0	0	0
35—39	0	0	0	0
40—44	0	0	0	0
45—49	2	1	1	0
50—54	0	0	0	0
55 +	1	1	0	0
总计	14	4	4	6

（表格来源：作者 2007 年根据田野调查数据统计、绘制）

2006 年第一学期该小学有学生 24 人：一年级 11 人；蓝靛瑶人 8 人，其中女生 6 人。二年级 6 人；蓝靛瑶人 6 人，其中女生 4 人。三年级 7 人；蓝靛瑶人 6 人，其中女生 3 人。

据我们的调查，该村蓝靛瑶人中现有 6—16 岁的适龄学童 42 人，其中女童 18 人，但在该小学就读的只有 20 人，读初中的只有 2 人（参见表 5—21）。

教师是傣泐人，女性，今年（2006 年）才来该小学任教，以前在一个老龙族村寨教书。初中毕业后，她在村里教了 3 年书，随后被送到教师培训学校进修 2 年，培训结束后，就被分配到这里任教。她不住在村里，每天骑摩托车从 6 公里之外的家里赶来上课。据她反映，一年级的学生刚刚入学时，都不懂老语，她上课时常常要二、三年级的学生充任翻译。她说这里的家长对学校教育没有丝毫兴趣，从来不督促孩子学习。他们只想让孩子下地干活。班里二年级有个男生从不认真听课，时常不来上课，即便是来上课，也是在教室里跑来跑去，干扰老师和其他学生上课，她说她也不敢管他。有一次老师布置作业，这个男生没有做，老师批评了他几句，他就当着老师的面撕掉了作业本，并跑回去向他妈妈说老师骂他。他妈妈听后便冲进教室质问老师。我们采访时，就先后有 3 个家长来教室找孩子回家干活。因为她不住在村里，村民不给她大米。她每天都自己带午饭来。即使在雨季她也不愿住在这里。今年（2006 年）这个小学才开设了三年级。但琅南塔教育局却没有给她和学生发教材和课本，现在用的教材是她从以前教书的学校借的。现在学期都快结束了，7 个三年级的学生中只有 2 人借到了课本，其余 5 人每天什么都不带就来上课。

老师虽然有时也布置家庭作业，但许多学生都不做，老师也没有办法。因为大多数学生放学后都会上山采集竹笋或下河去捕捉小鱼，否则家里就没有东西下饭。家长从来不过问孩子的学习情况。因此，布置与不布置家庭作业实际上没有什么实质上的区别。

该村的竹篱教室就建在密集的家户中。当学生们还在上课时，距教室不到 3 米的家户里却传出了歌声，录音机的声音放得很大。对此干扰，老师和学生们似乎都没有什么反应，可能已经习惯了（参见图 5—18 和图 5—19）。

据该村的村长讲，这里的村民不怎么关心孩子的上学问题，认为即便多上几年学也不会有什么前途，最终还是要下地干活的。因此，大多数家长都是只让孩子上 2—3 年，就要他们回家干活。该村还有一个为吸食大烟而卖亲生骨肉的例子。有一个小女孩今年 7 岁，她父母以 350 美元的价钱把她卖给琅南塔一个黑傣人。至于那个黑傣人为什么要买这个小女孩，村长说他也不清楚。但知道那个人买孩子并不是因为他没有小孩。他说这个小女孩长得很可爱。

图5—18　老挝塔湾教学点的校舍
（作者2006年拍摄于老挝琅南塔塔湾寨）

图5—19　老挝琅南塔塔湾教学点的老师
在上课（作者拍摄于2006年）

十 酸亚（Suanya）小学

酸亚小学的校舍是 2000 年由欧洲联盟（European Union，EU）资助修建的，开设有 1—5 年级的课程。在蓝靛瑶人村寨共有 6—16 岁的适龄学童 32 人，其中只有 13 人在校读书，都在本村的小学，入学率为 40.6%。一年级 8 人，女生 6 人；二年级没有蓝靛瑶人学生；三年级 2 人，没有女生；四年级 4 人，女生 2 人；五年级 1 人，是女生。其中一年级有 2 个女生已辍学在家看管弟妹，不再去学校上学了（参见表 5—22 和图 5—20）。

图 5—20　2000 年由欧洲联盟资助修建的酸亚寨校舍（作者拍摄于 2006 年）

表 5—22：　2006 年第一学期酸亚小学蓝靛瑶人在校学生一览表

年级	一	二	三	四	五	总计
总计	6	0	2	4	1	13
女生	4	0	0	2	1	7
男生	2	0	2	2	0	6

（表格来源：作者 2007 年根据田野调查数据统计、绘制）

表5—23：　　　酸亚寨6岁以上蓝靛瑶人受教育情况一览表

年龄组（女）	人数	从未上过学	离校	在校
06—09	2	2	0	0
10—14	0	0	0	0
15—19	3	1	2	0
20—24	0	0	0	0
25—29	1	1	0	0
30—34	2	2	0	0
35—39	2	2	0	0
40—44	0	0	0	0
45—49	1	1	0	0
50—54	2	2	0	0
55 +	0	0	0	0
总计	13	11	2	0
年龄组（男）	人数	从未上过学	离校	在校
06—09	2	2	0	0
10—14	4	3	0	1
15—19	1	1	0	0
20—24	1	0	1	0
25—29	0	0	0	0
30—34	2	1	1	0
35—39	1	1	0	0
40—44	2	0	2	0
45—49	0	0	0	0
50—54	1	1	0	0
55 +	1	1	0	0
总计	15	10	4	1
年龄组（男女）	人数	从未上过学	离校	在校
06—09	4	4	0	0
10—14	4	3	0	1
15—19	4	2	2	0
20—24	1	0	1	0

续表

年龄组（男女）	人数	从未上过学	离校	在校
25—29	1	1	0	0
30—34	4	3	1	0
35—39	3	3	0	0
40—44	2	0	2	0
45—49	1	1	0	0
50—54	3	3	0	0
55 +	1	1	0	0
总计	28	21	6	1

（表格来源：作者 2007 年根据田野调查数据统计、绘制）

在酸亚寨，由于时间关系，我们只走访了 5 户、6 家，调查人数 31 人，其中女性 16 人；6 岁以上人数为 18 人，从未进过学校的有 21 人；曾进过学校的有 6 人：其中二年级的 3 人、三年级的有 1 人、四年级的 2 人（参见表 5—23）。

注册费每人每年 4000 基普，但开学和放暑假时每个学生还要另外分别收取 3000 基普和 5000 基普，这不是学杂费，也不是书本费，而是聚餐费。据学生讲，该校每年开学和放暑假时都要举行聚餐会，主要由学生、老师、村长以及村里的老人参加。在这里，一年级的课本是免费的，其他年级的课本学生需要自己购买。有趣的是，课本是由老师转卖给学生的，无论语文和数学每本的售价都是 13000 基普。这里一般是 5 月 18 日放假，9 月 1 日开学。据村长讲，县里教育部门每年开学和放假时都来学校一次，鼓励少数民族学生认真读书，说"缺少少数民族人才，你们要好好读书，以后有机会去省城读书"。据村长反映，该村儿童失学的主要原因，一是学生自己不想读书；二是家里缺少劳动力，需要帮家里带孩子、干家务；三是语言障碍问题，蓝靛瑶人小孩读一年级时大都不懂老语。这是一个由苗人、顶板瑶人和蓝靛瑶人混居的村落，其中蓝靛瑶人适龄儿童在校读书的人数最少，苗人适龄儿童读书的人数最多。这个学校有 9 个老师，都是外族，主要是傣泐人、黑傣人和克木人，没有蓝靛瑶人。这些老师的家都在琅南塔省城里，只是开学时他们才来村里上课。

政府没有给学校下拨经费，因为该村的饮用水不干净，水中有许多虫卵，加之村民又有喝生水的习惯，因而孩子很容易生蛔虫。因此，当地政府只是每年免费给学生发放两次打蛔虫的药，也没有什么世界非政府组织资助这里的学生。

每个学生每学期要给每个老师 8 公斤大米，没有给老师分田地种，只有校长在这里购买了一块地种橡胶树。

十一　孙赛（Sunsay）小学

孙赛小学开设 1—3 年级，2006 年第一学期有蓝靛瑶人学生 10 人，其中一年级 3 人，没有女生；二年级 4 人，女生 1 人；三年级 4 人，女生 3 人。这里的新校舍正在建设之中，也是由欧洲联盟资助筹建的（参见图 5—21），包括学生的课桌和板凳。只有一个女教师，是傣泐族，住在县城里，平时骑车来上课。据笔者统计，本寨中有 6—16 岁的适龄学童 37 人，其中有 19 人在校读书，入学率为 51.4%，其中 10 人在本寨小学读 1—3 年级；7 人在县城读四年级，2 人在外县读民族小学。目前本寨还没有人读初中（参见表 5—24）。

图 5—21　由欧洲联盟资助的正在建设中的校舍（作者拍摄于 2006 年）

表5—24： 2006 年第一学期孙赛小学蓝靛瑶人在校学生一览表

年级	一	二	三	总计
总计	3	4	4	11
女生	0	1	3	4
男生	3	3	1	7

（表格来源：作者 2007 年根据田野调查数据统计、绘制。）

表5—25： 孙赛寨 6 岁以上村民受教育情况一览表

年龄组（女）	人数	从未上过学	离校	在校
06—09	3	3	0	0
10—14	6	3	0	3
15—19	4	3	0	1
20—24	4	4	0	0
25—29	5	4	1	0
30—34	3	3	0	0
35—39	1	1	0	0
40—44	0	0	0	0
45—49	3	3	0	0
50—54	2	2	0	0
55 +	5	5	0	0
总计	36	31	1	4
年龄组（男）	人数	从未上过学	离校	在校
06—09	6	6	0	0
10—14	6	1	1	4
15—19	4	3	0	1
20—24	4	3	1	0
25—29	4	4	0	0
30—34	2	2	0	0
35—39	3	3	0	0
40—44	0		0	0

续表

年龄组（男）	人数	从未上过学	离校	在校
45—49	3	3	0	0
50—54	1	1	0	0
55 +	4	4	0	0
总计	37	30	2	5
年龄组（男女）	人数	从未上过学	离校	在校
06—09	9	9	0	0
10—14	12	4	1	7
15—19	8	6	0	2
20—24	9	7	2	0
25—29	8	8	0	0
30—34	5	5	0	0
35—39	4	4	0	0
40—44	0	0	0	0
45—49	6	6	0	0
50—54	3	3	0	0
55 +	9	9	0	0
总计	73	61	3	9

（表格来源：作者 2007 年根据田野调查数据统计、绘制）

在孙赛寨，我们调查了 85 人，其中女性 43 人。6 岁及 6 岁以上人数为 72 人，其中从未进过学校的有 61 人，曾进过学校的有 3 人：二年级的有 1 人；三年级的有 1 人；初中二年级 1 人。被调查的 6—16 岁适龄学童 24 人，在读学生有 8 人，其中二年级 2 人，女生 1 人，三年级 5 人，女生 3 人；四年级 1 人（男）（参见表 5—25）。

本村村长认为失学的原因主要有：一是家里没有人照顾小孩；二是观念问题。蓝靛瑶人相信，小孩读书会变得懒惰。因为孩子读书，就不下地里干活。这样读几年书，不但没有什么出息，反而连农活也不想干了，人变得好吃懒做。因此，还不如从小就不让他们读书。在蓝靛瑶人中，世世代代没有哪家的孩子因为读书而做了大官，或成为政府人员，在他们看来，只要实实在在地下地干活，每年过年时，家里有猪宰杀，生活就算过得很好了，为什么要去上学呢？多读几年书能带来什么好处呢？这一观念在蓝靛瑶人中普遍存在，由来已久，而且根深蒂固。

据当地村民反映，从1958年开始，有中国人来老挝传教，说要信奉耶稣，耶稣会带他们去另一个世界生活。这个世界就要彻底毁灭，但只要信服耶稣，他就会在这个世界毁灭之前将他的信徒带入另一个极乐世界去，而那些非信徒，则无法随他而去。这种消极态度在50岁左右的蓝靛瑶人中很普遍，在一定程度上影响着他们对孩子的学校教育。只有少数年轻家长认为尽管孩子将来做不了官，但上学可以学得知识，对做生意等也都有帮助。而老人们所关心的是"雨季房子漏不漏"、"今年的山地烧了没有"等与他们生存息息相关的问题。学校教育对他们而言是没有什么收益的投资，是赔本的买卖。当地政府还是比较关心孩子的学校教育，政府要求，从2006年到2010年，没有教学点的村寨要设立教学点，要求没有读书的孩子尽可能去读书。目前欧洲联盟正在资助该村修建校舍。孩子上学的费用也比较低，每年每个学生的注册费只有4000基普。这个教学点是去年（2005年）才设立的，在这之前，该村的学生要到别的山寨去读书，注册费要50元人民币。书本费每本1000基普。这里没有开学宴庆，只有每学期放假时才举行会餐，每个学生要交2500基普，没钱的出一公斤大米。另外，每个学生每年给老师7公斤大米。

十二　那木峒寨孩子的入学问题

那木峒没有小学，该村的孩子要到3公里之外的老听族村寨去上学。两个寨子虽然相距不远，但途中有一条河，雨季时水挺大。据笔者调查，该村蓝靛瑶人中有6—16岁的适龄学童30人，只有6人在校读书，其中5人在老听族村读，一年级4人，四年级1人；另外1人在县里读初一。这6人都是男生，也就是说，该村没有蓝靛瑶女孩读书。

表5—26： 乌多姆赛省那木峒寨6岁以上蓝靛瑶人受教育情况一览表

年龄组（女）	人数	从未上过学	离校	在校
06—09	2	2	0	0
10—14	1	1	0	0
15—19	5	5	0	0
20—24	6	5	1	0
25—29	2	2	0	0
30—34	3	1	2	0
35—39	3	3	0	0
40—44	1	1	0	0
45—49	0	0	0	0
50—54	0	0	0	0
55 +	4	4	0	0
总计	27	24	3	0
年龄组（男）	人数	从未上过学	离校	在校
06—09	5	5	0	0
10—14	5	4	1	0
15—19	3	1	2	0
20—24	4	2	2	0
25—29	8	2	6	0
30—34	0	0	0	0
35—39	2	2	0	0
40—44	1	1	0	0
45—49	1	1	0	0
50—54	3	3	0	0
55 +	1	1	0	0
总计	33	22	11	0

续表

年龄组（男女）	人数	从未上过学	离校	在校
06—09	7	7	0	0
10—14	6	5	1	0
15—19	8	6	2	0
20—24	10	7	3	0
25—29	10	4	6	0
30—34	3	1	2	0
35—39	5	5	0	0
40—44	2	2	0	0
45—49	1	1	0	0
50—54	3	3	0	0
55 +	5	5	0	0
总计	60	46	14	0

（表格来源：作者 2007 年根据田野调查数据统计、绘制）

调查人数 76 人，其中女性 34 人。6 岁及 6 岁以上人数为 60 人，其中从未进过学校的有 47 人，曾进过学校的有 14 人：二年级的有 5 人；三年级的有 4 人；四年级的有 1 人；五年级的有 3 人；初一 1 人。被调查的 6—16 岁适龄学童 15 人，全部辍学在家（参见表 5—26）。

大多数村民说，孩子们没有去读书的最主要原因是自己村里没有教学点，孩子们不愿意到老听族村里去读书，因为他们常常被邻村的孩子欺辱，所以即使去读了几天，也很快就不愿意去了。据副村长讲，本村有这么多的孩子没有上学，不是因为经济困难，老挝乡村孩子读书只需交注册费（该村的孩子因为在邻村上，注册费是 10000 基普），另外还有桌子和板凳费 7000 基普，这都不是问题，村民们都可以支付得起，许多父母都交了注册费，就是因为邻村的孩子老是打骂这里的孩子，开学时有十几个孩子注册读书，现在只剩下 5 人了。做家长的说也说了，骂也骂了，打也打了，但孩子们就是不去。现在家长们也只好作罢了。邻村学校的老师都是老听族，副村长也认为，如果老师是蓝靛瑶人，可能也不会有这么多的失学孩子。

村里有这么多的孩子不上学，老挝当地政府也不是不管。今年县政府来村里两次，教育村民，要他们送 7—14 岁的孩子上学。但县里也只是说教，并没有采取任何有效的措施。联合国教科文组织（United Nations Educational, Scientific and Cultural Organization, UNESCO）4 年来一直试图扶持这个村的孩子读书，每年给在校读书的孩子发一套衣服，另外还发一些罐头之类的营养品。就是这样，还是没有人愿意去外面读书。本村村长讲，义务教育是 8 年，县里每年在开学初来人宣传一次什么是义务教育。村长是小学毕业。据他讲，村里没有初中毕业生，也只有他一个小学毕业生。正村长只上过小学二年级，85% 以上的蓝靛瑶人没有进过学校，而那 15% 的人也大都只读过一、二年级，全村只有一个女性读过二年级。

　　教育人类学的研究表明，家庭环境与社区环境对儿童的学业成就会产生极其重要的影响，对于弱势族群来说，情况尤为如此。如陈志明（Tan Chee-Beng）在研究马来西亚沙劳越（Sarawak）等地的少数民族学校教育时发现，缺乏学习氛围的家庭环境在一定程度上也是阻遏乡村学校教育发展的主要因素之一[1]。一般而言，所谓家庭与社区环境，往往是指家庭与社区为受教育者所创造的学习环境以及所提供的学习条件[2]。与笔者在中国广西土瑶人山寨调查时发现的情况相似，在老挝北部蓝靛瑶人山寨，学生在家里根本没有学习的条件和环境。在笔者考察期间，虽然可以看到学生去学校上学，但从来没有见过他们放学后在家翻看书本，更没有见过他们在家里写过作业。一是没有学习的氛围，没有任何人关心读书，更没有哪个家长督促孩子放学后温习功课，一放学，孩子们不是去河边洗澡、摸鱼，就是三五成群地在树丛中玩耍，要不就是帮助或接替在家看管弟弟妹妹的兄弟姊妹；二是家里确实没有什么条件。在蓝靛瑶人村寨，没有哪家有可供孩子写作业的课桌、板凳。他们只有竹编的专门用来吃饭的小圆桌，平时都挂在房梁上，家里有客人吃饭时才由大人取下来。另外，寨里也没有电，天黑以后，人

---

[1]　Tan, Chee-Beng（1993）. "Education in Rural Sarawak." *Borneo Review* 4（2）：128–141.

[2]　袁同凯：《走进竹篱教室——土瑶学校教育的民族志研究》，天津人民出版社 2004 年版，第 349 页。

们就忙着吃饭，随后就上床睡觉，大都不需花什么时间去收拾碗筷，因为大多数人家都用不着这些餐具（参见图 5—22 和表 5—27）。

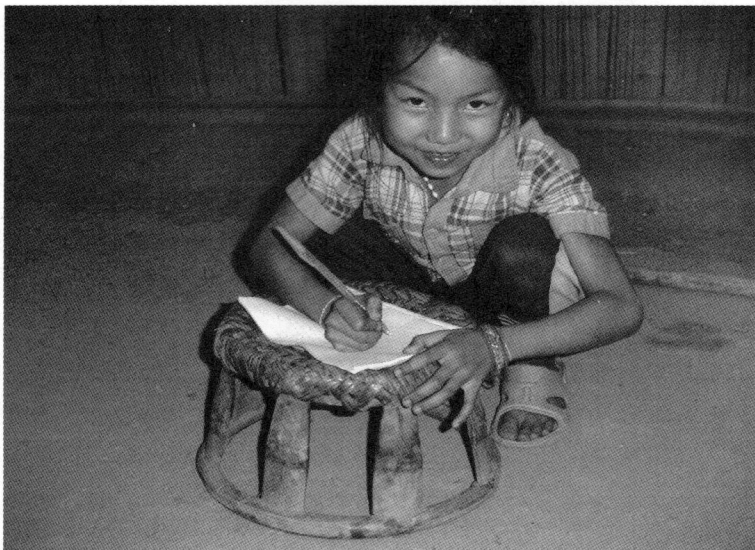

图 5—22　这是作者在蓝靛瑶人山寨唯一一次看到学生在
家里做作业，而且这是老师的孩子，不是蓝靛瑶人，
是老听族（作者 2006 年拍摄于老挝蓝靛瑶人山寨）

表 5—27：　　　　　　6 岁以上蓝靛瑶人受教育情况一览表①

村寨名	6 岁以上			从未上过学			离校			在校		
	人数	男	女	人数	男	女	人数	男	女	人数	男	女
那木仃（Nam Deany）	157	69	88	99	37	62	43	27	16	15	5	10
那木克诺伊（Nam Ke Noi）	195	105	90	130	60	70	41	26	15	24	19	5

---

①　本表格的人口数字是依据文中的谱系图标统计的，略去了 1 户西达人家庭，添加了我们在塔湾寨调查的 3 户蓝靛瑶人，特此说明。

续表

村寨名	6 岁以上			从未上过学			离校			在校		
	人数	男	女	人数	男	女	人数	男	女	人数	男	女
那木崆 （Nam Khone）	143	73	70	104	45	59	24	19	5	15	9	6
那木叻 （Nam Lue）	216	107	109	147	66	81	35	23	12	34	18	16
塞普嘟 （Sop Dute）	141	69	72	101	43	58	17	11	6	23	15	8
那木迪 （Nam Dy）	100	51	49	61	30	31	7	4	3	32	17	15
洪垒 （Hong Leuay）	121	62	59	67	26	41	15	10	5	39	26	13
那木昌 （Nam Tchang）	106	52	54	48	20	28	33	20	13	25	12	13
塔湾 （Tawan）	14	6	8	4	2	2	4	2	2	6	2	4
酸亚 （Suanya）	28	15	13	21	10	11	6	4	2	1	1	0
孙赛 （Sunsay）	73	37	36	61	30	31	3	2	1	9	5	4
那木峒 （Nam Thong）	60	33	27	46	22	24	14	11	3	0	0	0
总计	1354	679	675	889	391	498	242	159	83	223	129	94

（表格来源：作者 2007 年根据田野调查数据统计、绘制）

第三节　蓝靛瑶人对学校教育的态度

教育人类学的研究表明，一个民族的教育态度会直接影响他们的教育取向以及他们对学校教育的反应。蓝靛瑶人的问题是，在历史上，他们就与鸦片有着不解之缘，他们传统的社会与文化价值观与学校教育格格不入，根据斯克里辛格的研究，勉和蓝靛瑶人南迁的主要原因之一就是拓展鸦片贸易①。他们对孩子没有什么过高的教育期望，更不要说主动督促孩子遵守校规，刻苦学习，取得优异成绩，通过学校教育向上流动，从而改变目前的生活困窘。在笔者田野调查期间，从未发现或者听说蓝靛瑶人家长督促孩子学习或者因为学习而求助于老师的事例。只要孩子早上背着书包去学校，他们就不再操心了。比如，笔者在一个名叫那木扨的村寨调查时经常看到，房东家的两个孩子早晨去上学，可不一会儿就回来了，他们要么三五成群地去山上采集竹笋，要么到村边的溪流中去摸小鱼儿。对此，房东从来没有过问过。在他们眼里，只要孩子们能在学校里学会书写自己的名字，学会简单的计算，就等于已经受过教育了。而且，随着学生年龄的不断增长，他们的学习兴趣和态度日渐淡漠，愈加不用功。从这个意义上说，蓝靛瑶人的传统价值观以及生活方式等均不利于儿童取得学业上的成功。比如，有一个偏远的蓝靛瑶人村落，欧洲联盟为他们修建了漂亮的校舍，免费提供教材，但那里的适龄儿童的失学率却高得令人不可思议。

该村位于省城琅南塔东部39公里处，坐落在群山深处，交通闭塞。这个村寨共有36户蓝靛瑶人家、232人。村里没有饮用水，没有电，没有卫生所，也没有商店。人们靠刀耕火种的生产方式种植山地旱稻和玉米为生，只有极个别家庭有一点水田耕种，少数家庭也种植棉花和木薯。一般家庭都饲养猪和鸡以备举行宗教仪式，农闲时偶尔也会外出打点零工补给生活。据我们的调查，只有40%的家庭，其收成能够维持家人全年的生活。村里有30人常年吸食鸦片，这些人主要靠季节性地为当地村民打零工或靠森林采集过活。

值得注意的是，村寨里有一间漂亮的校舍，是欧洲联盟于2002年资助修建的。这个村寨有6岁以上居民195人，其中有130人从未进过学堂，41人曾经上过学，但我们调查时已经辍学。2006年第一学期，有6—16岁的学龄儿童62人，其中只有20人在校读书，失学率高达68%。由于村民大都没有受过正规教育，绝大多数家长对孩子的学习不

---

① Schliesinger, J. (2003). *Ethnic Groups of Laos*, Vol. (3): 272 – 273. Bangkok: White Lotus Co., Ltd.

图 5—23 上课时间部分女生却在田地里锄草
（作者 2006 年拍摄于老挝那木叻寨）

闻不问（参见图 5—23）。

教育人类学家认为，少数民族感知学校教育的方式以及他们对他们在社会和学校里的遭遇所作出的反应，即一种 J. 奥格布称之为"社区力量"（Community forces）的群体内驱力，会在一定程度上影响儿童的学业成就[1]。由于种种历史原因，像蓝靛瑶人之类的少数民族群体往往会对主流社会的学校教育持消极态度，他们不相信主流学校教育，不会把学校教育看作改变命运的重要途径之一。比如，大多数年纪较大的蓝靛瑶人村民认为，书读得越多孩子会变得越懒惰。正如一位村民所说的那样，"如果让孩子们去上学，他们就会失去学习农活的机会；上几年学回来，他们还是在城里找不到工作。而且，他们除了懒惰，也学不到什么有用的东西。所以，送孩子上学实际上是一件既赔钱又浪费时间的事"。

---

[1] Ogbu, John U. and Herbert D. Simons (1998). "Voluntary and Involuntary Minorities: A Cultural-Ecological Theory of School Performance with Some Implications for Education." *Anthropology & Education Quarterly*, 29（2）: 156.

家长对学校教育的这种态度不可避免地会影响到他们子女的学习。

但是，在另一个不同族群杂居的村落洪垒，蓝靛瑶人对他们的孩子却寄予了较高的学业期望，希望他们的孩子能够通过学校教育的途径向上流动，不同族群之间价值观的互动产生了较为积极的影响作用，使得该村的蓝靛瑶人把学校教育视为成功的重要途径。这些家长的价值取向在很大程度上影响到他们孩子的学业成就以及未来的择业取向。教育人类学的研究已经表明，家长的价值取向和他们在现实生活中的实际行为对学生在学校里的表现具有直接的影响作用[①]。这种对学校教育的积极态度会明显地激励儿童刻苦学习，努力取得良好的学业成就。这个村落的生活条件并不比笔者所访问过的其他蓝靛瑶人村寨好，但是在 48 名 6—16 岁适龄学童中，有 38 人在校读书，失学率只有 21% 左右。该村的小学校长说，这是不同族群相互影响的作用。该村的蓝靛瑶人在观念上很大程度地受到其他族群如克木尔族和傣族的影响，而这些族群又以重视学校教育而闻名遐迩。但是，笔者认为该村鸦片吸食者较少也是主要原因之一。根据我们的调查，该村只有 5 人不同程度地吸食鸦片，而其中 4 人的家里没有学龄儿童。

第四节　鸦片对蓝靛瑶人学校教育的影响

鸦片问题一直困扰着老挝北部山区的少数民族群体，蓝靛瑶人就是其中之一[②]。我们通过分析田野调查所收集的不同案例，从一个比较微观的层面上讨论鸦片给蓝靛瑶人及其家庭造成的危害性，重点讨论鸦片吸食行为对蓝靛瑶人社区学校教育的影响。

东南亚的缅甸、泰国、老挝三国毗邻地带的"金三角"以及西南亚的阿富汗、伊朗和巴基斯坦三国交界处的"金新月"地区，是闻名

---

① Reese, Leslie (2002). "Parental Strategies in Contrasting Cultural Settings: Families in Mexico and El Norte." *Anthropology & Education Quarterly* 33 (1): 32.

② 本节内容已在《西北民族研究》2011 年第 3 期第 22—31 页刊载，在此特向《西北民族研究》表示谢忱。

于世的罂粟生产地。

　　老挝北部"金三角"地区大部分是海拔千米以上的群山峻岭，这里的气候、雨量和土壤，极适宜罂粟生长，加上这里丛林密布，道路崎岖，交通闭塞，人烟稀少，三国政府（老挝、泰国和缅甸）鞭长莫及，为罂粟种植提供了政治、地理和气候等方面得天独厚的条件。老挝的主要毒品生产者是操苗瑶语族苗语支和瑶语支的族群，这些山地族群，大多数生产和生活水平十分低下，有些甚至仍生活在刀耕火种的原始状态下，加上长期的殖民经济压迫和剥削，以及殖民统治者反复推行和强化的毒品政策，迫使生活在"金三角"地区的民族长期种植罂粟，使鸦片成为他们赖以生存的传统作物。

　　在法国殖民统治时期，老挝北部的苗、瑶、阿佧等民族首先从缅甸引入罂粟种子和种植技术，法国人看到英国人从在缅甸发展的鸦片生产中获得暴利，于是大肆鼓动苗、瑶、阿佧等山地民族种植罂粟，为烟农提供技术和资金方面的支持，促使老挝北部山地民族的鸦片生产迅速扩展。20 世纪 50 年代，法国殖民者被赶出老挝，但美国新殖民者却很快取而代之。在美国新殖民时期，老挝鸦片的国际市场进一步扩大，极大地刺激了老挝鸦片的生产。20 世纪 70 年代中期以后，老挝的毒品组织虽然受到重创，但仍有部分残余在老挝北部变本加厉地进行毒品生产、收购和走私活动，致使"金三角"的毒品产量剧增，名声大噪，曾被西方称为"罂粟之国"。虽然老挝政府已于 2006 年 2 月 14 日正式向世人宣布，老挝已经消灭了该国境内的罂粟种植业，结束了该国 200 多年的罂粟种植史，从此成为"无罂粟国"，不再是"金三角"的一部分①。但实际上，并没有完全彻底根除罂粟种植，在老挝北部某些偏远的丛林深处仍然有少量罂粟在阳光下偷偷地成长。

一　鸦片对蓝靛瑶人及其家庭造成的危害

　　目前的这种穷困趋势以及人们对未来的生活越来越没有信心，进一

---

　　① 详见《老挝毒品问题，罂粟纠葛 200 年》，http：//www. northedu. com. cn/linbang-dasaomiao。

步加剧了鸦片吸食活动，越来越多的年轻人为了逃避现实，沉迷于鸦片的云雾之中。而鸦片的吸食则进一步加剧了他们穷困的程度。尽管当地政府已经采取了一些措施来禁止罂粟种植、鸦片交易以及村民吸食鸦片，但收效甚微。

下面笔者就以一个蓝靛瑶人山寨甲为例，来说明蓝靛瑶人目前的生活窘况。这个村寨坐落在从琅南塔通往磨丁的主干公路边。村寨里有 27 户人家，177 人。村民们基本上没有水田，主要依靠刀耕火种的生产方式种植旱稻和森林采集为生。传统的种植物有旱稻、玉米和棉花。同时，他们也饲养猪、鸡和狗，但是村里时常闹鸡瘟和猪瘟，大量的鸡和猪都因瘟疫而死去。虽然这个村落位于主干道上，交通便利，但人们的生活极其穷困，没有电，也没有饮用水，卫生条件很差。没有卫生所，只有一家外地黑傣人开的小商店，卖些小零食。在这个小村落里，几乎每个家庭里都有一到两个鸦片吸食者，有些家里甚至夫妻双双都是鸦片瘾君子，尤其是上了年纪的，大都还在吸食鸦片，个个显得面黄肌瘦、弱不禁风。这个村子给人的第一印象就是穷困、病态、没有生气，好像刚刚闹过瘟疫似的。

根据笔者的调查，这个村里有 20 人吸食鸦片，约有 80% 的家庭种植的粮食不够吃，需要靠木薯和森林采集过活。考察期间，村民告诉笔者一件令人极为痛心的事：有一对夫妻为了吸食鸦片，竟然以 200000 基普（约合 20 美元）的价钱将他们 1 岁多的女儿卖掉。因为吸食鸦片，他们卖光了山地，目前主要依靠在苗人村寨帮工为生，有时为了糊口，也到森林里去采集竹笋或砍些干柴挑到省城去卖。

由于缺乏足够的山地种植旱稻，这个村里的大多数人都靠去外村打零工过活。穷困和生活的日益不确定性在很大程度上加剧了鸦片吸食。

案例 1：

当笔者和研究助手来到这家采访时，一进门就看到主妇正在竹编席子上忙着碾磨鸦片，而她丈夫则躺在她旁边，等着一同吸食。看到我们进来，他们俩只是象征性地咧了咧嘴，以示招呼，便继续忙碌起来，似乎根本就不在意我们的出现。当笔者对吸烟行为表现出极大兴趣，并要求尝试尝试时，他们将烟枪递给笔者，对我们的态度也随之和善起来，开始主动与我们攀谈。从谈话中我们了解到，这是一个 6 口之家：吸食鸦片的夫妇俩、主妇的母亲、一个刚刚结婚的女儿和她丈夫，还有一个 15 岁的儿子。两年前他们卖掉了山地，家里也没有养猪和鸡。夫妻俩常年吸食鸦片，已经完全丧失劳动能力，他们主要依靠儿女为邻村的苗人打零工过活和换取鸦片。去年，他们的儿子，一个班级里的优秀学生，不得不辍学跟姐姐、姐夫打零工，帮助家人糊口。主妇的母亲，已经 60 多岁，整天上山背柴卖，挣钱供她女儿吸食鸦片。陪同的副村长事后说，如果她不去挣钱，她女儿、女婿就打她，不让她回家。家里人所挣的钱，除了维持基本生存之外，都用于他们夫妻俩吸食鸦片了（参见图 5—24）。

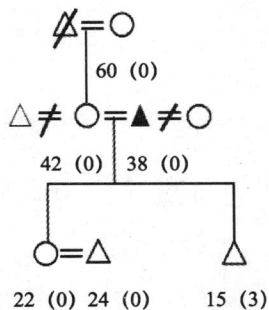

图 5—24 正在吸食大烟的一对蓝靛瑶人夫妇

（作者 2006 年拍摄于老挝蓝靛瑶人山寨甲）

案例 2：

这家两口子都吸食大烟，我们进去采访时，全家人都在生病，大人小孩都不停地咳嗽，好像进了医院。由于有两人吸食鸦片，还有一个孩子在上学，家里一贫如洗，每日以杂粮和野菜过活。每年的收成只够吃5个月左右，余下的几个月主要靠儿子儿媳给别人打零工换些粮食糊口。

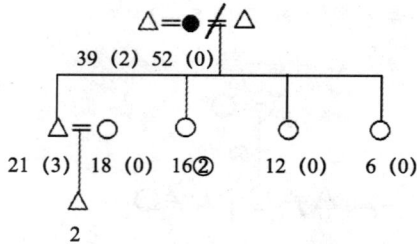

案例 3：

这个家庭里有 2 人吸食大烟，即被访者和他母亲。种有一些早稻和玉米，只够吃 3—4 个月，余下的几个月靠给邻里打零工过活。两位老人都在生病，我们采访时被访者的母亲正在竹席上呻吟。他父亲半身瘫痪，已完全失去劳动能力。

蓝靛瑶人山寨乙位于乌多姆赛省某个县城东北 5 公里处。2006 年 6 月 12 日，笔者在该村调查时，请村长请来了一位 60 多岁的村民为我们讲蓝靛瑶人的习俗，这人来时端着大烟烟具，从早上 8 点开始采访他，他就一直躺在笔者对面吸食大烟，直到中午 11 点，他一边给我们讲述一边不停地吸食，致使整个屋内弥漫着香香的大烟味，就连笔者这个嗅觉相当迟钝的人都闻到了浓烈的香味。他曾担任过本村的村长、副区长等行政职务，被认为是本村最有学问的老人之一，现在他已骨瘦如柴，整天沉迷于烟雾之中，已经完全失去下地劳动的能力，全靠家人供养着。他现在几乎每天都躺在地板上，从早到晚不停地吸食着大烟，吃饭时只吃几口就没有胃口了（参见图 5—25）。

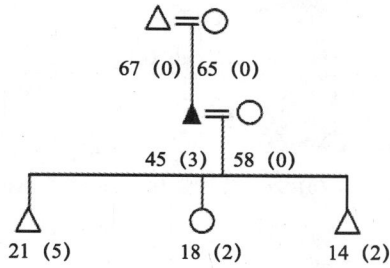

图5—25　被访者在吸食大烟，旁边躺的小孩是他的孙子
（作者2006年拍摄于老挝蓝靛瑶人山寨乙）

案例4：

该村副村长带我们进入这家采访时（下午5点），被访者和他老婆正光着上身躺在地上的席子上吸食鸦片。我们进去后，被访者赶忙找了条裤子穿上，而他老婆则把裙子往上提了提，遮住了裸露的上身。我们采访时，她仍在吞云吐雾。

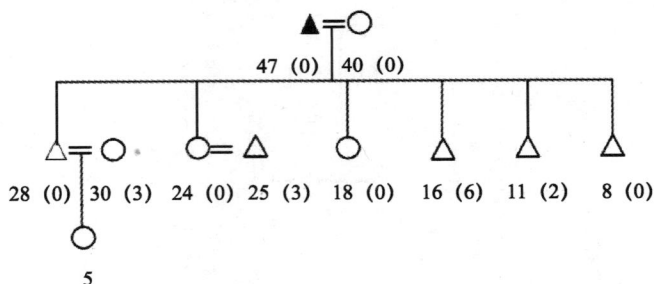

案例 5：

　　这个家庭种的旱稻，只够吃 4 个月的，余下的日子靠在村里打零工糊口，没有种玉米，也没有棉田，没有饲养任何家畜和家禽。在这个家户中有 2 个人吸食大烟，即老母亲和她的大儿子。当副村长带我们去这家采访时，长屋中央铺了一张草席，上面摆放着吸食大烟的烟具和鸦片。在一间小屋的床上也摆着一堆烟具。

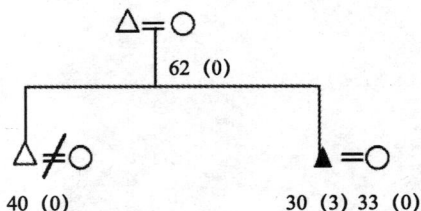

　　该村有蓝靛瑶人 33 户，200 人，主要种植旱稻，约有三分之一的家户粮食不够吃，主要靠给本村或外村寨富有家庭帮工糊口。该村多数人家粮食不够吃，并不是因为村里的山地少，而是因为村民们不愿意下地干活。2006 年就有两户人家什么庄稼都没有种，靠打工糊口，过着衣不蔽体、食不果腹的日子。据我们挨家挨户统计，该村共有 57 人吸食大烟，其中只有 2 人暂时戒掉。当地政府曾组织过该村的瘾君子到县里集体戒烟，吃住都由政府免费提供。但他们回来后不久又都开始复吸。那些烟瘾大的村民，可以从早上一直抽到深夜，根本没有时间下地干活。实际上，他们个个面无血色、孱弱无力，也没有能力下地干活。虽然本村已经没有人再种植罂粟了，但邻村的苗人家里还有许多存货。

位于省城琅南塔东北角 40 多公里处的深山里有一个蓝靛瑶人村寨。该村是个由苗人、顶板瑶人和蓝靛瑶人组成的大寨子，共有 158 户人家。其中苗人最多，有 74 户，652 人；顶板瑶人 58 户，399 人；蓝靛瑶人最少，只有 26 户，125 人。虽然这是一个由三个族群构成的村落，但他们都有各自的聚落群：蓝靛瑶人居住在最东端，紧挨着是苗人的聚落，然后是顶板瑶人的聚落。由于历史、族群生活习性、人生观及价值观不尽相同，三个族群虽然居住在同一地域，但贫富悬殊很大：最富有的是苗人，接下来是顶板瑶人，而蓝靛瑶人因为有吸食大烟的传统，生活最穷困，有些家几乎一无所有。据我们调查，该村 26 户蓝靛瑶人中就有 3 家没有种植任何庄稼，主要靠给本村寨的苗人打零工养家糊口。这 26 户人家中仅有 10 户人家种的粮食够吃，不够吃的人家并不是因为田地少，而是因为家里吸食鸦片的人多，没有人下地干活，有些家只种一点地，有些家倒种了不少地，但因为吸食鸦片，平时又不下地管理，所以也就没有什么收成。据我们挨家挨户调查，该村吸食大烟的人数多达 41 人，占该村蓝靛瑶人总数的 33%，也就是说，有三分之一的人在吸食大烟，除去未成年人之外，可以说绝大多数成人都在吸食大烟。这些瘾君子大都给苗人打零工，除了挣点买粮的钱外，其主要目的是从苗人那里换取鸦片。他们给苗人干一天活，可以换取拇指尖大小的一块鸦片。

据那木峒的村长讲，虽然其他民族没有与他们发生过什么正面冲突，但这些民族都看不起他们蓝靛瑶人，或许是因为蓝靛瑶人吸食大烟的人太多了，民族整体素质比较差的缘故。他们村口有一块良田，大约有 15 公顷，8 年前曾被当地政府征用，用来种水稻，后来因为无法修筑水坝，引不上水来而放弃。但政府并没有将土地返还给他们，而是转卖给了邻村的 7 户苗人耕种。他说这是村里最好的土地，每年可以种两季玉米；如果返还给他们，政府那些贪官什么也得不到，他们之所以把土地非法转卖给苗人，是因为在周邻的民族中，就数苗人有钱，因为他们一直在种植大烟。这块地是本村 20 多户人家开垦出来的，被当地政府无偿征用。这块地到底卖了多少钱，谁也不知道。苗人购得后，先是种了 4 年罂粟，4 年前有中国公司来这里收购玉米，他们才改种玉米。在乌多姆赛，政府是从 2003 年开始正式禁止种植罂粟的。苗人种的大烟，一部分就卖给了本村的蓝靛瑶人，但苗人自家却基本上不吸食大烟。

二　鸦片对蓝靛瑶人学校教育的影响

蓝靛瑶人家长吸食鸦片是造成其子女学业失败的最主要因素。这些家长的精力大都耗费在吸食鸦片上，根本无暇顾及孩子的学业问题。当孩子长到能够胜任体力劳动时（通常到 12—13 岁），这些瘾君子父母便会要求他们的孩子辍学回家，挣钱养家和供他们吸食鸦片，致使这些儿童成了鸦片吸食的受害者和牺牲品。此外，蓝靛瑶人传统的生活方式也不利于儿童取得学业上的成功。蓝靛瑶人父母对他们的孩子几乎没有什么教育上的期望，没有多少家长期望自己的孩子能够通过学校教育向上流动，从而改变目前的生活困窘。在他们眼里，只要孩子们能在学校里学会书写自己的名字，学会简单的计算，就等于已经受过教育了。

案例 6：

2006 年 6 月 14 日晚，房东对面的茅草屋里传出了一个妇女歇斯底里的哭叫声，事后我们才了解到：这茅屋里有 3 个人吸食大烟——丈夫、妻子和岳母，那晚妻子因为没有吸过瘾，把丈夫的那份大烟也吸食了，结果遭到丈夫的毒打。第二天我们去她家采访时看到，她的脸被打肿，她说当时她被丈夫打得满脸是血，就因为多吸食了那么一点点鸦片。家里的山地都卖了，没有山地可种，主要靠给本村的苗人打工糊口和换取大烟。她家有 2 个孩子，都到了入学的年龄，但没有一个能上得起学，他们就连几千基普（不到 1 美元）的注册费都交不起。

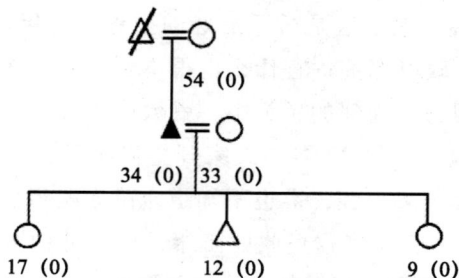

案例 7：

这家人住在一间长屋内。二儿子是痴呆，已故女儿的长女也是痴呆。家里种有一点水田和旱田，粮食基本上够吃，另外还种有一点玉米，但没有什么收成，种的棉田也不够家人穿衣用。现在家里只有 1 头水牛、3 头猪崽和 3 只鸡。在这个家庭中，有 3 个人目前还在吸食大烟，即被访者、他母亲和他妹夫。平时他们打零工挣的钱主要用于吸食鸦片。家里有 4 名学龄儿童，但只有 1 个正在上学，另外 3 个都失学在家。虽然学习的注册费只有 5000 基普，课本是政府免费提供的，只是给孩子买些作业本，但就是这样，他们也无力送孩子入学。实际上，并非真正没有能力送孩子上学，而是根本没有打算供孩子上学。

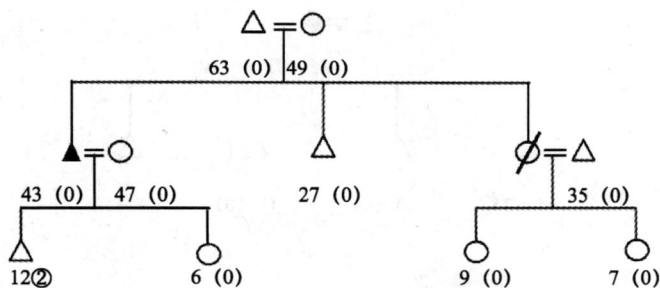

案例 8：

这个家庭今年种了点旱稻，但几乎没有收成。家人主要靠打零工糊口。家里养了 1 头大猪、1 只鸡。夫妻俩都吸食鸦片，日子过得穷困不堪。两个适龄学童都没有进过学校，今年已经 11 岁的老二一年四季都裸露着身子在村寨里玩耍。那天我们去他家采访时看到，家里穷得叮当响，除了简单的几件黑黢黢的炊具和一张破旧的草席外，几乎没有什么别的家当。他打零工挣的那点钱，还不够他们夫妇俩吸食大烟的。

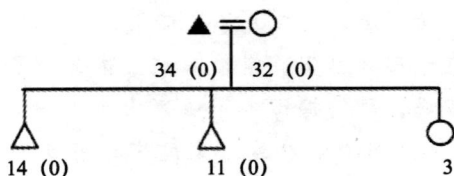

```
        ▲＝○
     34 (0) 32 (0)
   ┌──────┼──────┐
   △      △      ○
  14 (0)  11 (0)  3
```

案例 9：

　　这家以前有水田，但都让被访者的丈夫卖了。她说她丈夫只知道吸食大烟，从不下地干活，家里的田地只有她和两个儿子耕种和管理，他们挣点钱几乎全让他拿去买大烟了。家里三个学龄儿童都没有上学，大儿子是去年辍学的。

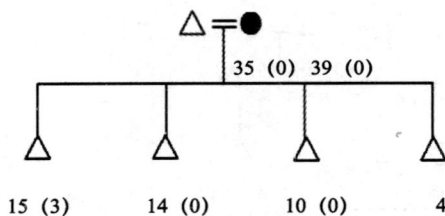

```
        △＝●
     35 (0) 39 (0)
   ┌────┬────┼────┐
   △    △    △    △
 15 (3) 14 (0) 10 (0)  4
```

案例 10：

　　家里种的旱稻只够吃 3 个月的，余下的几个月靠给村里人家打零工来维持，有时也向亲戚朋友要一些粮食。粮食不够吃，主要是家里没有劳力，庄稼也长得不好。没有种玉米，也没有种棉花，从市场上买棉线，自己纺线、织布。家里没有饲养任何家畜和家禽。被访者吸食鸦片多年，现在人瘦得皮包骨头，虚弱得没有一点力气。家里四个孩子都到了入学的年龄，可没有一个能去学校读书。

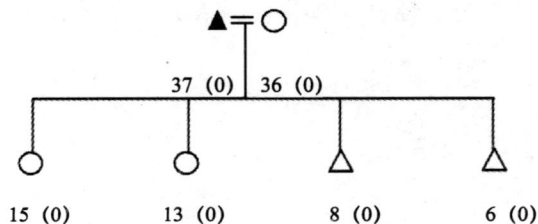

```
        ▲＝○
     37 (0) 36 (0)
   ┌────┬────┼────┐
   ○    ○    △    △
 15 (0) 13 (0) 8 (0)  6 (0)
```

案例11：

被访者以前曾当过兵，21 岁时退役结婚。种有一点旱稻和玉米，粮食不够吃。去年只种了一点棉花，自织的棉布只够家里女人穿用，男装则需到市场上去买。现在家里只有 1 头猪，没有鸡，因为没有饲料喂养。夫妇两人都吸食大烟，所以，4 个适龄学童都没有机会进入学堂学习。

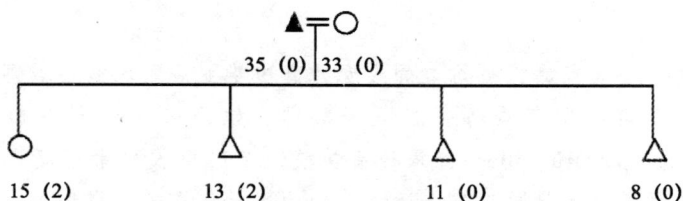

```
                    ▲═○
                 35 (0) 33 (0)
    ┌──────────┬──────────┬──────────┐
    ○          △          △          △
 15 (2)     13 (2)      11 (0)      8 (0)
```

从本村寨的情况分析，一般而言，主要有三方面的因素阻碍蓝靛瑶人儿童学业的成功。首先，家庭需要年长些的孩子照看年幼的弟妹。其次是语言障碍。在蓝靛瑶人村寨，人们通常都使用本族方言进行交流，儿童入学之前所接触到的主要是本族语言，很少有人懂得学校教育通用的老语。最后，也是最重要的，就是鸦片吸食。在这个村寨里，在那些有适龄学童的家庭里，至少有一个鸦片吸食者，而这个人通常都是户主或家里的其他年长者。这些瘾君子对待学校教育的态度直接影响着孩子们的学业成就。如上所述，这些吸食者不仅不关心他们孩子的学业，而且会迫使他们的孩子停止学业，外出打零工来维持家人的生活和满足他们吸食鸦片的需求。

案例12：

这个家庭种有旱稻和木薯，但只够吃 6 个月，主要靠给别人挖树坑、砍山、卖木材等为生。现在家里有 7 头猪、50 只鸡。种有棉花，够家人穿衣用。虽然日子过得很紧，但由于家里没有人吸食鸦片，适龄儿童都在校读书。孩子上学时都穿老服，回家后才穿蓝靛瑶人的传统服装；在学校讲通用语老语，但在家里都讲蓝靛瑶话。

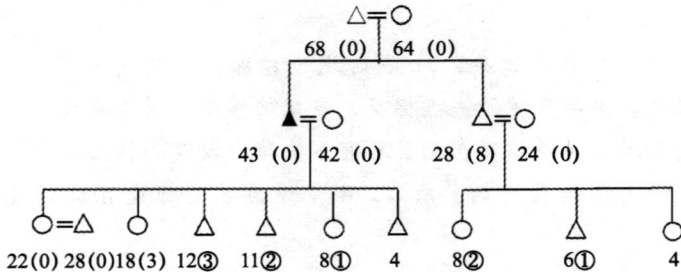

案例 13：

这是一个大家庭，被访者的大女儿高中毕业后到琅南塔教师培训学校学习了 3 年，明年准备在村里当教师。她弟弟现在民族初中学习（School for Poor Minorities），是寄宿学校，专门招收单亲家庭上不起学的孩子。被访者的兄弟没有上过学，因为当时他在琅南塔城里上学，家里供不起。家里种有一点水田，两年前就不再种旱稻，改种橡胶树了，水田里的水稻只够吃 5 个月，余下的几个月主要靠卖橡胶买粮食吃。第一批种的橡胶树已经开始割胶，去年收入 6000 元人民币，都卖给了中国人。种的棉花够家人穿衣用。另外还种有玉米，主要用来饲养家畜和家禽。他和兄弟的孩子每年要交 500 美元左右的学杂费，因为有几个孩子在琅南塔上学，开销很大。由于受到其他民族尤其是克木尔族和傣族的影响，他们早已废除了吸食鸦片的习俗，观念上有了很大改变，即使是家里再穷，他们也会供孩子们读书。因为他们相信，通过学校教育，他们的孩子会在不久的将来改变目前这种穷困状况。

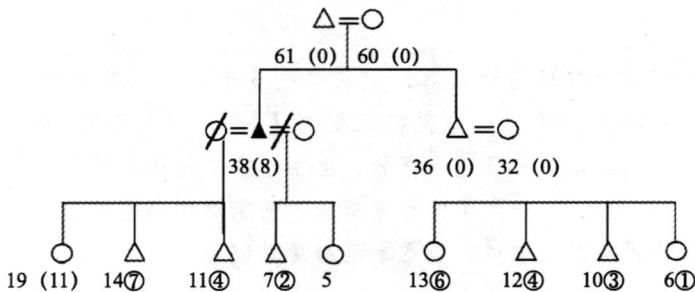

　　值得注意的是，这些案例在笔者所调查过的蓝靛瑶人山寨里并不是特例。在有些山寨，一个家庭甚至有 3 人到 4 人吸食鸦片。在蓝靛瑶人山寨考察期间，当笔者一次次地走进那一间间茅草房时，笔者已记不清有多少次看到孱弱的村民躺在竹席上吸食鸦片的场景。有时候，整个上午或下午笔者都是在鸦片的烟雾中度过的，看着他们吞云吐雾。多数瘾君子每天都要吸食 3 次，每次约 2 个小时。除了做点日常家务外，他们一天大部分的时间都耗在吸食鸦片上了。虽然近些年来，当地政府出台了一些打击贩运毒品和吸食毒品的禁令，一些国际组织也在积极参与戒毒行动，但收效甚微。绝大多数戒毒者返回村里后不久又会复吸，鸦片吸食现象在蓝靛瑶人村寨依旧非常普遍。毫无疑问，鸦片吸食行为在很大程度上加剧了蓝靛瑶人的生活穷困与精神颓废，使他们迷失了人生的航向，产生了冷漠而悲观的人生态度。对于这一点，任何一个走进蓝靛瑶人山寨的人都可以体察到。

　　如上所述，蓝靛瑶人依旧靠刀耕火种的生产方式为生，因为缺失现代知识，加之大量村民吸食鸦片，他们在文化、社会、经济和政治方面都处于边缘地位。从上述案例中我们看到，要想让蓝靛瑶人彻底摆脱目前的困境，当地政府需要持续地大力宣传禁毒政策，加大各项禁毒措施的力度，从根源上根除鸦片，杜绝鸦片吸食行为。只有这样，具有百年鸦片吸食历史的蓝靛瑶人才能逐渐摆脱吸食鸦片所造成的诸多负面影响，真正走出鸦片的阴霾。

　　造成弱势群体儿童学业失败的因素是多方面的，对于蓝靛瑶人而言，吸食鸦片是他们目前最大的问题，可以说这是造成他们穷困的最直接根源。同时这也是造成蓝靛瑶学龄儿童失学、蓝靛瑶整体人口素质下降的最主要原因。上述案例已经有力地证明，蓝靛瑶人家长吸食鸦片直接或间接地造成其子女学业上的失败。罪恶的鸦片使得蓝靛瑶人产生了一种悲观的生活态度，这种态度无疑会影响到他们子女的学校教育。缺乏学习氛围的社区环境，加之缺乏责任感的教师以及语言障碍等因素往往使得这些沉迷于鸦片的蓝靛瑶人村民对他们孩子的学业成就寄予很低的期望，而这种很低的教育期望无疑会直接造成他们孩子学业上的失败。

第 六 章

老挝基础教育改革

20 世纪 80 年代以来，老挝掀起了深入而广泛的教育改革运动，并一直持续到现在，而其中的基础教育改革是改革的重点。本章将概要介绍老挝基础教育改革的主要内容，并对其进行简要评述。他山之石可以攻玉，了解国外教育改革的举措和经验对推进中国基础教育改革无疑具有一定的借鉴意义①。

从早期的传统寺庙教育到老挝人民民主共和国经济转型时期的现代教育，老挝的教育体系有着悠久的历史。与泰国和柬埔寨等邻国一样，老挝的僧侣传统上在村落的寺庙里向儿童传授基础文化知识和进行道德教育。但是由于对女性的限制，寺庙教育实际上只培养僧侣，女性尤其是乡村女性所接受的主要是非正式的家庭教育。

需要特别指出的是，法国殖民统治曾对老挝的学校教育产生过重大影响。1893 年，老挝沦为法国殖民地之后，随着法国人引进精英教育，传统的寺庙教育体系开始削弱。1946 年，仅有 2% 的学龄儿童能够接受正规学校教育，因为法国殖民者不愿支持老挝的乡村教育。即使在 1949 年老挝获得名义上的独立之后，精英教育以及以法语为主的教育系统依旧占据主导地位，直到 1975 年老挝最终获得真正独立后，情况才彻底改变。

自 1975 年老挝新政府执政以来，老挝政府一直在探求适合本国国情的发展道路。为加快从计划经济体制到市场经济体制的转型过程，自

---

① 本章内容已在《中南民族大学学报》2013 年第 2 期第 20—24 页刊载，在此特向《中南民族大学学报》表示谢忱。

1986 年起，老挝政府开始实行全面改革。改革的总体目标是，到 2020 年使老挝从欠发达国家跻身于较发达国家的行列①。为实现这个宏大的战略目标，老挝政府在过去的二十几年里实施了一系列重大的改革措施，其中包括一些重要的教育改革。

第一节　老挝基础教育及其现状简述

老挝最早的小学教育起始于 19 世纪末，到 20 世纪初期，才开始有初中学校教育。1962 年首次进行课程改革，从小学三年级开始使用老挝语和法语进行双语教学，使用的教育体制是 13 年制（6 + 4 + 3）。大约在同一时期，老挝爱国统一战线开始在革命解放区施行 10 年制（4 + 3 + 3）普通教育体系，开设老挝爱国教育课程。1975 年老挝新政府执政后，对普通教育学制进行了改革，由原先的 13 年制和 10 年制改为 11 年制（5 + 3 + 3）。1996 年，老挝政府颁布了老挝人民民主共和国小学义务教育法令，这个法令确认了小学义务教育的一些关键性原则：第一，小学教育是普通教育的基本阶段，明确规定所有老挝公民应该达到 5 年基本教育水平。第二，所有居住在老挝境内的老挝公民，不管其种族、宗教、性别、族群以及社会与经济地位，从 6 岁开始必须平等地接受小学教育。第三，所有注册的学生必须完成小学学校教育，除了那些已经得到充分照顾却仍然不能读书的身体或大脑有缺陷的孩子之外，在 14 岁之前，他们应该继续读书，做到不辍学、不退学②。法令还规定，在小学教育阶段学校所有服务都是免费的。

近年来，老挝政府开始把教育工作的重点放到了初中义务教育阶段。到 2015 年，老挝将会全面实现小学义务教育，到时候初中教育就会有充裕的生源，因此，政府必须要把教育工作重点转移到初中教育阶

---

① Ogawa, Keiichi（2009）. "Higher Education in Lao PDR. " In Y. Hirosato and Y. Kitamura, eds. , *The Political Economy of Educational Reforms and Capacity Development in Southeast Asia*, p. 283. New York：Springer.

② Hirosato, Y. and Y. Kitamura, eds. ,（2009）. *The Political Economy of Educational Reforms and Capacity Development in Southeast Asia*, p. 269. New York：Springer.

段。据老挝政府统计，在初中教育阶段，学生入学率由 2000 年的 23%
提高到 2005 年的 28%。值得指出的是，女童的入学率明显提高，在所
有教育阶段基本实现性别平等。2005 年的男女性别平衡指数为 1.02，
这表明女性的入学率高于男性，而且在高中阶段，性别平衡指数会更
高。虽然女生的入学率有所提高，但与东南亚其他国家相比，老挝学校
教育的整体入学率依旧很低，特别是初中和高中阶段相比更低。同时，
15 岁以上女性的识字率在最近十几年间有了显著提高，尤其是农村地
区女性的识字率大大提高，如 1995 年她们的识字率为 47.9%，2005 年
提高到了 63.2%。尽管如此，与周边国家相比，老挝全民的识字率依
旧比较低，为提高全民的教育水平，老挝政府仍旧任重道远。值得注意
的是，老挝不同族群之间的入学率的差距也越来越大：泰—老语族的小
学入学率为 76%，孟—高棉语族为 49%，苗—瑶语族为 47%，藏—缅
语族为 35%[①]。这与教育资源配置尤其是师资力量的分配、各群体所处
的地理环境、各族群自身的历史文化传统以及他们对学校教育的群体态
度等主客观因素密切关联。

第二节　基础教育改革的主要举措和内容

老挝人民民主共和国成立之初，在教育方面实施了三项主要改革措
施。第一项改革是废除以法语为主的教育体系，巩固和发展以老挝语为
教学语言的大众教育系统，儿童入学率大幅度提高，但由于缺乏合格教
师、教学基础设施落后等因素的影响，老挝教育面临严重困境。第二项
改革是 1986 年，老挝政府开始实施新的经济政策，逐渐削弱计划经济
与中央调控的作用，强化经济发展过程中市场机制的调控作用。这意味
着教育必须要满足日益私有化的经济制度。这一改革也意味着在教育系
统内允许私人办学，以扩大教育机会，减轻政府财政负担。第三项改革
开始于 1991 年，并持续到 20 世纪 90 年代末。在社会主义初期阶段，

---

① Government of Lao PDR (GOL) (2006b). *National Growth and Poverty Eradication Strategy*. Vientiane：GOL.

教育的责任开始去中心化，结果造成区域化差异。1991 年，老挝政府开始强调其教育部的核心领导作用。随着老挝经济体制的改革与开放，老挝政府开始积极寻求国际组织如世界银行、亚洲开发银行等机构的教育援助。老挝政府利用这些国际组织提供的资助逐渐改善教学设施、开发教材、培训教育管理者和教师，以求促进老挝教育尤其是基础教育的快速发展。

随后，老挝政府出台了一系列规划、法令和政策以促进社会经济发展，其中包括一些重要的基础教育改革政策。

《全民教育法案》（*Education For All*，2003－2015）

为响应 2000 年的《达喀尔宣言》（*the Dakar Framework of Action*），2004 年 12 月老挝政府内阁会议通过了《全民教育法案》。在这个法案中，一个最重要的举措就是把普通教育体制由原来的 11 年制（5＋3＋3）改为 12 年制（5＋4＋3），在初中阶段多加了一个学年，以加强初中阶段的知识基础[①]。作为政府政策与策略框架的一部分，《全民教育法案》中明确规定了基础教育的范畴，包括学前幼儿教育与发展、小学教育、初中教育、青少年与成人扫盲、残疾人技艺培训等；此外还涉及诸如女童教育、艾滋病防御、特困儿童资助等发展项目。需要特别说明的是，2005 年 3 月老挝总理签署了 69 号总理令，委托老挝教育部牵头由其他部委协同共同实施和完成《全民教育法案》确立的目标。同时，还成立了由副总理亲自挂帅的全民教育法案规划委员会[②]。但问题是，老挝政府并没有设立专门的经费来支持这个规划项目的具体实施。也就是说，中央政府只是给了政策，项目实施所需的经费则由该国教育部自己想办法，或从常规教育发展项目经费中支付。因为没有经费支持，到目前为止，也没有任何机构或部门对《全民教育法案》进行监管和评估。

《国家教育体制改革战略》（*National Education System Reform Strate-*

---

① Government of Lao PDR（GOL）（2004）. *National Education for All Action Plan*, 2003－2015. Vientiane：Ministry of Education.

② Ministry of Education（MOE）（2008）. *Education for All：Mid-Decade Assessment*. Vientiane：MOE.

gy 2006 – 2015）

2006 年 3 月，老挝政府颁发了具有指导性意义的《国家教育体制改革法案》，该法案主要包括以下六方面：第一，国家教育体制改革战略旨在发展人力资源以满足国家经济发展的战略需求以及与国际接轨的需求。第二，教育改革应该重点改革教育结构。第三，为保证教育持续稳定发展，全社会应该参与到国家教育体制改革战略中来。第四，国家教育体制改革战略应该拓宽全民的知识生活，保护民族传统与文化，弘扬全民团结精神。第五，国家教育体制改革战略应该拓宽全民接受教育的机会，提高全民素质，改善人民生活条件。第六，国家教育体制改革战略应该提高教师的社会地位，形成全社会尊师重教的良好风气①。自老挝实行市场经济以来，其教育体制明显地不能适应社会经济的发展，教师的社会地位和激励机制还不足以让教师们全身心地投入国家的教育事业之中去。国家教育体制改革战略旨在逐渐改革与完善现有的教育体制，促进经济发展，进而促进社会的发展和人的发展。

在教育改革过程中，老挝教育部认识到老挝的教育体系依旧缺乏能够指导教育系统协调发展的有效政策与规划。为了在 2015 年全面实现《全民教育法案》确立的宏大目标，老挝政府面临着包括发展高中教育、技术教育、职业教育以及高等教育等一系列新的挑战。为此，老挝教育部在亚洲开发银行（Asian Development Bank）的指导下，制定出 2020 年老挝教育发展纲要，并在亚洲开发银行的协助下贯彻落实该发展纲要。作为贯彻落实这个发展框架的中介，亚洲开发银行重点资助基础教育发展项目，这些项目以教育部门的短期和中期改革为目标，力求实现：增加初中教育的入学机会（如增加和改善学校基础设施，以满足初中生入学的需求）；提高初中阶段的教育质量［如把普通教育体制由原来的 11 年制（5 + 3 + 3）改为 12 年制（5 + 4 + 3），在初中阶段多加了一个学年，以加强和提高初中阶段的教育质量；加强教师培训等］；加强中央及地方教育机构的行政与管理能力的

---

① Ministry of Education （MOE）（2008）. *Education for All: Mid-Decade Assessment.* Vientiane: MOE.

培养和建设①。

　　提高基础教育质量是老挝基础教育改革的核心内容之一。如在《第六个国家社会经济发展规划》（*The Sixth National Socio Economic Development Plan* 2006 – 2010）中确立教育发展的主要目标之一是，为满足国家社会经济的发展，必须大力发展人力资源，消除贫困，全面提高国民教育素质，集中精力抓好平等入学、教育质量以及教育管理等问题，为国家的社会经济建设培养大批有知识的、高素质的人才②。为此，老挝政府在全面实施小学义务教育政策的同时，着力发展其他阶段的学校教育，特别关注少数民族及弱势群体的学校教育发展，如为少数民族儿童提供更多接受正规教育的机会，有意识地培养少数民族师范生，使他们毕业后回到自己的家乡担任小学教师。根据《2005—2006年教育发展计划实施报告》③，少数民族教育发展项目的总体目标，一是扩大少数民族接受教育的机会；二是提高少数民族地区的教育质量；三是继续推进少数民族地区的扫盲运动，重点对象是那些没有机会读书的乡村妇女；四是提高教学质量，尤其是中学的教学质量；五是继续在少数民族地区改建和新建小学和中学校舍；六是支持和扩充私立教育，鼓励更多的人投资创办私立中学和职业学校；七是继续完善少数民族地区乡村教育的监督与管理体制，不断改善教师的待遇。需要强调的是，目前老挝地方政府，比如琅南塔省政府，在许多方面试图改善少数民族村寨的学校教育，但从笔者调查过的十余所小学看，政府却没有向这些学校投入多少教育经费。而像亚洲开发银行、联合国教科文组织、联合国儿童基金会、欧洲联盟等一些国际组织，却在帮助少数民族村寨筹建新校舍、投资一些教育发展项目和资助少数民族儿童读书。在笔者所访问过的 11 所小学中，有 6 所是由亚洲开发银行和欧洲联盟资助修建的，

---

　　①　Asian Development Bank（ADB）（2006b）. *Report and Recommendation of the President*, *Basic Education Sector Development Program.* Metro Manila：ADB.

　　②　Ministry of Education（MOE）（2008）. *Education for All*：*Mid-Decade Assessment.* Vientiane：MOE.

　　③　Louang Namtha Provincial Education Department（2000）. *Report of Implementation of the Plan for Developing Education in the Year* 2005 – 2006，pp. 4 – 5. Louang Namtha.

而且这些校舍也是蓝靛瑶人山区最好的校舍①。

近年来，虽然老挝的学校教育得到了长足发展，但距老挝《全民教育法案》确立的目标还有相当大的距离。自 2002 年以来，老挝教育部在世界银行的帮助下，开始把《全民教育法案》作为一项具有战略意义的发展规划实施②。与此同时，老挝教育部还出台了一系列有关教师培训与教师管理的政策。

第三节　老挝基础教育改革中存在的主要问题

在过去的十几年里，尽管困难重重，老挝政府在基础教育阶段还是取得了可喜成绩。学生入学率较新政府成立前明显提高，越来越多的教师得到了一定程度的培训。但是，由于老挝全国有将近一半以上的小学都不是完全教育小学，只开设一、二年级的课程，其中许多小学依旧在以"复式班"的形式上课，而且这些学校的老师大都没有接受过正规的教师培训，学生辍学的问题依旧很严重。

从整体上看，本研究认为老挝基础教育改革与发展进程中出现或遇到的主要问题：首先，由于教育行政区域管理的去中心化，省级和区级教育部门在教育发展规划、预算和管理上缺乏统一性。其次，该国教育部、省级教育厅和区级教育局分工不明确，管理不规范，缺乏统一指导。最后，也是最重要的，教育资源严重缺乏，教职员工薪水太低，而且教育资源区域性差异很大。自从 1997 年教育经费由原先占该国国家财政预算的 15% 锐减到 8% 之后③，老挝教育的整体发展一直都处于一

---

① 袁同凯：《走进竹篱教室——土瑶学校教育的民族志研究》，天津人民出版社 2004 年版，第 55 页。

② Asian Development Bank （ADB） （2003） . *Operational Policy Report*, *Strengthening Decentralized Education Management.* Bangkok：UNESCO Asia and Pacific Regional Bureau for Education.

③ World Bank （2002） . *Lao PDR Public Expenditure Review*, *Country Financial Accountability Assessment*, Joint Report of World Bank, International Monetary Fund and Asian Development Bank. Volume 1/11. Washington, D. C.：The World Bank.

种缓慢发展的状态。基础教育经费尤其是周期性经费不足带来了一系列问题，严重地影响到老挝基础教育改革的进程。虽然有一些国外机构和非政府组织在提供资金和技术帮助老挝发展教育，但国外所提供的资金和技术援助只能解决一些眼前的需求，如资助部分特困学生、修建校舍、提供部分教材和教师用书等，解决不了实质性的问题。

众所周知，教师的数量和质量是保证教育改革取得良好效果的关键性因素。正如邓小平同志指出的那样：一个学校能不能培养出合格的人才、培养出德智体全面发展、有觉悟的有文化的劳动者，关键在教师[1]。据亚洲开发银行统计，在1996—1997年，老挝共有教师25718人，其中只有8521人接受过正规培训。在这些接受过培训的教师中，有7500人达到"8 + 3"（即初中毕业 + 3年教师培训）的教师资历要求，有1021人达到"11 + 1"（即高中毕业 + 1年教师培训）的水平，也就是说，有66%以上的老师没有达到初中毕业水平和接受教师培训便走上了教师的工作岗位。而且，那些初中毕业并接受过三年教师培训的或者学历更高些的老师主要都流向首都万象，约占70%；而到波乔等偏远省区工作的"高"资历教师还不到12%[2]。另外，教师的生活条件也比较差，工作待遇比较低，迫使大多数老师从事第二职业，不能安心教学工作，也是一个比较严重的问题。在老挝，许多省区都有拖欠教师工资的现象，有些地方的教师甚至连续几个月都拿不到工资。

如果没有一支稳定的数量足够、质量较高、业务素质较好的教师队伍，任何试图进行教育改革、促进教育发展、提高教育质量的努力都将化为泡影。老挝政府虽然也认识到了教育改革的成败关键在教师的问题，也采取了一系列的措施增加教师的工资，改善教师的生活待遇和加强教师的培养和素质的提高，但是，教师数量不足、质量不高的状况仍然没有得到根本性的转变。

目前，老挝教师的薪水还很低，可以说低得让人难以置信。小学教

---

[1]　彭永渭、刘仁勇：《美国八十年代基础教育改革述评》，《外国教育研究》1997年第2期，第26页。

[2]　Stephens, David (2007). *Culture in Education and Development：Principles, Practice and Policy*, p. 197. Oxford, U. K.：Symposium Books.

师的月薪整体上平均不到 40 美元，其中主要是基本工资，津贴、补助等仅占很小一部分。根据国际标准，教师的薪水至少应占人均 GDP 的 2.5 倍，因为与普通工人相比，教师受教育的水平要高得多[1]。为了鼓励教师到乡村尤其是偏远乡村教书，老挝政府采取增加津贴和补助等方式，如大多数少数民族地区的教师都能享受到低微的津贴和地区补助，但依旧没有多少教师愿意到那些偏远村落去工作，而那些已经在那里教书的教师，也大都在寻找机会离开。从下面的案例中我们会清楚地看到老挝教师待遇低、教师不安心工作的问题。

那木仃是一个蓝靛瑶人村寨，寨子里设有一个教学点，该教学点共有 5 名教师，都不是本地人，也都不是蓝靛瑶人。据校长反映，虽然当地政府给在山里教书的教师一些生活补助，但他们的收入仍远远不够维持生活。在这里，他们每 3 个月才能领一次工资，共 80 美元左右（每个月不到 30 美元）。单职工的教师家庭，每月可从政府那里领取 15000 基普（约合 1.5 美元）的基本生活补助费。因为政府所给的这点生活补助远远不够，村里分给他们一些山地，可以种一些橡胶树、玉米之类的作物来维持生活。同时，他们也饲养猪、鸡等家畜和家禽。

据校长夫人（她也是老师）讲，5 名教师中有 4 名都不安心在这里工作，只有一名女教师暂时留下来，因为她嫁给了当地一个黑傣族男人。校长夫妇已经多次向南塔教育厅及当地政府部门提出调离申请。她说，教师在山区服务的时限通常是 3 年，但 3 年后，这里的村长却不让他们走，教育厅为了避免给自己找麻烦，把教师能否调出山外的决定权下放到了村里，村长说了算。一般情况下，村长都不会轻易放走已经在本村任教的老师，如果他放走了教师，而空缺又没有人来顶替，学校就会瘫痪，因此，村长通常都不会自找麻烦。他们是 1999 年来这里教学的，在这里已经任教 7 年，但由于没有人愿意来这里教书，找不到顶替他们的教师，他们只能一直耗在这里，等待调离的时机。

刚来这里的时候，条件很艰苦。当时他们只有一间小茅屋，连吃饭的地方都没有，只能在床上凑合着吃。后来他们买来材料，村民捐了些

---

① Hirosato, Y. and Y. Kitamura, eds., (2009). *The Political Economy of Educational Reforms and Capacity Development in Southeast Asia*, p. 277. New York: Springer.

木材，才建起了现在这个铁顶的竹墙小屋。当时，他们俩还都是代课教师，两个人每月的工资合起来才 411000 基普（约合 40 美元）。为了生活，她卖掉了结婚时母亲送给她的银饰。当时村里人口还不多，河里还有不少小鱼。他们常去河里捕鱼，以补贴生活。由于工资太低，他们想辞去工作。当时种菜也比他们当代课老师挣得多，但如果一旦辞去工作，想再回来当老师就难了，经再三思量，他们最后还是坚持了下来。现在情况好多了，每 3 个月他们两人可挣 170 美元，其中包括两个孩子的生活补贴（每 3 个月政府给两个孩子补贴 114000 基普）和山区教师补贴。现在他们养了 9 头猪、6 只鸡、2 只鸭，另外还种了几亩地的橡胶树。当地政府为他们提供了树苗和种植费用，2% 的利息，树长成之后，10 年内他们用所产橡胶连本带息进行偿还。因为他们一直想调回南塔工作，现在没有再向村里要地种植其他庄稼。如果他们能够调走，可以把橡胶地转卖给当地村民。

在老挝，拖欠教师薪水可能是教育经费不足最常见的现象之一。教师的薪水应该完全由中央财政预算支付，省级教育厅、区级教育局以及地方教育部门主要负责制订教师薪水预算计划和管理教师工资发放等工作。小学教师的工资主要由当地教育部门管理和发放。据调查，约有三分之一以上的教育局声称政府下拨的教育经费不足以支付教师的工资[①]。拖欠教师工资的最主要原因是地方税收严重不足，在那些穷困省区，情况尤为如此。

教学是培养人才最基本最主要的途径，课程又是教学中的核心因素。课程改革是教育改革的核心，因为课程是教育系统中的核心因素，集中体现着教育的培养目标，反映着教育者的价值取向和社会发展对人才的素质要求，决定着受教育者所形成的知识结构、智能结构和非智力因素的结构，直接控制着所培养人才的规格和质量[②]。在老挝，普通教育所有阶段的课程开发、设计与印刷均由老挝教育科学研究院（The

---

① World Bank（2007）. *Public Expenditwre Tracking Swrvey in Primary Edncatcon and Primary Health：Making Services Reach Poor People.* Warlzington，D. C.：The World Bank.

② 彭永渭、刘仁勇：《美国八十年代基础教育改革述评》，《外国教育研究》1997 年第 2 期，第 24 页。

Research Institute of Educational Sciences）全权负责。目前，由于人力、财力严重不足，基础教育所需教材和辅导资料严重短缺，这也是老挝基础教育质量低下的一个主要原因。2006 年，笔者在老挝北部进行田野实地调查时发现，在所调查过的 11 所小学中，有半数以上的学生都没有课本。实际上，在老挝的大多数小学和初中，教材和辅导资料短缺是最常见的问题之一，而且这个问题可能会贯穿于老挝学校教学改革的整个过程。

本章节简要地介绍了老挝基础教育及其改革情况，并讨论了基础教育改革过程中存在的一些突出问题。应该特别强调的是，课程和教材辅导材料的研发与人才培养密切相关，这个问题在初中教育阶段显得尤为突出。当然，老挝政府对于实现合格基础教育的目标，如扩大初中教育规模和相关能力培养需求在资源需求方面也没有充分的准备。本研究认为，为评估实现合格基础教育目标的可行性和资源需求，我们应该更加细致和深入地分析基础教育改革的政治和制度过程。

为确保所有的孩子和教师都能够平等地享受课程资源，做到每个学生都有教材，每个老师都有教师用书，老挝政府必须改革当下的学校资源供需制度。目前学校的资源供需体制仍属于计划供应制，而且，在很大程度上有赖于国外资助课程教材的研发、印刷和发行。相比之下，由市场调控的供需制度会更加有效，这样学校可以根据需求自主订购。此外，为更好地发挥需求导向的资源管理体制，应该引入诸如学校自主管理资金和当地社区参与筹资等经费管理机制。此外，还应该采取措施提高学校课程改革实施的效率。老挝的基础教育改革表明，注重教师职业发展与课程教学方法和教学内容以及学生学业成绩评估之间的关联性，对于有效地实施课程改革至关重要。

结语与思考

影响蓝靛瑶人儿童学业成绩的因素是多方面的。正如 J. 奥格布所指出的那样，在分析蓝靛瑶人儿童学业失败的原因时，我们不应忽视可能会影响少数民族儿童学业成功的诸多历史的或者社会的因素①。如上所述，蓝靛瑶人迄今依旧以刀耕火种的生产方式为生，因为缺失现代知识，加之大量村民吸食鸦片，他们在文化、社会、经济和政治方面都处于边缘地位。正如笔者对中国土瑶学校教育的民族志研究所指出的那样，落后的生产方式，以及政治、经济和社会—文化上被主流社会边缘化的境地，在很大程度上制约着蓝靛瑶人儿童的学业成功。从本研究的案例中我们可以看到，鸦片吸食以及蓝靛瑶人家长对学校教育的冷漠态度是造成蓝靛瑶人儿童学业失败的最根本因素，尤其是鸦片吸食行为在很大程度上加剧了蓝靛瑶人的生活穷困与精神颓废，促使他们对学校教育漠不关心，而这种对学校教育的消极态度无疑会直接造成他们孩子学业上的失败。换句话来说，对于蓝靛瑶人而言，吸食鸦片是他们目前最大的问题，可以说吸食鸦片是造成他们穷困的最直接根源。同时也是造成蓝靛瑶人学龄儿童失学、蓝靛瑶人整体人口素质下降的最主要原因。罪恶的鸦片使得蓝靛瑶人产生了一种悲观的生活态度，这种态度无疑会直接或间接地影响到他们子女的学校教育。要想让蓝靛瑶人彻底摆脱目

---

① Ogbu. John. U. （1991）. "Immigrant and Involuntary Minorities in Comparative Perspective," in Gibson Margaret A and John U. Ogbu, eds., *Minority Students and Schooling*: *A Comparative Study of Immigrant and Involuntary Minorities*, p. 6. New York: Garland Publishing Inc.

前的困境，当地政府需要持续地大力宣传禁毒政策，加大各项禁毒措施的力度，从根源上根除鸦片，杜绝鸦片吸食行为。只有这样，具有百年鸦片吸食历史的蓝靛瑶人才能逐渐摆脱吸食鸦片所造成的诸多负面影响，真正走出鸦片的阴霾。

此外，缺乏学习氛围的社区与家庭环境，加之缺乏责任感的教师以及沉迷于鸦片的蓝靛瑶人家长对他们孩子所寄予的低学业或教育期望，也都会直接或间接造成蓝靛瑶人儿童学业上的失败。还有，老挝有将近一半的人口为少数民族，而老挝的学校是以老挝主体民族老族的语言为教学语言的，也就是说，有将近一半的人口在入学时要面临语言问题。关于语言对学校教育尤其是少数民族学校教育的影响，笔者在《走进竹篱教室——土瑶学校教育的民族志研究》中有详细论述①，在此不再赘述。另外，老挝教育中还存在严重的性别问题，这主要表现在女性在家庭中负担过重，女童需要在家里承担许多家务劳动等。为解决这个问题，老挝政府成立了专门的性别与少数民族教育机构以应对学校教育中的性别问题，但实际收效并不显著。蓝靛瑶人学业失败的例子再一次证明，我们需要从不同的角度、不同的层面、综合地整体地去理解弱势群体儿童的学校教育问题。

对于蓝靛瑶人而言，学校教育所传授的内容与当地的生活没有多大联系，学校不是蓝靛瑶人儿童获取生存技能的场所，他们的生活技能仍需在家庭、社区，从父母等长辈和同龄人中习得。从这个角度讲，学校教育对他们没有压力，也缺乏吸引力。他们还没有把学校教育视作向上流动的渠道。另外，丰富的自然资源、安逸的田园生活、没有任何竞争的社会环境以及极其适宜人类生存的自然环境等，使老挝蓝靛瑶人无须接受任何学校教育也能轻易地生存下去。在蓝靛瑶人山寨考察期间，笔者常常问自己：他们为什么一定要上学呢？这或许是一个值得我们深思、值得我们深入探讨的"大"问题。

---

① 袁同凯：《走进竹篱教室——土瑶学校教育的民族志研究》，天津人民出版社 2004 年版，第 199—204 页。

参考文献

中文部分（按汉语拼音排序）：

巴占龙：《学校教育—地方知识—现代性：一项家乡人类学研究》，民族出版社 2010 年版。

董艳：《文化环境与双语教育：景颇族个案研究》，民族出版社 2002 年版。

费孝通：《费孝通在 2003：世纪学人遗稿》，中国社会科学出版社 2005 年版。

冯增俊：《教育人类学刍议》，《当代研究生》1986 年第 2 期。

冯增俊：《教育人类学的研究领域：西方教育人类学研究之四》，《世界教育文摘》1988 年第 3 期。

冯增俊：《教育人类学的研究目的和方法：西方教育人类学研究之二》，《世界教育文摘》1988 年第 1 期。

冯增俊：《教育人类学的主要分析框架：西方教育人类学研究之三》，《世界教育文摘》1988 年第 2 期。

冯增俊：《文化教育人类学的历史发展概略：西方教育人类学研究之一》，《世界教育文摘》1987 年第 4 期。

冯增俊：《哲学教育人类学概况及西方教育人类学对我们的启迪：西方教育人类学研究之五》，《世界教育文摘》1988 年第 4 期。

弗思（Raymond Firth）著、费孝通译：《人文类型》，华夏出版社 2002 年版。

韩嘉玲：《中国贫困地区的女童教育研究：贵州省雷山县案例调查》，《民族教育研究》1999 年第 2 期，第 56—63 页。

郝瑞（Stevan Harrell）著，巴莫阿依、曲木铁西译：《田野中的族群关系与民族认同：中国西南彝族社区考察研究》，广西人民出版社 2000 年版。

洪川：《教育人类学述评》，《西南师范大学学报》1987 年第 3 期。

黄素芳：《现代老挝语的形成与老挝的语言政策》，《东南亚》2003 年第 3 期，第 46—48 页。

黄兴球：《中老跨境民族的区分及其跨境特征论》，《广西民族学院学报》（哲学社会科学版）2006 年第 3 期，第 88 页。

景振国主编：《中国古籍中有关老挝资料汇编》，中州古籍出版社 1985 年版。

科恩、埃姆斯著，李富强编译：《文化人类学基础》，中国民间文艺出版社 1987 年版。

《老挝毒品问题，罂粟纠葛 200 年》，http：//www. northedu. com. cn/lin-bangdasaomiao。

《老挝概况》，《印刷世界》2004 年第 6 期，第 55—56 页。

李春玲：《社会政治变迁与教育机会不平等——家庭背景及制度因素对教育获得的影响》，《中国社会科学》2003 年第 3 期，第 86—98 页。

李复新、瞿保奎：《教育人类学：理论与问题》，《教育研究》2003 年第 10 期，第 3—13 页。

李亦园：《田野图像——我的人类学研究生涯》，山东画报出版社 1999 年版。

刘朝晖：《村落社会研究与民族志方法》，《民族研究》2005 年第 3 期。

马和民、高旭平：《教育社会学研究》，上海教育出版社 1998 年版。

尼古拉·托马斯：《人类学的认识论》，中国社会科学杂志社编：《人类学的趋势》，社会学系文献出版社 2000 年版。

彭永渭、刘仁勇：《美国八十年代基础教育改革述评》，《外国教育研究》1997 年第 2 期。

祁进玉：《教育人类学研究：中国经验 30 年》，《民族教育研究》2009 年第 5 期。

祁进玉：《中国教育人类学研究的现状与反思》，《湖南师范大学教育科学学报》2009 年第 4 期。

乔健：《漂泊中的永恒——人类学田野调查笔记》，山东画报出版社1999 年版。

史宗主编，金泽等译：《20 世纪西方宗教人类学文选》（上、下册），上海三联书店 1995 年版。

滕星、杨红：《西方低学业成就归因理论的本土化阐释——山区拉祜族教育人类学田野工作》，《广西民族学院学报》2004 年第 3 期，第2—17 页。

滕星、张俊豪主编：《多民族文化背景下的教育研究》，民族出版社2009 年版。

滕星、张俊豪主编：《教育的人类学视野：中国民族教育田野个案研究》，民族出版社 2009 年版。

滕星：《回顾与展望：中国教育人类学发展历程——兼谈与教育社会学的比较》，《中南民族大学学报》2006 年第 5 期，第 5—12 页。

滕星：《文化变迁与双语教育——凉山彝族社区教育人类学的田野工作与文本撰述》，教育科学出版社 2001 年版。

滕星：《族群、文化与教育》，民族出版社 2002 年版。

滕星主编：《多元文化社会的女童教育：中国少数民族女童教育导论》，民族出版社 2009 年版。

万明钢主编：《少数民族学生心理发展与教育研究》，甘肃教育出版社2002 年版。

王川：《教育人类学》，《外国教育研究》1987 年第 2 期。

王嘉毅：《西北少数民族基础教育发展现状与对策研究》，民族出版社2006 年版。

王军：《文化传承与教育选择——中国少数民族高等教育的人类学透视》，民族出版社 2002 年版。

王铭铭：《格尔兹的解释人类学》，《教学与研究》1999 年第 4 期。

王铭铭：《想象的异邦：社会与维护人类学散论》，上海人民出版社1998 年版。

王锡宏主编：《中国边境民族教育》，中央民族学院出版社 1990 年版。

维克托—特纳：《模棱两可：过关礼仪的阈限时期》，史宗主编：《20世纪西方宗教人类学文选》，上海三联书店 1995 年版。

吴晓蓉：《中国教育人类学研究述评》，《民族研究》2010 年第 2 期。

吴晓蓉：《教育，在仪式中进行：摩梭人成年礼的教育人类学分析》，西南师范大学出版社 2003 年版。

徐鲁亚：《维克多—特纳与恩丹布的神秘仪式》，庄孔韶主编：《人类学经典导读》，中国人民大学出版社 2008 年版。

余海波：《少数民族地区在普及义务教育进程中所面临的问题及对策》，《民族教育研究》1997 年第 3 期，第 45—49 页。

袁同凯：《老挝北部蓝靛瑶人的学校教育：人类学视野中的个案研究》，《民族教育研究》2009 年第 6 期。

袁同凯：《变迁与持续：仫佬族社区节庆与宗教传统的民族志研究》，罗树杰主编：《民族学人类学》，民族出版社 2004 年版，第 134—155 页。

袁同凯：《老挝蓝靛瑶人的度戒仪式》，《云南民族大学学报》2011 年第 5 期，第 94—97 页。

袁同凯：《老挝北部的鸦片问题：蓝靛瑶人的个案》，《西北民族研究》2011 年第 3 期，第 22—31 页。

袁同凯：《在异域做田野：老挝的经历——兼论田野资料的"准确性"与"真实性"问题》，《广西民族大学学报》2009 年第 5 期，第 14—18 页。

袁同凯：《走进竹篱教室——土瑶学校教育的民族志研究》，天津人民出版社 2004 年版。

钟年、吴永明、郑铁巨等：《广西融水苗族自治县白云乡瑶族教育情况调查》，《广西民族研究》1985 年第 1 期，第 123—129 页。

周华山：《女性主义田野研究的方法学反思》，《社会学研究》2001 年第 5 期。

英文部分：

Abhay, Phansy (2003). "The Ethnic Minorities and Education." In

Yves Goudineau, ed. , *Laos and Ethnic Minority Cultures: Promoting Heritage.* UNESCO Publishing, pp. 251 – 253.

Apple, Michael (1982) . *Education and Power.* New York: Routledge.

Asian Development Bank (ADB) (2003) . *Operational Policy Report, Strengthening Decentralized Education Management.* Bangkok: UNESCO Asia and Pacific Regional Bureau for Education.

Asian Development Bank (ADB) (2006b) . *Report and Recommendation of the President, Basic Education Sector Development Program.* Metro Manila: ADB.

Aubery, Carol, et al. , (2000) . *Early Childhood Educational Research: Issues in Methodology and Ethnics.* London: Routledge/Falmer.

Bernard, Russell (2002) . *Research Methods in Anthropology: Qualitative and Quantitative Approaches.* Maryland: Rowman & Littlefield Publishers, Inc.

Boas, Franz (1928) . "Education, Conformity and Cultural Change. " In *Anthropology and Modern Life.* New York: W. W. Norton.

Carspecken, Phil Francis (1991) . *Community Schooling and the Nature of Power: The Battle for Croxteth Comprehensive.* London: Routledge.

Chazée, Laurent (2002) . *The Peoples of Laos: Rural and Ethnic Diversities.* Bangkok: White Lotus Co. , Ltd.

Clifford, J. (1986) . "Introduction: Partial Truths. " In James Clifford and George Marcus, eds. , *Writing Culture: The Poetics and Politics of Ethnography.* California: The University of California Press.

Cummins, J. (1995) . "Discursive Power in Education Policy and Practice for Culturally Diverse Studies. " In David Corson, ed. , *Discourse and Power in Educational Organization*, pp. 191 – 209. Toronto, Ontario: The Ontario Institute for Studies in Education.

Emihovich, Catherine (1995) . "Cultural Continuities and Discontinuities in Education. " In *The International Encyclopedia of Educational Research*, vol. 3. pp. 1227 – 1232. London: Pergamon Press.

Erickson, Frederick (1987) . "Transformation and School Success: The politics and Culture of Educational Achievement. " *Anthropology and Edu-*

cation Quarterly 18 （4）: 336 – 355.

Erickson, Frederick, and Gerald Mohatt （1982）. "Cultural Organization of Participant Structure in Two Classrooms of Indian Students." In G. D. Spindler ed. , *Doing the Ethnography of Schooling*: *Educational Anthropology in Action*, pp. 132 – 175. New York: Holt, Rinehart and Winston.

Evans-Pritchard, E. E. （1979）. "Witchcraft Explains Unfortunate Events." In Lessa and Vogt, eds. , *Reader in Comparative Religion*: *An Anthropological Approach*, 4th ed. New York: Harper & Row, Pub. , pp. 362 – 366.

Fabian, J. （1991）. *Time and the Work of Anthropology*. Chur and Reading: Harwood Academic Publishers.

Foley, Douglas, E. （1991）. "Reconsidering Anthropological Explanations of Ethnic School Failure." *Anthropology and Education Quarterly* 22 （1）: 67.

Fried, Morton H. （1975）. *The Notion of Tribe*. CA. : Cummings Publishing Company.

Geertz, Clifford （1980）. *Negara*: *The Theater State in 19th Century Bali*. Princeton, NJ. : Princeton University.

Geertz, Clifford （1973）. "Religion As a Cultural System." In *The Interpretation of Cultures*, pp. 87 – 125. New York: Basic Books.

Giroux, Henry （1983）. *Theory and Resistance in Education*. South Hadley, MA. : Bergin & Garvey.

Government of Lao PDR （GOL）（2004）. *National Education for All Action Plan*, 2003 – 2015. Vientiane: Ministry of Education.

Government of Lao PDR （GOL）（2006b）. *National Growth and Poverty Eradication Strategy*. Vientiane: GOL.

Grindal, Bruce （1972）. *Growing up in Two Worlds*: *Education and Transition among the Sisala of Northern Ghana*. New York: Holt, Rinehart and Winston.

Hansen, M. H. （1999）. *Lessons in Being Chinese*: *Minority Education and*

Ethnic Identity in Southwest China. Hong Kong: Hong Kong University Press.

Heath, S. (1983). *Ways with Words: Language, Life and Work in Communities and Classrooms.* New York: Cambridge University Press.

Hewett, E. (1976/1905). "Ethnic Factors in Education." Reprinted in J. I. Roberts and S. K. Akinsanya, eds. , *Educational Patterns and Cultural Configurations: The Anthropology of Education*, pp. 27 – 36. New York: David McKay Co.

Hirosato, Y. and Y. Kitamura, eds. , (2009). *The Political Economy of Educational Reforms and Capacity Development in Southeast Asia.* New York: Springer.

Hymes, Dell (1974). *Foundations in Sociolinguistics: An Ethnographic Approach.* Philadelphia: University of Philadelphia Press.

Jacob, Evelyn, and Cathie Jordan, eds. , (1993). *Minority Education: Anthropological Perspectives.* Norwood, NJ. : Ablex.

Kimball, S. T. (1974). *Culture and Educative Process.* New York: Teacher College, Columbia University.

Kottak, Conard P. (1997). *Anthropology: The Exploration of Human Diversity.* New York: The McGraw-Hill Companies.

Labov, William (1972). *Language in the Inner City.* Philadelphia: University of Pennsylvania Press.

Leacock, Eleanor Burke, ed. , (1971). *The Culture of Poverty: A Critique.* New York: Simon and Schuster.

Lemoine, Jacques (2005). "The Present Economy of the Lao Huay of the Nam Ma Valley, Muang Long District, Louang Namtha." In *Juth Pakai*, Issue 5, pp. 44 – 56. Vientiane.

Liu, Judith, Heidi A. Ross, andDonald P. Kelly, eds. , (2000). The *Ethnographic Eye: Interpretive Studies of Education in China.* New York: Falmer Press.

Louang Namtha Provincial Education Department (2000). *Report of Implementation of the Plan for Developing Education in the Year 2005 –*

2006. Louang Namtha.

Lukes, Steven (1974) . *Power: A Radical View*. London: Macmillan press.

Malinowski, B. (1922/1961) . *Argonauts of the Western Pacific*, pp. 2 – 3. London: Routledge and Kegan Paul.

Malinowski, B. (1948) . *Magic, science and religion, and other essays*. With introd. by Robert Redfield. Garden City, N. Y. : Doubleday.

Malinowski, B. (1936) . "Native Education and Cultural Contact. " *International Review of Missions*, Vol. 25: 480 – 515.

Marcus, G. and Dick Cushman (1982) . "Ethnographies as Texts. " *Annual Review of Anthropology*, Vol. 11: 25 – 69.

Marcus, G. and Michael Fischer (1986) . *Anthropology as Cultural Critique: An Experimental Moment in the Human Sciences*. Chicago: University of Chicago Press.

McDermott, R. (1987) . "The Explanation of Minority School Failure, Again. " *Anthropology and Education Quarterly* 18 (4): 361 – 364.

McLaren, Peter (1999) . *Schooling as a Ritual Performance: Towards a Political Economy of Educational Symbols and Gestures*. London and New York: Routledge.

Mehan, H, A Hertweck, and L. J. Meihls (1986) . *Handicapping the Handicapped: Decision Making in Students' Educational Careers*. Stanford, CA. : Stanford University Press.

Milton, Kay (1996) . *Environmentalism and Cultural Theory: Exploring the Role of Anthropology in Environmental Discourse*. London: Routledge.

Ministry of Education (MOE) (2008) . *Education for All: Mid-Decade Assessment*. Vientiane: MOE.

Morrow, Raymond Allen, and Carlos Alberto Torres (1995) . *Social Theory and Education: A Critique of Theories of Social and Cultural Reproduction*. Albany: SUNY Press.

Noblit, George W. (1999) . *Particularities: Collected Essays on Ethnography and Education*. New York: P. Lang.

Ogawa, Keiichi (2009). "Higher Education in Lao PDR." In Y. Hirosato and Y. Kitamura, eds., *The Political Economy of Educational Reforms and Capacity Development in Southeast Asia*, pp. 283 – 301. New York: Springer.

Ogbu, John U. (1974). *The Next Generation: An Ethnography of Education in An Urban Neighborhood*. New York: Academic Press.

Ogbu, John U. (1981). *Minority Education and Caste: The American System in Cross-cultural Perspective*. New York: Academic Press.

Ogbu, John U. (1987). "Variability in Minority School Performance: A Problem in Search of An Explanation." *Anthropology and Education Quarterly* 18 (4): 312 – 334.

Ogbu, John U. and Herbert D. Simons (1998). "Voluntary and Involuntary Minorities: A Cultural-Ecological Theory of School Performance with Some Implications for Education." *Anthropology & Education Quarterly*, 29 (2): 155 – 188.

Ogbu, U. John (1981). "School Ethnography: A Multilevel Approach." *Anthropology and Education Quarterly* 12 (1): 3 – 29.

Ogbu. John. U. (1991). "Immigrant and Involuntary Minorities in Comparative Perspective." In Gibson Margaret A and John U. Ogbu, eds., *Minority Students and Schooling: A Comparative Study of Immigrant and Involuntary Minorities*, pp. 3 – 33. New York: Garland Publishing Inc.

Philips, S. (1983). *The Invisible Culture: Communication in Classroom and Community on the Warm Springs Indian Reservation*. New York: Longman.

Philips, Susan (1972). "Participant Structure and Communicative Competence: Warm Springs Children in Community and Classroom." In Courtney B. Cazden, Vera P. John, and Dell Hymes, eds., *Functions of Language in the Classroom*. New York: Teachers College Press.

Pieke, Frank. N. (1991). "Chinese Educational Achievement and 'Folk Theories of Success'." *Anthropology and Education Quarterly* 22 (2): 162 – 180.

Postiglione, Gerard A. ed., (1999). *China's National Minority Education*: *Culture*, *Schooling*, *and Development*. New York: Falmer Press.

Postiglione, Gerard A. (2000). "National Minority Regions: Studying School Discontinuation. " In Judith Liu, Heidi A. Ross, and Donald P. Kelly eds., *The Ethnographic Eye*: *Interpretive Studies of Education in China*, p. 55. New York: Falmer Press.

Redfield, Robert (1943). "Culture and Education in the Midwestern Highlands of Guatemala. " *American Journal of Sociology* 48: 640 – 648.

Reed-Danahay, Deborah (1984). "Farm Children at School: Educational Strategies in Rural France. " *Anthropology and Education Quarterly* 15 (1): 83 – 89.

Reese, Leslie (2002). "Parental Strategies in Contrasting Cultural Settings: Families in Mexico and El Norte. " *Anthropology & Education Quarterly* 33 (1): 30 – 59.

Rosaldo, M, and Louise Lamphere, eds., (1974). *Women*, *Culture*, *and Society*. California: Stanford University Press.

Sanjek, Roger (1990). "On Ethnographic Validity. " In Roger Sanjek, ed., *Fieldnotes*: *The Makings of Anthropology*, pp. 385 – 418. Ithaca: Cornell University Press.

Schliesinger, J. (2003). *Ethnic Groups of Laos*, Vol. 3. Bangkok: White Lotus Co., Ltd.

Shapiro, S. (1990). *Between Capitalism and Democracy*. New York: Bergin and Garvey.

Singh, M. G. (1989). "A Counter-hegemonic Orientation to Literacy in Australia. " *Journal of Education* 151 (1): 34 – 56.

Singleton, John (1967). *Nichu*: *A Japanese School*. New York: Holt, Rinehart and Winston.

Skinner, G. W. (1976). "Mobility Strategies in Late Imperial China: A Regional Systems' Analysis. " In Carol Smith, ed., *Regional Systems*, *Vol. 1*: *Economic Systems*, pp. 327 – 364. New York: Academic Press.

Spindler, George (1974). "The Transmission of Culture. " In George

D. Spindler, ed., *Education and Cultural Process: Toward an Anthropology of Education*, pp. 279 – 310. New York: Holt Rinehart and Winston.

Spindler, George (2000). *Fifty Years of Anthropology and Education, 1950 – 2000: A Spindler Anthology*. Mahwah, NJ.: L. Erlbaum Associates.

Steering Committee for Census of Population and Housing, ed., (2006). *Results from the Population and Housing Census* 2005. Vientiane Capital, March.

Stephens, David (2007). *Culture in Education and Development: Principles, Practice and Policy*. Oxford, U. K.: Symposium Books.

Stewart, Alex (1998). *The Ethnographer's Method*. California: SAGE Publications, Inc.

Suarez – Orozco, M. M. (1991). "Immigrant Adaptation to Schooling: A Hispanic Case." In M. A. Gibson and J. U. Ogbu, eds., *Minority Status and Schooling: A Comparative Study of Immigrants and Involuntary Minorities*. New York: Garland.

Syrjälä, Leena (1997). Can School Ethnography Reveal The Art of Teaching? *Teaching and Teacher Education*, 13 (7): 775 – 781.

Tan, Chee-Beng (1992). On Tribe. *Sarawak Gazette* CXIX (1521), September: 51 – 54.

Tan, Chee-Beng (1993). "Education in Rural Sarawak." *Borneo Review* 4 (2): 128 – 141.

Turner, Victor (1969). *The Forest of Symbols: Aspects of Ndembu Ritual*. London: Cornell University Press.

Warren, Richard. L. (1967). *Education in Rebhausen: A German Village*. New York: Holt, Rinehart and Winston.

Williams, Thomas Rhys (1967). *Field Methods in the Study of Culture*. New York: Holt, Rinehart and Winston.

Wolfe, E. (1982). *Europe and the People without History*. Berkeley: University of California Press.

World Bank (2002). *Lao PDR Public Expenditure Review, Country Finan-*

cial Accountability Assessment, Joint Report of World Bank, International Monetary Fund and Asian Development Bank. Volume 1/11. Washington, D. C. : The World Bank.

World Bank (2007) . *Public Expenditure Tracking Survey in Primary Education and Primary Health*: *Making Services Reach Poor People*. Washington, D. C. : The World Bank.

承　谢

　　本研究得到亚洲学者基金会（Asian Scholarship Foundatioin，ASF）和云南大学"211工程"三期民族学重点学科建设项目的慷慨资助，在此，笔者向亚洲学者基金会和具体负责云南大学"211工程"三期民族学重点学科建设项目的云南大学民族研究院以及云南大学西南边疆少数民族研究中心表示衷心的感谢。没有这些机构的资助，也就没有此项研究成果。此外，笔者还要向南开大学、老挝人民民主共和国信息与文化部文化研究所（Institute for Cultural Research，Ministry of Information & Culture，Lao People's Democratic Republic）、老挝人民民主共和国琅南塔省文化厅（Information and Culture Department of Luang Namtha Provinc，Lao People's Democratic Republic）等单位和机构表示最诚挚的谢意，没有这些单位和机构的鼎力支持，本研究也不可能得以顺利完成。

　　本研究也得到许多专家、学者与好友的无私帮助。感谢云南大学民族研究院院长、西南边疆少数民族研究中心主任何明教授，没有他的鼓励和支持，以我的惰性，那些来自老挝蓝靛（Lanten）瑶人村寨的珍贵田野资料可能会长期被束之高阁，是他督促我将它们整理成了您眼前的这本小书。感谢南开大学社会建设与管理研究院院长、社会工作系系主任关信平教授，感谢他在我最孤独、最需要关心之时带着一瓶"茅台"和一瓶"五粮液"前往老挝，与我同醉于夜幕下美丽的湄公河畔。感谢南开大学人事处、国际交流处以及周恩来政府管理学院相关领导给予本研究的关心与支持。感谢南开大学社会学系刘华芹老师在我田野调查期间对我的研究生的无偿指导与帮助，使那几个"没娘的孩子"不仅没有耽误学业，而且还得到了许多关怀和照顾，取得了骄人的成绩。感谢乐国安教授、汪新建教授、王处辉教授、白红光教授以及万里、一骑、朝庆、集林、旭涛、吴帆、管健等这一帮同事、朋友在我田野调查期间给予我家人的关心和帮助。感谢老挝人民民主共和国信息与文化部文化研究所所长羌沙菲利斯（Chanthaphilith Chiemsisouraj）博士、琅南塔省文化厅副厅长沈童（Sengthong Phothiboubpha）先生。羌沙菲利斯博士具体负责安排我在老挝的所有调研活动；沈童先生不仅负责安排我在老挝北部省区丰沙里（Phongsaly）、琅南塔（Louang Namtha）、乌多姆赛（Oudomxay）和波乔（Bokeo）的田野调查活动，而且还将他自己收集到的珍贵民族志资料无偿地赠予我。此外，我还要感谢老挝人民民主共和国信息与文化部文化研究所的苏芮阳（Souriyanh）先生、王帕瑟（Vongpaseuth）先生以及研究所的其他同人，他们都对此项研究给予了许多帮助。由于他们的名字对于我这个"外国人"而言，确实太难记住，在此就不再一一列出了。

本研究的顺利完成自然得到了许多老挝蓝靛瑶人村民的无私帮助，每当向导和翻译带着我走进一个个蓝靛瑶人山寨，那些质朴而善良的村民们总会热情地招呼我们进屋，倾其所有招待我们，尽他们所能使我这个外国人吃得饱、睡得舒服。除了生活上的照顾之外，他们还耐心地回答我提出的各种各样的问题，各村寨的头人（村长）毫无怨言地领着我们走家串户，一遍遍不厌其烦地解释我这个中国人进山寨调查的目的。调查期间，他们质朴、友善、好客、宽容与合作的品质时常让我感动不已。

最后，我要感谢老挝信息与文化部文化研究所的乌塔娜（Outtala Vanyouveth）女士，她是我在老挝北部山区调查初期的向导兼翻译。尽管当时她已五十有余，但依旧坚持陪着我翻山越岭、走村串寨，从未喊过一声"累"。感谢田野调查后期的向导兼翻译姜学文先生及其家人对我工作和生活上的照顾。田野调查期间，姜先生和乌塔娜女士不仅是非常称职的向导、翻译和信息提供者，而且也是值得信赖的好朋友和生活顾问，随时提醒我应该注意些什么，从他们身上，我学到了许多"地方性"知识。可以毫不夸张地说，没有他们的指导和帮助，我将无法在偏远的蓝靛瑶人村寨生存，更不要说进行田野调查了。虽然他们可能没有机会看到或听到这些表白，但我还是要非常诚恳地、由衷地向他们表示我最诚挚的谢意。

这本小册子最终能与大家见面，自然离不开出版社编辑人员的辛劳。中国社会科学出版社的郭鹏老师为本书的出版付出了大量心血，在此，笔者向他们表示衷心的感谢！

后　记

　　这是一本没有什么深奥难懂理论的小册子，它所呈现的是一幅多彩的民族志图景，是对老挝北部山区蓝靛瑶人日常生活世界的翔实记录和描述，以及对蓝靛瑶人学校教育问题的深度探讨与思考。它的每一页都讲述着蓝靛瑶人山寨以及学校里真实的人和真实的事。正如人类学者P. 乌兹（P. Woods）所倡导的那样，这些鲜活的人和事是研究者参与当地人的日常生活，并将自己的灵魂和心灵投入其中，用心去感知与体悟的结果。

　　由于在蓝靛瑶人山寨生活的时间只有短短几个月，加之语言障碍以及笔者之学识与悟性所限，本研究对蓝靛瑶人的认识及其学校教育的研究还远远不够深入和全面，对蓝靛瑶人的行为和思想在他们生活中的意义的理解也不够透彻，因此，文中之描述与评述，尤其是关于蓝靛瑶人口及适龄学童入学、辍学等数据之统计，难免会有疏漏甚至错误之处，还望学界同人批评指正。

袁同凯

2012 年 6 月 16 日于南开大学